2011年12月13日，教育部副部长李卫红在四川省副省长黄彦蓉、四川大学党委书记杨泉明陪同下，莅临南亚所考察指导工作

2014年4月27日，前国务委员戴秉国在四川省副省长黄彦蓉、四川大学校长谢和平陪同下，莅临南亚所考察指导工作

1980年11月，中国南亚学会“印度社会性质问题研讨会”在南亚所举行

1990年8月，印驻华大使任嘉德来访

1991年7月，南亚所教师与1988级毕业生在滨江楼办公旧址合影

1991年11月，印度尼赫鲁纪念中心主任曼·辛格教授来访

1992年7月，印度大使海达尔来访南亚所并交换资料

1996年，尼泊尔代表团来访

2008年10月28日，斯里兰卡总理维克拉马纳亚克演讲

2009年4月9日，巴基斯坦前总统穆沙拉夫演讲

2007年4月，巴基斯坦总理阿齐兹与四川大学校长谢和平出席巴基斯坦研究中心签字仪式

2013年4月15日，尼泊尔前总理、尼泊尔联合共产党(毛主义)主席普拉昌达来访

2009年6月21日，印度百名青年代表团来访交流

2011年9月14日，南亚国家外交官研修班考察团来访

2013年7月，和巴基斯坦政策研究所、云南社科院南亚研究所和新疆社科院中亚研究所联合举办“中国与巴基斯坦：合作共赢”国际研讨会，签署四方合作协议

南亚所导师与毕业研究生合影

丰富多彩的学生活动

2013年10月，南亚所师生及往届毕业生参加南亚学会年会

1987年8月，中国“第三世界农村经济问题学术研讨会”在南亚所举行

1992年5月，全国“南亚形势与拉奥政府内外政策研讨会”在南亚所举行

1998年10月，全国“印度综合国力研讨会”在南亚所举行

2003年12月，主办“中国西部大开发与南亚：现状与前景”国际学术会

2009年5月26日，主办“地区形势与中巴关系”国际研讨会

2009年8月，主办“中国-南盟：建立共同繁荣伙伴关系”国际研讨会

2011年4月，主办“中国国际关系学会2011年年会”

2012年9月，主办“东方外交与印度”国际学术研讨会

2012年9月，主办“中印城乡发展”国际学术研讨会

五十周年

四川大学南亚研究所建所五十周年纪念文集

风雨兼程半世纪

四川大学南亚研究所◎主编

时事出版社

序

读史使人明鉴。

总结已走过的路，来路会走得更顺利、更通畅。

在四川大学南亚研究所五十华诞之际，全所师生员工群策群力，完成了这本纪念文集，对过去五十年的岁月进行回顾、总结和展望……

这里有年近九十高龄的建所元老带病口述留下的珍贵史实；

这里有老领导们对后辈的谆谆教诲和殷切期望；

这里有学者对故人的追思和缅怀；

这里有新秀对过去的反省和感恩；

这里留下了南亚所五十年的历程；

这里留下了南亚所师生的辛勤汗滴和成果；

当然，这里更承载着南亚所师生对未来的追求和梦想！

由于时间紧迫，纪念文集未尽如人意，仅作为一份特殊的礼物，献给五十华诞的南亚所！

献给南亚所全体包括在职的和离退休的、在研的和已调离的、在校的和已毕业的、健在的和已故的师生！

献给国内外从事南亚研究的同仁！

献给关心支持南亚所发展的各级领导和所有人士！

李 涛

2014年11月

来自南亚学会的贺词

2014年是四川大学南亚研究所建所50周年，我谨代表中国南亚学会向南亚所全体人员表示崇高的敬意和热烈的祝贺。50年来，南亚所已经建设成为我国最重要的南亚研究基地之一，为我国的南亚研究事业作出了非常重要的贡献。

历经50年，川大南亚所能够一直保持着旺盛的活力。这首先是因为所里始终集聚了一批优秀人才，而人才是一切事业成功的基础。所里一些已经退休的老学者至今仍为南亚学界所敬重，他们不仅为南亚所的发展奠定了深厚的基础，而且留下了踏实进取、刻苦钻研的优良学风。一些在职的年老学者不仅在所里是领军人物，而且在国内南亚学界享有盛名，有的还在国际上很知名。一些中年科研人员已经成为挑重担的科研骨干，正在担负着继往开来的重任。年轻人是中国南亚研究事业的未来，所里的一批青年科研人员正在茁壮成长，有的已经成为新秀。可以说，南亚所现在已形成一支由老、中、青相结合的成熟的、优秀的科研团队。这正是川大南亚所的未来和希望所在。特别需要提到的是，川大南亚所在从事学术研究的同时，还培养了许多南亚研究学科的博士和硕士，不仅为本所，也为国内其他教学和研究单位输送了源源不断的专业人员。

50年来，川大南亚所之所以能够在中国南亚学界占有重要的学术地位，还在于发表了一大批涵盖了经济、政治和文化等学科的优秀成果。这些成果在国内外都有着重要的影响，不仅在学术上得到国内其他同行的好评和尊敬，而且对我国和四川省与南亚各国的友好交往也提供了智力上的支持。在出人才和出成果方面，《南亚研究季刊》功不可没。多年来这一刊物一直在探索、开辟南亚研究的发展方向，不仅越办越有质量，而且更为可喜的是已经成为扶持和锻造人才的摇篮。

从2014年开始，南亚所已经进入知天命之年。所谓天命，就是责任和担当。衷心祝愿川大南亚所在今后的科研和人才培养方面继续踏实进取，再创辉煌。相信南亚所必将为我国南亚研究事业的繁荣兴旺担当起更重要的责任。最后，祝愿全所人员工作顺利、身体健康！

中国南亚学会会长　孙士海

2014年7月12日

目录

第一部分　风雨兼程——五十年南亚所的历程

第二部分　同舟共济——情系南亚

第三部分　硕果累累——南亚所精华文萃

第四部分 附录

第一部分

风雨兼程——五十年南亚所的历程

回顾四川大学南亚研究所的初创时期

彭盛琪

四川大学南亚研究所创建于1964年8月，当时名为“印度研究室”，1979年9月才扩建并改名为“南亚研究所”，研究对象也从原来以印度为主扩大到所有南亚国家。我曾在1964年到1984年的20年间断续从事所里的研究工作和担任所的领导。2014年是我所成立50周年，看到它从无到有，从小到大，发展到今天的规模，取得今天的研究成果，我感到无比高兴和骄傲。回想我所初创时期的艰难历程，我也不禁感慨万千。这里，我愿意将我所亲历的川大南亚所初创期间的人和事做简要的回顾，算是从我的角度见证我所的一段历史。但是，我已年近90，记忆难免有误，请予谅解。

川大南亚所是在20世纪60年代我国对外关系得到较大发展的形势下，党中央和国务院为适应新形势的需要而决定在有条件的高等院校建立一批涉外研究机构的背景下创立的。当时，毛泽东主席曾经作出要加强外国问题研究的指示，周恩来总理和陈毅外交部长等人据此做了指示和部署，并经外交部、中联部、高教部等中央部门的协商研究，决定在四川大学成立印度研究机构。四川大学位于我国西南，与印度接近，因此把研究印度的机构设在四川大学。

将发展中国家研究的重点放在印度，当然是因为它历史悠久，人口众多，与我国有长期的交往，在发展中国家、亚洲乃至整个世界有举足轻重的地位，同时又在地缘政治上对我国非常重要。这就是在发展中国家的研究中有一个突出的印度研究机构的原因。当时，发展中国家中还没有一个专门的国别研究机构，其他都是按地区设立的研究，如东南亚研究、非洲研究等。

四川大学接受了这个任务后，学校领导非常重视，由校长温建平亲自兼任印度研究室主任，着手筹建工作。

筹建印度研究室的时候，我正在四川大学化学系担任党总支书记。我是一个偶然的机会听说学校要组建印度研究室，而且正缺少这方面的研究人才。我因为当年读大学时学的专业是历史，1954 年又被选调到中共中央党校（当时叫“马列主义学院”，我进校一年后更名为“中共中央高级党校”）培养理论干部的一部学习，专业仍为世界史，学制 2 年，因此主动向学校提出，我在这方面有一定基础，愿意到印度研究室从事研究工作。学校很快就满足了我的这一愿望。

我不是第一个调到印度研究室的。在我之前，本校历史系教授、校图书馆馆长赵卫邦先生和本校历史系教师尹协祚同志已先期调来并已开展筹建工作。

这里需要提一提的是，赵先生和尹协祚两位同志对南亚研究所的前身印度研究室的筹建和初创时期的学术研究工作作出了不可磨灭的贡献。赵先生作为在世界史和民族学方面造诣较深的学者，为印度研究室的筹建，以及以后的学术研究和人才培养作出了不可缺少的贡献。尹协祚同志为印度研究室的筹建和建立外部联系做了不少工作，也是印度研究室初创时的主要研究人员和带头人。印度研究室创立不久的 1965 年，我们的第一部研究成果“印度的粮食危机”就是尹协祚同志执笔写出的，是一份上报中央有关部门和领导参考的调查报告。

学校领导对印度研究室的创建给予了大力支持，要人给人，要物给物。只要是适合从事印度研究的，可以从学校内任何单位调集，可以从毕业生中筛选最满意的留校进印度研究室工作。印度研究室第一批留校学生雷启淮（哲学系）、李德昌（哲学系）、曾向东（历史系）和张廷茂（经济系）就是从川大 1964 届毕业生中挑选来的。1965 年又从经济系毕业生中挑选了何承金，从北京外贸学院分配来应届毕业研究生陈儒玉。他们后来都成了印度研究室和后来的南亚研究所的业务骨干，也是南亚所自己培养的第一批研究员。后来，从外交部调来李了文同志。李了文同志长期在外交部亚洲司印度处和中国驻印度大使馆工作，他的到来更加强了我们的研究力量。在物的方面，学校在国家外汇稀缺的情况下争取了政府有关部门的批准，为我们订购大量外报外刊，最多的时候达 70 多种。

我到印度研究室虽然担任副主任（主任是校长温建平兼任，另一副主任是赵卫邦教授）主持日常工作，但是有时学校又抽调我出去搞中心工作，且后来我还兼任校长办公室主任，因此不能全身心地长期坚持学术研究和考虑研究室的建设。总之，我很抱歉，我做的工作少，没有为印度研究室和后来的南亚研究所的业务建设和学术研究作出应有的贡献。如果说我对我们室（和后来的所）有什么贡献的话，那就是在研究方向的选择上和我们最初的“刊物”——《印度研究资料》——的创办上。

在研究方向上，当时国内在外国问题领域普遍存在研究历史的多而研究现实的少的情况，而如果不以现实研究为主的话，我们又怎么能为现实的需要服务呢？我们的研究要站得住脚，就要为现实服务，要紧紧围绕现实问题开展研究。

在研究领域方面，政治问题、社会问题和文化问题有外交部和中联部的研究机构、北京大学、复旦大学等主抓，这是他们的强项，我们不能与人家相比，而经济当时还是个冷门，我们就应该从印度的现实经济问题入手。事实证明我们这一战略选择——请允许我把它叫作“战略选择”——选对了。

由于正确地选择了研究方向，我们的研究适应了后来国家经济发展和改革开放的需要，在初创时期就出了许多得到国家领导人、有关政府部门和同行肯定的成果。

1972 年，应国家有关部门的要求，印度研究室在停止研究工作参加“文化大革命”6 年之久后恢复工作。一恢复研究工作，应有关部门的需要，我们就在搜集大量资料的基础上由尹协祚同志执笔撰写了《印度的基本情况》一书。这是一本为我国国防建设服务的基础性参考材料，直接供国家有关部门参考，其价值得到充分的肯定。

20 世纪 80 年代初期，当时的国务院总理向中国社会科学院世界经济研究所提出有关中印经济发展比较的课题，要求在短期内拿出成果来，世经所便把这一任务转交给我们。我们按时完成了这一任务，撰写了题目为“印度发展经济的经验教训”的研究报告。据社科院世经所的同志讲，他们将我们的成果一字不改地转呈总理办公室，并被登在有关的内参上。

不久以后，国家计划委员会经济研究所、中国社会科学院世经所等 13 个单位联合编辑为国家主要领导人参考的内部刊物《世界经济调研》，邀请我们供稿。我们撰写了 12 篇调查报告陆续在该刊物上登载，其中具有代表性的有李德昌同志的关于“中、印能源发展比较”、雷启淮同志的关于“印度发展农业的经验教训”、曾向东同志的关于“印度发展机械工业的经验教训”和何承金同志的关于“印度工程出口的经验”等文。这些文章得到了上述主办单位的好评，特别是曾向东同志撰写的关于“印度发展机械工业的经验教训”一文受到中央有关领导人的重视，其在文中做了若干圈点和旁批。

1982 年，在大量搜集资料和精心准备的基础上，李了文等同志编写了《印度经济》(1982 年人民出版社出版）一书。这是我国建国后第一本全面介绍印度经济的专著，获 1984 年四川省哲学社会科学优秀成果专著二等奖。

此外，1974 年我们还集体撰写了“从旁遮普邦看印度农业资本主义因素的发展”一文，作为当年 10 月由中共中央联络部组织召开、全国有关印度研究的专家学者参加、供国家重大决策参考的研讨会的重要参考文件之一；20 世纪 80 年代初，应国家教委要求，我们撰写了“印度高等教育值得探讨的几个问题”和“印度发展高等教育的经验教训”等两篇调研报告；1982 年，参加国家农委和全国农业区划办组织的“外国农业发展战略”研究，提供了“印度农业发展战略的转移”等数篇文章，等等。

除此之外，我们还在报刊上发表了许多具有一定学术价值的文章。这些成果得到各方面的好评，为我们赢得了声誉，使我们在外国问题研究界站稳了脚跟，也为我们培养了一支比较强的学术研究队伍，为后来南亚研究所的研究打下良好的基础。

在创办刊物上，20 世纪 60 年代的中国外国问题研究刊物稀缺，更不容易申请批准创办这方面的正式公开发行刊物，因此我主张搞一本不定期的资料性质的内部交流刊物，作为我们的研究阵地，反映我们的学术研究成果，与国内同行和政府有关部门交流。这本叫《印度研究资料》的非正式刊物对于我们初期的研究工作起了重要作用，受到同行和有关政府部门的欢迎，也为我们后来主办公开发行的正式期刊《南亚研究季刊》打下了基础，为能申请到正式的学术期刊刊号奠定了基础。我为《印度研究资料》付出了心血，亲自把关，每期的每一篇文章都一字一句过目。

回顾南亚研究所的初创时期，物质条件是差的，但是当时我们全体研究人员都热爱这项工作，有敬业精神和静下心来做研究的心性，团结奋斗，因此我们的印度研究室不但没有垮，而且还硕果累累。这是我感到无比欣慰的。

沿着既定的方向走下去——庆祝南亚研究所成立50周年

雷启淮

在南亚研究所成立 50 周年之际，作为整个一生黄金时期都在南亚研究所度过的研究者，我有责任和义务将南亚研究所在 20 世纪的建设和发展过程中所经历的点滴，予以钩沉。

一

根据党中央和毛泽东同志关于加强国际问题研究的指示，1963 年下半年，高教部和国务院外事办公室批准在 17 所高校成立外国问题研究机构，其中四川大学建立印度研究室，但并未提及研究的领域和范围。1964 年 8 月，印度研究室成立后，根据我们的实际情况和地缘特点，在彭盛琪副主任的领导下，经过反复讨论和研究，最后确定为研究印度的经济政治现状。1979 年 9 月 6 日我校向国家教委请示，“当年 9 月将印度研究室扩建为南亚研究所”。教委批复中明确指出，南亚研究所的宗旨是以研究南亚国家的“政治经济现状为主，兼及历史”。编制为 52 人。

我们遵循这个研究的大方向，在制定规划和提出研究课题时，基础研究与应用研究相结合，以基础研究为主，从战略上配合我国社会主义建设和改革开放的需要，为国家有关部门提供战略性的背景研究成果，为其制定政策决策时提供参考。

（一）重视现状研究，主动适应社会需要

印度研究室刚成立不到半年，1965 年 4 月尹协祚老师执笔写出了第一份调

查报告“印度的粮食危机”，上报中央有关部门和有关领导同志。

1972年，应我国有关部门的要求，印度研究室开始恢复因“文化大革命”而终止的研究工作，在大量搜集资料的基础上，写出了《印度的基本情况》，重点是印度的基础设施建设，以提供给有关部门参考，直接为我国国防建设和战略任务服务。

1974年10月，在中联部的协同组织下，全国有关印度研究的专家学者参加了我国重大决策的讨论。事前印度研究室全体研究人员搜集整理了大量研究资料，还特意邀请了当时四川财经学院（现西南财经大学）的王德忠、杨晓航、刘成章等4位老师，在无任何报酬的情况下，长达数月之久，搜集翻译了大量资料，最后写出了“从旁遮普邦看印度农业资本主义因素的发展”一文，提供大会讨论。

在改革开放初期，经中国社会科学院世界经济研究所推荐，应国务院总理的要求，撰写了“印度发展经济的经验教训”。以后又为国家计划委员经济研究所、中国社会科学院世界经济研究所等13个单位编辑并主送国家重要领导人的《世界经济调研》撰写调研报告12篇，其中“印度发展机械工业的经验教训”一文，国家有关领导同志看后做了重要批示，转批有关部门参考。

20世纪80年代初，我国开始对高等教育体制改革进行探索，应当时国家教委要求，我们提供了“印度高等教育值得探讨的几个问题”、“印度发展高等教育的经验教训”两篇调研报告。

为配合我国农村体制改革，制定我国农业发展战略和2000年农业发展纲要，我们先后参加了中央有关部门布置的专题研究。1982年初，参加原国家农委、全国农业区划办部署的《外国农业发展战略》研究，我们提供了“印度农业发展战略的转移”、“印度广开农村就业的途径”、“印度农村能源现状及发展前景”和“印度西北部商品粮基地建设”等调研报告。1984年4月，受中共中央书记处农村政策研究室、中国农村发展中心的委托，参加《国外农村劳动力的转移和农工商综合发展》的研究，提交了“印度农村产业结构的调整和劳动力的转移”专题研究报告。1985年3月，配合我国兴办经济特区，开放沿海港口城市和经济开发区这一基本国策，应全国农业区划办、国家计委农业区划局的要求，参加《沿海港口城市和开发区农业发展方向》的研究，我们提供了巴基斯坦俾路支省、印度加尔各答和孟买港口城市农业发展方向三篇专题研究报告。1986年初，为加强我国城乡土地管理，维护我国土地的社会主义所有制，开发、保护和利用现有土地资源，国务院国家土地管理局组织有关单位力量，开展《国外和港台城乡土地管理现状》的研究，供国家决策时参考，我们提交了“印度城乡土地管理”的研究报告。为配合我国对农产品价格调整的需要，1987年2月国务院农村发展中心下达研究《世界农产品价格机制和对策》的任务，我们完成了“印度农产品价格机制和政府对农产品价格的干预”的研究报告。1988年12月，为了促进我国农业从传统农业向现代化农业转化，由中国农业科学院牵头，组织研究《不同类型国家和地区农业基础设施建设》，我们提供了“印度农业基础设施的建设”的研究报告。

我国随着对外开放的深入发展，不断拓展对外经贸关系，1988年应中国国际信托投资公司的要求，撰写了“扩大中印经贸关系，拓辟印度市场前景”的研究报告。为了积极利用外国资金为我国农业发展服务，1989年9月农业发展战略中心委托研究《发展中国家（地区）利用外资发展农业》，我们提供了“印度利用外资发展农业”的专题报告。1991年底，四川省为了拓宽对周边国家的经贸关系，省委组织了对东南亚国家的研究，我们同外贸系的同志一道，对“东南亚国家经济、科技状况及其与四川的互补性和市场前景”进行研究，1992年7月提交了研究报告。1994年6月，四川省政府召开“四川经济发展与国际合作”大型讨论会，我们提交了“四川与西南沿边沿海省区联合对南亚开放的探讨”、“拓展四川和南亚贸易前景分析”和“国外内陆地区开发、开放的国际比较”（同外贸系）3篇论文。

1999年初，应成都军区有关部门开展国防教育的需要，我们提供了印度政治实力、经济实力、科技实力和社会变化4篇调查报告。

（二）办好学术刊物，促进基础研究

作为一个学术研究机构，学术园地对于科研成果的体现、研究人员的成长是极其重要的。

早在20世纪70年代初，我们就不定期编辑发行了一系列内部资料，先后编辑了《印度问题研究参考资料》、《印度研究资料》、《印度报刊摘译》、《印度统计资料》和《南亚研究资料》，共37期。这些内部交流资料虽然显得极不正规和粗糙，但是它反映了当时的研究现状和创办学术刊物的雏形。

1984年初，成功申请批准出版《南亚研究季刊》，公开发行。经过一年试刊，1985年正式出版发行。

《南亚研究季刊》的办刊宗旨仍以刊登南亚国家的经济政治现状为主，兼及历史和社会文化的研究论文和资料。

该刊自创刊以来，严格按照新闻出版部门的要求，遵循办刊宗旨，严格把

关，保证刊物的质量和学术水平。但是，在创刊初期有各种流言蜚语，说什么自己办的刊物刊登自己人的文章，没有什么水平。当然，有没有水平并非某几个人说了算。实际上，我们按照统一的办刊标准，严格审稿程序，内外稿一视同仁。据统计，从1985年第一期到2002年第一期（包括1998年增刊），共发行70期，刊登文章808篇。其中，内稿438篇；占总数的54.22%；外稿370篇，占总数的45.78%。内稿略多于外稿，这很自然，因为我们是国内为数不多的研究南亚问题的专门机构。在外稿中，不乏国内著名南亚学者和专家向本刊投来的稿件，从而保证了刊物的质量和学术水平。在808篇文章中，经济政治现状，包括军事和对外关系的文章共573篇，占总数的70.91%，完全符合我们的办刊宗旨，使刊物的质量不断提高，成为全国的核心刊物。

但是，在办刊过程中遇到的最大困难是经费问题。在欲哭无泪的时候，躺在病床上的赵卫邦教授带信来叫我去一下，他对我说："雷同志不用愁办季刊的经费，以后可以解决的。"不久，老先生病情加重，在弥留之际，立下遗嘱，将其辛勤耕耘一生的家产的2/3捐赠给南亚研究所办《南亚研究季刊》。中间虽然出了点问题，但有幸的是《南亚研究季刊》终于继续办下去了。为了纪念他，我们搜集、整理了他的文章，编辑出版了《赵卫邦文存》（上、下册）。在南亚研究所的发展历史中，我们将永远记住赵卫邦这个名字。

我做《南亚研究季刊》主编期间，非常看重它，珍惜它的来之不易，倾注了不少精力。凡是刊登在该刊上的每一篇文章，从选稿、定稿到终审，我都至少要看一遍以上，虽然在政治大方向上未发现问题，但是在编辑校对中仍发现不少问题。我记得有一期，由于责任编辑疏忽和马虎，校对错误太多，除了重印外，主编、副主编和责任编辑都受到了应有的处分。

《南亚研究季刊》对南亚研究所的建设和发展、科研团队的形成与成长都发挥了不可磨灭的作用。我殷切地希望后继者珍惜它，爱护它，使它办得越来越好。

（三）积极开展学术活动，提高学术水平

在印度研究室成立不久，作为副主任的赵卫邦教授就经常给我们做学术报告，讲述印度古代的土地制度、种姓制度和甘地非暴力主义等，引起了我们的极大兴趣，加深了对印度基本情况的了解。

1980年11月，受中国南亚学会的委托，我们承办《印度社会性质》学术讨论会。这是我们承办的第一次全国性的学术会议，准备较充分，讨论热烈，从各

个方面分析了当时的印度，大家一致认为“两论”所述印度是大地主、大资产阶级专政的国家已发生了很大变化，现在的印度应该是具有某些特性的、发展较慢的资本主义国家。

1987年8月，由中国社科院拉美研究所、西亚非洲研究所、南亚研究所，中国农科院农业经济研究所、四川大学南亚研究所合作主办的《第三世界国家农村经济问题学术讨论会》，由我们承办。这次讨论会规模较大，与会专家学者较多，内容涉及第三世界主要国家农村生产关系的变化和生产力发展趋势以及我国农村经济的发展、改革和所面临的问题。

1992年5月，由中国南亚学会主办，我所承办的《南亚形势与印度内外政策》学术讨论会在成都举行，70多位南亚学者专家喜聚蓉城，就南亚国家的政治、经济形势与印度经济改革和外交政策进行了热烈讨论。

1994年10月，受中国南亚学会委托，我所承办的《南亚国家政策走向》研讨会在四川大学举行。会议就南亚区域合作联盟自1985年12月诞生以来所取得的成就、存在的问题以及未来的走向，进行了深入的讨论。

1998年10月，来自全国南亚学界近70位专家学者于成都召开了“印度综合国力”学术讨论会。此次会议由中国南亚学会主办，四川国际文化交流中心、四川大学南亚研究所承办，中国国际友好联络会、国务院发展研究中心亚非发展研究所、中国社科院亚太研究所、成都军区二部、成都56279部队和四川国际友好联络会协办。会议就印度的国际影响力、政治经济实力、军事实力和科技实力进行了充分而热烈的讨论，并与我国进行了比较。

通过承办这一系列的学术讨论会，我们的研究人员有更多的机会和南亚研究同仁广交朋友，进行学术交流，从而提高了学术水平和研究能力。

二

印度研究室当时是我校文科唯一的研究机构，既神秘又受宠，不挂牌子，直属校长办公室，由校长温建平兼主任，原化学系总支书记彭盛琪同志和历史系教授、图书馆馆长赵卫邦担任副主任，除调来历史系亚洲史教研室副主任尹协祚老师作为学术骨干外，其余就是我们从哲学系、经济系和历史系留下的4名应届本科毕业生。

当时，我们名为专职科研人员，实际上既是清洁工、搬运工又是学生。

在东风南楼分给了我们两间大屋子，这就是我们的办公室，屋内除到处是垃圾、灰尘、蜘蛛网和破碎玻璃外，其余一无所有。

我们从打扫屋子，修窗户做起，又搬回配给我们的家具后，就开始了漫长的搬运工和学生生活。

我们新参加工作的 4 人中，除 1 人读书时学的英语、去参加农村“四清”外，其余 3 人，还包括尹协祚老师以前学的均是俄语，而英语成了我们工作的“拦路虎”。因此，彭副主任给我们（包括他本人）制定了严密的英语学习计划。每天上班的前 1 个小时集体学习英语，规定每天必须熟记 10 个单词。同时，安排我们到外文系跟班学习，直到“文革”前夕学校停课。

这段时间，除学习英语外，就是到图书馆搬回分给我们的图书和报刊。搬回这些图书资料并整理上架就是我们的任务，这项工作持续了相当长的时间，随后就是每隔几天搬回分配给我们的图书。

此前，在印度研究室筹建期间，赵卫邦先生和尹协祚老师还选订了大量图书并征订 1965 年度英文报刊 55 种。除“文革”中 1970 年脱订外，持续到 20 世纪 80 年代前期才逐渐压缩。

想当初，我们单纯活泼，只管干，无任何思想负担。固定经费学校包干，每年还拨活动经费 1 万元，非常充足，根本用不完，还支援其他单位。

基本白手起家的印度研究室发展成如今知天命的南亚研究所，经过几代人的奋斗，实在来之不易，应该珍惜。

我在南亚研究所生活工作了几十个春秋，感受颇深，有几点体会：

（一）立足于实干

南亚研究所是实干起家的，其总体优势就是有那么一帮脚踏实地能干实事的人。不管是东风南楼、东风二栋顶楼，还是滨江楼一楼，无论是寒暑假还是其他节假日，大多数时间晚上都是灯火通明的，那就是我们的研究人员在那儿埋头学习和工作，这在学校当时是少有的。

在东风二栋顶楼的一间最小的屋子里，不管是刮风下雨的晚上还是举家欢庆的节假日，都坐着一老一少在那儿孜孜不倦地工作和学习，那就是李了文父子。李了文同志的工作精神实在令人敬佩，他治学严谨，对印度政局研究造诣颇深，却不幸英年早逝。在他生病期间，我出差北京，要我带回他喜欢吃的北京粉丝，我未做到。看着他失望的表情，我心里十分难受，不久他带着遗憾离开了我们，至今我愧意犹存。

在 20 世纪 80 年代中后期的大环境下，南亚所大多数研究人员未受到干扰和冲击，潜心于研究工作，出了一系列研究成果，受到国内外有关方面的重视，逐渐形成了总体优势。说实话，就个体研究力量来讲，我们在国内排不上队；就整体研究力量而言，我们有一定的优势。我们的特点就是立足于实干，在制订科研计划和组织课题时，都把重担加在年轻研究人员身上。从1988年到20世纪90年代中期，承担的5项国家（中华）社科基金项目和7项国家教委社科基金项目，几乎涵盖了所有研究人员，逐渐形成了一个来之能战的科研团队。

1987年美国南亚考察团访问我所时，称南亚研究所是“一个严肃的学术机构”，就是指我们是个老中青结合、学术气氛活跃的战斗团队。

南亚研究所应该是一支强大的研究队伍，可是到我退休时，也只有十多个人。为南亚研究所的建设和发展作出过很大贡献的，有10人离开了我们；因种种原因从南亚研究所调出的17人中，很多都成为调入单位的学术骨干或领导。他们都为南亚研究所的发展作出过极大的贡献，在此表示由衷的感谢。

（二）排难求生存

南亚研究所并非一直是成立初期的“宠儿”，到20世纪80年代后期特别是90年代初期，几乎成为无娘照顾的“流浪儿”。

自生自灭，自求生存，无任何经费来源。当时摆在南亚研究所面前的两大困难是：出版《南亚研究季刊》和订购外报外刊经费全无。

赵卫邦先生的捐赠总算解决了办刊问题，同时又是南亚研究所经费的来源。在订购外报外刊时，虽然经过精选，一砍再砍，从1979年的86种减到1988年的46种，再压缩到1992年的17种，经费依然短缺，不得不动用个别同志的课题经费，总算渡过了难关。

但是，这段时间真是苦了我们的研究人员，人文社科院下的几个研究所都是学校最穷的单位，每月为数甚少的基本奖金都难以兑现，更不说其他福利了。但是我们的研究人员并未因此而贻误工作，真是难能可贵。

在我们处境极端困难的时候，兄弟单位的支持起了很大作用。要不是成都军区有关部门资助，我们编写的《当代南亚丛书》是不可能面世的，谨致谢意！

（三）狠狠抓特色

南亚研究所以研究南亚国家经济现状为特色。抓住这个特色，出了一些研究成果，为国家有关实际工作部门所看重。说实话，没有这个特色，很多研究课题是轮不到我们的，别人也不会找上门来。我们正因为尝到了这个甜头，狠狠抓住这个大方向不放，才为党和国家有关部门提供了一系列研究参考资料，为制定政策决策时参考。

在20世纪80年代初，尽管学术界有些人认为搞现实问题研究没有学术价值，我们却认为并非如此，有用就是有价值，仍坚持这个大方向。当时，马洪同志说，研究现实问题的方向是正确的，这样更坚定了我们的信心。因此，在组织研究课题时，根据中央和地方有关部门的需要，我们把我国社会主义建设中急需的课题摆在最优先的地位。

在改革开放中，国内的几个南亚研究所纷纷扩容升级，扩大研究地区和范围，削弱了研究南亚的实力。我们没有赶这个潮流，是当时国内存在的唯一南亚研究所，如果我们丢掉了这块牌子，印度驻华使馆说不定就不会找我们协作编写《中印经贸手册》了，四川省信息中心也不会把我们作为南亚，特别是印度经济的数据库和采集点。所以，我觉得只要我们认准的东西，就要坚持下去，最终是会有好处的。

三

在南亚研究所发展的过程中，彭盛琪同志一直关心南亚研究所（印度研究室）的工作，不管是“四清”时回化学系，还是“文革”中后期担任学校机关主要领导人，只要有空就要回来看视。在担任副校长后，他仍心系南亚研究所的工作。

我曾在南亚研究所主持了一段时间的工作，虽然还算勤奋，主观上也想把工作搞好，客观上却并非令人满意，甚至在工作中还伤害了个别同志，深表歉意!

但是，在上级领导部门的正确领导和扶持下，在兄弟单位的支持和帮助下，全所同志齐心协力，辛勤劳动，总算搭建起了一个研究平台，希望后继者在此平台上奋勇前进，再创辉煌。

重点研究基地建设挽救了四川大学南亚研究所

文富德

上大学前长期从事中学和地方行政工作的经历，使我对行政工作产生了厌倦。因此，1981 年 12 月从四川大学政治经济系世界经济专业研究生毕业后，我没有选择到行政部门工作，而是来到四川大学南亚研究所从事研究工作。领导安排干什么，我就干什么：跑印刷厂，当研究生辅导员，晚上照看生病住院的赵卫邦先生等。经过 20 世纪 80 年代的辉煌后，在市场经济的冲击下，与全国大多数人文社会科学研究机构一样，90 年代南亚研究所的研究工作也陷入严重困境之中。为此，四川联合大学把南亚研究所、宗教研究所、人口研究所和古迹整理所等 4 个教育部批准建立的人文社会科学研究机构结合在一起，成立协调性的人文社会科学研究院，并于 1996 年 1 月任命我担任人文社会科学研究院副院长。当时我曾经提出，如果是实体性学院，我则不愿当这个副院长。由于这些人文社会科学研究机构都是不挣钱的经济困难单位，1998 年 7 月学校解散成立不久的人文社会科学研究院，并按照“肥瘦搭配”的原则，把南亚研究所划入四川大学经济学院，南亚研究所从过去与院系平行的处级单位降成了教研室。我本想回到南亚研究所继续从事研究工作，但学校却任命我为四川大学经济学院副院长，分管学院科研和各科研单位的工作。同时，学院任命陈继东同志为南亚研究所所长。1999 年，为了挽救处于困境之中的高等学校人文社会科学研究机构，教育部开展普通高等学校人文社会科学重点研究基地建设工作，并明确规定重点研究基地与院系平行，为相对独立的科研实体单位。我本不愿在南亚研究所担任什么职务，但 1999 年 5 月学校安排我兼任四川大学南亚研究所所长。为了申报教育部人文社会科学重点研究基地，抓住重点研究基地建设的机遇，使南亚研究所走出困境，我不情愿地接受了学校的安排，并表示，南亚研究所批准为重点研究基地后，就请学校另找人当所长。同时，学校安排陈继东教授为南亚研究所副所长。经过 1 年多的艰苦努力，经过教育部人文社会科学重点研究基地专家评审组的评审，2000 年 10 月教育部批准四川大学南亚研究所为重点研究基地。之后不久，我正式提出辞去所长职务的申请，但学校方面的答复是，等检查验收合格后再说。从此，我只好履行基地主任职责，开始按照教育部关于人文社会科学重点研究基地的要求，在我所进行人文社会科学重点研究基地建设。经过 4 年的艰苦努力，2004 年 7 月我所顺利通过教育部人文社会科学重点研究基地专家评审组的评审，学校也增加了对重点研究基地的资助。我认为，南亚研究所最困难的时间过去了，南亚研究所不会垮了，于是再次正式提出辞去所长职务的申请，但得到的答复是，学校将考虑给我安排一个助手。无奈，考虑到陈继东教授已经借调到中国驻巴基斯坦大使馆工作，我只好继续带领南亚研究所进入重点研究基地第二阶段建设工作，并等待学校的安排。2006 年 11 月 1 日，学校在我所召开职工大会，宣布免去我的南亚研究所所长职务和陈继东教授的副所长职务，并任命李涛教授为四川大学南亚研究所常务副所长和教育部人文社会科学重点研究基地常务副主任，主持日常工作。从此，我终于解脱了。作为一个科研人员，我可以安心地从事南亚研究工作了。因此，这里，我要讲的主要是南亚研究所 1999 年 5 月到 2006 年 10 月期间经历过的重大事件，即教育部普通高等学校人文社会科学重点研究基地的建设。在我看来，是教育部普通高等学校人文社会科学重点研究基地建设挽救了四川大学南亚研究所。

一、科研工作危机重重

20 世纪末期，与全国大多数人文社会科学研究机构一样，四川大学南亚研究所面临科研经费严重短缺，科研人员收入低下，科研人员人心涣散，科研人员不断减少，科研成果逐渐下滑等诸多问题，科研工作陷入重重危机之中。

（一）科研经费严重短缺

不知道从什么时候开始，南亚研究所就没有了国家财政下拨的科研单位事业费，连买个笔记本的钱都没有了。同时，经济改革以来，外报外刊的价格不断上涨，迫使我所逐渐减少每年订阅外国报刊的数量。到 1999 年，我所只订阅了 14 种外报外刊。此外，随着物价迅速上涨，我所出版国内外公开发行刊物《南亚研究季刊》所需费用迅速增加。而到 1999 年，从 1985 年起就开始使用的赵卫邦先生捐赠的 10 万元《南亚研究季刊》办刊资金已告罄。作为一个社会科学研究机构，我们科研经费严重短缺，没有了基本的科研事业费，也没有了外报外刊订阅费和学术期刊运转费，甚至可以说到了山穷水尽的地步。

（二）科研人员收入低下

经济改革以来，科研人员工资收入也有大幅度提高，大多数人的工资从几十元上涨到几百元。到 20 世纪 90 年代末期，拥有高级职称的科研人员工资也上涨至 1000 元以上。但是，20 世纪 90 年代中期先后开始的住房改革、高等教育收费改革和医疗自费改革，使收入本来就不高的科研人员一下子感到压力剧增。校内其他有收入的单位不断增加职工收入，而作为科研单位，我们没有增加收入的渠道，甚至连政府规定发放的物价补贴，学校由于经费困难只给这些没有收入的单位 70%，并要求我们这些单位承担 30%的补贴。科研人员与其他有收入单位工作人员的收入差距越来越大，更不要说与经济改革以来社会上一部分人又一部分先后富裕起来的人之间的收入差距了。

（三）科研人员人心涣散

与学校其他有收入单位工作人员的收入差距越来越大，以及与社会上一部分人又一部分人先后富裕起来人的收入差距更大的社会环境，加之住房改革、教育收费改革和医疗自费改革等造成的巨大压力，形成了一个极为不利的科研环境。这不能不导致科研人员认真思考自己该怎么办的问题，也不能不导致一些科研人员人心涣散。有的科研人员开始从事非科研工作。大家在一起说的最多的就是，怎么炒股，怎么赚钱。市场经济已经逐渐渗透到科研单位，渗透到每个科研人员身上。

（四）科研人员不断减少

不利的科研环境，不仅导致一些科研人员人心涣散，而且导致一些科研人员选择放弃科研工作，改行从事教学和其他工作。20 世纪 90 年代后期，除了出国留学人员没有回来外，我所科研人员改行从事其他工作的情况不断发生。甚至连唯一一个来我所工作的博士，也申请转到了学校其他单位。到 1999 年底学校开展人事制度改革，实行定编定员工作时，在我所工作的各类人员实际上只有 12 人。其中，行政和图书资料人员 3 人，刚到所工作不久的科研人员 2 人，即将退休的科研人员 1 人，快要退休的科研人员 1 人，还有个别实际上不在我所工作的人员。

（五）科研成果逐渐下滑

由于科研人员减少和科研队伍涣散，虽然总共还有 12 个工作人员，但是科研人员总共也就只有八、九个，而真正专心从事科研工作的人则更少，因此科研成果急剧减少。我记得，1996 年我已经到学校人文社会科学研究院工作。当年，南亚研究所全所人员总共只发表了 6 篇论文。

二、科研工作出现转机

1999 年，为挽救处于困境之中的高等学校人文社会科学研究机构，教育部开展普通高等学校人文社会科学重点研究基地建设工作。为了申报教育部人文社会科学重点研究基地，1999 年 5 月学校安排我兼任四川大学南亚研究所所长。经过 1 年多的艰苦努力，经过教育部人文社会科学重点研究基地专家评审组的评审，2000 年 10 月教育部批准四川大学南亚研究所为重点研究基地。重点研究基地建设为四川大学南亚研究所的发展提供了主要转机。

（一）教育部设立社科重点研究基地计划

我国高等学校人文社会科学研究机构数以千计。20 世纪 90 年代后期，受社会大环境的影响，我国大多数人文社会科学研究机构的情况与我所的情况差不多。为了挽救处于困境之中的高等学校人文社会科学研究机构，促进我国高等学校人文社会科学研究事业的繁荣与发展，1999 年教育部开展普通高等学校人文社会科学重点研究基地建设工作。教育部考虑选择具有重要学术价值或实际价值的 100 个左右人文社会科学研究领域，并在高等学校的人文社会科学研究机构中，在每个领域选择一个在全国该领域学术研究处于领先水平的研究机构，作为教育部在该领域的人文社会科学重点研究基地。教育部在经费紧张的情况下，拨出专款，专门支持高等学校人文社会科学重点研究基地的建设。最初，教育部每年为每个人文社会科学重点研究基地拨款 30 万元。其中，拨款 5 万元，专门用于召开学术会议；拨款 5 万元，专门用于购买图书；拨款 20 万元，专门用于两个重点研究基地重大项目的研究。同时，教育部要求重点研究基地所在学校按照不小于1∶1的比例配套，每年为该校每个人文社会科学重点研究基地至少拨款30万元，支持其进行教育部人文社会科学重点研究基地的建设。

（二）我所最初未列人学校基地建设计划

根据教育部人文社会科学重点研究基地的建设规划，每个重点研究基地每年可从教育部获得30万元资助，至少还可以从学校获得30万元资助，每年总共至少可获得60万元资助。这对科研经费严重短缺，处于严重困境中的人文社会科学研究机构来说，无疑是雪中送炭，无疑是及时雨。因此可以说，它不仅在相当程度上挽救了一批高等学校中接近崩溃的人文社会科学研究机构，而且在相当程度上促进和推动了我国高等学校人文社会科学事业的发展和繁荣。但是，在我校首批教育部人文社会科学重点研究基地建设规划中，却并没有把四川大学南亚研究所纳入其中。实事求是地说，学校最初没有把我所列入教育部人文社会科学重点研究基地建设计划也是有一定道理的。正如前述，不要说科研成果，就连科研队伍，也离教育部人文社会重点研究基地的要求相差甚远。在当时我所在编的12人中，只有1人拥有正高职称，5人拥有副高职称，没有一个博士学位获得者。

（三）抓紧进行社科重点研究基地的申报

后来，教育部社会科学司领导从关心和支持四川大学南亚研究所的工作需要出发，提出四川大学南亚研究所应该进入教育部高等学校人文社会科学重点研究基地建设计划，学校这才把我所列入教育部人文社会科学重点研究基地建设计划。学校把我所列入教育部人文社会科学重点研究基地建设计划后，首先为我所拨专款10万元，专门用于重点研究基地申报的准备工作。同时，为了满足教育部对每个重点研究基地科研用房的要求，又将东风楼6幢安排给学校4个重点研究基地，并指定该楼第四层为我所的科研用房。该楼过去是学校一些行政部门的临时用房。这些机构搬出去后，剩下的就是几间空房。学校专门把所有墙面粉刷了一下，但是每间房的地面已经破裂，也没有桌子、椅子等办公用具，更没有当时还很稀奇的计算机。但是，教育部人文社会科学重点研究基地建设要求每个重点研究基地应该有计算机等现代办公用具，还要有传真机和电子网络等现代通信手段。为了满足教育部对高等学校人文社会科学重点研究基地硬件方面的要求，由学校社会科学处做担保，我所只好向经济学院借款5万元。学校社科处利用学校拨款为我所安装了3台计算机；我所利用学校拨款和从经济学院的借款，给每个办公室安了最简单的塑料地板，购买了桌子、椅子等基本办公用具；还为每间办公室和通道安装了防护栏和防盗门等。

（四）抓紧准备社科重点研究基地的评估

除抓紧进行重点研究基地硬件建设准备工作外，为了迎接教育部人文社会科学重点研究基地专家组的评估，像其他许多教育部重点研究基地所经历的一样，我所在教育部人文社会科学重点研究基地申报过程中，还必须抓紧进行软件建设。也就是说，还必须抓紧进行科研队伍建设，抓紧进行科学研究，抓紧进行科研人才培养和图书资料建设等。正如前述，当时我所科研人数不多，成果也少。但是，我们根据教育部关于高等学校人文社会科学重点研究基地建设的精神，首先设立基地学术委员会，请中国南亚学会会长孙培钧教授担任主任，我所前所长雷启淮教授和我为校内学术委员，中国南亚学会副会长孙士海教授和北京大学张敏秋教授等5人为校外学术委员。经过学术委员会审定，我所首先确定《世界贸易组织与印度经济发展》等10个课题，作为重点研究基地第一批重大项目，并将《世界贸易组织与印度经济发展》等2个课题，作为申报重点研究基地时首先开展研究的重大项目。为了加强科研队伍建设，聘请孙士海教授、张敏秋教授、赵伯乐教授、杨平学教授等国内知名专家为我所客座教授，聘请校内法学院杨翠柏博士为我所兼职研究员。同时，为了加强对科研及相关经费的管理，我所制定了《四川大学南亚研究所关于加强科研管理的规定》、《四川大学南亚研究所关于加强财务管理的规定》等一系列规章制度。

（五）成为教育部人文社科重点研究基地

在有关高等学校人文社会科学重点研究基地硬件建设和软件建设的基础上，我所整合现有科研队伍，凝练研究方向，把全所研究人员分别集中在4个研究方向上，即南亚经济发展、南亚安全外交、南亚社会政治和中国与南亚合作等，然后认真填写《教育部普通高等学校人文社会科学重点研究基地申报表》，并对表中所填每项内容准备相应的附件证明材料，从而使高等学校人文社会科学重点研究基地的申报工作进入实质性阶段。2000年初，学校社科处组织几个重点研究基地申报单位负责人亲自到教育部交表，并接受教育部有关方面形式初审。教育部接受我所关于人文社会科学重点研究基地的申报表后，将组成相关领域的专家组，先对我所提交的申报表进行实质性审查，合格后再由专家组成员对我所进行实地考察。为此，我所进一步加强重点研究基地的软件和硬件建设，准备迎接教育部人文社会科学重点研究基地专家组的实地考察。2000 年 9 月，教育部人文社会科学重点研究基地专家组到我所进行实地考察，专家组成员投票通过我所成为教育部人文社会科学重点研究基地，同时也提出了改进意见。

三、抓住重点基地建设

教育部批准我所成为普通高等学校人文社会科学重点研究基地后，我所紧紧抓住重点研究基地建设的机遇，按照教育部《普通高等学校人文社会科学重点研究基地管理办法》规定的人文社会科学重点研究基地的五条标准，抓紧进行重点研究基地建设。经过近 4 年的重点研究基地建设，我所科研工作取得重大进展，科研队伍逐渐壮大，科研成果大幅度增加，并终于在 2004 年 7 月通过教育部人文社会科学重点研究基地专家组检查验收。但是，我们清醒地认识到，我所在重点研究基地建设中依然存在诸多问题，如科研经费严重短缺的问题虽然有所缓解，但是由于种种原因依然没有从根本上得到解决等。幸运的是，经过教育部专家组检查验收后，学校配套资金终于落实了，并且逐渐增加对重点研究基地建设的资助。为了解决基地建设中存在的问题，我所坚持按照教育部《普通高等学校人文社会科学重点研究基地管理办法》的要求，继续进行重点研究基地建设。

（一）把科学研究工作放在首位

科研工作是研究所一切工作的关键，也是人文社会科学重点基地建设的首要任务。在申报重点研究基地时，我所在 1996 年至 1999 年期间发表的论文并不多，除我出版的专著《当代印度财政》、陈继东教授出版的《独立以来的印度社会经济发展》、张力教授出版的《印度总理尼赫鲁》和邱永辉教授出版的《印度世俗化研究》等外，幸好还有过去雷启淮教授主编的《当代印度》等著作。为此，在重点研究基地建设中，我所必须首先抓紧科学研究工作。按照教育部关于围绕国家发展战略，针对学科前沿和重大理论与实践问题，组织高水平的科研项目的精神，我所组织相关科研人员，积极申报教育部人文社会科学重点研究基地年度重大项目，每年都获得两个重点研究基地重大项目，没有一个流标。接着，我所又根据各人的研究基础，鼓励大家积极参与教育部批准的人文社会科学重点研究基地重大项目《世界贸易组织与印度经济发展》、《冷战后印度安全战略研究》、《印度民族问题研究》、《中印孟缅经济合作研究》、《冷战后中印关系研究》、《印度政党政治研究》、《印度经济全球化研究》、《印度高科技发展战略研究》等的研究。在顺利完成重点研究基地重大项目研究的基础上，我所还安排印度经济、印度政治、印度对外关系、印度科学技术等系列问题研究。因此，经过几年重点研究基地建设，我所产出一批具有一定创新性的成果，出版了《世界贸易组织与印度经济发展》、《当代印度对外关系研究》、《印度经济发展、改革与前景》、《印度科学技术》、《印度政治法律》、《印度市场经济与宏观调控》、《走向南亚》等一系列具有较高学术水平和实用价值的专著，并在国内外重要期刊发表了近300篇学术论文，还向政府有关部门提交了一些调研报告，促进了基础研究和应用研究的协调发展，并逐渐建立起知识创新机制，使我所科学研究的整体水平居国内领先地位，并在国际相同研究领域享有较高学术声誉，基本上成为名副其实的国家级重点研究基地。

（二）加强专业人才培养

专业人才是科研单位的生命力，也是人文社会科学重点研究基地建设的基础。一个科研单位有优秀的专业科研人才，才能有效地开展科研工作。才能顺利地进行人文社会科学重点研究基地建设。在申报教育部人文社会科学重点研究基地时，我所只有1个教授和1个博士，其他还有几个硕士和副研究员。为此，学校领导要求我赶快进人，但我的回答是，我总不能到九眼桥劳务市场去拉人。按照教育部关于通过科学研究，培养高素质的一流学术带头人和中青年学术骨干的精神，我所鼓励青年科研人员积极参与重点研究基地重大项目，不但培养了人才，还逐渐建立了一支团结协作、结构合理的科研团队。在科研人员严重短缺，科研任务十分繁重的情况下，我所先后引进戴永红、尹锡南、伍福佐、宋志辉、黄正多、张立等6位科研人员。同时，为提高科研人员的学历水平，我所还鼓励和支持张力、陈继东、杨文武、戴永红、尹锡南、向元钧、黄正多、宋志辉等9位科研人员在职攻读博士学位。除1人外，这些人都先后获得博士学位，从而大大提高了我所科研人才的学历水平。值得一提的是，大概是在2003年，北京大学贾庆国教授的一位女博士毕业后愿意到我所工作，我所也表示热烈欢迎，并帮助办好了一切入校手续。但是这位博士后来了解到每个月收入还不到2000元后，就离开我校了。还有，我所还支持伍福佐报考复旦大学的博士研究生，并希望她在职攻读博士学位后回所工作，但是学校规定本校人员到外校只能离职攻读学位。为此，我们只有自己加强专业人才的培养工作，在原来招收并培养世界经济专业南亚经济研究方向和世界历史专业南亚史研究方向硕士研究生的基础上，我所积极申报国际关系硕士授权点，并获得批准，从 2002 年起开始招收国际关系硕士学位研究生。根据我所的研究特色，在国际关系硕士研究方向上，我们设立了国际经济关系研究、大国关系研究和南亚对外关系研究等 3 个主要研究方向。在吸收研究生参加的基础上，我所开发出《国际经济关系研究》、《大国关系研究》和《南亚对外关系研究》等一系列新课程，以促进最新研究成果向教学层面转化，不断更新教学内容，提高教学水平。同时，从 2004 年起，我所还招收和培养世界经济专业南亚经济研究方向博士研究生。经过几年努力，我所为我国南亚研究事业培养了一大批高级研究人才。此外，我所为四川省政府有关部门和相关企业提供以开拓南亚市场为主要内容的培训，使我所逐渐成为全国南亚研究领域的专门人才库和人才培养培训基地。

（三）加强学术交流和资料信息建设

加入世界贸易组织后，我国经济全球化程度逐渐加深。随着经济全球化进程逐渐深入，我国与世界各国的经济联系逐渐深入，同时与世界各国的人员交流日益增多，与世界各国的文化联系不断增强。这种潮流对我国的人文社会科学研究机构，特别是人文社会科学重点研究基地的建设提出了崭新的要求。在重点基地建设过程中，我所按照教育部《普通高等学校人文社会科学重点研究基地管理办法》规定的要求，积极参与制定中国高等学校国际问题研究发展规划。由复旦大学倪世雄教授牵头起草的中国高等学校国际问题研究发展规划中，我所承担了中国南亚研究发展规划的撰写。同时，我所还利用教育部人文社会科学重点研究基地建设的会议费用，每年举办 1—2 次全国或国际学术会议，如世界贸易组织与中印经济发展国际研讨会等。我所还与巴基斯坦政策研究所合作，每年轮流在中国和巴基斯坦举办联合研讨会。多年来，我所在不断派出研究人员到国外学习的同时，还接收美国、印度、巴基斯坦等国外访问学者和北京、上海、云南等国内访问学者。在拥有丰富图书资料的基础上，我所也加强图书资料库建设，使我所成为全国南亚研究资料最完整的单位；在加强信息网络等建设的同时，作为中国南亚学会副会长和中国亚太学会副会长，我还通过研究所积极协调南亚研究领域和相关领域的全国性学术活动。中国南亚学会和中国亚太学会在此期间都在四川大学召开学术研讨会。我所通过举办国内和国际学术研讨会，充分发挥自身作为对外学术交流窗口的作用，逐渐成为中国南亚研究领域和相关领域的学术交流与资料信息基地。

（四）加强咨询服务工作

1964年成立以来，我所研究工作本着“以政治经济现状为主，兼及历史文化”的宗旨，注意使本所研究工作为我国社会经济发展和对外工作服务，并且已经取得十分重要的成绩，曾经获得党和国家领导人的充分肯定。为此，在重点研究基地建设过程中，我所必须坚持为国家社会经济发展现实服务的传统，遵照理论联系实际的原则，加强与我国社会经济发展实际密切有关问题的研究。自重点研究基地建设以来，我所继承科研为国家社会经济发展服务的传统，先后承担四川省有关部门和全国有关企业委托的开拓南亚市场的研究课题，并吸收这些部门和企业有关工作人员参加相关课题组开展的合作研究。我所还鼓励科研人员向各级政府及社会各界开展咨询服务，提高了我所研究人员解决我国和四川省社会经济发展中的重大实践问题的综合研究能力，以及参与我国和四川省社会经济发展重大决策的能力，逐渐成为全国知名的南亚问题咨询服务基地。四川省商务厅、四川省贸易促进会和长虹等全国许多知名企业，都曾向我所咨询开拓南亚市场方面的问题。

（五）深化科研体制改革

作为一个人文社会科学研究机构，我们虽然科研人员不多，但是作为一个单位，一个集体，要搞好工作，需要调动每个研究人员的科研积极性，需要充分发挥每件设备、每本图书和每份资料的作用，为此需要在管理制度方法上有所创新。在重点研究基地建设过程中，我所牢记重点研究基地建设的关键是制度创新，首先制定了一系列规章制度，如四川大学南亚研究所科研工作管理制度、财务经费管理制度、图书资料管理制度等。同时，根据教育部《普通高等学校人文社会科学重点研究基地管理办法》中关于“带项目或给项目进基地，项目完成出基地”的精神，对参与重点研究基地重大项目的课题组研究人员实行聘任制，并对所内分配制度进行改革。首先聘请校内杨翠柏教授、四川和平发展学会杨平学教授和云南大学赵伯乐教授等，负责重点研究基地重大项目《印度政党政治研究》和《印度民族问题研究》等的研究，并在所内外组建重点研究基地相关重大项目的课题组，逐渐形成机构开放、人员流动、内外联合、竞争创新的运行机制，不断探索创新，在高校科研体制改革方面逐渐发挥着引领和示范作用。

综上所述，我所严格按照教育部《普通高等学校人文社会科学重点研究基地管理办法》中规定的人文社会科学重点研究基地的五条标准，抓紧进行重点研究基地建设。经过7年左右的艰苦努力，我所重点研究基地建设工作获得重要成绩，科研工作取得重大进展，科研队伍逐渐壮大，科研成果大幅度增加，基本上成为名副其实的国家级重点研究基地、全国南亚研究领域的专门人才库和人才培养培训基地、中国南亚研究领域的学术交流和资料信息基地、全国知名的南亚问题咨询服务基地及高校人文社会科学研究体制改革的示范基地。因此，正是普通高等学校人文社会科学重点研究基地建设挽救了四川大学南亚研究所。四川大学南亚研究所已经获得新生。当然，在重点研究基地建设中，四川大学南亚研究所依然存在某些困难和问题，但是这些困难和问题与重点研究基地建设前所存在的困难和问题已不可同日而语，完全可以在重点研究基地建设中逐渐克服和解决。

展望未来　续写辉煌

李　涛

弹指一挥间，四川大学南亚研究所已走过了 50 年的历程，尽管历经风雨，但在南亚所几代师生共同努力下，在教育部、学校和各单位的支持下，南亚所不断发展着、快速发展着……

一

（一）科研工作跨上新台阶

首先，科研课题实现了多元化。过去南亚所承担的科研课题绝大多数来自于教育部基地重大项目，而现在，我们的课题中包括教育部重大攻关项目、国家社科项目、教育部一般项目和各种横向项目，甚至国外项目。其中教育部重大课题攻关项目 1 个、教育部基地重大项目 25 个、国家社科基金项目 8 个、教育部一般项目 4 个，四川省社科基金项目与横向项目若干，四川大学中央高校基本科研业务费研究专项 10 多个等。

其次，科研成果实现了多样化。南亚所师生在 CSSCI 来源期刊上发表论文的人均数量名列学校前茅，科研人员出版发行专著数量也排名靠前。过去我所研究人员发表论文主要集中在《南亚研究季刊》，现在师生们在国内其他核心刊物、权威核心刊物和国外刊物上不断发表文章。学术专著方面，除过去的“当代南亚丛书”、“基地丛书”外，近年我所又推出“南亚前沿问题研究丛书”、“中印关系研究丛书”、“南亚国别热点研究丛书”和“南亚研究译丛”等 4 套系列丛书。“南亚前沿问题研究丛书”已出版 14 本专著。我们每年还推出《南亚地区发展报告》、《巴基斯坦报告》。

第三，研究水平得到提升，科研成果评奖取得突破。由于学科划分问题，长期以来南亚研究成果较难获奖，而经过南亚所师生的不断努力，近年我们获得了教育部、四川省政府、四川省教育厅等部门的10余个奖项，特别是在2013年，我所集体成果“南亚藏传佛教研究”获得教育部人文社科优秀成果二等奖，而且是国际问题研究类一等奖空缺的情况下、唯一的二等奖。

（二）人才培养和学科建设呈现新局面

一是重视人才培养。众所周知，人才是科研机构发展的关键。南亚所每年都选派优秀教师前往国外访学、留学，利用教育部国际区域问题研究人才培养项目和其他项目，将老师送出国门学习深造。此外，鼓励青年教师不断深造，攻读博士学位，制定措施对于按期完成博士学位的老师给予一定的经济奖励。目前，我所青年教师绝大多数取得了博士学位。鼓励教师赴其他高校、研究机构交流学习。以2014年为例，我所近半数的教师分别在欧洲、美国、印度和国内的中国人民大学等高校及研究机构进行交流，两位经济研究方向的老师到江苏省挂职锻炼。通过各种措施，我们大力支持和鼓励教师参加学习和锻炼，不断提升自身知识储备和实践能力。同时，鼓励学生“走出去”，到国外留学深造，我所曾有巴基斯坦项目、印度项目支持学生留学南亚。2014年，我们又与复旦大学合作派送5名学生前往俄罗斯短期参访、学习。

二是注重学科建设。2009年，南亚所的国际关系专业被评为省级重点学科，入选两期“985工程”。此外基地硕博授权点建设工作取得重大突破，我所硕士生导师从4名增加到10名，博士生导师从1名增加到6名。我所自身拥有国际关系硕士点，并依托经济学院招收世界经济博士生，依托历史文化学院招收世界历史博士生，依托宗教所招收世界宗教博士生，依托文学与新闻学院招收比较文学与世界文学博士生，还依靠历史文化学院展开博士后培养工作。迄今已招收硕士生299人，博士生20余人，毕业硕士生232人，博士生10余人。现有在读硕士生67人，在读博士生近10人，在研博士后1名。南亚所正在逐步成长为我国培养相关南亚工作、研究高级人才的重要基地。

（三）对外交流不断拓展

基地每年至少举办一次国际或国内学术会议，2007年以来共举行10余次有影响的国内国际学术会议。仅2012年，我所就举办了3次国际会议，包括与澳门大学和外交学院共同举办的“东方外交与印度”国际学术研讨会、“中印城乡发展”国际研讨会、“中巴关系现状与发展趋势”国际研讨会。与云南省社科院、巴基斯坦政策所源起于2002年的三方会议不断扩大，每一年轮流由3个机构举办。2013年，新疆社会科学院加入，会议的质量和知名度不断提高，逐步成为西部地区品质较高的国际论坛之一，受到广泛关注。此外，我所每年举办学术讲座10余次，邀请国内外知名专家学者、社会名流到所为师生开讲，曾莅临演讲的政要包括巴基斯坦前总统穆沙拉夫、时任总理肖卡特·阿齐兹，斯里兰卡总理维克拉马纳亚克，尼泊尔前总理普拉昌达、前副总理马哈拉等。南亚国家驻华大使、外交官到访我所络绎不绝。同时，我所师生也越来越多地被邀请参加国外的学术会议、论坛。

同时，我所与国外的一些研究机构，如巴基斯坦政策研究所、巴基斯坦战略研究所、印度和平与冲突研究所、印度中国研究所、尼赫鲁大学国际关系学院、韩国庆北大学、法国巴黎政治学院等机构建立了长期密切的合作关系。

（四）社会服务工作取得突破

基地坚持服务社会、服务决策的导向。南亚所通过各种渠道为政府部门建言献策，所提供的政策咨询越来越受到省部级以上部门的重视和采纳。2009年底，四川省委政研室副主任李后强教授到基地调研促进四川—南亚经贸合作事宜，基地杨文武教授向四川省委政研室提交“中国·四川‘三轴一环’的‘南亚三角’开放战略”内部调研报告，得到时任省委书记刘奇葆同志批示。基地重大项目“南亚藏传佛教研究”的调研报告获省部级批示。基地专家学者向国家相关部门提交大量咨询报告，2009年至2013年有26份调研报告获省部级部门采纳。在服务地方经济建设方面，南亚所曾参加商务部、成都市商务局等单位合作课题，撰写调查报告，受到好评。我们还积极参与大众传媒。近年来，我所研究人员也越来越多地受到国内外媒体的青睐，频繁受邀对国际局势和重点问题进行分析，如我所张力教授多次接受美国《基督教科学箴言报》、《南方日报》、《南华早报》等国内外媒体的专访。

（五）信息资料工作呈现新局面

信息资料的充分和完备是科研发展的保障，南亚所历来高度重视信息资料库建设工作。我所每年要从经费中拿出相当大的一笔资金专门用于购买外文报刊书籍，仅2009年就一次性订购外文原版图书1100册左右，从1964年以来我所积累的各类报刊杂志也得到了妥善的管理和使用。

我所网站建设水平不断提高，每三日更新一次，日点击率超过600，设有英文目录，在南亚国家影响较大，正逐渐从工作网站转型为学术网站。

数据库建设也不断推进，建立了“南亚研究季刊”、“南亚所师生研究成果”、“国际关系研究期刊”、“国际关系及南亚研究图书资料”等4个数据库，4个数据库有效推动了科研工作，取得良好反响。目前正将已有的4个数据库结合对南亚8国现状的紧密跟踪，积极打造涵盖南亚8国政治安全、经济发展、社会文化、对外关系各方面最新动态的开放型数据库，并将数据库成果与南亚中小国家特色研究相结合，争取将这一数据库对国内南亚研究机构和人员全面或部分开放，以期推动国内各相关单位南亚研究的全面发展。

在刊物建设方面，《南亚研究季刊》曾于2007年和2009年两次被评为CSSCI来源期刊，并获评为“人大报刊复印资料重要来源期刊”。内部刊物《热点透析》，针对热点问题一事一报，多次得到相关领导重要批示。南亚所还从事动态资料集《南亚月报》的编撰工作，从2011年底开始，每月1期，已连续编撰31期，每期16万字左右，总字数已超过500万。《南亚月报》分赠南亚研究单位和各企事业单位参考，并与基地数据库建设有机结合，相互促进。

（六）科研体制改革与创新稳步推进

首先，基地规章制度进一步完善。基地进一步加强规章制度建设，根据学校新制定的“刊物分级方案”和“科研工作量考核方案”，系统、全面地制定与修订了“科研奖励办法”、“科研项目经费管理办法”等一系列规章制度，将逐步改善研究人员的福利待遇与充分调动基地人员的工作积极性结合起来。

同时，机制建设也得到了不断的完善。过去几年，形成了“四室四中心”的机构设置。我所以学科建设为中心，形成了南亚经济发展研究室、南亚外交安全研究室、南亚社会文化研究室、中国与南亚国家关系研究室4个研究室，以应用研究为中心，与巴基斯坦政府联合成立了巴基斯坦研究中心、与四川省政府联合成立了南亚与中国西部合作发展研究中心、与相关部门联合成立中国西藏与南亚研究中心，将资料室进一步扩展为信息资料中心，构成4个中心。在4个中心的基础上，在学校支持下2014年我所又进一步成立了中国—南盟区域合作研究中心、阿富汗问题研究中心、斯里兰卡研究中心、马尔代夫研究中心、孟加拉国研究中心、尼泊尔研究中心和缅甸研究中心，以1名教授或副教授为中心主任，长期从事国别和区域研究，最大程度地调动科研人员的积极性。我所逐步形成以研究室和研究中心为依托，以学术带头人带动中青年教师进行学术研究的良好机制。

此外，不断改善办公环境。从过去的东风楼搬迁到目前的文科楼，对办公区域进行了统一的规划和装修，配备了一批办公科研用品和设备与网络设施，使我所办公环境有了极大的改善。

二

回顾过去，总结经验教训，“五个坚持、四个结合”不无重要。

第一，坚持以制度治所，任何事都以制度为准，而不由个人或领导说了算。我们是一个小所，对于一些新施行的制度，我们要召开所务委员会或全所大会来制定。当然，也要保持制度的延续性，新的制度一般要执行 2 年后再根据执行情况进行微调。

第二，坚持民主平等、公平公正的管理作风。

第三，坚持调动全所工作积极性与改善教职员工福利待遇相结合，在工作的安排上，注意个人的优势长处，注重调动每个人的积极性。对于南亚所教职员工生病住院进行探望，遇到婚丧嫁娶，所里给予关怀慰问和补助。

第四，坚持互利共赢的原则，协调处理好各类关系，如所内科研人员与教辅人员的关系、离退休人员与在职人员的关系等。同时，注意协调好与校内其他院系、部处的关系，与教育部相关基地、国内外其他南亚研究机构、南亚国家驻华使领馆以及从地方到中央的各级相关南亚部门的关系，学会“十个指头弹钢琴”。

第五，坚持与时俱进、不断创新。每年年初，南亚所都要召开全所大会，对前一年工作中的失误进行反思和总结，对管理上的不当之处提出意见，对来年的工作规划提出建议。

除了在管理上执行“五个坚持”外，我们在科研上注重“四个结合”。

首先重视大国研究与小国研究相结合。过去，南亚研究往往只注重印度、巴基斯坦等大国，随着中国与南亚国家的交流加深，对一些小国的研究成为亟需，我所调配专门人员从事小国跟踪研究，形成重视大国、兼顾小国的研究格局。

第二，短期研究与中长期研究相结合，偏重中期研究。在短期研究、应急性研究方面，我们不如北京等地占有地利优势，只从事“十年磨一剑”的研究难以满足现实的需要，所以中期研究成为我们的重点选择。

第三，基础研究与应用研究相结合，加强对现实问题的关注。“巧妇难为无米之炊”，必须要有扎实的功底，才能作出精准的决策判断。以基础性、长期性研究为出发点和落脚点，突出现实问题研究，从而在服务现实、服务社会方面实现更大的作为。

第四，基础设施建设与数据库建设相结合，以办公楼搬迁、整修为契机，将硬件建设与软件建设相结合，在改善科研、办公环境的同时，加强数据库建设，营造更为有利的科研条件。

三

今后南亚所发展的五个重点方向：

第一，从研究的重点来看，要以抓标志性成果为主，兼顾综合性研究，以提高南亚所科研水平，实现质的飞跃。目前，南亚所科研成果数量较大，人均发表论文量和著作出版量都在全校名列前茅，但研究质量有待继续提高，高水平论文、专著总体上较少。

第二，从研究的方法来看，要增强团队合作意识，这既是提高南亚所科研水平的解决办法，又是可持续发展的需要。在过去 4 个研究方向的基础上，增加了国别研究，根据个人选择和所里安排，形成了老中青相结合的团队。依托平台建设，促进联合攻关。长期以来我们的老师已形成各自为阵独自研究的习惯，不适应团队协作，我们将充分利用各种平台，加强研究人员的合作。

第三，从研究的力量来看，要重视人才，加大教学相长的契合力。一方面，我们要大力引进人才，壮大研究队伍；另一方面，鼓励学生参加导师承担的课题，在导师指导下从事基础性研究，逐步参与课题研究，扩大研究力量。

第四，从研究的目的来看，要加强为现实服务，将南亚所打造成为国家急需的南亚问题研究智库。从目前的情况来看，南亚所大多数研究人员更擅长基础研究而非应用研究，其原因除老师们长期养成的习惯和兴趣爱好外，更重要的是服务决策的渠道还不畅通。因此，我所将积极打造各种为国家、地方、企业服务和参与媒体的渠道。

第五，进一步提高研究的国际化水平。首先，要致力于把我们更多的师生送出国门，送到研究对象国家进行实地调研。目前我们的研究资料大多来自于新闻媒体和英文资料，使我们的研究容易陷入误区，应当更多地注重田野考察研究。其次，要积极地与国际上的、特别是南亚各国的研究机构开展合作，使我们的研究更为深入。此外，积极创办英文刊物，争取南亚研究的国际话语权。

第二部分

同舟共济——情系南亚

谁言寸草心，报得三春晖

陈小萍

2003年9月，我有幸成为四川大学南亚研究所国际关系专业的一名硕士研究生，从此便与南亚研究结下了不解之情缘。初次与南亚所老师们见面是在开学后的第一周，如今虽已过去十余个年头，但当时的情形仍历历在目，耳畔始终萦绕着老师们的谆谆教诲和殷切期盼。文富德老师语重心长地教导我们："大家既要抓紧学习，又要搞好生活，争取做到两不误。"张力老师在发言中也激励大家："你们现在站在了一个新的起点上，需要不断用新的知识来充实自己。"听了老师们的一席话，我深受震撼和鼓舞，并时刻提醒自己千万不要沉湎于已有的成绩，而要用一种善于发现和勇于创新的精神来不断挑战自己。3年的硕士生涯既紧张又充实，在老师们的严格要求和悉心指导下，我的专业知识和理论素养得到了很大提升，科研能力得到了进一步加强，进而对南亚研究产生了更为浓烈的兴趣和强烈的渴望。因此，毕业后我选择留在南亚所工作，希望通过自己的努力来实现心中的梦想。

留校之初，我的教学经验和工作经验都很不足，需要多干一些实际工作来加以锻炼，于是我选择了参与《南亚研究季刊》的编辑工作。实际上，这项工作既琐碎又繁杂，它首先要求编辑能够妥善处理好与作者、读者的关系，因为《南亚研究季刊》不仅有助于培育一个南亚研究爱好者的广大群体，而且极大地影响着南亚所在海内外的学术声誉。带着这种神圣的使命感，我全身心地投入到季刊编辑部的整个工作流程中去。收稿、外审、编校、印制、发行，我逐渐熟悉了所有的工作环节。为了提高自身的编校业务能力，我还报考并获得了"出版专业中级职业资格证"。《南亚研究季刊》所载的文章是南亚研究学人的智慧结晶，我始终坚持着把编校稿件看成与作者思想对话的过程，因而编校工作也就不那么枯燥乏味了，这一点在后来逐渐得到了来自作者与读者方面的肯定。这种肯定与其说是对我个人工作方式的认可，不如说是对南亚所多年来积淀的踏实工作作风的赞赏。

在编校文稿的过程中，我与雷启淮老师和罗祖栋老师有过多次交流机会，这不仅提高了我的文字运用能力，也丰富了我的学术研究视野。雷老师多次帮忙编校稿子，无论是字、句、段，还是数字、符号，他都要仔细推敲，尽可能避免不妥之处。罗老师曾经带病为季刊编写英文摘要，并且多年来也是笔耕不辍。他们这么做，目的很简单，就是希望能够充分发挥自己的余热，让四川大学南亚所这个老字号在学术界占有越来越重的分量。前辈们的一言一行告诉了我们这样一个道理：工作不仅是一项简单的生存之道，更重要地还体现为一种做人的态度和追求的精神。这份真情和这颗责任心至今仍深深地感动着我、激励着我。

同时，季刊工作中还有件事令我印象深刻，那就是第一次工作失误后大家所给予的谅解和支持。当时，印刷厂工作人员把已经印好的季刊送到了我的办公室，我正准备装封邮寄时，却突然发现其中一页的表格中出现了很多黑条，导致许多数据模糊不清。顿时，我头脑一片空白，不知道该怎么办才好。过了一会儿，我怀着忐忑不安的心情向领导汇报了此事，做好了挨批评的心理准备。然而，领导并没有表现出恼怒，也没有指责我，而是冷静地嘱咐我查明出错的原因，然后联系印刷厂退回改正。经过一番仔细查找，我最后发现是排版室出酸纸时出现了问题，而我在没有对酸纸进行逐页校对的情况下就同意付印，而印刷厂也没有仔细核对就上机印刷了。当时唯一的办法就是联系各方尽快解决问题，排版室重新出了表格页的酸纸，印刷厂取件后立即重新印制该页，并将刊物拉回厂里将全部错误页替换下来。经过几天的紧张补救工作，印刷厂将季刊重新送到办公室，我认真检查后发现刊物没有问题，才决定对外发行。事后反省，我知道是自己在工作中的一时疏忽导致了这一连串的麻烦，然而大家并没有迁怒于我，而是积极、理性地寻找办法来帮我解围。自此之后，我不仅明白了“严于律己，宽以待人”的道理，也逐渐学会了包容与宽恕。

从事学术研究是科研工作者的本职工作，南亚所为年轻人的学术成长提供了重要的科研平台。“海阔凭鱼跃，天高任鸟飞”，尊重个性独立，任凭自由进取，在这样的学术氛围下，我获得了不断提升自己科研能力的机会。2008 年去巴基斯坦访学是我人生中非常重要的经历，让我真实地感知到研究对象国家，体会到南亚研究的重大意义。2009 年我首次参加了在海南举办的中国南亚学会年会，认识了许多学界前辈和新秀，他们勤勉务实的研究精神给了我莫大的启发。2010 年我争取到在职读博的机会，只求以勤奋学习所得回报我热爱的工作和集体。“不积跬步，无以至千里”，我一直在努力……

不仅如此，南亚所还让我时常保持着属于自己的独立心灵空间，这也是她给予我的最美好的记忆。8 年前，东风楼办公室开启了我在南亚所的工作生涯。尽管办公室内陈设简单，而且堆放了其他老师的诸多资料，但这并没有冲淡我对她的好感。相反，我满怀欣喜地开辟了属于自己的小空间，享受着这个安静而惬意的工作环境。后来，我们搬离了东风楼，忙忙碌碌几年后竟是琐事缠身，逐渐发现自己有些迷惘，于是又怀念起那种与书相伴的简单日子，从而很自然就有了考博前夕在东风楼办公室挑灯夜战的场面。那段时间，因为白天花费在孩子和工作上的精力较多，所以我不得不晚上恶补功课以迎接考试。夜晚，办公室里特别安静，空荡荡的一栋楼里几乎就只有我一人，但我却一点儿也不觉得害怕，而是尽情享受着那难得的读书机会。初春的夜晚乍暖还寒，旁边小太阳电热器送出的微温让我觉得这样的夜晚美好极了。如今博士已经毕业，我也早已不在那儿办公了，但是我依然很怀念那段时光，因为它曾经为我撑起了一片宁静的空间，让我远离了白天城市的喧嚣，找回了真实的自我。“淡薄以明志，宁静以致远。”我想，南亚所人也许正是秉承了这样的精神传统，所以才能在这个物欲横流、人心浮躁的时代持之以恒地从事着学术研究。

老师们还在生活上给予了我帮助与呵护。在我怀上宝宝期间，为了减轻我的工作负担，领导特意安排我去文科楼二楼英文资料室办公。其间，中文资料室的雷鸣老师经常过来嘘寒问暖，还精心为我挑选了小猪枕头等婴儿用品，让我觉得等待猪宝宝降生的过程是那样的幸福。至今，那个小猪枕头还陪伴着 7 岁的儿子，让我和家人学会了感激、珍惜和友爱。儿子出生后体弱多病，焦虑、烦躁、担忧、无助一度困扰着我，这些似乎过早地加重了我的产后抑郁症。然而，来自南亚所老师及家属们的探望渐渐驱散了我心中的阴霾，大家的安慰和鼓励让我变得坚强起来。还记得那一幕幕场景：李涛老师和栗力老师带着奶粉来看望幼儿，张力老师的夫人热心地给我传授育儿经验，尹锡南老师的夫人带着儿子打趣逗笑……可以说，儿子健康成长的每一步都离不开南亚所老师们的关心与爱护，生活在这样的集体里我感到非常幸运。

时光匆匆，一晃十余年就过去了，回忆往事，感慨万千。一路走来，南亚所的老师们在学习、工作和生活方面给予了我莫大的关心、帮助与支持，让我深深地受到了滋养。“谁言寸草心，报得三春晖”，我又怎样报答得了南亚所老师们这慈母般的似海深情？我感恩，是因为我明白我成长的每一步都凝聚了南亚所众多人的期许与心血；我幸福，是因为我得到了南亚所这个大家庭无比的关爱与呵护；我骄傲，是因为南亚所前辈们不仅留下了累累硕果，而且留下了朴实的工作作风。“高山仰止，景行行止，虽不能至，然心向往之。”南亚所老师们的杰出成就和温馨美德就是高山，就是大道，给了我不懈追求的源泉。巨人总是愿意用肩膀托起后来者，以创造更加辉煌、灿烂的明天。我将时刻铭记南亚所老师们的教诲，努力学习，勤奋工作，真正肩负起南亚研究前辈的重托，为南亚研究事业的发展作出力所能及的贡献。

国际化视野与国际化人才培养助力南亚所全面发展

戴永红

四川大学校长谢和平院士2013年9月30日在《光明日报》撰文指出，“一流大学普遍把国际化程度作为自身学术实力和办学水平的体现，把自己的国际影响力作为衡量成功与否的重要标志。”作为国家教育部布局在西南地区以研究南亚问题为主的人文社科唯一重点研究基地，四川大学南亚研究所也正是顺应这一办所理念，将树立国际化视野和培养国际化人才作为其发展的重点方向，并取得了明显的成效，助力南亚所的发展迈上了新的台阶。但与此同时，我们也应看到与其他国内外知名南亚国际问题研究机构相比，我们尚存一定的差距，有待我们以创新改革的精神迎头赶上，实现更大的辉煌。

一、国际化视野不断拓宽，国际学术影响力逐步扩大

四川大学南亚研究所自1964年成立，特别是自2001年初获批为教育部百所人文社科重点研究基地之一以来，抓住国家深化改革开放和进一步繁荣哲学社会科学的历史性机遇，将拓展国际化视野和培养国际化人才作为一项重要工作来抓，并取得了明显的成效。

首先，研究组织日趋完善，研究领域逐步拓宽。在研究的组织架构上，为适应国家改革开放、经济建设和外交工作需要，分别按照学科门类和国别地区方式在南亚所下设南亚经济发展、南亚外交安全、南亚社会文化和中国与南亚关系等4个研究室，以及阿富汗、尼泊尔、孟加拉国、斯里兰卡、缅甸、马尔代夫和中国—南盟区域合作研究中心等国别和区域问题研究中心，并与四川省政府合作设有南亚与中国西部合作发展研究中心，与巴基斯坦旁遮普大学合作设立巴基斯坦研究中心、与相关部门设立中国西藏与南亚发展研究中心。在学术会议主题和研

究课题的选择上，于稳固基础性研究的同时，重点加强应用性研究，特别是十分重视跨学科、跨国性和跨区域性国际问题的研究，如“全球化下的中印经济发展”、“构建和谐世界在亚太地区的实践”、“中国—南盟：建立共同繁荣伙伴关系”、“二十国集团发展前景及中印经贸合作”、“‘十二五’的中国外交：创新与发展”、“东方外交与印度”、“阿巴地区和美国：中国和印度的作用”、“印度‘东向’政策与中国‘西进’战略”、“世界贸易组织与印度经济发展”、“冷战后印度安全战略研究”、“中印缅孟区域经济合作研究”、“南亚的恐怖主义与反恐问题研究”、“中国与南亚各国关系中的‘西藏问题’研究”、“南亚国家能源、资源与环境政策和法律研究”、“中国—南亚陆路贸易能源通道建设研究”、“文化视野下的中印关系研究”、“印度经济发展前景研究”、“后危机时代中印经贸合作研究”、“美国‘亚太再平衡’背景下的中印美三边关系研究”、“在印藏人及其对中印关系的影响”和“中印海外能源战略研究—地缘政治经济的视角”等。研究领域的拓宽促进了南亚所学术国际化影响力的提升。

其次，学术交流活动日趋频繁，“请进来”与“走出去”并举。传统上，南亚所的学术交流活动更多的是“请进来”。随着国家对外开放的不断深化，南亚所的学术交流活动逐渐“走出去”，呈现出“国际化”的特征。一是南亚所每年均举办若干国际或国内学术会议。据不完全统计，从 2004 年到 2013 年，南亚所举办或承办各类大型学术交流活动 28 次，其中国际学术会议 15 次，占 54%。二是大量派遣学者参加国际学术会议。同期南亚所师生共 220 批次应邀参加国际学术会议。会议的举办国既有南亚所研究的对象国南亚 8 国，又有在南亚研究领域影响较大的美国、英国、新加坡、加拿大、瑞典和澳大利亚等国家；学术交流的机构既有世界名校的南亚研究机构（如哈佛大学东亚研究所和加州大学伯克利分校亚洲研究中心），又有政府或独立智库（如美国史汀生中心和瑞典安全与发展研究所）等。三是国外政要或专家学者频繁访问南亚所，进行演讲与学术交流，仅 2011 年至今即邀请国外学者和政要举行学术讲座 34 次。四是南亚所与若干国外研究机构建立了长期交流合作关系。我校与巴基斯坦旁遮普大学于 2007 年共建巴基斯坦研究中心；与巴基斯坦政策研究所、印度尼赫鲁大学、曼尼普尔大学、和平与冲突研究所、瑞典安全与发展政策研究所及韩国庆北大学等外国研究机构建立了多种形式的交流关系。

最后，重视学术成果国际化，积极提升学术国际影响力。一是注重海外学术著作出版。现有张力教授的英文专著《中国对印巴冲突的关切与中印关系》（China's Concerns over the Indo-Pakistan Conflict and Sino-Indian Relations，2008 年于香港出版）、《南亚的冲突管理》（To Manage Conflict in South Asia：

China's Perceptions，Stakes and Inputs，2009 年于瑞典出版）、《中印关系：战略接触与各种挑战》（China-India Relations：Strategic Engagement and Challenges，2010 年于法国出版），戴永红博士的《大国在缅甸的竞合博弈与中国的应对》（Competing and Cooperation Games of Great Powers in Myanmar and China's Responses，2014 年于瑞典出版）。二是鼓励学者在外文期刊发表论文。目前已有张力教授的《中国在南亚的新角色》（载《世界聚焦》）、李涛教授的《藏传佛教管理制度的改革与发展》（载《喜马拉雅与中亚研究》）。三是参与撰写海外学术专著。如张力教授为《新丝绸之路》撰写《中国和克什米尔之结》、为《地区与全球变动背景下的中巴关系》撰写《中巴战略纽带》、为《东北亚的冲突防止与冲突管理》撰写《解决朝鲜核危机的六方会谈机制：收益、优点与局限》、陈继东教授为《跨越喜马拉雅的鸿沟》撰写《孟中印缅贸易走廊及其发展》等章节。

二、研究方法需要改革创新，国际化人才培养尚待加强

南亚所成立 50 年来虽然取得了丰硕的成果，但在发展中还存在一些问题。一是研究方法落后导致国际化研究能力不强。目前，南亚所基本上是处在忙着“发现问题，解决问题”的“应急性研究”阶段，真正缺乏国际化的前瞻性和系统性的研究能力。而从信息时代到大数据时代要求国际问题研究机构不断采用更加高效便捷的技术手段用于数据的收集、分类和分析，并将研究成果传递到不同的目标受众。而南亚所在外文图书期刊的采购应用、网络学术资料渠道的获取和运用、学术成果的国际化传播等方面与国内外知名国际问题研究机构相比还存在很大差距。二是国际化人才缺乏导致国际化人才的培养不足。与国内大多数南亚问题研究机构一样，目前南亚所具有国际化素质的科研人员有限，又没有意识和财力吸引国外知名南亚学者专家来所研究，导致迄今为止科研人员完全“本土化”，与欧美国际问题研究机构中科研人员来源“国际化”的格局形成鲜明反差。

三、加强国际化能力建设，助力打造南亚研究智库

针对上述取得的成就和存在的不足，要想在竞争激烈的第二个五十年适应新的时代要求，南亚所在保持自身现有优势的基础上，必须在研究方法上改革创

新，在国际化人才的培养上加大力度，以使南亚所获得更加全面的发展，真正成为“国内一流、国际知名”的南亚问题研究智库。一是加强与政府的密切合作，进一步提高国际化研究能力。研究能力是南亚所的安身立命之本。应当加强与政府机构的合作，充分利用政府机构通过国家信誉保证而获得的强大国际交流能力，分享广泛的国际数据获取渠道，如共同参与国际研讨活动。二是打破封闭式的人才流动体制，允许科研人员内外流动。国际化人才缺乏是制约南亚所国际化发展的重要因素。而其原因又是缺乏一套鼓励科研人员内外流动的机制。应当设立学术国际化扶持基金，一方面鼓励学术国际化能力较强的科研人员多“走出去”，与国内外学术机构开展更多的合作研究，以在国外举办学术讲座和发表英文论文作为考核指标；另一方面制定“请进来”的政策，每年定期邀请国内外南亚问题知名专家到所研究讲学，并以南亚所名义发表高质量的外文研究成果。三是加大研究生的国际化素质培养。南亚所作为国际问题研究所，应当将每年招收的国际关系专业研究生，培养成“面向世界，融入世界，关注人类发展、担负世界责任、具备大国风范，集民族精神、创新能力和国际自信于一身的国家栋梁和社会精英”。因此，应当在研究生课程的设置、课堂教学手段的采用、结课作业成绩的考核与毕业论文重点写作和答辩等各个环节，为学生们营造出浓郁的国际学术氛围。四是大力推进南亚所的留学生培养。高水平的国际问题研究机构都非常重视国外留学生的交流和培养工作。南亚所应当鼓励符合条件的导师招收相关专业的留学生，一方面提高导师的国际化素质，另一方面扩大南亚所的学术国际化影响力。

无关岁月

雷　鸣

有几天和同事在办公室聊天，正聊得兴趣渐浓时，他突然问我："你的文章写的是什么？写完没有？"我一愣神，"什么文章？"我不记得有什么文章要写的。"就是关于所庆的稿子，不是说全所每位老师都要写一篇情系南亚所的文章，写出你对南亚所的所想、所爱、所愿，你还没写……"在他一连串的话语中，我沉默了，无言以对。是的，有这么一篇文章，为南亚所建所 50 周年而写，我怎么就给忘记了，我又怎么能忘记呢？

外面不知什么时候下起了淅淅沥沥的小雨，黑夜也悄无声息地来临，我坐在窗前，听着雨水打在芭蕉叶上发出"滴……滴……滴……"的声音，望着窗外烟雨蒙蒙的夜空，就这样呆坐着，思绪不知已飘向何方，难道已飘向那很遥远的过往，记忆像碎片一样在我脑海里浮现，可刚刚要捕捉到它时，它又"嗖"的一声没了踪影，我将怎样捉住它们啊！时间在我的静默中一点一滴地流逝，起风了，一阵寒意袭来，我不禁打了个冷战，已经是天凉好个秋的季节了。

我是 1996 年的秋天进入南亚研究所的，现在算来已经有 18 个春秋了。由于父亲的缘故，我和南亚所的感情又何止这短短的 18 年，它的由小变大，由弱变强，以及他的数次搬迁也伴随着我的童年、少年，直至我也成为所里的一份子。我的思绪又飘回到遥远的过去，的确太久远了吧，记忆中的画面也只能零零散散地拼凑在一起，曾经的辗转如一缕轻烟袭上心头，曾经的改变如一颗颗凭空出现的石头，在原本平静的湖水中荡起一层又一层的涟漪，微光泛起，映射出南亚所的几次搬迁。

记得很小的时候，可能是从上小学开始吧，我的学校离父亲的工作单位不远，每天放学后我都要到他单位去找他，在那里把作业完成。他的单位那时叫印度研究室（也就是南亚研究所的前身，1979 年才正式改为南亚研究所），就在现在东风楼三栋和四栋的位置，那是一栋两层楼的中式建筑，好像叫东南楼，灰色的墙壁，灰黑色的砖瓦，楼梯在大楼的中间，楼梯的两边是一间间的办公室，左右各 5、6 间的样子。一楼是川大武装部和别的什么单位，从木制楼梯上到二楼就是一条东西向的长长的走廊，走廊的一边是一排木头的栅栏，有 1 米多高，另一边也同一楼一样左右各有几间办公室。印度研究室在二楼，上楼梯后左拐的前三间就是了。在二楼办公的还有两三个单位，那些单位的名字我早就不记得了，但只有一个单位的名称到现在还深深地印在我的脑海中：人保组。是的，就叫这名，没错！“文化大革命”时期的人保组也就是现在的保卫处，人保组具体是做什么的我是不知道的，只知道它在上了楼梯的右边，但在楼梯一层和二层的下方左右各有一间黑漆漆的小房间，也是他们的，听人说那是关坏人的地方。由于当时家里的房子很小，父亲经常晚饭后到办公室看书、写文章，我有时候也会去找他。东南楼的楼梯口是没有安电灯的，黑咕隆咚的什么都看不见，我每次走上楼梯都两腿发软，心砰砰直跳，两眼直视，眼珠都不敢转动一下，两手紧紧地握成拳头，嘴里不停地念着毛主席语录“不怕牺牲，排除万难，去争取胜利”，或者高声唱着“雄赳赳，气昂昂，跨过鸭绿江”为自己壮胆，一旦听到一点响动，马上一声怪叫地直冲二楼，仿佛身后有红毛怪在追赶，脸总是吓得惨白。那时，晚上去单位找父亲一直是我又怕又欲罢不能的事，因为父亲单位有一台大电视，看电视的欲望常常使我战胜了上黑楼梯的恐惧，但那个黑楼梯和两边的小黑屋一直是我小时候的梦魇，直到南亚所第一次搬迁。

20 年世纪 70 年代末，川大把东南楼那一片地方规划成家属区，它的前面陆陆续续修建了东风楼 1 栋、2 栋。东风 2 栋修好后，南亚所也顺理成章地搬了过去。搬过去不久，东南楼也在尘土飞扬中灰飞烟灭，变成历史的记忆。东风楼 2 栋其实就是一栋职工宿舍，总共 6 层，有 4 个单元，一梯两户，南亚所在 2 单元的 6 楼，也就是 2 套房子。因为是家属楼，每套房子都是小套三的布局，单位的使用面积也就比在东南楼时大了一些，而且面积增加的同时，人员也在不断地增加，再加上图书资料室占的房间数过多，办公条件还是没有明显好转，每个房间都是两三张办公桌，单位领导也是两人用一个房间，只是房间稍微大了一点，里面可以摆上两个单人沙发以备接待之用。那个时候，打倒“四人帮”没几年，一切百废待兴，所里的叔叔阿姨们为了把“文革”中浪费的时间和荒废的科研夺回来，工作热情很高，我有时去玩都看见他们在伏案疾书或埋头苦读。其中有个李了文伯伯经常文章写到深夜，甚至通宵不眠。父亲说李伯伯是从外交部来的，是研究南亚的专家，也是国际问题专家，并和周总理一起到过印度，我当时就佩服得五体投地，对他更是尊重。几年后，听说李伯伯积劳成疾，因病去世，我还暗自伤心了好几天。

可能是因为科研单位总在家属楼里办公不是很正规吧，又或许是因为本来就是在那里过渡一下吧，总之南亚所在东风楼2栋没呆上两年，就又搬到了四川大学东门进大门左边的一栋楼里，那栋楼名叫滨江楼。滨江楼是一栋灰白色的4层小楼，有点小洋楼的感觉，小楼的前面有一个大大的圆形花园，花园里百花争艳、姹紫嫣红，每天都有园林工人专门除草、施肥，很是忙碌。滨江楼有三道门，中间一个正门，两边的尽头各有一面小门，但小门一般是不会打开，因为从小门进去就是一个单位的办公地点，不方便进进出出。一走进正门迎面就是一面大镜子，红漆的地板，洁白的墙壁，一尘不染，使人一走到大门口就不自觉地要理理头发，整整衣冠，随之换上一副严肃、庄重的表情。这栋楼在当时的川大可是很牛的，是老川大（和科大合并前）的最高权力机关办公的地方，其中包括了校办、党办、宣传部、组织部等很多行政机关，俨然就是川大的行政楼，能搬到这种地方那可是南亚所的光荣，这也说明了学校对南亚所的重视。这次南亚所搬到了一楼进大门左拐最靠边的几间房，这样左边的小门就被所里的老师利用上了，渐渐地成为南亚所老师的私人通道，不再从大门拐进来，直接走小门就进入了所办公场地，很是方便实用，更重要的是不用再整理衣衫，故作深沉了。滨江楼作为当时的行政楼管理是相当严格的，大门里有专门的值班室，每天24小时都有人值班，节假日也不例外。记得当时值班室里有个50多岁的大爷，一脸的铁面无私，每个陌生面孔进入都要登记，就算你说找校长、书记他也不讲情面，而且常常盘问来人是干什么的、来做什么事，俨然一付大管家的模样。许多来办事的人都有点怕他，但他对我却很亲切，每次去父亲单位他都要叫我到值班室坐坐或者给我几颗糖和花生，他说他的孙女就我这般大，已经很久没见了，我从他眼中看见了慈祥。滨江楼的门前有两块空地，大小有40多平方吧，右边那块被修成了自行车棚，方便来办事的人停放车辆。而左边那块却被南亚所那些年轻的老师们利用了，他们自己动手把地铺平，画好场地，安上球网，把那里变成一个虽简陋但又标准的羽毛球场，工作之余，那里就成了他们厮杀的战场。渐渐地，来打球的人越来越多，最后这里变成行政楼公共的球场，各单位之间还经常打打友谊比赛，既锻炼了身体又增进了感情，这样的结果可能也是老师们当初没有想到的吧。

时间慢慢地流逝着，我也渐渐长大。各种丰富多彩的生活召唤着我，经常到父亲办公室上晚自习的日子也远离了我，南亚所渐行渐远了。一个知了声声的午后，我百无聊赖，无所事事，突然想起应该去父亲单位看看，自南亚所两年前搬迁后我一次都没有去过，只知道搬进了当时最“高大上”的文科楼，闲来无事正好去找找。文科楼又叫“逸夫楼”，是香港慈善家邵逸夫先生捐资修建的，地方很好找，就在滨江楼不远，楼前的水池里立了个仙人掌雕塑，不知在当时算不算文科楼的地标，只是现在如遇到问路，往往答道：图书馆对面。言简意赅！文科楼给我的感觉是房间众多，四通八达，当时只知在二楼，可围着二楼找了两圈就是找不到，正当我如一只没头苍蝇般到处乱窜时，忽然看见拐角处有个天桥，赶忙跑过去，哈哈！“柳暗花明又一村”，天桥连着一栋2层楼房，南亚研究所的铁牌正挂在那里，好隐蔽，好安静，远离了主楼的喧嚣，一切是那样的祥和，真是个办公的好去处。

从没想过会到南亚所工作，但事情往往难以预料，几年后我阴差阳错地进入南亚所从事资料管理工作，真正成为所里的一员，可能这就叫作命运吧。从我1996年进南亚所至今，南亚所还搬过两次家，一次是搬到东风楼6栋，然后又搬回文科楼，只是这次搬到了5楼，而我现在就坐在这里。缓缓地，我把目光转向屋内，看着这间宽大而明亮的资料室，100多平方的面积，装修简洁大方，一排排的铁质书架上整齐有序地排列着中外文书籍，橱窗里陈列着老师们用心血和汗水完成的一本又一本专著、从创刊到现在的《南亚研究季刊》、各式各样各个时期的获奖证书。那些由于历史久远而发黄的书籍现在正静悄悄地躺着那里，脸上写满了光荣的沧桑，它们在师生们的借阅、查找、翻读中渐渐老去，年复一年，林花谢了春红，旧人去新人来，不知有多少人从它们身上吸取了营养、丰富了知识、开拓了视野。哦，我感叹着，这屋里的一切就是南亚所的浓缩史！不知不觉中我和它们已经打了近20年的交道，一刹间，伤感在心中疯长，回忆又弥漫于周围的空气之中。

春去秋来，花落花开。记忆中的那些楼、那些事、那些人在我眼前浮现而又飘远，南亚所也将在这一次又一次的搬迁中迎来它50岁的生日，我不知道以后漫长的岁月中它会不会再有变迁，但我相信它将继续在川大的历史长河中谱写出属于自己的华丽诗篇！

十载春秋　情系南亚

李建军

2005 年 9 月，我走进四川大学南亚研究所，那是一种丰收后的喜悦，站在那古朴历久的东风楼前，我留下了人生最难忘的时间碎片。

岁月如梭，进所求学工作已十载。时光荏苒，南亚研究所如春风细雨润物无声般发生着变化，我们共同成长……

曾记得，初入时，南亚研究所坐落在历久朴实的东风楼，小楼古朴清雅；

曾记得，迎新大会上，老师们循循善诱的话语开启了我人生的一段新旅程；

曾记得，南亚国家神秘的面纱在老师们孜孜不倦的教学中逐渐褪去；

曾记得，聆听讲座、交流，与国际关系开始了零距离接触，国际关系从此步入我的生活；

曾记得，我的人生再一次在这里驻足，我的理想再一次在这里起航，完成了求学者向教育者的转变。

而今，十载光阴流逝，逝去了我的青春，但也见证了南亚研究所的蜕变。

曾几何时，教育部人文社科重点研究基地、“985 工程”启动，南亚研究所插上了腾飞的翅膀；

曾几何时，南亚研究所入驻文科楼，开启一段新的历程；

曾几何时，会议室、图书馆、办公室旧貌换新颜；

曾几何时，《南亚论坛》增进了交流，拓展了视野；

南亚研究所——中国梦，南亚梦，我的梦。

曾经有人问我，在南亚研究所求学工作，你后悔过吗？或许南亚研究方向的偏僻生冷曾经局限了我的发展，或许我错过了其他大学院的喧嚣，但在这里我找到了得与失的平衡点，对于这样的选择，我无怨无悔。因为这里给予我的东西太多，甚多。第一次与导师研讨，第一次发表学术论文，第一次与外宾交流，第一次组织大型国际学术会议，第一次管理学生……多少个第一次都在这里发生。这里培养了我，锻炼了我，让我成长为一名教育工作者；这里，让我懂得了严谨的学风、认真的态度是人生的必备品质；这里，是我梦开始的地方，是我人生的加油站。

这里的师生情、同学情、同事情如春风细雨般，润物无声。莘莘学子意，浓浓师生情。导师文富德教授如指路明灯，在人生的瀚海中指引我前行。在我人生的十字路口，他奏响了我的幸福生命之歌。三年研究生同窗之情，至纯至真。五湖四海，有缘千里来相聚。心透明，生温馨，飞扬的青春旋律在这里唱响。山高人为峰，互助同事情。彼此间，我们不曾相识，是南亚研究所让我们走到了一起。一声问候，一点关心，一份帮助，倍添温暖、快乐、感动。工作的默契，理解与包容，协力合作，使我们携手跨过高山大海。

岁月无声，这里的十载光阴从身边飘过，留下了我深深的足迹。研究生的求知与进步，为我插上了梦想的翅膀；留所工作的历练与成长，使我自由翱翔在南亚世界的天空中……时光依然在流逝，往事烟云如歌，南亚研究所将迎来 50 华诞。50 载春华秋实创伟业，50 年薪火相传谱华章。岁月的年轮不会停止，南亚研究所普照的南亚之光依然璀璨。新的篇章将开启，犹如掀开一幅崭新的画卷，绚丽多彩。

岁月有痕，留下了我对南亚眷恋的印记，注定让我在这片南亚天地里奋进遨游，向着自己的梦想靠近，与南亚研究所一起拥抱未来。

和谐世界的缩影——印度佛教圣地鹿野苑亚洲各国佛寺考记

鹿野苑坐落在印度北方邦恒河旁印度教最重要的圣地瓦拉纳西 [Varanasi 旧名“贝纳勒斯”(Benaras),中国史籍上作“波罗奈”或“波罗奈斯”] 以北约 6 公里处。最早是佛陀在“菩提场/菩提迦耶”(Bodhgaya) 成道后到此“初转法轮”(开始传道)。根据印度传说,有一千佛陀在成道后来此转法轮,因此此处成为南亚的佛教四大圣地之一 [其他三大圣地是释迦牟尼诞生地迦毗罗卫 (Kapilavastu)、成道处菩提迦耶和涅磐处拘尸那迦 (Kushinagar)]。据说释迦牟尼从菩提迦耶步行,一步跨过恒河传授“解脱”之道。

公元前 3 世纪时阿育王崇佛,在此建院兴寺,建立纪念石柱,鹿野苑成为当时印度北部重要的艺术中心,贵霜、笈多王朝时期更是达到了顶峰。公元 5 世纪的中国晋僧法显和 7 世纪的唐僧玄奘都到过这里,分别在其《佛国记》和《大唐西域记》中见证了这一盛世。后来随着佛教在印度的衰亡,鹿野苑也逐渐衰败,最后毁于穆斯林之手,13 世纪后不见任何史载,直到 1794 年随着现代考古发掘,人们才重新发现这一圣地,其成为亚洲各国佛教徒礼佛圣迹之一,他们纷纷在这里兴建庙宇。在鹿野苑,人们能发现各种不同风格的寺庙,既有大乘、小乘之分,又有各国不同特色,但万法归宗,鹿野苑的各国寺院都遵循着共同的佛教理念——和平、和睦、和谐发展!

缅甸佛教寺院

缅甸佛寺 (Burmese Buddhist Temple) 位于鹿野苑的西北部,在阿育王柱附近。黄红相间的大门极具特色,大门上有一个巨大的法轮图案,特别是门顶三座绛红色的小方塔在阳光的映照下显得十分耀眼。刚进大门人们会怀疑这是一座寺院吗?它看起来更像一家旅店,但当绕到大门正对的主体建筑背后,又会有

“柳暗花明又一村”的感觉，这里别有洞天，佛像、殿堂一应俱全——首先映入眼帘的是建于 1934 年的马哈维杰塔维斯马（Mahawijitawisima）佛塔，高大雄伟，饰以金黄和绛红色，塔底殿堂内四壁绘有佛本生图，佛塔外吊挂着一口巨大的青铜钟，看似有一定历史，是寺院的镇寺宝物之一；佛塔旁边有一座亭式小佛塔，亭内也挂有一口较小的钟，这个亭塔建于 1996 年；对面是 1997 年修建的释迦牟尼佛殿，用玻璃罩着的鎏金释迦牟尼座式竖像，栩栩如生，双眼微闭，面带微笑……

目前寺院有 6 名僧人，寺院主管 U·王拉达扎（U Wannadhaza）现年 58 岁，曾两次去台湾，他出生于缅甸，现在已拥有印度国藉。不过寺院的资金大多来自缅甸，并负责接待每年来鹿野苑朝觐的大量缅甸僧俗信徒。

中华佛寺

中华佛寺（The Chinese Buddhist Temple）靠牟拉甘陀库底寺较近，远远地便能看见竖立在寺院院墙上中英文的“中华佛寺”招牌，院门由两根粗大方形柱组成，每根柱顶镶着四面红心白边黄底的法轮。寺院极具汉式建筑风格，由三重院落组成，前两重为佛殿，后一重为藏经楼。第一重佛殿仅一层琉璃瓦屋檐，屋檐下大门门框上悬挂着一横匾，其上用汉文写着“中华佛寺”4 个大字，前书“中华民国二十八年”，后题“中国福建李俊承建”，大门两边墙上有两个法轮式的窗孔。第二重殿堂有两层琉璃瓦层檐，与第一重殿堂间用两条挂满黄色幡旗的链条相连，大门口挂着红灯笼，两殿间的院落种有柏树和其他常绿花草灌木，殿内四壁绘有壁画，供有一尊玉佛，据说是从缅甸请来的，此外还供奉着一尊小佛像和一座弥勒佛像，并挂着“佛光普照”的黄色锦缎；第三重藏经楼为两层平顶楼房，大约有一、二十间房屋，据知经书不多，大多用作了客房。

到过中华佛寺的人几乎都见过一位胖胖的中国僧人，他就是僧人雨晴。据雨晴讲，他 67 岁了，是从塔尔寺走过来的，因为脚摔坏了，就留在此了。“他乡遇故人”，见着从中国来的笔者，雨晴似乎显得非常激动，并述说着自己在外飘泊的艰辛，中华佛寺现在由 4 名泰国僧人管理。

与鹿野苑其他较大的佛教寺院相比，中华佛寺显得较冷清，寺院的陈设也没有其他一些寺院那么富丽堂皇，这主要可能是缺乏外来资金的支持和管理者的变更所致，加之各种崇佛礼佛活动和济贫活动开展较少，没有建立学校，也没有开办诊所。

日本法轮寺

日本日月山法轮寺（Nichigatsuzan Horinji）在鹿野苑建寺较晚却发展迅速，主要缘于一对执着的日本夫妇。

1963 年，北条（Hojo）教长和他的妻子明星（Myojo）到身延町（Minobu）的七面山（Shichimen）朝拜时，梦中所托，要他们到印度建一座日莲宗（Nichiren Shu）寺。经过多年的努力，特别是结识了印度驻蒙古大使库殊克·拜库拉（Kushok Bakula）先生后，他们的友谊促成了达玛·查克拉（Dharma Chakra）印日佛教文化社区的建立。

在松本日莲（Nichizen Matsumoto）的指导下，日月山法轮寺建设委员会成立了，为寺院准备了购买大约 1000 英亩土地的经费，而且第一阶段的全部费用大约 2 亿日元。

1987 年，在日本麻殊（Matsui）建筑公司的指导下，寺院的大殿和禅房开始修建，历经数年，直到 1992 年 11 月 21 日寺院的建成，举行了盛大的落成典礼。库殊卡克·拜库拉（Kushok Bakula）祝贺道："佛教诞生在印度，但后来在印度衰落了，在外国僧尼和信众的帮助下，回到了印度……"

法轮寺在北条（Hojo）教长夫妇的管理下，积极从事各种利益佛法众生的活动，不久他们又开始了寺院的第二期建设工程，主要包括扩大寺院场所、修建一座佛塔、为当地老百姓建一所幼儿园、开办一个诊所等。

2003 年，北条（Hojo）不幸逝世，明星（Myojo）没有中断和丈夫未竟的事业，和她的家人继续支持着寺院的建设。现年 85 岁的她甚至不顾年事已高，行动不便，几乎每年都要亲临寺院一次。

日本寺从院门到殿堂间的草坪上，一边供奉着留有"法轮寺"字样的石碑，一边供奉着一座黑色的释迦牟尼佛像，佛像上遮蔽着华盖一样的菩提树。从外表看，日本寺大殿与中华佛寺和缅甸寺院的建筑风格大相径庭，黑瓦、白墙，凝重、肃穆，极具日本特色；殿堂内部陈设也不太一样，佛像以木质为主，远远地便能看见大殿正中的一尊卧佛，神态安详，真人般大小，大殿右边的一副皮鼓也较引人注目……

目前寺院由 1 名日本僧人和 1 名叫格桑·洛布诺布（Kalsang Norbu）的印度人管理着，另雇请了几名信徒做寺院的杂务佣工。寺院主要是由明星（Myojo）每年从日本募集 1000 美元作为日常运作，另外寺院每年还有 2 万—2.2 万卢比的布施收入。

在鹿野苑，除缅甸佛寺、中华佛寺和日本法轮寺外，还有许多其他寺院，如1931年斯里兰卡佛教徒达磨波罗在牟拉甘陀库底寺（Mulagandhakuti Temple）原址依菩提伽耶寺塔式式样所建的新寺；正在大兴土木的泰国佛寺，不但占地面积大，而且于2001年3月为儿童建立的P. P. S. 公立学校（P. P. S. Public School）极受当地人的欢迎；除法轮寺外，日本在鹿野苑还有另一座较小的寺院达玛·查克拉·维哈尔（Dharma Chakra Vihar）；藏传佛教各教派包括噶举、格鲁、宁玛和萨迦等，都在这里建立和正在修建寺院，特别是20世纪90年代以来，一些寺院如噶举寺，其金碧辉煌的程度让许多寺院望尘莫及……

鹿野苑的各国佛寺尽管在寺庙风格、色彩，经书译解，僧规制度等方面存在较大差异，但它们的生存发展基本上依靠本国僧众的支持；这些寺院也极力与当地民众保持良好的关系，建学校、开诊所等；而且寺院间，不论是不同国别还是不同派别，大都能和睦相处、相互促进。

2000多年前，释迦牟尼在这里开始传播佛法，而当佛法在印度衰亡时，其在海外却得到极大发展。从各国的佛法来看，它们几乎都经历过与当地宗教文化的“冲突和融合”，经历过“嬗变”，回归的、不同特色的寺院风格、佛法理念是对佛教的升华。而各国佛教不仅能和谐共存圣地，而且相互借鉴、融合，天下大同、世界和平，正是新时代佛教发展的新趋势。

让中斯友谊世代相传
——记斯里兰卡朋友尼哈尔

宋志辉

到南亚研究所工作以来，因为工作的需要，已经多次去美丽的“狮子国”斯里兰卡访问和交流，深深感到斯里兰卡人民对中国人民的深情厚谊。在我结识的许多斯里兰卡朋友中，给我印象最深的还是尼哈尔·阿鲁维哈雷先生。虽然已70多岁，尼哈尔仍然为发展中斯友谊、发展中斯经贸而努力、奔忙。

首次认识尼哈尔，还是在2000年的首届西博会上为其担任翻译，我也从此与他结下了深厚的友谊。10多年来，尼哈尔每年都应邀请来成都参加西博会，或是参加四川省和成都市举办的有关南亚的会议、展览等活动，积极为中斯经贸合作与交往出力。随着交往的深入，我也逐渐了解到这位老人为发展中斯友谊和中斯友好合作所作出的贡献。尼哈尔出身显赫，却为人十分低调。据他本人介绍，他是斯里兰卡已故总理班达拉奈克夫人的侄儿，大学毕业后即进入总理府工作，担任总理办公室秘书，曾随同班达拉奈克夫人来我国访问，并受到毛泽东主席和周恩来总理的亲切接见。每次谈到受毛主席接见，尼哈尔总是滔滔不绝，如数家珍，显得十分激动。据尼哈尔回忆，1962年12月30日至1963年1月9日，他随同班达拉奈克夫人来我国访问。当时班达拉奈克夫人是以双重身份来华访问的，一是作为斯里兰卡（当时是锡兰）的政府首脑，二是作为亚非六国会议的代表。她的中国之行既是友好访问，也负有调解中印关系的使命。早在周恩来总理于1957年访问斯里兰卡时，班达拉奈克夫人的丈夫、时任斯里兰卡总理的所罗门·班达拉奈克就接受了周总理的访华邀请，可是他不幸于1959年遇事身亡，未能如愿。因此，这次班达拉奈克夫人访华是周总理访斯的回访。1962年10月，印度在中印边境挑起大规模武装冲突，中国不得已进行自卫还击。同年12月，亚非6个国家（锡兰、缅甸、印尼、柬埔寨、埃及和加纳）在班达拉奈克夫人的倡议下，召开了科伦坡亚非六国会议，制定了拟向中印提出的关于中印边界问题的“科伦坡建议”。班达拉奈克夫人访华肩负着促进和平的使命，受六国委托来华调解中印边界冲突。尼哈尔说，班达拉奈克夫人访华正值 1963 年中国新年，我国政府和人民像迎接新年一样隆重欢迎这位远方的贵宾。他们所到之处——广州、北京、上海和杭州都受到最热烈的欢迎和最隆重的接待。在北京，为迎接班达拉奈克夫人的到来，数十万人冒着凛冽的寒风，聚集在天安门广场和十多里的长安街上。他们表演歌舞，欢呼口号，长安街和天安门广场成了花朵、旗帜和歌舞的海洋。在首都机场，周恩来总理和陈毅副总理等 4000 余人迎接，班达拉奈克夫人检阅仪仗队，周总理致欢迎辞，她受到了极高的礼遇。班达拉奈克夫人给中国人带来了珍贵的友谊，为中斯友谊写下了新篇章。周总理和班达拉奈克夫人就双边关系和“科伦坡建议”举行了会谈，并发表了联合公报，充分肯定了班达拉奈克夫人和亚非六国为促进中印友好及和平解决边界问题而做的积极努力。周总理称赞说，班达拉奈克夫人是锡兰著名的政治家，她继承了先夫的遗志，维护民族独立，奉行和平中立的外交政策，促进亚非团结和世界的和平事业。毛泽东主席、周恩来总理和宋庆龄副主席分别会见了班达拉奈克夫人及其一行，尼哈尔就是其中的成员。

尼哈尔说，自首次访华以来，他已来过中国 30 多次，每次来到中国，都有一种回到家的感觉。过去 30 年来，尼哈尔亲眼目睹中国改革开放的进程，亲身经历了中国经济的快速发展。14 年前，已经退休的尼哈尔应中国国际贸易促进会四川分会的邀请，时隔多年再次来到中国，参加在四川成都举行的首届中国西部国际博览会开幕式。看到中国发生的深刻变化，尼哈尔感到深深的震撼。虽然来之前已从媒体上了解到中国实施改革开放发生了很大的变化，但其对中国的印象基本上还停留在 20 世纪六七十年代。此次再来中国，尼哈尔直呼中国的变化简直是天翻地覆，令人难以置信！尼哈尔本来打算参加了西博会开幕式，参观几家企业就回国的，但在参观的过程中，他发现了许多商机，感觉中斯之间还有许多合作和共同发展的机会。尼哈尔是个闲不住的人，回国后，他说服妻子，在斯首都科伦坡注册了一家贸易公司，开始经商。2009 年 5 月，斯里兰卡内战结束，尼哈尔感觉斯发展旅游业的机会来临，于是又注册了一家旅行社，陆续开始接待来自中国和世界各地的游客。经过几年的经营，尼哈尔的业务逐渐扩大，在商界的人脉也越来越广。2012 年，尼哈尔又在首都科伦坡发起成立斯里兰卡—中国贸易与投资促进会，积极宣传中国的经济发展，为赴斯发展的中国企业提供服务和咨询，同时组织斯里兰卡商家来中国经商、发展业务。尼哈尔发现，中国人喜欢喝茶，而斯里兰卡以红茶著名于世，锡兰红茶是世界红茶市场中的佼佼者。于是，尼哈尔开始向中国出口茶叶等商品，希望以斯里兰卡红茶为纽带，促进中斯之间更多的经贸合作，为两国的经济发展多做贡献。

2014年7月，得知习近平主席将访问斯里兰卡，尼哈尔兴奋得像个孩子。在得到消息的当天，他即给我打来国际长途电话，说要把办公室重新装饰，多增加一些中国元素，特别是要把毛主席接见班达拉奈克夫人和他的照片放大挂在墙上醒目处，同时还发来一些文字资料，让我帮他翻译成中文。他说，他的最大心愿就是希望到时候习近平主席能去视察他的办公室，他要亲自向习主席汇报……尽管习主席访斯时并没有去参观，但尼哈尔通过邮件告诉我，他把自己的办公室装扮一新，特别是里面增加的中国元素让他感觉自己时时刻刻身处中国，心里总感到暖暖的。

尼哈尔夫妇都是虔诚的佛教徒。斯里兰卡大多数人都信仰佛教，佛教僧侣在当地备受尊敬。按照当地习俗，所有信众都要定期到附近寺庙朝拜并轮流供养一位僧侣，一般为一周时间。2012年5月，本人在访斯期间，曾有幸应邀到尼哈尔家作客，并住到尼哈尔家中，恰逢他家供养当地寺庙住持，我多次陪同他到寺庙侍奉住持，亲眼所见他及当地人对僧人的敬重和对神灵的崇拜，深受感染。供奉期间，尼哈尔夫人每天做好可口饭菜装入专用餐具，由尼哈尔亲自开车送到寺庙，等住持用完斋后，将餐具带回清洗干净以备下顿使用。尼哈尔说，近年来，中国使馆和中资企业很支持当地的宗教活动，当地一家中资企业还捐款修改了一座新的寺庙，以方便当地信众。

尼哈尔已退休多年，从其居家条件不难看出，其经济条件并不差，本可以过上轻松的生活。但尼哈尔仍然热心于工作，特别是热心于与中国的经济和文化交流，让我深受感动。尼哈尔夫妇未生育子女，所以夫妇俩有更多的时间从事公益活动。尼哈尔的夫人告诉我，最大的快乐就是每当有中国客人到家里作客时，他们亲手做最拿手的菜招待中国客人。由于自己没有子女，尼哈尔夫妇经常资助当地一些贫困学生，甚至赞助一些经济条件差的学生到中国留学。尼哈尔说，看到中斯关系发展得很好，他感到由衷的高兴。他说，老一代领导人开创了良好的中斯友好关系，不能在我们这一辈停下来，要让中斯友谊在两国之间继续传下去。他经常说，作为亲身创建中斯友谊的人之一，他有义务要让中斯友谊一代一代传下去，世代相传。

我见证了南亚所的成长

唐鹏琪

1993年，怀着梦想，我考进了四川大学。之前，我并不知道南亚所的存在。当我以360多分的成绩被调剂到南亚所的时候，失望充满了心间。但为了圆读书与深造的梦，我成了南亚所93级唯一的学生。那是南亚所的低谷，没有人报考南亚所，南亚所默默无闻。

在金秋收获的季节，我踏进了南亚所的大门。兢兢业业的雷启淮所长、《南亚季刊》上久闻其名的文富德老师、已故的科研标兵李德昌老师、一丝不苟的栗力老师、已故的热情善良的许美兰老师……亲切而安静的南亚所抹去了往日的失意，让我充满希望地开始了3年的求学生活。

和蔼可亲的文富德老师带我走进了南亚研究。课堂上，印度的风土人情仿佛还历历在目；办公室里，有关写论文的谆谆教诲似乎还回响在耳边。孤独而难忘的3年转瞬即逝。毕业后，我留在南亚所从事科研与教学工作。

在南亚所艰难的日子里，雷启淮所长曾为办《南亚研究季刊》的区区两万元费用而奔波。从他们那里，我见识了"人不知而不愠"的君子风度，学会了坚韧，学会了在清贫中快乐地生活。

"预则立，不预则废。"随着中印两个大国的崛起，南亚研究开始被众多仁人志士所重视，南亚所迎来了新的希望。文富德所长以多年研究南亚的积累及一个功底深厚学者的敏锐使南亚所成为人文社科重点研究基地及985科研单位。从此，南亚所获得了新生。从他们那里，我见识了"潜龙在渊"到"飞龙在天"的成功，学会了在默默无闻的研究中不屈不挠，在无人知晓的耕耘中精耕细作。前辈们常说，做学问嘛，要能够忍受孤独与清贫，但这份孤独与清贫恰是我们的财富。

21世纪属于世界的东方，是亚洲的世纪。中印两个大国在国际舞台上扮演着越来越重要的角色。伟大的时代带来无数的机会，与这伟大的时代相吻合的是南亚所逐步走上了康庄大道。

之后李涛所长来到南亚所，接过文富德老师手中的“接力棒”。南亚所逐渐兴旺起来，学生逐渐多了起来。今天，每年有 20 多位学子愿意加入研究南亚的队伍。

回首往事，没有碌碌无为，但也没有值得言说的成就。但是，我要感谢南亚所：是南亚所让我圆了求学的梦想；是南亚所把我领进科研的大门；是南亚所让我学会在“人不知”的世界里不断探索而追求幸福；是南亚所“上善若水”的老师们让我懂得了做人的道理，学会了善待身边的每一个人；是南亚所给了我自由而广阔的空间，研究印度经济走向、探索印度科学技术的奥秘、涉猎印度传统而非古老的阿育吠陀医学、专注斯里兰卡国家发展的各个层面……这些领域的探索让我逐渐走上科研的大道。同时，南亚所还给我了担任教务员的机会，让我担当了为人师表的责任。

来日方长，我愿在南亚所继续努力地默默耕耘。

南亚所五十周年所庆感言

王娟娟

人言“三十而立，四十不惑，五十知天命”，四川大学南亚研究所已经历了50年的风雨历程，其间的荣辱风华令人叹之。然而，作为个人，与南亚所相识却是在4年前。4年前，从南开大学博士毕业后慕名来到全国南亚研究领域的重镇——南亚所。南亚所初始给我的印象很与众不同，除了在研究领域的南亚特色之外，还有它特殊的人文环境。

在我这个“外来介入者”的眼中，南亚所人文环境中最大的特色是它的民主。以全所大会为例，在会议上，无论是鼎鼎大名的教授还是普通的讲师都在会议上对全所事务畅所欲言，充分发挥书生的议政本色。初始我对这种有些“吵闹”的议事风格很不适应，可是后来觉得这是一种所内民主，给予每个人参事、议事之权。或许正如李涛所长所言，南亚所是最讲民主的研究机构。南亚所浓郁的民主之风之所以兴盛，一方面得益于领导开放的魄力与心胸，另一方面也是由于所里诸位同仁之间友好谦让的心态与互助的情怀。作为一个北方人初来成都，我初始很不适应，领导与同仁在生活和工作上给予了我很多关注与关怀，使我这个异乡人感受到了心灵的温暖。

南亚所人文环境另一特色是坚守知识分子的本色与研究园地。所里共20人，但每个人都在兢兢业业地做科研，研究全面覆盖南亚八国，领域涉政治、外交、经济、宗教、文化等，几乎无所不包。对研究园地的坚守是一种令人感动的情怀，特别是有的同仁竟然在“学术快餐文化”大行其道之时依然坚持“十年磨一剑”，不鸣则已，一鸣惊人。

除了坚守知识分子的本色与园地，南亚所的人文环境中还有一种学以致用的风气，提倡为国家、为社会贡献自己的力量。社会科学的学术研究本是辛苦的工作，且很多研究成果并不为外人所知，但近几年在国家的号召下，社科领域的成果受到重视，而南亚所由于所处的地理位置和在南亚学界所处的学术地位走上了西南智库之路，经常见闻同仁的研究成果被中央政府与地方政府机构所采纳。这无疑也是对研究者的一种肯定与激励。

此外，南亚所图书资料室藏书之丰富、久远令人惊叹，尤其是其所藏的印度、巴基斯坦等国的英文杂志与期刊。据负责的雷鸣老师介绍，南亚所所拥有的印度、巴基斯坦等英文报纸、杂志不下数十种，且经历了几代领导的苦心经营，从 20 世纪 50 年代至今均有收藏。这不能不说是个巨大的学术宝库。

总之，南亚所的人文软环境具有特别的吸引力与魅力，在其 50 岁生日来临之际，祝愿它越来越强大、越来越美丽！

安心从事本职工作，努力搞好本职工作——在四川大学南亚研究所工作34年的几点感想

文富德

在四川大学南亚研究所成立 50 周年之际，所领导人要求大家都要写一些在所里工作的感想。作为前所长，我在前面已经总结了我负责期间的工作，因此本不打算再写什么感想。但是，作为一名研究所的成员，还应该响应所领导的号召，写点东西。同时，在学校公布调整南亚所领导班子的会上，我也做了表态：一是拥护学校关于南亚研究所领导班子调整的决定；二是支持新领导的工作；三是安心从事科研工作。因此，从支持新领导工作的角度出发，我也应该写点东西。此外，我虽然没有参与创建四川大学南亚研究所，但还是在参加工作 44 年的情况下就在该所工作了 34 年，因此四川大学南亚研究所成立 50 周年，还是应该写点东西。写是应该写，重要的是，我已经年龄大了，离退休时间已经不是太久了。在离开工作岗位之前，写上几句，与南亚研究所全体同仁（无论是长期共事和刚刚共事，还是今后进入南亚研究所而没有共事）共勉，还是我应该尽到的责任。现在的问题是，在四川大学南亚研究所成立 50 周年之际，我应该写点什么？我已经在南亚研究所工作了 34 年，一直从事科研工作，当然也违心地在学校和南亚研究所干了 10 年行政工作，应该说对 30 多年在四川大学特别是南亚研究所的工作还是有感想的，因此还是可以写点什么的。至于写点什么东西，由于长期从事研究工作，当研究人员，也就是群众，也短期从事行政工作，当过负责人，也就是领导嘛，因此我在这里应该说的是，无论是领导还是群众，为了南亚研究所的未来，都应该安心从事本职工作，并努力搞好本职工作。

我之所以在这里要讲一下“安心从事本职工作，并努力搞好本职工作”的问题，是因为我始终难以忘记 20 年前的一件事。记得我在担任四川大学人文社会科学研究院副院长时，曾经应四川大学人口研究所所长何景熙教授的邀请，到该所调研并讲话。20 世纪 80 年代，由于联合国人口活动基金的支持，四川大学人

口研究所曾经拥有令全校所有文科研究所为之羡慕的最先进的设备和最良好的条件，而且研究人员众多，高手云集，非常繁荣。但是，由于联合国人口活动基金的资助项目完成，对四川大学人口研究所的资助停止，再加上市场经济的冲击，与四川大学南亚研究所一样，到20世纪90年代中期，人口研究所也面临崩溃的边缘。记得那次在四川大学人口研究所全所人员大会上讲话时，我把人口研究所比喻为一座庙，把原来的老所长赵世利教授比喻成菩萨，把时任所长何景熙教授比喻成长老，其他几个人就比喻成住持与和尚。我说，20世纪80年代四川大学人口研究所这座庙还是很兴旺的，香火兴盛，各类人员近20人，好多人都想到人口研究所工作，就连我那个同学王剂川，他当时是四川大学学生会主席、全国青年联合会副主席，好多单位都想要他，但是毕业后他却选择到了四川大学人口研究所。我在国外留学时就有老外说你们这里有赵世利教授这个菩萨。现在，菩萨走了，一些和尚也走了，但是还有庙子在，还有长老、所长何景熙教授在，还有几个和尚、几个研究人员也在。庙子在，当然比过去破点，大家还是可以遮风避雨，免受日晒雨淋之苦。所长何景熙长老还在忠于职守，安心从事本职工作，努力搞好本职工作，坚持守护庙子，尽力恢复庙子的兴旺；作为研究人员的和尚应该做些什么呢？是继续为僧还是离庙还俗？是安心修炼还是不讲僧规，甚至撤庙毁宇？现在是考验大家的时候了。因此，在四川大学成立50周年之际，我想借用18年前在四川大学人口研究所讲的这段话，也把四川大学南亚研究所比喻成一座庙，把所长比喻成长老，把工作人员比喻成和尚，讲几点自己关于使四川大学南亚研究所这座庙保持兴旺的几点感想。

第一，作为领导的所长，庙子的长老，要安心从事本职工作，努力搞好本职工作。

作为所负责人，有所长、副所长；作为庙子的负责人，有长老、方丈和住持，需要有三个方面的本事：第一是品德良好。首先是要爱国。所长要爱国，要遵纪守法；长老也要爱国，也要遵纪守法。否则，如果所长和长老带头不遵纪守法，国家不允许，行业也不允许，这个所或这个庙的存在就有问题。其次是要爱所、爱庙。所长是学校任命的，把本所搞好了，也是爱校的具体表现。所长要爱所，才能为所的繁荣全心全意，敢于担当；长老要爱庙，才能为庙的兴旺尽心尽力，勇于负责。反之，所长不爱所，长老不爱庙，半心半意，三心二意，甚至身在曹营心在汉，那么这个所难以繁荣，这个庙也难以兴旺，甚至毁了、完了。再次是爱人。所长要爱所里的人，无论他是研究人员还是行政资料人员，无论他是拥护你还是反对你，无论他是能干还是不能干。长老要爱庙里的和尚，无论这个和尚在干什么事，无论他干得怎样，无论他对你的态度如何。你可以批评他，教育他，但不能整人，要帮助他。第二是专业精通。所长有所长的专业，长老有长老的专业。长老是佛教的长老，道教没有长老，他的专业是熟读经书，精通佛法，并有所创新，形成门派，如禅宗或密宗；所长的专业是该所的专业领域，如长老一样，在掌握本专业领域知识的基础上，要有所创新，争取形成独具一格的四川大学学派。第三是组织协调。这是所长和长老的本职工作。研究所的繁荣和寺庙的兴旺就要看所长和长老如何组织协调，充分发挥每个人员的积极作用。首先要有所发展规划。根据国家需要和本所实际，发挥本所长期形成的优势，制定本所发展规划，确定优先发展领域，做到有所为，有所不为，千万不要毁了本所的优势。这实际上是自毁武功，自毁寺庙。其次是组织研究人员，充分发挥每个科研人员的特殊作用，实现本所发展规划规定的目标。

第二，作为工作人员，庙子的和尚，也要安心从事本职工作，努力搞好本职工作。

作为庙子的和尚，也是有分工的：有的担水煮饭，有的种粮种菜，有的外出化缘，有的整理经书，有的保卫寺庙等。研究所的工作人员，除了领导人员外，还有研究人员、行政人员和图书资料人员。作为研究人员和行政资料人员，第一也应该是品德良好。重要的是要爱国，要遵守国家法律，保守国家机密，维护国家利益，不要给国家对外关系添麻烦。虽然国家在学术研究活动中提倡学术自由，但作为研究人员，也要遵守国家法律，服从国家需要，否则就不是合格的公民。第二是要爱校、爱所。这实际上也是思想品德问题。作为庙子的和尚，自己在某个庙子中，爱庙子是理所当然的事。作为本所的研究人员和行政资料人员也是一样的，首先要遵守学校纪律，努力做好本职工作，为学校和本所的发展和繁荣多做贡献，否则就没有在学校和本所存在的必要。其次是要找准自己的位置。作为科研人员或行政资料人员，应该关心本所的发展，但是要注意与所领导和同事的关系，不要拉帮结派，不要老是想要当所长，追名逐利；南亚研究所人员本来就不多，不要折腾，南亚研究所经不起折腾。第三是集中精力搞好本职工作。作为研究人员，本职工作就是科研和教学；作为行政资料人员，本职工作就是搞好行政资料工作。要服从本所发展需要，集中精力搞本职工作，这样才能促进本所的发展和繁荣。这是每个有研究人员和行政资料人员的天职，就如庙子里的和尚应该早课、打扫卫生、担水、烧饭、诵经、化缘等一样，因此就不用我在这里多说了。

第三，作为重点研究基地，作为长期兴旺的庙子，有长老，有和尚，还应该有菩萨。

这个问题不知道该不该说，因为这个问题既是对四川大学南亚研究所未来的领导说的，也是对四川大学南亚研究所现有的科研人员说的，甚至其他人听了也可能会有某些想法。但是，作为在四川大学南亚研究所工作了 30 多年的研究人员，为了四川大学南亚研究所长期的兴旺发达，我还是在这里说一下这个问题。作为长期兴旺的庙子，有长老，有和尚，大概都有菩萨。当然，有的菩萨可能是泥做的，有的也可能是木头做的，有的可能是石头做的，有的甚至可能是珍贵的玉石做的，有的还可能是铜、铁等金属制作的；大多数菩萨都涂上颜料，有的甚至全身都贴了金粉。总之，庙子里都有菩萨，菩萨是人造的。作为重点研究基地，当然不能说造个菩萨，但是应该有菩萨。用现在流行的语言来说，就是应该有大师。我所应该响应学校号召，造就自己的大师。我衷心希望，我所全体人员齐心努力，造就四川大学南亚研究所的大师。在一定程度上可以说，如果没有造就大师，四川大学南亚研究所很难继续长期繁荣；如果成就了大师，四川大学南亚研究所有可能继续保持兴旺发达。我真心祝愿大家都努力成为四川大学南亚研究所的大师，为南亚研究所的持久兴旺发达多做贡献。

印度古吉拉特印象记

尹锡南

2004年10月25日上午，作为访问学者，我在北京踏上了赴印留学的航班。从新德里出发，我和几位中国留学生一道，辗转来到了留学所在地：位于印度西边的古吉拉特邦阿南德的萨达尔·帕特尔大学（Sardar Patel University）。在印度的一年时间里，除了紧张的梵语学习外，我还四处采风，西到古吉拉特邦的阿麦达巴德、巴罗达、苏拉特和马哈拉施特拉邦的孟买、普纳，东到加尔各答和泰戈尔创办的国际大学（位于圣蒂尼克坦），北到瓦拉纳西的圣洁恒河（Ganga River）与佛教圣地鹿野苑（Sarnath），南到喀拉拉邦秀丽迷人的库瓦兰椰树海滩和金奈（马德拉斯）的玛丽娜海滩。无时无刻，我不在灵魂的喜悦（梵语叫alaukika ananda）中度过。2011年7月至2012年2月，我再次赴印留学，故地重游，灵魂的喜悦仍旧挥之不去。1871年，美国著名诗人瓦尔特·惠特曼在诗中写道："灵魂啊，向印度航行！为亚细亚的神话，那些原始的寓言作出印证……"惠特曼将浪漫主义幻想赠予东方，我却将灵魂之恋赠予印度，这片诞生了佛陀与无数智慧经典的神奇国度。这里，我将自己第一次留学印度期间的古吉拉特见闻记录下来，与读者分享，以纪念一段灵魂深处的印度之行。

古吉拉特是印度最富裕的邦之一（其他如旁遮普邦、安德拉邦等也属富裕的地区）。我所在的大学与该邦最大城市阿麦达巴德（Ahamedabad）相隔一个小时车程（火车）的距离。初来乍到，我们与当地居民互相都感到很新鲜。我们是到这里来的第一批中国留学生，有的人往往将我们误认为日本人。特别有趣的是，这里到处都有所谓的"中国食物"和"中国饭馆"，其中最常见的是"满洲米饭"（Manchurian rice），有的菜单还印有四川风味的名字如"潘尼四川辣椒"（Paneer Schezwan Chilly）或"四川蔬菜面"（Veg. Schezwan Noodles）等。中国食物似乎是印度人的一种高级享受。不过，说实话，那种"满洲米饭"我一直吃不来，那是一种特别的米菜混做的饭，与中国饭完全是两码事。

我所在大学的地名颇具古典梵文意味：维迪亚拉迦（Vidyanagar），意为

“知识之城”。这个学校的布局不是很合理，校园很分散。但校园里绿树成荫，煞是好看。走在路上，只见松鼠在树下跑来跑去，一会儿又窜上树身。不时有群猴在墙上跳来跳去，母猴怀抱着小猴跳跃之敏捷令人称奇。路边树梢的鸟鸣特别有趣，让人不禁驻足倾听良久。每天，天刚朦胧，我便起床晨读，到楼顶上诵读梵语规则和单词。我不光是学有所获，还心有所悟。慢慢地，太阳将害羞的脸从树梢那边悄悄地移上来，惊得林中千百只鸟儿叽叽喳喳起来，这是自然而优美的原始曲调。不一会儿，松鼠们也起床了，在枝叶间窜来窜去，有的还跑到我的脚边嬉戏。对面楼上有几只猴子十分敏捷地从这层跳到那层，表演着惊心动魄的跳跃杂技。有只猴子跑到一家餐馆的楼顶蓬布上方，伙计就拿出一些熟食招待它，猴子也不客气，抓住便往嘴里送。其他猴子见了，便一拥而上，伙计也煞是耐心，逐个招待它们。这些动物生活在印度，的确算是找对了家。

牛是印度、也是世界上最幸福的动物。因为宗教传说的缘故，牛被印度教徒视为神圣无比的动物。印度学生告诉我：Cow is our second mother。维迪亚那加的神牛们和印度各地的牛一样享福。它们常常成群结队地走在大路上，公交车、自行车、奥托亦即人力三轮车见了他们都自动避让，它们则大摇大摆、心安理得地接受这种“优惠政策”。我在国际大学附近就曾看见有人用两头牛拉干草车，在火车上也见过农民以牛耕地，与中国农村无异。不过，古吉拉特的牛基本上保持了神牛的尊严，很少“沦落”到为人干活的地步。累了，神牛们就席地而站而卧，享受树下的阴凉。饿了，它们就到处搜寻垃圾桶，翻检可吃的东西，或是干脆站在饭馆面前，等伙计来施舍它们。他们有的长得膘肥体壮，有的却瘦骨嶙峋。我一旦看见这些神牛经过，便情不自禁地贴近它们抚摸一把。我小时就是骑在黄牛背上长大的，对牛的感情深深地埋藏在心底。很多次，我正在买菜，突然发现路边有牛走过，便拿出新鲜的菜蔬招待这些异国的动物朋友。它们也不畏生，很快就消受了我的施舍，然后再晃晃悠悠地漫步而去。有次，一头生病的黄牛卧在一家餐馆外边，以乞求的眼神望着主人。人们在商量怎么将它弄走，有的则提议应该将它送到医院去医治一番。就在人们讨论来讨论去之时，这头神牛却慢慢地咽气了，但它死时眼睛还是望着那家餐馆的主人的。神牛灵性至此，怎不叫人爱怜。而神牛有此灵性，又是拜印度人所赐。人牛之间，本有天差地别，但印度这片宗教热土却将这些差异消弭得无影无踪。这就是印度。

我们的宿舍附近便是供奉大神毗湿奴化身克利希那的一座华丽的神庙。当地人称为伊斯功神庙（Iskcon Mandir）。每天早晨，悠扬的钟声和歌声传出，虔诚的印度教徒们的例行“早课”便开始了。我曾去过该庙几次。该庙是当地最豪华的建筑之一。庙内的系列壁画以非常鲜艳的色彩讲述着克利希那从小到大的成长故事。其中，克利希那打翻牛奶的那幅壁画生动逼真，最能使人感受到印度教人神之间的亲密无间。庙的正中是地板，正前方是一尊精美的克利希那神像，有几位穿黄衣的印度教出家人轮流侍奉。凡是有人进来拜神，先敲响门边的小铃，再进来匍匐在地，默默地对神心语。祈祷完毕，匍匐者退出，在门口一个器皿中蘸上一点圣水之类的东西放进嘴里品尝后，便悄然而去。那东西不能以是否卫生，而只能以神圣二字来度量。

在我们的宿舍，进门处便是一尊印度的语言、智慧与文艺女神娑罗私婆蒂（Sarasvati）的精美塑像。女神手拨维拉琴（Vina），面容慈祥且带微笑，底座即她的脚边是不断敬献的鲜花，她的颈项也常常戴着黄色的“麻腊”（Mala 即鲜花串）。学生们一早起来都要来此虔诚膜拜女神，平时经过也要触摸一下女神双脚，然后再抚摸自己的额头胸前，以示敬意。晚上还要点上明灯，供奉在女神前面。每天早晚七点都是敬神献祭（Puja）的时候。此时，广播里便传出男声或女声所唱的神歌。虽然我们听不懂古吉拉特语，但歌声中包含的虔诚和神圣却是不容置疑的。我们和印度的大学生、研究生们住在一起，这时如果我们之中有谁在走路或说话，印度学生就会极不高兴地劝阻我们。有的中国同伴会感到极不舒服，但是转念一想，入乡随俗，人之常情。和印度许多大学不同的是，上午十点是萨达尔·帕特尔大学课间休息的时间，这时喇叭里便会响起颂神的优美音乐。师生们全体静立颂神。在路上的停在原地颂神。有时，梵语老师米什拉先生或巴特尔先生正在给我讲课，他们也会在音乐响起的瞬间对我说“咱们停一下吧”，然后先生们就开始默想神恩。偶尔遇到米什拉先生讲到兴起，竟然忘记音乐对他的重要性，我就会及时提醒他。在这般神圣的音乐中，我觉得自己的心开始被神圣起来。我尝试以印度人的虔敬心态进入跨文明的异质文化空间。

印度节日之多，完全可堪称世界之最。我在维迪亚那加便见识了不少的节日。印度人用众多的节日来抒发对生活的热爱，这是一般中国人无法想象的。我们刚去不久，便遇到印度最重要的节日点灯节或曰排灯节（Devali）。那些日子里，每天晚上爆竹砰砰作响，我还以为回到了中国的除夕之夜。学校为此放假二十天左右。2005 年 1 月 14 日是古吉拉特的风筝节，学校放假三天。那天，我爬上楼顶看书，却意外地发现对面楼上的男女老少全都在放风筝。大街小巷都是手拿风筝的人们在走动。1 月和煦的阳光恰好助长了印度人的风筝热。我在当天日记中写道：“古吉拉特全民皆风筝。大家都在楼顶上放风筝。天空一片风筝的颜色，煞是好看。中国呢，则少有这样地珍视传统。印度人将节日与传统文化结合得恰到好处。”此后，我还见证了霍利节即洒红节。印度人在这一天将脸上或全身互相涂满红红绿绿的颜色，然后再拿上彩粉，四处走动，逢人就洒就涂。大家一片喜气洋洋。宿舍管理员布拉文先生是个老经验，那天劝我别出去。但是，好奇的我还是走出来到处看了一圈。等我快回到宿舍门口时，几个女学生蜂拥而上，想将我的脸上涂满色彩，吓得我赶忙跑进了门里。但是，仍然有彩粉从后面飞到我的衣服和脑袋上。这些平时腼腆羞涩的女生今天竟然大胆到这种程度，可见霍利节的热烈狂放。后来我还见证了与克利希那有关的一个盛大节日即神车节。那是万民聚集的盛大场面。克利希那和女友拉达的塑像坐在车上，任由人们参拜。盛会在学校的大操场上举行，有许多警察前来维持秩序，以预防恐怖袭击。我和来自中央对外联络部的留学生同伴陈湘元同去观赏。在那里，我见到了一些来自意大利、美国、德国、瑞士等国的出家人。他们因为信奉印度教而来到印度，并披上了黄衣。有的还会说汉语，原来他们有的人还来过中国。盛会的高潮出现在晚会的戏剧和歌舞表演中。主要内容是表现克利希那及其他大神如梵天、湿婆等的宗教故事。演员基本上是当地各个机构的自愿者，但表演水平很高。我特别关注两个年轻演员。下得场来，我找到后台，竟然发现，那两个演员一个叫哈里希，是个英俊的六年级男学生，另外一个漂亮女孩芳名叫桑吉塔(Sangita)，梵语中意为“音乐”，是个十一年级学生（相当于中国的高中二年级）。印度的节日为什么能达到万民同乐同舞的程度，原因不难在这两个小演员身上找到。中国以前说，足球要从娃娃抓起，可是多年来娃娃们没有多少心思去踢足球，倒是乒乓球桌前挤满了小脑袋瓜，结果中国乒乓球长盛不衰的秘诀也就有了答案。印度人潜移默化的宗教心也仿佛有个“从娃娃抓起”的传统，它保证了古典文化精髓永远不会变质和贬值。中国许多少数民族世代流传的舞蹈，如欲保存之推广之，这一条“从娃娃抓起”的战略绝对值得我们借鉴。否则，我们会不断地遭遇自己节日被他人成功“申遗”的黑色幽默。

在维迪亚拉迦，我还许多次见识了大路上迎娶往嫁的热闹场面。那种男女老少齐上阵、鼓乐歌舞动地来的情景让人十分眼热。印度新娘没有中国新娘的哭嫁程序，这是特别的一点。看到这些充满生命活力的节日和娶嫁场景，我在纳闷，印裔英国作家、2001年诺贝尔文学奖得主V.S.奈保尔为什么要说，印度文明失去了活力，湿婆神停止了舞蹈呢？实际上，湿婆神的舞蹈正时时刻刻地舞在印度人的心中，千秋万代也不停止。

2005年6月1日，应我的梵语语法老师巴特尔先生的邀请，我带上501卢比（古吉拉特人喜欢数字1）去祝贺他乔迁新居。印度朋友告诉我，一般人只送25或35个卢比，我觉得那太少了，不足以表达我对老师的敬意。身为土家后代的我在童年时见证过土家族建新居的隆重和热闹，印度的新居落成典礼却是完全不同的。巴特尔先生的新居是一栋两层的楼房。上午十点，当我赶到老师家时，客人们也正往这里聚集。尽管这是印度最热的时候，但人们仍然打扮一新，兴高采烈地顶着烈日而来。女客们仿若奔赴比美大会，身上的莎丽一个比一个漂亮。孩子们也穿戴一新，像小鸟似的飞来飞去。

巴特尔先生将我迎进门去，师母身着鲜艳的莎丽，和众多同样打扮的女性客人正坐在底楼的房间里。师母额头上一颗鲜红的吉祥痣引人注目。人们将我的额头也涂上了蜡黄色。巴特尔先生让我坐在他的身旁，我趁机把装有礼金并写有自己名字的礼袋送给了他。地上用砖砌着一个三层台阶似的火炉，里边的篝火燃得正旺。几位年轻的婆罗门祭司正念叨有声，听上去是一些传统祝词。火在印度传统文化中是神圣的象征，在最古老的经典《梨俱吠陀》中，有位备受称赞的火神阿格尼（Agni），他是祭火的人格化。随着祭司们有节奏的吟唱，巴特尔先生不停地往火里献上米、果蔬之类的东西，大意是祈求火神保佑他们一家财源滚滚。他面前的大小杯盘里摆放着各种东西。后来，当盛有燃火的一个盘子在人们面前传来传去时，我也伸出手去，在圣火上象征地抚摸一把，再触摸一下额头和胸口，希望借此感受火神的圣恩普照。巴特尔先生本人是研究吠檀多哲学的博士，早年毕业于古吉拉特大学梵文系。他对于传统仪式的遵循使我十分感慨。咱们中国的大学教授如此这般地珍视传统者少矣。最使我惊讶的是，仪式进行到某个程序时，师母突然站起来，弯腰给她的丈夫即我的老师行触脚礼，巴特尔先生以古吉拉特语说着谦虚礼让之类的话，但其实他心里肯定是非常高兴的。尽管我不停地擦拭着脸上的汗水，内心却感到一种清凉，因为我见识了真正的印度文化之一角。这时，我对印度少女们钟情杜巴达（围巾）、妇女们喜穿莎丽又加深了一层格外的理解。

再说说气候。古吉拉特是印度最热的地方之一。只有 12 月到次年 1 月间，天气比较凉爽。4 月到 6 月，温度一般在 40 度以上。这段时间，除了上课，我很少出门。我常紧闭门窗，呆在房间里看书学习，并不停地到水龙头下全身淋浴。除了感受炎热之外，我还和同伴感受了印度的雨季。维迪亚那加的雨季是从 6 月下旬开始，一直持续到 8 月初。雨季来临时，我们多数时候只得呆在房间里，不能上街，因为门前的路积了很深的水，最严重时有齐腰深的水，路过的小车很多都熄火了。不能出去买菜买米，只得付小费让宿舍的保安甘努和基督教徒阿拉泊西等人替我们去买。有次雨太大了，自来水和电也断了，我和老陈两人就接了一点天水，凑合着煮了碗面吃。我俩合计，要是水再往上涨，将我们宿舍淹没的话，我们就只能打电话到中国大使馆，让他们请求印度方面派直升机来接我们。幸运的是，事态没有发展到这一步。事后从印度发行量最大的英文报纸《印度时报》（The Times of India）上得知，邻近的阿南德、巴罗达、苏拉特和孟买等地发生了比这里更严重的水灾，飞机停飞，火车停开，很多地方还出现了人员伤亡的报告。这时，我最担忧的是那些住在贫民窟里的人们，不知他们怎么才能躲过这一场劫难。印度的雨季让人生畏。

2004 年 12 月 6 日，我与一位中国留学生、来自湖南师范大学的陈秀兰教授（现在西南科技大学工作）等一道去了阿麦达巴德。1 个小时后，火车将我们带到了阿麦达巴德。甘地曾经在此留下深深的足迹，它现在是印度第七大城市，人口 300 多万。我们访问了位于该城的古吉拉特大学梵文系，与系主任亦即梵文教授潘迪亚（Vijay Pandya）博士进行了交谈。他详细询问了我们的研究兴趣，并安排他的一个女博士阿梅（Amee Joshi）给我们当向导。阿梅非常尽职，带我们去了书店、中国餐馆、莎丽店、服装店等地方。陈教授问她关于印度青年的婚姻问题时，她也大方作答。阿梅是印度当代女青年中的佼佼者，她的言谈举止代表了印度青年积极的一面。阿梅告诉我们一个重要信息：古吉拉特大学的梵语系有 7 位在读博士、100 多名硕士生和 1000 多个本专科生。这个数字让我们瞠目结舌。阿梅告诉我，梵语系学生找工作不是特别的难，因为很多职位如教育行业需要梵语人才。

古吉拉特大学的硬件建设似乎没有跟上。它的操场非常简陋，校园规划也没有统一的格调。但是，矗立在大学办公大楼附近的、英国殖民印度时期建立的大钟楼似乎向我们提示了一些含混的信息。由于时间主要消耗在图书馆里，我们未能进一步对阿麦达巴德这个历史名城进行文化采风，但街道两边林立的建筑物和店铺，街道上穿梭往来的小汽车、摩托车和机动三轮车（奥托）等交通工具向客人目不暇接地展示了这个城市年轻的活力。假以时日，阿麦达巴德定会成为印度西部更加漂亮发达的一个中心城市。我期待着对它的下一次访问。

巴罗达（Baroda）是西方殖民者进入印度时期便已出名的一个城市，当地人叫它瓦多达拉（Vadodara），巴罗达是英国人的叫法。巴罗达是印度第十六大城市，人口为 112 万。它是阿哈麦达巴德到新德里和孟买的必经之地。这是一个非常重要的枢纽站。它与我所在大学附近的阿南德火车站只有区区半个小时车程（火车）的距离。

2005 年 4 月 11 日，我去该地做了 5 天的文化采风。被称为古吉拉特最好的大学即巴罗达著名的玛哈拉贾·萨亚吉瑙大学（Maharaja Sayajirao University，当地人称 M. S. 大学）图书馆和学校宾馆（Guest House）给予我热情的接待。馆长舒克拉先生经过一番犹豫，破例允许我复印该馆的许多珍贵文献。宾馆经理只让我每天付 40 卢比的低廉房价。图书馆一位名叫普拉卡沙的工作人员用他的摩托车载着我到处忙碌，后来还送我到该校最著名的东方研究所（Oriental Institute）搜集资料。

该大学学生人数众多。该校主图书馆名为汉萨·梅塔图书馆，里边的阅览室坐满了自习的男女学生。我在图书馆里发现了很多珍贵的资料。同时，我还在附近的东方研究所找到了许多珍贵的资料。该所与我在古吉拉特大学看到的印度学研究所相比，似乎名气更大。它曾经整理并在 1992 年同时出版了精校本《罗摩衍那》和梵语戏剧学名著《舞论》等传统经典。该所收藏的佛经文献很丰富。该所所长瓦德卡先生还指导一个来自美国弗吉尼亚大学的女访问学者。该所订阅的期刊中，关于中国西藏的一种亦在其中，除此以外，也有研究日本、美国等国的杂志。

在搜集并复印资料的间隙，我抽空去参观巴罗达的市容。我坐上“奥托”向市中心地带进发。来到一处湖边，只见一尊巨大的湿婆神像高高耸立在湖水中央，大神的左手拿着武器，面容平静地审视着周围的神庙和白色的建筑物。这位毁灭兼创造之神护佑着巴罗达这方神圣的土地。然后，奥托将我带到一处人声鼎沸的地方。面前出现了一些很有气势的建筑物，我多方打听才明白，那是英国殖民者在当地修建的法院，它们站在今天的巴罗达，无声地叙述着过往的殖民风云。独自前行，便看见大街小巷挤满了购物的男女老少，妇女们各式鲜艳的莎丽显得格外引人注目。两边挂满了各种莎丽和服饰，还有无数货摊也在吸引人们的视线。一处卖神像的店铺将我吸引了过去，店里的墙壁上陈列着各种版画式的神像，如湿婆夫妻、象头神、罗摩和悉多、神猴哈奴曼、迦利女神等，花花绿绿，煞是好看。我信步走进一家莎丽店。几个精神抖擞的小伙子迎上前来。鲜艳夺目的莎丽店里，没有一个姑娘看守，全是由这些精干小伙负责，这是印度大部分地方约定俗成的规矩。它似乎说明，抛头露面还不是大部分女性的自觉选择，社会也还不能坦然地接受。后来我又走进一处建造得富丽堂皇的湿婆神庙，看到许多家庭一起参拜湿婆大神。侧门边还有一处低矮的神庙，一个苦行者正坐在里面修行。一个设在路边的小神坛吸引着一波一波的人群。前边的一群人刚结束双手合十的参拜，后边的人又接续着同样的动作。他们脸上的虔诚丝毫不容置疑。这时一头瘦骨嶙峋的母黄牛走来，有人便以手抚摸它的脊背，再加诸自己的额头，显示对神牛的尊敬。

4 月 16 日，我坐着客车，经过一小时的颠簸，回到了萨达尔·巴特尔大学。巴罗达之行成为我印度之行中一段美好的回忆。

5 月 20 日左右，业师曹顺庆先生托人转告，让我在印度写一篇有关印度比较文学发展历史的文章。接到任务后，我便着手准备先后访问印度两个单独设立的比较文学系。其中，在古吉拉特邦苏拉特郊区的南古吉拉特大学比较文学系是印度历史上第二个比较文学系（我于当年 8 月 18 日访问的加尔各答贾达夫普尔大学比较文学系是第一个），因为其距离比较近，我便决定在 7 月份左右先去访问该系。

7 月 13 日，当雨季的余威稍微停息下来，中断的铁路线被修复并恢复列车运营后，我便坐车前往印度第十二大城市、人口为 152 万的苏拉特。一路上，只见雨季留下的惊心动魄的惨淡印记。最难忘的是铁路边一些树木上搭建了一些简陋的贫民窟，一些不晓世事的光屁股孩子见到火车路过他们身边，高兴地呼叫起来，还有的贫民窟里，大人和小孩衣裳破烂地睡在泥地上。大约 3 小时后，火车到达苏拉特。我又叫上一辆奥托，到达郊区南古吉拉特大学的校门口。

我走进校门，径直奔向校园内的比较文学系。这是一个新校园，各种建筑几乎均是新建的，到处椰树成荫，绿草丛生，一派青春气息，显示着这个大学年轻的面貌。比较文学系终于到了，它在一栋白色建筑物的一楼。走进去，先见到两个女教授高利和达玛扬蒂，然后走进来的是系主任德赛先生（Asvin Desai）。后者对我的来访表示热情的欢迎，并当即将我用摩托载到他的家里，让他的夫人给我弄米饭等东西吃。德赛先生不久前访问过中国。他向我展示了刚从浙江杭州带来的题有鲁迅警句的纸扇和参观西安时买的一个仿制兵马俑。饭后，德赛先生送我回到学校，又不辞辛苦地带我到处办理借书和复印手续。我在这个大学的图书馆找到了一些非常有价值的书。

次日，我和德赛先生及该系两位女教授一起讨论印度比较文学的相关问题。由于此前中国比较文学界对印度的比较文学发展所知非常有限，我连他们进行内部文学比较的关键词“比较印度文学”（Comparative Indian Literature）都不太了解。因此，我与德赛先生在“比较印度文学”是否真正的比较文学上发生了意见分歧，他为此情绪有些激动，这非常出乎我的意料。看来，两国比较文学间的交往和了解缺乏深度和力度，这导致我们之间产生了误会。这是因为，德赛先生对于我们比较文学中国学派倡导的跨文化研究并不是很了解，对于中国学者的比较文学定义不是很熟悉，而我们对比较印度文学的了解也不是特别清楚。当然，误会归误会，德赛先生和其他两位女教授对我还是提供了力所能及的帮助。我为此深表感激。

次日，我叫上奥托，去苏拉特城里兜风。首先我去了一家最好的书店。我非常惊诧，因为此处的店员是几个非常漂亮的姑娘，而一般的店里很少看见女士的身影。出得店来，我在城里徒步转悠。苏拉特的街道多是由较为狭窄的小巷组成的，店铺林立，各种商业活动非常繁忙。令我惊讶的是，这里有几个穆斯林居住区。从我身旁路过的穆斯林妇女或姑娘都一袭黑衣打扮，脸上罩着黑色，只留下两只亮晶晶的眼睛向外界警觉地探望着。返回南古吉拉特大学的途中经过崭新的建筑群时，我发现，它们对面是一字儿排开的贫民窟，全部用塑料袋或其他物体搭建而成，高度不过 3 尺。这种明显的对比使我对印度的贫困问题有了更直观的感受，它也提醒同样属于农业大国的中国必须注意自己的弱势群体。在我们没有完全妥善地解决自己的复杂问题时，是没有资格去嘲笑印度的贫民窟的。我们只能对印度贫民们寄予深深的同情，否则就只是“五十步笑百步”而已。

7 月 16 日早上，我坐火车回到了“知识之城”维迪亚那加。

再后来，我于 2011 年 9 月中下旬再次造访古吉拉特邦的阿麦达巴德、巴罗达、阿南德和维迪亚拉迦，还首次造访古吉拉特邦首府甘地拉迦，并在那里的古吉拉特中央大学举办关于中国比较文学发展现状的讲座。我还拜访了昔日恩师米什拉先生和巴特尔先生，向他们行触足礼。我还在古吉拉特大学图书馆和巴罗达的东方研究所图书馆等处搜集了大量珍贵的梵文资料，它们遂成为笔者即将出版的拙著《印度文论史》所采用的一批原始文献。我还万分惊奇地发现，我 6 年前所在的大学校园焕然一新，许多道路已经硬化。当我乘坐的大客车行驶在巴罗达至阿麦达巴德的高速公路上时，欣喜之情无以言表，因为我所深爱的印度正以日新月异的面貌迎接异国的客人。

2014 年 9 月 17 日，中国国家主席习近平先生访问印度，首站选在古吉拉特即现任印度总理莫迪先生的家乡。他们见面的地方正是我 3 年前应邀举办过讲座的甘地纳迦。我的心情再次激动起来。9 月 19 日，中印两国在新德里发表《中华人民共和国和印度共和国关于构建更加紧密的发展伙伴关系的联合声明》。其中的第十一条写道：“鉴于中印之间深厚的文明联系，双方同意启动‘中国—印度文化交流计划’，进一步推动两国文化及人员交往。”双方同意将 2015 年设为“印度旅游年”，2016 年设为“中国旅游年”。我憧憬着中印关系更加美好的未来，也期盼能有更多的中国同胞踏上印度美丽而神圣的领土，领略这位喜马拉雅邻居的无限魅力和天竺神韵。

南亚访学后的思考

曾祥裕

2003年秋，我有幸进入四川大学南亚研究所国际关系专业学习，2009年博士毕业后又进入南亚研究所工作。2011年春有幸赴巴基斯坦学访4个月，由项目合作方组织赴附近的古迹塔克西拉和巴经济重镇拉合尔参观考察。2013年末，我赴印度学访的计划几经波折终于成行。此行系应印度中国研究所之邀并受国家留学基金委资助，主要在新德里从事项目研究工作，同时也花了不少时间在印度各地调研，一路跑来颇为辛苦，收获也很大。先后10个月的南亚访学令我受益良多，也留下了诸多思考。

发展的困惑——贫困与豪富

南亚各国与中国同属发展中国家，在促进可持续发展、扶贫减困方面都面临着沉重的任务。印巴两国的经济发展确实还有很多工作要做。尽管印巴在经济发展方面各有可喜成就，但两国贫富悬殊的状况仍然极为惊人。巴基斯坦首都伊斯兰堡是驰名世界的花园城市，整个城市建在一片森林之中，可以说是“化绿建城”而非城市绿化。城内高档住宅星罗棋布，一般是两层的独栋别墅，现代化设施一应俱全，门口有持枪保安保卫。但不远之处就可见大大小小的贫民聚居区。笔者栖身的大学附近就有两处贫民居住区，区内没有自来水和生活用电，完全就是塑料布或草木搭建的一大片窝棚，区内的学校就是个大一点的帐篷，学童皆是席地而坐。在伊斯兰堡各市场（Bazaar）有不少老年人甚至中年人靠售卖塑料购物袋，或提供购物车并代人推车，或帮人提一下购买的商品，来赚取微薄的收入。

同样的情况在印度也极为普遍。印度的高档住宅十分宽敞，往往雇若干工人从事各种家务，主人在大热天很少出门，买东西都是雇人跑腿，或电话通知商店送货上门。笔者曾在印度南方的安德拉邦短期学访，接待笔者的教授和老伴儿住两层的小楼，不仅面积宽敞，还雇了司机和厨娘，生活优裕而舒适。与此形成对照的是大量杂乱破败的棚户区，那里缺乏供水供电，道路泥泞，环境很差。不过棚户区也不算最差的，真正的穷人可谓一无所有，甚至连窝棚都没有一个。笔者在孟买这样的大城市和阿赫默达巴德这样的新兴城市考察期间，多次看到不少无家可归者露宿街头的场景。大城市和旅游景点更是乞讨者的聚居区。

贫富差距拉大是个世界性的难题，中国同样面临着这一挑战，我们仍然有大量的贫困人口，工人失业、农民失地、青年就业等问题也亟需解决。面临共同任务的中印巴三国理应加强互利合作，以共同发展来推动可持续、包容性的新型增长理念落到实处，消除赤贫，逐步实现共同富裕。笔者的观感是，中国的贫富差距问题倒是比印巴为轻。这当然不能作为骄傲的资本，只能作为鞭策我们继续前进的动力。愿中印巴三国能在不太长的时间内真正完结这一问题，让本国人民特别是最需要帮助的那部分贫困人口尽享安乐。

印巴关系

众所周知，印度和巴基斯坦可谓同根而生的一对兄弟，但印巴关系又总是那么的纠结。印度河文明广为人知，但并不为人熟知的是，印度河文明的主要分布区并不在今印度境内，反倒是在今巴基斯坦境内，例如印度河文明的两大遗址哈拉帕和摩亨佐达罗就都分布在巴基斯坦境内。佛教时代的巴基斯坦诞生了著名的犍陀罗艺术风格，这是早期佛教艺术的一大流派，与秣菟罗风格齐名而又特色独具。巴境内的塔克西拉大学驰名南亚，与位于今印度比哈尔邦的那烂陀大学齐名。中古印度北方先后经历德里苏丹国、莫卧儿王朝等穆斯林王朝数百年的统治，伊斯兰文化遗产由此成为今印巴两国的共同财富。印度北方的伊斯兰化是比较明显的，这从地名上就可见一斑：北方充满了阿拉哈巴德（安拉之城）、沙贾汗纳巴德（沙贾汗之城）、苏尔坦普尔（苏尔坦之城）等地名，这在南方要少很多（当然也有海德拉巴等例外）。各穆斯林王朝长期定都德里也开启了德里真正的辉煌时代。今天很多为人耳熟能详的印度古迹，如德里红堡、库特卜高塔、胡马雍墓，特别是阿格拉的泰姬陵、阿格拉堡、阿克巴墓、法提赫普尔—希克里古城，其实都是穆斯林文化遗产。这恐怕会令不少海外游客颇感意外吧。在印度有很多穆斯林文化遗产和印度教的遗迹比邻而居，这种现象在巴基斯坦很少看到，但拉合尔的著名古迹拉合尔堡和巴德夏希清真寺隔壁就坐落着显赫一时的锡克教王国首任统治者兰吉特·辛格的陵墓，提醒着人们印巴共同的历史记忆。

尽管如此，印巴关系仍然极为复杂，甚至两国民间对对方的观感都远称不上友好。在巴基斯坦打车与司机攀谈，司机往往不自觉地提到印巴关系，语言颇为尖刻。在印度，我多次在各种场合和不同的人士谈到过印巴和解的必要性，但印方朋友往往急于指责巴方。印巴边界的瓦嘎口岸每天上演的日落降旗仪式已成为著名景观。瓦嘎口岸（印方一侧叫阿塔利口岸）格局特别，两国境内各有一座半月形建筑，拼到一起正好是个圆形体育场似的格局，两国边界和“国门”就位于正中间。每天日落时分，双方士兵就开始吹胡子瞪眼秀肌肉的“仪式”，两边民众的情绪也随之高低起伏，呼喊声此起彼落。对旁观者而言，这确实是难得一见的景观，甚至著名的 Lonely Planet 旅游指南也将此作为推荐的旅游项目。然而，作为印巴关系的研究者，也是两国共同邻国的公民，我的确感到非常遗憾，因为毕竟印巴双方原本血脉相连，毕竟两国现在都面临加速发展、改善民生的严峻挑战。巨额军费对印巴两国都是沉重的负担，军费能够削减一点，民生上的投入就有可能增加一分。衷心希望，两国能够摒弃分歧，以人民利益为重，实现一场可持续、不可逆的伟大和解。

中国情结

与印巴的朋友交往，中国是绕不开的话题。中巴友好在巴基斯坦确实深入人心。笔者所接触的巴基斯坦朋友，一说起中国，都是好兄弟、好伙伴之类的赞美之辞，对中国的迅速发展也极为欣赏。国内流传的中巴友好故事虽不无夸张，很多还是有一定依据的。但流传颇广的所谓“破坏中巴友好罪”确实是毫无依据的，不宜任其继续流传。不过遗憾的是，很多巴基斯坦朋友对当代中国并没有太多了解，他们头脑中的中国仍然是遥远而神秘的符号，这不能不说是令人遗憾的。毋庸讳言，在巴生活的中国人大概也有不少遇到过类似买到高价货、打车车费不透明之类的不愉快经历。这属于世界各地都有的不正当经营活动，合法理性维权是必要的，上升到中巴友好关系层面就大可不必了。

相对而言，印度社会对中国的情感和认识要复杂得多。很多印度朋友对中国充满了好奇，特别关心中国的迅速发展，两国在历史上以佛教为核心与载体的文化交流在印度耳熟能详，唐代高僧玄奘和晋代高僧法显在受教育阶层中的知名度颇高。那烂陀寺（印度往往称之为那烂陀大学）附近树林中坐落着中国建设的玄奘纪念堂，这已成为当地的旅游景观。特别令我意外的是，不少印度朋友对中国共产主义革命史颇为熟悉，对长征、“人民公社”、“大跃进”等耳熟能详，甚至对毛泽东、陈云、朱德等人的学说也并不生疏，倒真是令人诧异。印度南方海德拉巴市内奥斯曼尼亚大学一位教授的经历颇为感人。他用 1 个月左右的时间漫游中亚国家和中国，其间花了大量时间专门重走长征路，去湖南韶山、花明楼以及江西井冈山等革命胜地参观。他在中国期间经常受到各种帮助，一位中国朋友说“你来自佛陀的故乡，我们理应厚待你”，令他颇为感动。笔者在印度也遇到一些中国人，或者在印学习瑜伽，或者在印拜访各种文化古迹特别是佛教遗迹。这些中印友谊的民间使者将对两国的长期友好发挥巨大的推动作用。

不过中印之间的不了解甚至误解也是明显的。两国人民对对方极为有限的了解往往是失真的，至少是不确切的。中国大多数民众仍不正确地认为印度是个佛教国家，对印度文化的印象停留在电影《大篷车》、拉兹之歌、恒河等表层印象，而对现代印度文化的多姿多彩并不了解。印度民众对中国文化更是印象模糊。很多人并不了解现代中国文化的复杂性。他们要么仅仅记得传统中国是个儒教国家，要么只知道中国奉行共产主义。而他们头脑中的共产主义往往是印度国内几十年对华不友好宣传所塑造的刻板印象，与中国特色社会主义的鲜活理论和实践相去甚远。某些势力大肆宣扬中印之间的“瑜亮情节”，令人忧虑。

回顾历史，中国和印度与巴基斯坦的关系，在不同的时期都曾经或仍然成为国与国关系的典范。三国明智的政治领导人理应继续努力，将中印、中巴乃至中印巴关系推向新的高度。这将造福于三国人民，造福于亚洲的和平与稳定。

跟随赵卫邦先生研究南亚

张　力

时光荏苒，岁月如梭，不知不觉中，我与南亚研究结下不解之缘至今已逾30个年头，对其间追求学问所经历的喜悦和坎坷，甘苦自知，感受良多。学术上对我影响最深、我最感恩的人，当数将我引入南亚研究学术之门的著名学者赵卫邦先生。

1982年，我有幸被遴选入赵卫邦先生“文革”后招收的第一批硕士研究生之列，成为他的开门弟子，专业是世界地区史和国别史。赵先生是我国著名的历史学家和民族学家，当时在四川大学历史系（现历史文化学院）任教授，同时也是川大南亚研究所的研究员。赵先生的研究领域是印度的政治、社会与文化史，他是国内这一领域的权威学者。我第一次拜见先生，便被他精神矍铄、思维敏捷的气质所迷住。先生长须飘然，风度儒雅，让人顿生敬畏。但最初这种由敬畏而生的拘谨很快便因他的平易近人和谈吐幽默而不再，拜见导师变成一次令人愉悦而又促人向上的对话。他拉家常般介绍了自己的治学经历，特别是讲到自己为何会选择南亚作为研究对象，一番谈吐中足以看出他对这一学术研究园地的那份挚爱之情。

我学习如何研究南亚直接受益于赵先生的悉心指导。记得入学之初，我们几位研究生由于此前并未系统地学习过南亚，专业基础的薄弱自不待说，赵先生时已逾70高龄，为弥补我们的专业缺陷，专门为我们开设南亚研究基础课程。缺少现成教材，赵先生便亲自动手编写，他自撰的授课教材包括南亚次大陆的历史、文化、政治和社会，内容丰富充实，观点客观严谨。我们后来才知道，先生这份讲稿是在查阅大量参考书籍和外文资料的基础上整理而成的，可以说字里行间皆凝聚着他的心血。作为赵先生当时的研究助手，后担任南亚研究所教授的尹协祚先生也凭借其渊博的学识，给予了我们许多专业方面的指导和帮助。尽管我后来研究的方向转到到南亚国际关系，但赵先生开设的这门课让我受益无穷，毫不夸张地说，我多年后理解认识南亚相关问题所需的历史和文化素养，几乎都是在这一阶段培植起来的。

作为一位知名学者，赵先生的严谨治学和一丝不苟反映在他对研究生的指导上，至今令我记忆犹新。记得有一次先生向我们推荐工具书，分别是《南亚地名词典》和《世界民族大词典》。起初我觉得这类书有些琐细，不甚经意，但他告诉我们，做学问应力求扎实，洞入精微。我受他的影响，在以后的南亚问题研究中将查阅工具书、验证资料出处成为必做之功课，受益匪浅。赵先生早年曾求学于陈垣、胡适等大师门下，既有深厚的国学考证功底，又深谙西方的实证主义方法论，平生最看不惯做学问好大喜功、不求甚解。这一学术品格在他的著述中也多有反映。近些年国内学界渐趋急功近利，学风江河日下，有时感到进退失据，难免烦恼、失落和纠结，但我一旦忆起先生当年说过的那些话，心里便多了几分快慰。

赵先生有关南亚问题的研究，我印象最深刻的有两篇论文。一篇是对近代西方人从印度次大陆穿越喜马拉雅山脉进入西藏游历探险的考证。这一问题此前尽管也有其他学者写过，但因多受当时学界极左思想的干扰而不能尽意，但先生的文章不落俗套、旁征博引、论证严密，让人读后耳目一新，尽显一代优秀历史学人的学术功底，也反映出先生在驾驭这类题材时的游刃有余。在我看来，直到多年后的今天，要研究同一问题，这篇论文仍然是一篇难以超越的典范之作。另一篇文章研究印度近代社会土地制度的变革，这在当时国内的南亚学界几乎是没人有勇气触碰的问题，尤其是对于缺少机会亲赴印度作实地考察的学者来讲更是如此。赵先生早年受过系统的社会学和人类学训练，曾在20世纪40年代末深入我国西南边远部落地区做过长期的田野调查。他将这方面的学术积累和经验运用于研究印度近代的土地制度变迁，探讨乡村社会的经济转型，可说是别开生面、独辟蹊径，分析得出的结论不得不令人信服。他这些论文以及其他的论著，对我后来的专业研究有很大的影响。

在赵先生的指导下，我将英属殖民时期印度对华鸦片贸易作为硕士论文的选题。对于这一跨接外国地区史和中国史、对理解中国近代重大问题至关重要的选题，我起初信心不足。但赵先生一直给予我鼓励，并将他自己早年搜集的一些资料无私地提供给我。论文初稿写出后，先生花了大量时间仔细审阅，不仅指出论文中的不足，并提出具体的修改意见。一份200余页的论文打印稿，先生的修改意见便有数十页之多。经先生授业解惑，受益所在何止完成一篇学位论文。论文最终完成后，先生不辞辛劳，风尘仆仆，携领我们几位学生乘火车赴外地参加答辩。答辩委员会除赵先生外，由陈翰笙、陈洪进、裴默农和崔连仲几位德高望重的前辈学者组成，陈翰老担任答辩委员会主席。平心而论，当时无论就国内的南亚研究还是整个社科人文学界而论，这一专家阵容都堪称壮观。老专家们对论文给予了高度肯定，我们作为赵先生的学术传人也感到无上荣光。随着答辩结束和同意授予学位，我们几位有幸成为“文革”后最早一批以南亚研究为专业的硕士。答辩之余，我还记得陈翰老对赵先生的学问和品格有极高的评价，在座各位闻后皆为之动容，而先生面对赞誉却显得非常谦逊。与现今许多学术会议相比，这场答辩尽管没有留下场面恢宏的合影，但美好的记忆却永远镌刻在心中，经常泛起我对赵先生深深的感激之情。

按莘莘学子的惯常说法，顺利毕业和拿到学位可谓“修成正果”了，我们几位同学随后也要么将赴境外留学，要么将进学术机构从事研究工作。可没过多久，赵先生却因长期积劳而卧病不起，住进了医院，后虽经多种治疗均不见明显好转。我们轮流去医院照顾他，以尽敬爱之意，盼望老人家能尽快康复。其实，我们虽是业已毕业的学生，仍有不少专业和做人方面的疑惑需要向先生请教，但一见着这位正与病魔做生死抗争的尊尊老者，便不再忍心多打扰他。一次我去医院看望先生，并带去我即将发表论文的清样，告诉他刊物已决定近期登载。待发表的论文是在大部头的学位论文的基础上写成的，我希望这一消息对他是一种安慰。他躺在病床上看着清样，嘴边露出淡淡的笑容，对我说，搞研究的人历来都迷信铅字（指印刷出版），这下说明你真的进步了。想到先生多年来对学生学有所成的督促和期盼，眼前的他虽然身卧病榻仍不忘追求学术之进步，奖掖提携后学晚进，我的眼眶顿时湿润了。

赵卫邦先生离我们而去至今已近 30 年，与他相处的岁月已成为一段遥远的回忆，但他的音容笑貌，他的宽阔襟怀，他的高风亮节，他丰厚的学术遗产，还有他对南亚研究事业的那份热爱，始终在深深地影响着我，推动我们这些后辈学人在追求学术、探索真理的道路上不敢懈怠，不断前行。斯人已去，独存余香，2014 年适逢四川大学南亚研究所成立 50 周年之际，特撰此文纪念引导我走上南亚研究学术之路的导师赵卫邦先生。

坚持不懈，勇攀高峰
——记我在法院、银行、外企的实习经历

李　茂

时光荏苒，韶华易逝，转眼我来到南亚研究所已经两年多的时间，回首这两年，感慨良多，同时收获颇丰。其中让我记忆比较深刻的有三段实习经历——四川省高级人民法院、中国农业银行、默沙东（全球500强制药巨头，世界第二药企），每段实习感受不同，收获不一，盼望能与大家一同分享，共同成长。

收获一：不要害怕推销自己，只要你敢迈出去，用人单位就敢要你

实习地点：四川省高级人民法院，立案二庭

实习时间：2013.03—2013.07

研一下学期的时候，学校课程比较少，大概一个星期只上两天半课，于是我想着或许可以找个单位实习或者兼职，丰富一下人生履历。在此之前，我从来没有实习过。有了这个计划，我就开始实施，那段时间天天都在网上寻找机会，每天刷新一遍学校就业网站的实习信息，每天在招聘网上查找有无新的招聘信息。有一次我在浏览新发布的信息时，看到四川省高级人民法院在招聘实习生，要求是法律相关专业，我不是学法律的，不过还是顺手投了一个简历。投完简历之后我就继续看别的信息，几天之后，当我正在网上继续寻找机会时接到一个电话，显示的是成都的座机。接听之后，对方说他是四川省高级人民法院的书记员，收到我的应聘信息，要求我做一个简短的自我介绍，同时说一下为什么不是学法律专业的却想要来法院实习。我在震惊之余迅速平静下来，在脑海里构思着应该怎么说。简短的自我介绍完成之后是为什么想去法院实习，可能大家的想法都是觉得这个单位高端大气，所以想去体验一下，但是说出来的时候一定要显得自己谦

虚好学，并且理由充分。因此回答的时候，我尽量表现出好学精神，希望能够为他们尽一份绵薄之力。之后，对方告诉我等候通知。一般说对方叫我们等候通知，我们就会觉得可能遥遥无期，或者会不了了之。没想到几天之后就收到一个小惊喜，让我去面试，面试过程顺利，我被告知尽快入职。

入职第一天对我来说是非常重要的一天，从来没有实习过的我觉得工作是那么新奇，做好准备要好好干，不辜负组织对我的期望。所幸办公室的同事们对我这个新来的小妹妹照顾有加。接下来就是给我安排工作，第一步是熟悉法院电子办公系统，我平时主要是跟随书记员办案，所以熟练掌握书记员使用的电子办公系统成了必备条件。第二步是熟练掌握书记员办案的流程与方法，同事给了我一本简单的操作手册，让我尽快学习完毕。第三步是实际操作与逐渐步入正轨，经过资深同事的简单培训与工作上的细心指导，我慢慢对整个工作有了较宏观的认识和把握，能够独立自主上手很多工作了。

法院实习是我实习生涯的起航，让我对工作有了信心，不至于两年之后会迷茫而不知所措。在这里，我认识了一群有能力、有远见、卓尔不群的同事，他们的思想和观点深刻地影响着我，督促我不要放弃学习与梦想。除了这群可爱的同事，我最大的收获就是：不要害怕推销自己，只要你敢迈出去，用人单位就敢要你！如果我当时没有在即使知道法院只收法律专业实习生的时候还坚持投递简历，那我就完全没有面试的机会，如果没有面试机会，我肯定这辈子都不会进入司法系统，见识国家法律的威严。对于求职者来说，勇敢与勤奋是成功的第一要点。

收获二：团结就是力量，帮助别人的同时也是帮助自己

实习地点：中国农业银行，北部分行贝森支行

实习时间： 2013.07—2013.08

2013 年 7 月底我带着满满的收获，结束了在法院的实习。迎接我的是热情洋溢的暑假，于是我面临着回家还是继续实习的问题。刚好那段时间学校群里有发关于银行实习的招聘，我看到以后毫不犹豫地选择了继续实习。一是我长久以来不曾改变过的愿望之一就是毕业以后能够进银行系统工作，所以如果现在进去熟悉一下环境，对于评估一下我是否适合这样一份工作是大有裨益的。二是暑假回家时间太长，我可以利用这段时间做点有意义的事。于是我积极地打电话，联系各个招聘银行人力资源部，终于顺利进入四大行之一——中国农业银行实习。

我的岗位是客户经理助理，一同实习的还有几位实习生，她们都是来自西南财经大学的同学，专业都与金融相关，比起这几位与金融相关的实习生来说，我就属于外行。不过“笨鸟先飞”说的就是我这样的人，在同事的带领下，我积极主动分担工作，时刻保持好学的姿态，很快融入团体。作为客户经理助理，我们主要负责贷款事务，包括房贷与车贷等，每天有很多的数据需要分析，还有资料收集与整理、客户数据录入等工作。这份工作让我变得认真细心，学会对自己的数据负责任。由于工作需要整理台账，所用工具是 Excel 表格，所以那段时间我的 Excel 水平也得到很大提升，学会了数据透视与 VLOOKUP 等基础性分析工具。

9 月份时农行的暑期实习全部结束，虽然只有短短的 1 个月，但是我和其他几位同事每天共进退，我的“爱学习”与同事们的“齐分享”让我们形成了越来越默契的合作关系，每天齐心协力完成任务，又快又好是我们共同的目标。高度契合的工作状态让我意识到：团结就是力量，帮助别人的同时也是帮助自己。何谓助手，助手就是帮助自己的另一只手！勇于分享，善于合作的人，工作一定不会做得太差。

收获三：再坚持一下，或许结果已经不同

实习地点：默沙东（全球 500 强制药巨头，世界第二药企）

实习时间：2014.03—2014.09

农行实习结束后，新的学期也开学了。研二上学期课程较多，同时论文的事情也需要花费很多心思，于是我安心地在学校里做学术，认真学习，积极看书。南亚所拥有相当好的学习资源，只要愿意学习，就会发现学海无涯，只有勤奋努力地吸收知识，我们才能像干涸的海绵遇见水一样，充分汲取养分。

2014 年的春节慢慢来临，春节很长，我觉得自己是一个涉世未深仍然懵懂的学生，需要在工作中得到锻炼，于是作出一个重要决定：早点回学校，找份实习，一边工作一边准备毕业论文，同时好好锻炼身体，让自己的生活充实而有意义。我默默地告诉自己：少壮不努力，老大徒伤悲！有了这个重要目标之后，我毅然决然地在春节还没有过完时就预定了回学校的票。这个举动开启了我的第三份实习之旅。刚开始投简历的那段时间，我跑各种公司，天府软件园、市区、学校来回跑，很多公司都会有几轮笔试和面试，整个人非常辛苦。

俗话说“吃得苦中苦，方为人上人”，我一次又一次地坚持，终于迎来一次机会。有一天一家叫默沙东的公司让我第二天去面试，岗位是销售助理，要求准

备5分钟的自我介绍PPT演示文稿。距离面试时间只有10来个小时，还要吃饭睡觉休息，如何能够争分夺秒地完成一份出色的、精彩的演示文稿对我来说极具挑战性。那天晚上我坚持做到两点多，终于完成一份还算满意的作品。第二天我带着激动又紧张的心情来到公司，进门之后发现已经有几位等待面试的人，我们被告知要进行一个群体面试。还没有参加过群体面试的我此刻跃跃欲试，想着就算不能录取，好歹也算增加了一些群体面试的经验。所幸最后结果还算不错，我简单深刻的演示文稿给人力资源经理留下不错的印象，同时我真实的态度也让对方较为赞赏。于是，我得到了销售经理面试的机会。我的销售经理是一位非常干练、有能力、有经验的女性经理。后来我才知道她就是默沙东中国西南区总部的总经理，非常年轻便已位列十大区之一的总经理，而我，就是要去给她当助理。

默沙东中国是一家全球500强的跨国制药巨头，排列全球500强的第180位，是目前世界排名第二的药企，西南区总部设在成都，坐落于成都市最贵的甲级写字楼——仁恒置地广场。我主要支持两个大区经理的行政事务、公司销售数据的收集与核查、公司各部门的协调与配合。对于初来乍到的我来说，这种大型外企，工作进度之快、强度之大、范围之广都让我比较难以适应，需要加倍努力才能赶得上同事们的步伐。于是那段时间我经常加班，刻苦学习，工作渐渐步入正轨。紧接着没过多久，我就迎来了西南区主要的大型纪念活动之一——默沙东中国西南区年中会，共计300个人参加。而我和其他两位同事是负责这次大型盛会的主要负责人和筹办人。我们的工作宏观而琐碎：宏观在于所有的事情包括前期准备、中期推进和后期现场指导都要心中有数；琐碎在于我们要把所有的细节考虑到位，包括300个人的吃、住、行以及会议场地、晚宴节目、邀请人员等。我们的前期准备活动包括：计算费用预算，三方比价，寻找供应商；寻找合适场地，询问价格及地址；会议室大小，房间数，用餐场地，菜品，会议形式，用餐形式等。中期推进：(1) 采集客人信息，包括默沙东销售人员和外部邀请人员，核对身份证明、是否参加、航班行程、到达以及返程时间。(2) 订购往返机票及火车票，发送预定通知。随时修改新增或删除人员信息。(3) 联系供应商安排地接，排车、分发到达名单。后期进行：(1) 现场操控，如房卡发放、邀请信及卡片物品发放。(2) 大会现场音响视频调试，引导入座。(3) 晚宴现场节目操控，音响、视频同步进行。(4) 会议分会场各组要求不一，尽量满足不同需求。(5) 团队活动接送，活动中安全及趣味统一。后来半年会圆满召开，会议现场有条不紊，晚宴活动热烈而深刻，会后我们收到的反馈均不错，大家心里松了一口气。

默沙东的项目让我有幸接触到大型会议和活动的组织方法，以及需要注意的事项和现场需要把控的点，这份经历让我永生难忘，我心里很感激：我一次又一次的坚持，终于让我在提升自己，学习知识的路上越走越远、越走越顺。在项目遇到无数难题的时候我在坚持，在没有人帮助的时候我在坚持，在最难的时候我在坚持，在别人都在享受假期的时候我仍然在坚持，实在坚持不下去的时候我告诉自己——再坚持一下，或许结果已经不同。到现在，我仍然时时刻刻以此为座右铭，提醒自己只有坚持才能厚积薄发！

总 结

人生就是在不停地学习，不停地奔跑。千百年来形成的优胜劣汰法则注定了我们要坚持学习，勇攀人生高峰，如此才能位列时代前沿，实现我们的人生价值与追求。实习不是唯一可以让人迅速成长的方法，科研、学术也能充实头脑，最重要的是不要放弃学习和努力，因为我们川大学子、南亚所学子——非常棒！

第三部分

硕果累累——南亚所精华文萃

经济发展

印度在经济全球化中捍卫国家利益的经验教训

文富德*

在经济全球化进程中，印度可利用后发优势加速经济发展，但仍受到诸多方面的影响：一是受到已有全球化规则的影响。由于制定全球化规则的主要世界性组织大都为富国所控制，全球化规则成为发达国家维护其利益的工具。发展中国家虽能利用已有规则，但只能成为已有规则的遵守者，而非制定者。发展中国家通过参与全球化竞争、引进外资，能够促进本国经济发展，但全球化规则要求其打开国门，为发达国家商品和资本自由进入广开绿灯。二是受到人力资本储备的影响。全球化使经济资源在世界范围内进行配置，发展中国家花费巨大人力、物力和财力培养出来的优秀人才，在全球化自由流动旗帜下纷纷流向发达国家。发展中国家在人才争夺战中无疑是最大受害者，人才流失现象严重危及其可持续发展，并在一定程度上使其陷入贫困恶性循环的怪圈。三是受到技术扩散速度的影响。在经济全球化下，发达国家希望利用已有全球化规则，打开发展中国家广阔的市场，推销其产品、价值观和文化，而不是生产能力，千方百计垄断其先进技术，以达到垄断市场的目的。全球化时代贸易保护主义并没有消亡，国际技术保护主义应运而生。发展中国家能够享受到这些技术生产的商品，要想获得这些技术，即使不是先进技术，也必须付出巨大代价。四是受到已有制度框架的影响。落后国家模仿技术比较容易，模仿制度比较困难。经济全球化意味着资本主义市场经济制度在世界范围内大行其道，但制度本身没有绝对的好坏标准，不同发展中国家可根据本国国情选择适合自己的制度，经济全球化使制度变迁更容易发生。当发展中国家利用后发优势时，已有制度框架就构成制度变迁的基础，阻碍

* 文富德，教育部人文社会科学重点研究基地四川大学南亚研究所研究员。

或促进后发优势发挥作用的程度，经济全球化下发展中国家利用后发优势会受到不利影响。因此印度在加速经济全球化进程中，特别注意捍卫国家利益，积累了若干值得参考的经验教训。

一、利用世贸组织规定，捍卫国家利益

考虑到世界经济发展的现实和各国经济发展的差异，世界组织对发展中国家参与该组织等做了若干特殊规定。为了捍卫国家利益，印度充分利用了这些规定。

（一）利用世贸组织过渡期，加速经济发展

考虑到发展中国家经济发展水平较低的实际情况，世贸组织在一些协议中规定了过渡期，使发展中国家能适应该组织基本要求。如《与贸易有关的的投资措施协议》禁止成员国使用包括当地成分等与贸易有关的投资保护措施，但对发展中国家执行有关规定保留 5 年过渡期。《海关估价协议》规定，发展中国家执行该协议的过渡期为 5 年，5 年后还可根据其陈述的合理理由进一步延长过渡期。《动植物检疫协议》规定，应考虑发展中国家成员的特殊要求，发达国家不能以动植物检疫措施限制发展中国家和地区产品出口，应给予其较长过渡期。《农业协议》允许发展中国家对农产品出口补贴有 8 年过渡期。《服务贸易总协定》规定发展中国家对服务贸易市场实行逐步开放，允许其根据国内服务业的发展状况和竞争能力等决定是否开放。《知识产权协议》还规定，允许发展中国家在执行该协议规定时有较长过渡期等。发展中国家可充分利用这些例外规则，尽可能保护其国民经济发展，增强其经济实力和经济竞争力。

作为人口众多的发展中国家，印度在世贸组织成立后，为防止经济发展可能受到外部冲击所造成的严重损害，更好地保护国民经济发展，促进国民经济健康而稳定的发展，注意利用世贸组织有关过渡期的规定。为此，印度政府采取各种政策措施，努力发展国内产业，增强国内产业的国际竞争能力，以防止过多出现国内市场被外国产品所占领的情况；努力发展出口产业，为过渡期结束后扩大对发达国家的商品出口做好充分准备。长期以来，印度虽欢迎外国私人投资，但又制定一整套严格管理外国私人投资的政策法规，并实行繁琐审批程序，还禁止外国投资者进入许多领域，外资在一个印度企业投资总额中所占比重也受到严格限

制。20 世纪 90 年代初期经济改革以来，印度允许外资在一些经济领域企业投资总额的比例可达 100%，但外资在印度许多经济领域企业投资总额的比例一般仍不能超过 50%或 74%。政府认为，通过这些规定可有效调节外国投资流向，防止资金实力雄厚的外国大企业冲击和威胁国内中小企业和不发达产业，以保证国家外汇收支平衡。如印度汽车工业就得益于政府这种外国投资政策。根据印度政府规定，外国汽车公司在印度投资时必须与当地汽车公司合作，联合开发新款车型。卡车生产更是印度政府严格保护的工业领域，几乎没有外资进入印度该工业领域，使印度国内卡车市场基本上由国产卡车占领。印度还利用世贸组织允许发展中国家逐步开放服务业的规定，只对服务业实行极为有限的对外开放，还对外资占有比例做了较为严格规定。印度还充分利用发达国家取消某些产品进口配额的过渡期，加速产业结构调整，加速企业技术改造，为扩大这些产品对发达国家出口做好准备。印度政府根据发达国家关于纺织品和服装进口配额限制将在 2005 年 1 月 1 日到期的情况，积极为扩大对西方发达国家出口纺织品做准备，在服装业较发达地区建立“服装工业园区”，设立纺织业技术改造基金，大力改善与纺织业密切相关的电力、通信、港口等基础设施，大幅度简化纺织品出口程序等，促进纺织业和服装制造业发展，争取在 2005 年发达国家取消纺织品和服装进口配额限制后，扩大印度产品在发达国家纺织品和服装市场上所占份额，保证印度在世贸组织规则下应得且可得的利益。

（二）利用世贸组织例外原则，促进经济发展

考虑到发展中国家经济发展水平较低的实际情况，世贸组织在一些协议中还规定某些例外原则，使发展中国家能更好适应该组织基本要求。如《补贴与反补贴协议》规定，如反补贴调查发现，原产于发展中国家的受调查产品所得的补贴不到该补贴产品价值的 2%，或受补贴产品进口值不到进口国同类产品进口总值的 4%，且所有不到 4%的发展中国家合计进口量不到进口国同类产品进口总值的 9%，应立即取消反倾销调查。对人均收入在 1000 美元以下的发展中国家，也不必取消禁止使用的出口补贴。《技术性贸易壁垒协议》允许发展中国家和地区按照自己技术和社会经济发展特殊情况制定某些技术法规、标准和合格的评定程序；如在制定技术法规等方面遇到特殊问题，经申请可在限定时间内部分或全部免除对该协议应该履行的义务。《农业协议》规定免除发展中国家若干减让承诺；对农业一般性投资进行补贴；为鼓励生产者放弃种植违法麻醉药物并转产其他农作物而向其提供国内支持；向低收入生产者提供农业投入补贴等。《服务贸易总

协定》规定，在开放服务业市场后，如外国服务业大量涌入造成国内服务业严重受损，也可采取保护措施等。《政府采购协议》允许发展中国家在磋商基础上在政府采购时可违反本协议的规定。《争端解决谅解》也对发展中国家提供了某些特殊的优惠安排，对发展中国家执行这些协定规定了某些例外。

发展中国家可充分利用这些例外规则，尽可能保护其国民经济发展，增强其经济实力和经济竞争力。作为人口众多的发展中国家，印度在经济全球化进程中，为防止经济发展可能受到外部冲击所造成的严重损害，更好地保护国民经济发展，促进国民经济健康稳定发展，也注意充分利用世贸组织有关协议中的某些例外规定。长期以来，印度一直以"国际收支平衡"为由，对一些商品进口实行严格数量限制。到 1997 年 5 月，印度受到数量限制的进口商品还有 2714 种，为世贸组织成员国中保持进口数量限制而又得到世贸组织认可的少数国家之一。1997 年，由于美国等西方国家对印度实行商品进口数量限制向世贸组织提出起诉，该组织专家组报告作出了不利于印度的裁定，印度被迫从 2000 年 4 月 1 日起首批取消 714 种商品进口的数量限制。但印度政府指出，在全部解除商品进口数量限制后，将通过提高关税来限制进口，保护本国工农业发展，促使印度实际关税税率保持在一个较高水平。印度强调，印度是一个人口众多的国家，粮食需求巨大，外汇储备很不稳定。为确保"粮食安全"，必须立足于粮食自给自足，不能过多依赖进口外国农产品。印度根据世贸组织协议关于粮食安全等"非贸易考虑"规定，强调农产品进口中需保持"必要的自主性和灵活性"；还根据其农业生产补贴远低于世贸组织有关规定的情况，借助该组织例外规定，不对农产品进口和农业补贴等做任何承诺，有效保护印度农民利益和国家权益。为确保国家粮食安全，印度还在各种场合反复强调，世贸组织应考虑为发展中国家提供"粮食安全箱"，以维护像印度这样发展中国家在农业发展方面的利益。印度政府规定，政府官员应使用国产车，为此拒绝加入世界贸易组织《政府采购协议》。印度欢迎外国直接投资，但坚持对外商实行某些限制；还强烈反对必须给外国投资者"国民待遇"的建议，也拒绝加入世贸组织《多边投资协议》，认为该协议将严重损害印度经济发展。印度认为，通过严格限制，政府可有效地调控外资的流向，防止外国资金雄厚的大企业冲击和威胁本国中小企业和欠发达产业，并保证国际收支平衡。为保护本国利益，印度虽承诺降低进口关税水平，但却设置诸多在世贸组织有关协议中有一定依据的隐性"非关税壁垒"，如只能通过政府指定的国营贸易公司进口小麦、玉米、稻谷、汽油、柴油、尿素等商品；未加工的动植物产品进口必须由农业部根据有关卫生检疫法规进行"进口风险分析"后发布进口许可证；一律不许进口左驾驶的新车，允许进口的新车必须从原产地进口，并只能从加尔各答等港口进口；酒精类食品、加工食品和茶叶等进口必须符合印度国内产品标准化的规定，如必须用印地语表明食品包装、生产商、保质期、营养成分等，并用印度卢比表明价格等。印度还利用世贸组织对发展中国家农业的有关规定，没有对农产品进口做任何承诺，继续保留对政府农业发展的诸多支持措施。

（三）利用世贸组织反倾销规定，捍卫国家利益

为维护世界贸易秩序，防止一国对他国市场倾销商品，影响他国经济发展和经济利益，世贸组织有关协议规定有关国家可采取反倾销措施，以消除由于国外产品的倾销对本国相关产业造成的损害或损害威胁。为解决各成员国间的贸易争端，世贸组织又建立有关贸易争端解决机制。根据这种机制，各成员国间的贸易争端应在世贸组织框架内加以解决。发展中国家可利用这种机制捍卫国家和本国企业的经济利益，以保证国民经济健康发展。

印度对世贸组织反倾销规定给予高度重视，认为这是成员国保护有关产业健康发展的有力武器。考虑到加速经济全球化进程中国内市场逐步对外开放，进口商品可能大幅度增加，并在一定程度上冲击相关产品市场，影响相关产业发展，导致相关企业提起倾销投诉案件会越来越多，且必须给予及时处理，否则将损害有关企业经济利益和国家经济发展，在世贸组织刚刚成立的 1995 年 1 月，印度就修改相关法律，增加反倾销条款。印度商业部还于 1998 年 4 月 13 日成立反倾销管理总局，专门负责受理国内企业提出的倾销投诉案件，并开展相关反倾销调查事宜。根据商业部规定，反倾销管理总局在接到投诉后一年或最多一年半时间内，必须将调查结果提交政府，同时还要求其调查过程必须公开透明。实际上，印度政府反倾销管理总局的工作效率比商业部规定要求的还要高。目前该局从反倾销案件开始调查到最终裁定是否征收反倾销税的整个过程通常只需要 7 个月，比欧盟国家在这方面的效率还要高。印度商业部表示，要进一步加大反倾销工作力度，继续缩短反倾销调查决策时间，提高反倾销工作效率。印度利用世贸组织反倾销机制，对那些大量进入印度市场而又与印度商品展开激烈竞争的外国商品频频发起反倾销调查，并对那些印度认为影响其相关产业发展的外国商品征收较高的反倾销税。从 1995 年 1 月世贸组织成立到 2001 年底，印度政府商业部共对 29 起反倾销案件作出征收反倾销税决定。印度是世界上对其他国家商品发起反倾销调查次数最多的国家，也是发展中国家中利用世贸组织有关反倾销规定维护国家利益最好的国家。

在世贸组织框架下，对一个发展中国家来说，利用该组织有关反倾销规定，还表现在积极应对有关国家对本国商品向该国大量出口而可能引发的反倾销调查。为维护国家利益，印度积极鼓励国内有关企业采取“反”反倾销措施，积极应对有关国家对本国企业产品向该国大量出口发起的反倾销调查。印度还通过外交渠道对本国企业进行反倾销应诉给予大力援助，必要时还向世贸组织争议仲裁机构提起相关申诉。如由于美国政府根据其纺织品监督局的调查结果，认为急剧而大量进口印度纺织品将严重威胁或损害美国同类产品生产者的利益，于是对从印度进口的羊毛衫采取过渡性保护措施。美国政府这一举动严重影响到印度羊毛衫对美国的出口，损害印度羊毛衫生产者的利益。为此印度政府利用世贸组织贸易争端解决机制投诉美国，认为美国政府对从印度进口羊毛衫采取过渡性保护措施的做法违反了《纺织品与服装协议》第 2 条、第 6 条和第 8 条的规定，损害了印度的利益。世贸组织贸易争端解决机构受理了印度的申诉，并组成专家组，审理印度与美国之间关于羊毛衫贸易争端一案。专家组经过审理后裁定，美国政府的做法违反了《纺织品与服装协议》有关规定。在印度与美国关于羊毛衫贸易争端中，印度获得胜利，较好地利用世贸组织贸易争端解决机制，捍卫了印度国家和有关企业经济利益。从 1995 年 1 月世贸组织成立到 1999 年 12 月底，印度已将 8 起有关国家拒绝印度市场准入的案件提交世贸组织贸易争端解决机构裁决，在已经审理的 6 起案件中，除印度撤诉 1 起并友好协商 1 起外，其余 4 起都是印度获得胜利。

此外，为在经济全球化进程中捍卫国家利益，印度还利用世贸组织允许区域经济组织存在的规定，积极组织地区经济合作组织，还积极参与周边地区的经济合作组织，如东南亚国家联盟等。同时，印度努力与韩国等许多国家达成双边自由贸易协定。

二、注意经济全球化程度，捍卫国家利益

在 1991 年发起全球化经济改革后，印度采用一种渐进的方式加入经济全球化进程，并注意经济本土化的模式。这种模式更多地强调逐渐降低进口关税，逐渐减少对外国直接投资的限制，从而逐渐融入经济全球化进程，控制经济全球化的进度和程度，并注意经济本土化，以期从经济全球化进程中获得最大利益。

（一）注意控制经济全球化的进度

作为人口众多的发展中国家，在加入经济全球化进程中，印度不是一下把所有经济领域都抛入经济全球化进程中，而是采取渐进方式，逐渐加入经济全球化。这在印度外国投资政策的变动中可以反映出来。在1991年实行全球化经济改革时，印度虽然放松了对外国投资的限制，如扩大外国投资的领域，外商可以参与电力、石油、天然气等基础设施建设；提高一些领域外资所占比例，并允许外商在印度使用国外商标等，但是却依然对外国投资保留了诸多限制。包括农业、商业贸易、银行金融、期刊出版等在内的许多领域仍然不对外资开放，外资所占比例也没有降低多少，只是在高新技术产业领域的外国投资比例有所提高，外商可以在产品全部用于出口的外资企业独资（这实际上在过去就已经长期实行）。到20世纪90年代末期，印度政府才进一步扩大外国投资领域，外商可以参与证券投资、通信服务、港口建设等，也逐渐提高了外资所占比例，但是包括农业、商业贸易、房地产、期刊出版等诸多领域依然不允许外国投资。进入21世纪后，印度才逐渐向外商开放上述领域，但依然保留了诸多限制条件。如外商投资房地产开发不仅需要具有一定的资本和技术实力，而且必须经过审批，并在规定时间内完成开发；依然严格规定外国人不准购买印度房地产。外商投资印度商业仅限于单一品牌零售业，不能投资多品牌零售业。重要的是，印度依然坚持不开放农业。印度认为，不会草率地同意一切，因为在农业和非农产品的市场准入等问题上的协议对于印度的农业和工业的影响是长远的，因而作出决定都要谨慎并经过深思熟虑。① 因为全球化让印度工人和农民付出了沉重的代价。仅在2003年4—9月，印度卡纳塔克邦就有220个农民自杀，据该邦农民协会领导人称，导致农民自杀的原因是由于市场开放、廉价进口货倾销、农产品价格下跌和负债沉重，并认为这完全是世贸组织贸易自由化造成的后果。②

（二）注意把握经济全球化的程度

由于印度长期对经济全球化恶果的痛恨，因此从1991年实行全球化经济改革以来，印度在注意控制经济全球化进度的同时，也注意把握经济全球化程度。

---

① ［印］《金融快报》2004年5月3日。

② ［印］《金融时报》2003年9月16日。

由于过去长期实行保护政策，进口关税水平一直非常高，对外国投资的限制也非常严，1991 年实行全球化经济改革后，进口关税也是逐渐减低，也逐渐放松了对外国投资的限制，但是迄今为止，印度 32%的税目为非约束税目，进口关税水平也比较高，对外国投资的限制依然存在。虽然从 1991 年全球化经济改革至今，对外贸易总额从 400 亿美元增加到 8000 亿美元，约增加 20 倍；出口从不到 200 亿美元增加到 3200 亿美元，约增加 16 倍；但是印度在世界出口贸易中的地位依然非常低，只是从 0.4%提高到 1%左右；对外贸易在印度国内生产总值中的比例不是太高，只是从 16%提高到 40%左右，外国对印度的投资也有所增加，目前每年印度吸收的外国直接投资增加到 200 亿美元左右，吸收的证券投资也有 200 多亿美元，但是在世界直接投资总额和证券投资总额中，印度所占比例也不高。因此迄今为止，印度经济全球化程度并不高。尽管美国对印度保持高关税表示不满，但是印度却依然坚持，希望既能保持少量非约束税目（低于 5%），又可以在某些产品上较少削减。因此美国政府前财政部长称，印度是世界上最受限的经济体之一，贸易保护严重，还伴有腐败和受贿等，吓跑了商人和投资者。国际货币基金组织研究部主任拉古拉姆博士也认为，印度目前对外国货物、服务、劳动力等方面仍不够开放。按照国际货币基金组织的贸易限制度指数，印度得分为 8，位于最多贸易限制国家之列。他说，虽然印度 2003 年国内生产总值占世界国内生产总值总和的 1.6%，但印度贸易量仅占全球贸易总量的 0.94%。从 1995 年至 2003 年，印度发起调查了 379 件反倾销案件，占同期全球反倾销案件总数 2416 的 15.69%；而同期美国发起了 329 件反倾销案件，占全球反倾销案件总数的 13.6%；同期欧盟发起了 274 件反倾销案件，占全球反倾销案件总数的 11.3%。此外，印度的资本项目仍然未对外开放。印度对外国贸易和外国投资进入印度高度警惕，甚至对那些和国防没有什么牵连的经济领域也设置了重重限制。[①] 摩根士丹利首席经济师罗奇认为，印度的一项重要优势是，它并不过度依赖出口作为其增长来源。考虑到印度快速扩张的出口份额仅占国内生产总值的 10%，商品进出口总值也仅约占其国内生产总值的 20%，罗奇认为，“印度的增长模式比起此地区的其他国家均衡得多”。

尽管印度经济全球化依赖程度较低，但它并没有远离全球化的风险。原因是，印度经济中快速增长的产业其实在很大份额上与中国企业一样，仍然依赖于国际市场。以印度最大的塔塔集团为例，塔塔软件从国际市场获得的收入比重高达 90%。相比之下，中国发展中的软件业却主要依赖巨大的国内市场。中国占

---

① ［印］《金融快报》2005 年 1 月 10 日。

有优势的制造业产出仅占美国总产出的 14%，其就业岗位仅占美国工作总量的 11%；而印度具有优势的服务业占美国经济的 60%，其就业人数约占美国就业总数的 2/3。由于印度高度国际化的新兴产业更多地与欧美发达国家的核心产业重复，已经引起了欧美的关注和遏制。几年前美国参议院通过一项修订案，要求限制把涉及政府合约的工作外包给海外工人，美国政客已经开始把向海外分包业务看作是导致美国技术及服务行业就业率难以恢复的罪魁祸首。在人们的强烈呼吁下，印第安纳州取消了与印度塔塔咨询公司签署的一项价值 1500 万美元的信息技术合同，而美国国会也在就美国的金融安全和医疗记录是否陷入危机而展开调查。

(三) 注意在经济全球化中捍卫国家利益

经济全球化要求商品、资本、劳动力等在世界各国之间的流动更加自由，从而促使资本能够投向获利最高的地方，也推动这些地区经济快速增长。因此，一些国家对外国投资实行非常优惠的政策，吸引外国投资者对本国投资。但是，在经济全球化进程中，印度并没有向外国投资者提供什么优惠，因此其吸引的外国投资也不多。《华尔街日报》认为，虽然印度吸引到的外资与中国相距甚远，但是投资组合经理们说，就股市投资来说，印度在许多方面比中国更具吸引力。这个南亚大国诞生了众多具国际竞争力且管理风格更接近美国竞争对手的公司。投资者认为，与中国相比，印度拥有更完善的公司信息披露制度、更有力的产权保护措施和对投资者更友好的司法体制。也正是因为印度拥有良好的制度基础设施，印度经济自由化的重点放在了金融自由化上面。这与中国的改革策略正好相反。

与中国和其他高速增长的经济体不同，印度政府几乎未对任何特定行业给予过优待。印度政府对该国经济增长的最大贡献是私有化和放松监管，而非通过产业政策加以干预。印度政府也未对外国投资实行过优待，相反却对外国公司征收比印度本国公司更高的公司税，甚至严密监督外国公司在印度的经营活动。当然，中国给外国投资者的优惠较多，而中国的民营企业却得不到这些优惠，民营企业家还需为如何争取到和跨国公司同等的竞争条件而苦恼。

印度经济增长方式的另一个优点是“不需要老百姓勒紧裤腰带过日子”。20 世纪 90 年代，经济高增长国家的国民储蓄额通常要超过国内生产总值的 40%，中国的储蓄率就经常超过 40%。而印度的储蓄率经常为 20%—25%，这一较为平实的储蓄水平可以使印度人更多地享受自己的劳动果实，稳定的国内消费也成为印度经济增长的主要推动力，使其不必依赖起伏不定的出口需求。在这种发展模式下，印度可能永远无法达到中国的经济发展速度，但更有效率的印度企业和资产质量更加良好的银行却为印度长期的经济发展提供了足够的耐力。在这些领域，印度获得了国内甚至全世界的赞赏。

三、削弱世界经济衰退的影响，捍卫国家利益

世贸组织成立意味着世界各国间经济联系更加紧密，各国经济更加全球化。对像印度这样的发展中国家，经济全球化对其经济发展既是重要机遇，也是严峻挑战。由于经济更加全球化，发展中国家经济发展与世界各国经济发展间的联系将更加紧密，使发达国家经济波动对其经济发展的影响逐渐加深。发达国家经济快速增长，对国外商品和劳务的需求会有所扩大，可能扩大发展中国家商品和劳务出口的机会，推动发展中国家经济发展；发达国家经济增长率下降或衰退，其对国外商品和劳务的需求也将有所减少，可能缩小发展中国家商品和劳务出口的机会，制约发展中国家的经济发展。因此发展中国家在加入经济全球化进程后，既要抓住机遇促进经济发展，也要注意对付本国经济发展所面临的严峻挑战。世界经济衰退影响本国经济发展就是严峻挑战之一。过去在关贸总协定框架下，印度注意放慢经济全球化进程，作为总协定缔约国，在西方经济衰退情况下，印度经济保持了较好增长。在世贸组织框架下，在加速经济全球化进程中，印度既抓住机遇促进经济发展，也注意把握经济全球化程度，从多方面削弱世界经济衰退对其经济发展的影响。进入21世纪时美国等西方发达国家发生经济衰退，一些发展中国家经济增长速度大为放慢，但印度经济仍然保持较快增长速度。2008年国际金融危机爆发，印度经济发展却受到较大影响。这为发展中国家在经济全球化进程中保持国民经济健康而稳定增长，无疑提供了某些值得参考的经验教训。

（一）从国际贸易渠道削弱世界经济衰退对本国经济发展的影响

世界经济衰退影响其他国家经济发展的重要途径之一就是对外贸易。而一国经济发展受世界经济衰退影响的程度，在一定程度上取决于该国经济与世界市场有直接联系和间接联系的部分在国民经济总量中的比重，即对外贸易额特别是出口额在国民生产总值中的比重；取决于该国政府采取何种政策阻止本国经济发展

可能受到世界市场波动的冲击。在独立后注意放慢经济全球化进程期间，印度在世界贸易中的比重是微乎其微的，且呈现出逐渐下降的趋势。1949—1950 年度印度出口贸易额占世界出口总额的比重为 2.2%，1980—1981 年度却下降到 0.4%。出口在印度经济总量中的比重也不高，同样呈现出下降趋势。上述期间出口贸易额在印度国民生产总值中的比重也从 9%下降到 5.6%。① 同时，印度政府还努力改变独立前只限于同宗主国和少数国家开展对外贸易的情况，从 1947 年独立到 20 世纪 90 年代初期，印度积极发展同世界各类地区国家特别是前苏东国家的经济贸易关系，使苏联在印度出口贸易总额中的比重一度超过美国而居首位。前苏东地区为印度商品开辟了一个崭新的相对稳定的市场，这在一定程度上也可以减轻西方经济危机对印度经济发展的冲击。正如印度学者所说，“印度外贸的地理分布，也为抵御西方经济危机提供了部分免疫力”。② 苏联解体后，印度开始了全球化经济改革，使印度经济更加自由化、市场化、全球化、现代化；世贸组织成立时，印度成为该组织创始成员国。为适应经济全球化潮流，印度积极扩大对外贸易，使对外贸易在印度经济发展中的地位有所上升。目前，对外贸易总额在印度国民生产总值中约为 40%，但出口总额在印度国内生产总值中只有 16%左右。印度还逐渐降低发达国家在印度出口贸易总额中的比重，提高发展中国家在印度出口贸易总额中的比重。1960—1961 年度，经济合作组织在印度出口总额中比重高达 66.1%，到 2004—2005 年度已下降到 51.3%；同期，其他欠发达国家在印度出口总额中的比重从 14.8%上升到 31.2%，其中亚洲发展中国家在印度出口总额中的比重更从 6.9%上升到 26.3%。③ 因此可以说在世贸组织成立后，在加速经济全球化进程中，印度还是在一定程度上较好地从对外贸易的渠道削弱了世界经济衰退对其经济发展的影响。

（二）从国际资金流动渠道削弱世界经济衰退对本国经济发展的影响

世界经济衰退影响发展中国家经济发展的另一条渠道是国际金融。美国等西方发达国家在 20 世纪 80 年代之后大幅度减少对发展中国家的官方援助，并实行高利率政策，又在世界市场上极力压低初级产品的价格，使一些发展中国家的商

---

① 根据印度政府：《1997—1998 年度经济调查》，新德里，1999 年，第 S—85—86 页资料计算。

② ［印］《商业周刊》，1983 年 5 月 19 日，第 56 页。

③ 印度政府：《2005—2006 年度经济调查》，印度政府财政部经济处，2005 年，第 S—85—86 页。

品出口严重受阻，并使一些发展中国家特别是拉丁美洲发展中国家面临空前债务危机。独立以来印度在经济发展过程中始终坚持自力更生的基本方针，注意使经济发展所需资金主要依靠国内储蓄和国内资本形成，逐渐降低经济发展对国外资金的依赖。在利用外国资金和外国援助时，印度也制定并执行了一条利用外援为主、寻找外援多元化、接受外援兼收并蓄的方针。因此印度在接受外援时，非常重视吸收苏联和世界银行等国际机构提供的优惠贷款和优惠援助，尽量不在国际金融市场筹集利率较高的银行贷款，大大减轻了其还债负担，避免了发生在拉美国家那样的债务危机。但是从 20 世纪 80 年代初期起，印度政府被迫调整了利用外资的政策，开始从国际金融市场借用利率较高的商业贷款，加上商品进口急剧扩大的同时商品出口没有得到相应扩大。到 1991 年 6 月印度外汇储备仅够支付两周进口之用，独立以来最严重的国际收支危机终于爆发。从此印度政府实行以“自由化、市场化、全球化和现代化”为方向的经济改革，逐渐放松了对外国直接投资的限制，印度货币卢比在经常项目下也可以自由兑换。但是印度对外国投资仍保留了诸多限制：对外资向印度资本市场的投资，规定单个外国投资者和机构投资者购买一家印度公司的股份不能超过一定的比例；对外资向印度直接投资，某些领域也不允许外资进入，或虽然允许外资进入，但外资份额只能在某一规定比例之下等，从而在一定程度上控制了国际资本流动对印度经济发展可能造成的影响。印度政府对外国直接投资还保留了某些限制，如在某些领域或某些地区，依然不允许外国投资进入。因此在 1997 年亚洲国家发生金融危机时期，尽管印度与东南亚国家的经济联系不断加深，但是由于较好地控制了国际资本流动，印度经济发展并未受到太大的影响，仍然保持稳定增长。迄今为止，流入印度的外国资金并不多，外国资金在印度资本形成中的比重依然不高，因此印度从国际资本流动的渠道较好地削弱了世界经济波动对印度经济发展带来的影响。

（三）坚持以内需拉动经济发展，削弱世界经济衰退对本国经济发展的影响

像印度这样的发展中大国，经济发展不能完全依靠外部力量的推动，必须依靠自力更生。为削弱世界经济衰退对印度经济发展的影响，独立后，印度长期把对外贸易在国民生产总值中的比重及外国资金在印度发展费用中比重控制在一个较低水平。为增强自力更生发展国民经济的能力，根据人口众多和经济落后的基本国情，印度非常重视发展农业和工业。因为农业不仅吸收印度 70％的劳动力，养活印度 80％的人口，也是印度工业的原料来源和工业品的重要市场，农产品还是印度重要的出口品。农业直接关系着印度经济发展，也关系着印度社会政治

稳定。而工业是印度实现国家工业化经济发展目标的主要体现，也是农业和传统工业技术改造的希望所在，是国家财政收入的重要来源，工业品也是印度重要的出口品。经过长期艰苦努力，印度已从吃粮靠进口的国家变成为粮食自给有余并略有出口的国家，从基本工业消费品都要依赖进口的国家变成为主要工业品基本自给并使工业制造品成为主要出口品的国家，在经济发展和人民生活等最基本方面减轻了世界经济衰退对印度经济发展的影响。1991 年印度进行全球化经济改革，又成为世贸组织创始成员国，降低了商品进口关税，并逐步取消了商品进口的非关税限制；同时放松了外资进入印度的限制，使印度经济与世界经济的联系更加紧密，因此世界经济波动对印度经济发展的影响也更强了。但是印度仍然坚持自力更生的基本方针，利用财政和金融等多种手段，积极为经济发展筹集资金。1995 年以来，印度财政赤字不断上升，从 1995—1996 年度的 6024.3 亿卢比增加到 1996—1997 年度的 6673.3 亿卢比、1997—1998 年度的 8893.7 亿卢比、1998—1999 年度的 11334.9 亿卢比，1999—2000 年度和 2000—2001 年度也都超过 1 万亿卢比。① 但印度政府仍然严格控制财政赤字占国民生产总值的比重，最高也不超过 5%。在金融政策的密切配合下，印度政府动员了大量建设资金，积极修建铁路、公路、港口、机场等基础设施，做到主要依靠内需拉动经济发展。自 1991 年全球化经济改革以来，虽然印度外债总额不断增加，从 1991 年的 838.1 亿美元增加到 2001 年的 1013.26 亿美元和 2004 年 1118.3 亿美元，② 但是有的是由于印度卢比升值或美元贬值造成的。如 2002 年 12 月至 2004 年 12 月，印度外债增加 155 亿美元，其中 87 亿美元是源于美元贬值。③

当然，在经济全球化进程中，虽然印度大多数人已经认识到更加开放的贸易制度不可避免，但是为了保护本国利益，印度依然声称自己的方法能够提高国际竞争能力。尽管西方政府或经济学家批评印度经济保护主义严重，认为印度是世界上最受限制的经济体之一，但在印度国内，政治精英、经济精英、知识精英却联手“围剿”外国资本，印度人对印度现在依然是一个不开放国家的说法也并不认可。在印度，麦当劳不得不向印度教徒和素食主义者赔偿 1000 万美元，肯德基也不得不因为用死鸡制作食品而停业，这在一定程度上保护了印度的利益。正如印度工业联合会主席在谈到中印经济发展差距时指出的那样，中国的经济扩张

① 印度政府：《2001 年印度参考年鉴》，印度政府信息广播部出版处，2001 年，第 313 页。

② 印度政府：《2005—2006 年度经济调查》，印度政府财政部经济处，2005 年，第 S—108 页。

③ ［印］《经济时报》，孟买版，2005 年 6 月 25 日。

非但不会激起印度产业部门的竞争本能，反到可以加强印度某些人提出新的贸易壁垒要求，而太多的人则以另一种方式来看待——赶紧关上大门把自己保护起来。① 因此美国《财富》杂志也将印度形容为全球化经济“低能的天才”，意即空有优势却没能充分利用，认为政府的繁文缛节和腐败以及对外资公司雇佣外籍工人的限制阻碍了外资的进入。②

① 转引自［英］《金融时报》2002 年 4 月 12 日。

② 转引自［印］《金融快报》2005 年 10 月 25 日。

2012年南亚经济增长特点

杨文武[*]　李雁飞[**]

近年来，南亚国家的国内消费需求大幅上升、外部资本大量涌入，其对外大力促进双边、多边经济关系发展，为自己的经济发展创造更好的外部条件，对内则积极采取措施应对世界经济危机带来的不利影响，使之成为全球经济增长最快的地区之一和世界重要的发展国家新兴市场。然而，受欧洲债务危机，美国“财政悬崖”以及部分国家政党纷争、安全问题突出等区域内多重不利因素的冲击，2012 年南亚国家经济增长活力受到严重打击，经济增长率总体下降明显。为此，本文着力从南亚经济增长运行态势、结构特性、动力源泉以及不利影响因素等方面多维度地剖析其经济增长特性。

一、国别经济增速普遍放缓，区域经济发展进入下行通道

除了阿富汗、尼泊尔、巴基斯坦等国经济增长水平高于上一年度外，其余南亚国家如孟加拉、不丹、印度、马尔代夫、斯里兰卡等国经济增长率均低于 2011 年度。例如阿富汗、尼泊尔、巴基斯坦等国经济增长率分别由 2011 年的 7.2%、3.8%、3.0%上升到 2012 年的 11.9%、4.6%、3.7%，而孟加拉、不丹、印度、马尔代夫、斯里兰卡等国的经济增长率却分别由 2011 年的 6.7%、10%、6.2%、7.0%、8.2%下降到 2012 年的 6.3%、7.5%、5.0%、6.4%（如图 1 所示）。因此，与 2011 年相比，2012 年南亚国家经济增速普遍放缓，平均增长率为 6.1%，低于 2011 年均值 6.5%0.4 个百分点。

* 杨文武，教育部人文社会科学重点研究基地四川大学南亚研究所研究员。
** 李雁飞，教育部人文社会科学重点研究基地四川大学南亚研究所 2012 级研究生。

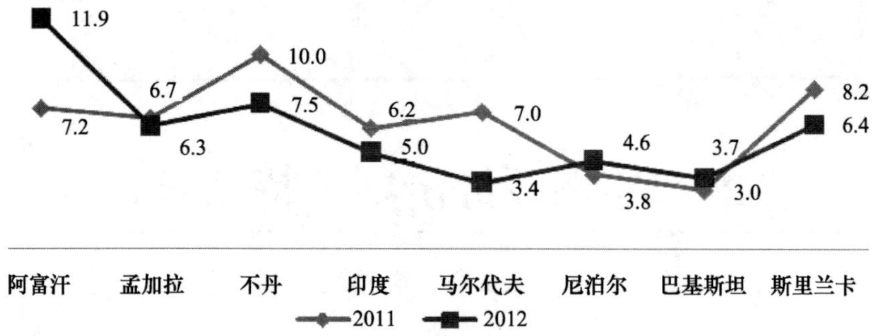

图 1　2012 年南亚国家的经济增长率（%）

然而，南亚八国年平均经济增长率由 2007 年的 8.1%下降到 2008 年的 6.2%、2009 年的 5.8%之后，又上升到 2010 年的 6.7 %、2011 年的 6.5%，再次下降到 2012 年的 6.1%（如图 2 所示）。这说明自 2008 年全球金融危机以来，南亚地区经济增速再次出现下行拐点。这主要是由于南亚各国政府继续为应对通胀而采取收紧财政及上调利率等货币政策，以前走在前列的印度等国经济增长率从“高铁”降速为“特快”。

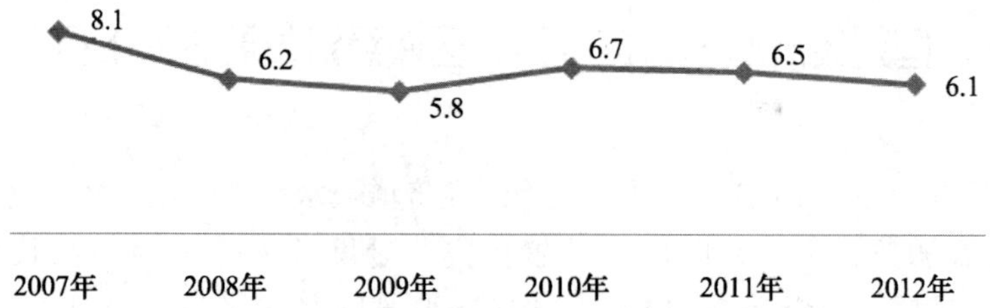

图 2　2008—2012 年南亚八国年平均 GDP 增长率（%）

二、三次产业增速差异性较大，地区经济产业结构步入新的调整期

从南亚各国产业结构的增长速度来看，2012 年农业增长速度最快的阿富汗达到 31.5%，其次是斯里兰卡（5.8%），马尔代夫和尼泊尔（分别为 4.9%）。工业增长速度最快的是马尔代夫，达到 14.0%，其次是斯里兰卡和孟加拉，分

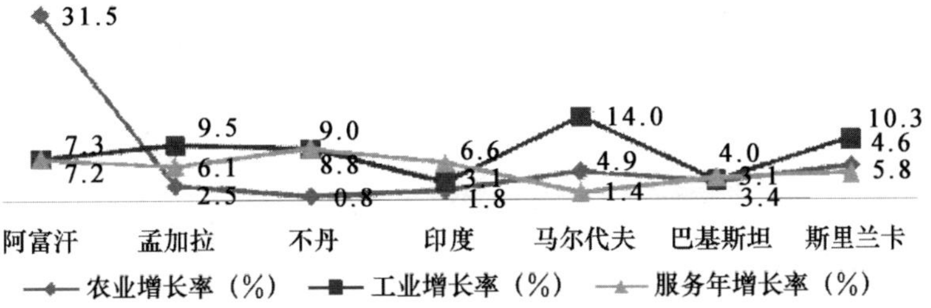

图 3　2012 年南亚各国三次产业的增长率（%）

别为 10.3%、9.5%。服务业增长最快的是不丹达到 9.0%，其次是阿富汗、印度，分别为 7.3%、6.6%。由此可见，2012 年度南亚小国如阿富汗、马尔代夫、斯里兰卡等的某些产业部门表现良好；而印、巴等南亚大国无论是整体经济增长速度，还是三次产业经济增长状况都不如南亚其他小国。特别是在南亚 8 个国家中，2012 年里唯有印度三次产业部门的增长率都低于过去 5 年（2007—2011 年）的年均增长率（其中：农业降低了 1.0 个百分点、工业降低了 2.8 个百分点、服务业降低了 2.6 个百分点）。

除此之外，2012 年农业部门增长率低于过去 5 年平均增长的有孟加拉（降低了 1.7 个百分点）、不丹（降低了 1.6 个百分点）、印度（降低了 1.0 个百分点）和巴基斯坦（降低了 0.5 个百分点）等 4 个国家；工业部门增长率低于过去 5 年平均增长率的有阿富汗（降低了 4.4 个百分点）、不丹（降低了 7.5 个百分点）、印度（降低了 2.8 个百分点）和尼泊尔（降低了 1.3 个百分点）等 4 个国家；服务业部门增长率低于过去 5 年平均增长率的有阿富汗（降低了 11.0 个百分点）、孟加拉（降低了 0.4 个百分点）、印度（降低了 2.6 个百分点）、马尔代夫（降低了 3.0 个百分点）、尼泊尔（降低了 1.0 个百分点）、巴基斯坦（降低了 1.0 个百分点）和斯里兰卡（降低了 1.4 个百分点）等 7 个国家（如表 1 所示）。这不仅说明作为南亚区域经济增长火车头的印度的三次业部门增长势头全面放缓，而且说明南亚国家服务业部门增速几乎全面放缓势头更为明显，南亚国家三次产业结构步入新的调整期。

表1　2012年与2007—2011年均的南亚国家三次产业经济增长率（%）比较

国别	农业增长率（%）		工业增长率（%）		服务业增长率（%）	
	2012年	2007—2011年均值	2012年	2007—2012年均值	2012年	2007—2011年均值
阿富汗	31.5	−1.7	7.2	11.6	7.3	18.3
孟加拉	2.5	4.2	9.5	7.3	6.1	6.5
不丹	0.8	2.4	8.8	16.3	9.0	8.7
印度	1.8	2.8	3.1	5.9	6.6	9.2
马尔代夫	4.9	−2.3	14.0	0.3	1.4	4.4
尼泊尔	4.9	3.5	1.7	3.0	5.1	6.1
巴基斯坦	3.1	3.6	3.4	3.2	4.0	5.0
斯里兰卡	5.8	3.4	10.3	7.3	4.6	6.0

资料来源：亚洲开发银行2007—2013各年度的《基本统计》。

特别是亚洲开发银行发布的《2013年基本统计》数据表明，2012年南亚国家农业、工业和服务业三次产业部门的年平均增长率分别为6.9%、7.3%和5.5%。而且，金融危机后2012年南亚国家工业部门年均增长率第一次超过农业和服务部门的年均增长率，而服务业部门却第一次低于工业和农业部门的年均增长率（如图4所示）。尽管采用各产业部门年增长率平均数的计算方法存在理论上的缺陷，但无论如何，与2012年度南亚国家服务增速全面放缓的势头相佐证，为了避免国际经济危机所产生的不利影响，后金融危机时代南亚各国纷纷调整经济结构，尤其是调整其经济产业结构已初见成效，而且这种经济产业结构调整将持续进行。如此一来，以第三次产业部门居主导地位的南亚国家经济产业结构格局必将得以进一步演变。

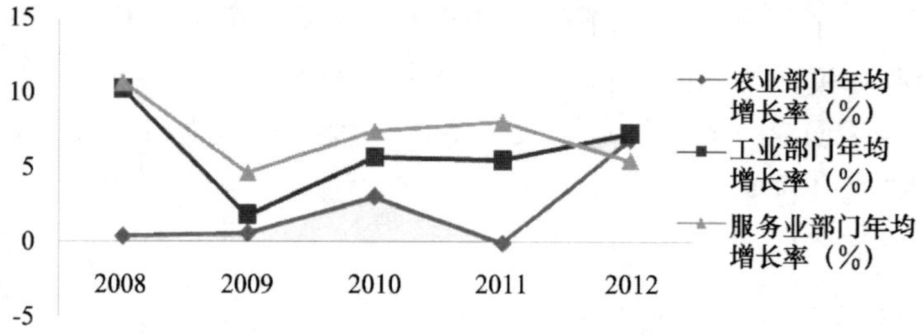

图4　南亚国家三次产业的年平均增长率（%）

三、消费仍是拉动南亚经济增长的“第一引擎”

（一）南亚印、巴等国家投资增速减缓

与 2011 年相比，2012 年南亚国家国内投资占 GDP 的比重，孟加拉增长了 0.7 个百分点、不丹增长了 12 个百分点、尼泊尔增长了 2.6 个百分点和斯里兰卡增长了 1.1 个百分点，而阿富汗降低了 9.3 个百分点、印度降低了 0.1 个百分点和巴基斯坦降低了 0.9 个百分点（如表 2 所示）。

表 2　南亚国家国内投资占 GDP 的比重（%）

国别	2007 年	2008 年	2009 年	2010 年	2011 年	2012 年	2007—2011 年均值
阿富汗	40.3	32.0	28.2	25.1	25.1	15.8	30.1
孟加拉	24.3	24.2	24.2	25.0	24.7	25.4	24.5
不丹	63.9	49.0	48.4	49.0	49.0	61.0	51.9
印度	35.9	38.4	34.5	37.0	35.4	35.3	36.2
巴基斯坦	23.0	21.6	19.7	16.6	13.4	12.5	18.9
尼泊尔	25.3	31.8	29.7	38.2	30.2	32.8	31.0
斯里兰卡	27.4	29.2	25.6	27.8	29.5	30.6	27.9

资料来源：亚洲开发银行 2007—2013 各年度的《基本统计》。

而且与 2007—2011 年 5 年的平均值相比，2012 年南亚国家投资占 GDP 的比重，除孟加拉增长了 0.9 个百分点、不丹增长了 9.1 个百分点、尼泊尔增长了 1.8 个百分点和斯里兰卡增长了 2.7 个百分点外，阿富汗却降低了 14.0 个百分点、印度降低了 0.9 个百分点、巴基斯坦降低了 6.4 个百分点（如图 5 所示）。由此可见，无论是与 2011 年相比，还是与过去 5 年相比，尽管 2012 年南亚多数国家依靠投资驱动经济增长的势头不减，但是南亚大国家（如印度与巴基斯坦）的国内投资占 GDP 的比重却无一例外地呈现出下降态势，这致使南亚区域总体投资增长势头出现减缓趋势。

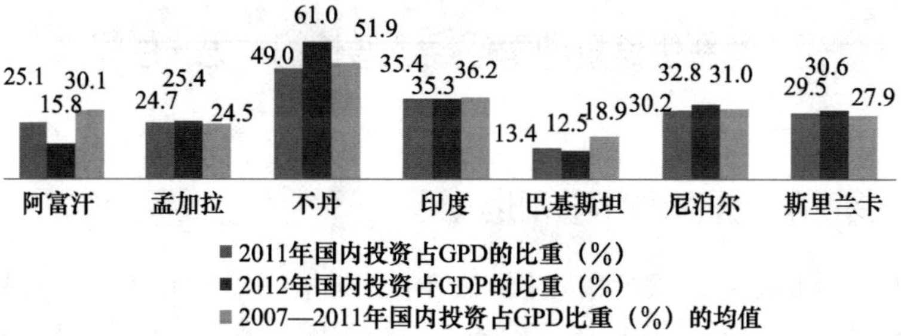

图 5　南亚国家内投资占 GDP 的比重（%）

（二）南亚国家贸易差额占 GDP 的比重均为负数

2012 年南亚国家贸易差额占 GDP 的比重均为负数。例如阿富汗为－42.2%、孟加拉为－6.9%、不丹为－25.8%、印度为－10.7%、马尔代夫为－63.6%、尼泊尔为－23.9%、巴基斯坦为－6.7%和斯里兰卡为－15.7%（如表 3 所示）。这说明南亚国家对外贸易均为逆差。

表 3　南亚国家贸易差额占 GDP 的比重（%）

国别	2007 年	2008 年	2009 年	2010 年	2011 年	2012 年	2007—2011 年均值
阿富汗	－67.6	54.3	－51.7	－36.2	－35.2	－42.2	－27.3
孟加拉	－5.1	－7.0	－5.3	－5.1	－6.6	－6.9	－5.8
不丹	1.2	－5.7	－12.1	－21.5	－30.2	－25.8	－13.7
印度	7.6	－9.6	－7.4	－7.7	－9.0	－10.7	－5.2
马尔代夫	－39	－73.7	－46.6	－53.9	－48.1	－63.6	－52.3
尼泊尔	－6.8	－19.3	－21.3	－26.0	－23.7	－23.9	－19.4
巴基斯坦	－64.9	－9.1	－7.6	－6.6	－5.0	－6.7	－18.6
斯里兰卡	7.7	－14.4	－6.6	－10.6	－16.5	－15.7	－8.1

资料来源：亚洲开发银行 2007—2013 各年度的《基本统计》以及亚洲开发银行《2012 年度报告》。

不仅如此，与 2011 年相比，2012 年南亚国家贸易逆差额占 GDP 的比重，除不丹增幅扩大了 4.4 个百分点外，其余南亚国家降幅均扩大了，如阿富汗扩大了 7.0 个百分点、孟加拉扩大了 0.3 个百分点、印度扩大了 1.7 个百分点、马尔代夫扩大了 15.5 个百分点、尼泊尔扩大了 0.2 个百分点、巴基斯坦扩大了 1.7

个百分点、斯里兰卡扩大了 0.8 个百分点。而且与过去 5 年相比，除巴基斯坦增幅扩大了 11.9 个百分点外，其余南亚国家降幅均扩大了，如阿富汗扩大了 14.9 个百分点、孟加拉扩大了 1.1 个百分点、不丹扩大了 12.1 个百分点、印度扩大了 5.5 个百分点、马尔代夫扩大了 11.3 个百分点、尼泊尔扩大了 4.5 个百分点和斯里兰卡扩大了 7.6 个百分点（如图 6 所示）。这不仅说明 2012 年南亚国家进出口贸易逆差继续扩大，而且说明大多数南亚国家出口对其经济增长呈现出低贡献率和低拉动效应。

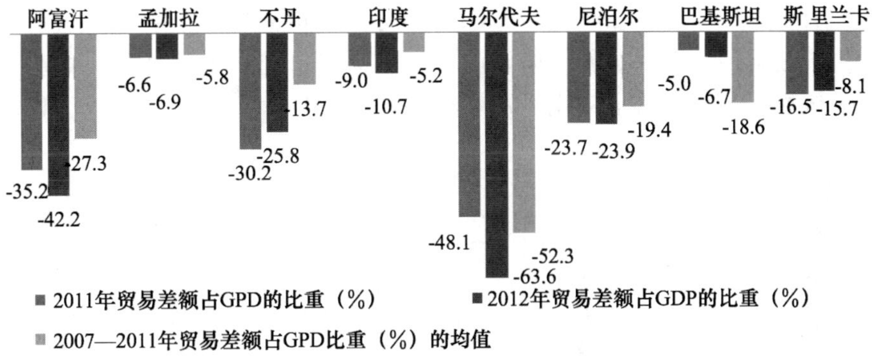

图 6　南亚国家贸易差额占 GDP 的比重（%）

（三）国内消费对南亚经济增长的贡献率大以及对经济增长的拉动系数大

表 3　2012 年南亚国家投资、消费和净出口对经济增长的贡献率以及对经济增长拉动系数

国别	对经济增长的贡献率（%）			对经济增长拉动系数		
	投资	消费	净出口	投资	消费	净出口
阿富汗	－62.4	138.7	23.6	－7.4	16.5	2.8
孟加拉	36.5	65.3	－1.8	2.3	4.1	－0.1
不丹	221	－32.1	－88.9	16.6	2.4	－6.7
印度	33.3	41.4	25.3	1.7	2.1	1.3
尼泊尔	89.3	30.0	－19.4	4.1	1.4	－0.9
巴基斯坦	－11.8	70.9	40.9	－0.4	2.6	1.5
斯里兰卡	47.8	81.2	－29.9	3.1	5.2	－1.9
均值	50.5	56.5	－7.0	2.9	4.2	－0.6

资料来源：亚洲开发银行 2007—2013 各年度的《基本统计》以及亚洲开发银行《2012 年度报告》。

首先，从 2012 年南亚国家投资对其经济增长的贡献率来看，投资对经济增长贡献率居前三位的国家有不丹（为 221%）、尼泊尔（为 89.3%）和斯里兰卡（为 89.3%），最低国家有阿富汗（为－62.4%）和巴基斯坦（为－11.8%）；作为南亚大国的印度 2012 年投资对经济增长贡献率仅为 33.3%，低于均值 50.5% 的 17.2 个百分点。

与此同时，2012 年南亚国家投资对经济增长的拉动系数平均值仅有 2.9 个百分点。其中，排前三位的分别是不丹（为 16.6 个百分点）、尼泊尔（为 4.1 个百分点）和斯里兰卡（为 3.1 个百分点）；而排名最后三位的分别是阿富汗（为－7.4 个百分点）、巴基斯坦（为－0.4 个百分点）和孟加拉（为 2.3 个百分点）。同样，2012 年印度投资对经济增长的拉动效应仅有 2.1 个百分点。由此可见，从整体上来看 2012 年南亚国家投资对经济增长的贡献率不大，对南亚国家经济增长的拉动效应也不强。

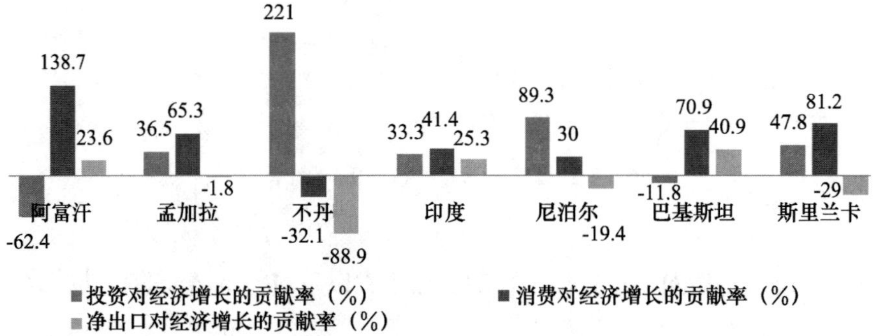

图 7　2012 年南亚国家投资、消费和净出口对其经济增长的贡献率（%）

其次，2012 年南亚国家净出口对经济增长贡献率的均值为－7.0 个百分点。其中，排前三位的分别是巴基斯坦（为 40.9%）、印度（为 25.3%）和阿富汗（为 23.6%）；排最后三位的国家是不丹（为－88.9%）、斯里兰卡（为－29.9%）和尼泊尔（为－19.4%）。而 2012 年南亚国家净出口对经济增长的拉动系数均值为－0.6 个百分点。其中，排前三位的分别是阿富汗（为 2.8 个百分点）、巴基斯坦（为 1.5 个百分点）和印度（为 1.3 个百分点）；排最后三位的国家分别是不丹（为－6.7 个百分点）、斯里兰卡（为－1.9 个百分点）和尼泊尔（为－0.9 个百分点）。由此可见，2012 南亚国家净出口对其经济增长的贡献率低，对经济增长的拉动效应也差。

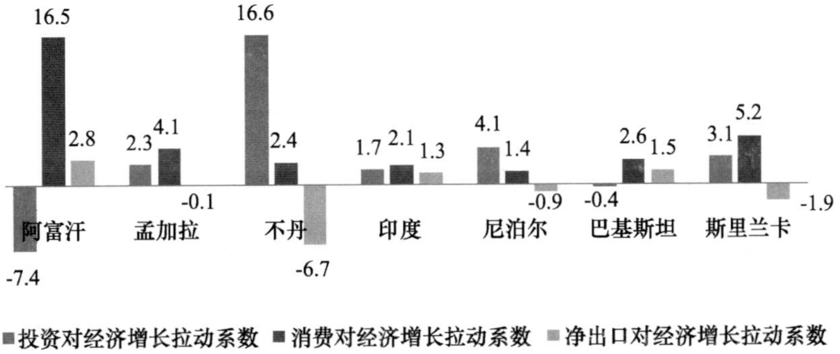

图 8　2012 年南亚国家投资、消费和净出口对经济增长拉动系数

最后，2012 年南亚国家消费对经济增长的贡献率均值为 56.5%（分别高出投资和净出口对经济增长贡献率 6 个百分点和 63.5 个百分点）。2012 年除不丹消费对经济增长的贡献率为−32.1%外，其余国家均为正值，而且排前三位的国家是阿富汗（为 138.7%）、斯里兰卡（为 81.2%）和巴基斯坦（为 70.9%）。与此同时，2012 年南亚国家消费对经济增长拉动系数均值达到 4.2%（分别高出投资和净出口对经济增长拉动系数的 1.3 个百分点和 4.8 个百分点），而且 2012 年南亚国家消费对经济增长拉动系数都为正值，其中排前三位的国家是阿富汗（为 16.5%）、斯里兰卡（为 5.2%）、孟加拉（为 4.1%）。由此可见，2012 年消费仍然是拉动南亚经济增长的“第一引擎”。

四、发展进程中的经济与非经济消极因素制约着南亚经济的持续快速增长

（一）欠佳的基础设施严重困扰着南亚经济持续快速增长

南亚国家的交通运输、通讯、水电气等基础设施普遍存在不足，2012 年因停电造成的生产损失虽无统计数据但应该非常可观，基础设施的不足对南亚经济的发展造成了很大阻力，特别是在南亚地区最大的经济体印度，基础建设的欠缺已成为阻碍印度经济发展的主要原因。据印度《商业标准报》2012 年 1 月 29 日的报道，印国家应用经济研究委员会（National Council for Applied Economic Research）教授 Shasganka Bhide 指出，印经济要达到两位数的增长并非不可能，

但不是现在的事情，基础设施瓶颈已越来越阻碍经济的快速发展。世界上最大的专业服务机构毕马威咨询师 Arvind Mahajan 认为，通过加快基础设施投资，印度可在现在 GDP 的增长率基础上增加 1.5—2.0 个百分点。世界银行认为，印度要恢复过去的发展速度，需在基础设施方面增加约相当于现在 GDP3％—4％的投资额。①

（二）储蓄率低导致的低投资率造成南亚经济增长缺乏自我供给能力

南亚地区存在贫富差距，大量人口为贫困人口，这样一种不平衡的收入结构导致了南亚经济发展的又一症结———低储蓄率，低储蓄率又直接导致了国内的低投资率，长期下去会造成南亚地区经济缺乏供给能力，并可能在需求增长而潜在生产能力未得到提高的情况下引发恶性通胀等问题。

（三）宏观经济失衡成为制约南亚经济快速增长重要制度性因素

相对其他发展中地区，南亚地区财政赤字过高。政府借贷需求挤压私营领域投资，相关支出推动通货膨胀上升。印度政府赤字占 GDP 比例为 9％，巴基斯坦和尼泊尔超过 6％，孟加拉国超过 4％。能源和食品补贴推动财政赤字上升，印巴该类补贴占 GDP 比例超过 2％，孟加拉超过 3.5％。② 国有石油和电力企业亏损严重，也给南亚国家政府带来巨大财政压力。南亚地区国家采取提高燃料和电力价格等措施解决补贴问题。限制财政赤字还需要采取措施扩大税基、加强征税力度、简化税制等，尤其是纳税比例偏低的国家，如巴基斯坦。正如世行指出，南亚各国税收收入水平较低，税收收入仅占其 GDP 的 14.3％，低于欧洲、拉美、中亚及非洲撒哈拉以南地区的税收水平，这也制约了南亚国家政府的投资与调控能力。

（四）安全问题和政治的不确定性成为影响南亚经济增长的非经济性因素

南亚地区存在很多不稳定性因素，反政府势力、边界冲突、国家核竞争等安

---

① 《商业标准》，印度，http：//www. mofcom. gov. cn/aarticle/i/jyjl/j/200701/20070104336109. html。

② “南亚地区国家 2013 年经济前景展望”，中华人民共和国商务部，http：//www. mofcom. gov. cn/article/i/dxfw/cj/201304/20130400082531. shtml。

全问题以及国内政党换届选举等政治问题给南亚经济发展产生了消极作用，影响了国内的消费需求、投资以及外国投资者的投资信心，阻碍了经济持续稳定高速发展。例如阿富汗未来大选的不确定性给经济带来了压力，阿富汗安全局势持续恶化使企业的安全成本飙升，民众需求相对疲软，房地产市场萎靡，一些阿商界人士开始抽离在阿投资，甚至举家迁往国外。阿财政部则表示，受电子设备和汽车等产品内需下降的影响，此外巴基斯坦 2012 年的议会选举也给巴基斯坦经济带来冲击。

（五）外部不利因素也为南亚经济增长带来了较大挑战

2012 年全球经济在金融危机过后的低迷中努力恢复，2008 年全球经济的衰退是美国金融市场泡沫破灭的必然结果，而 2012 年全球经济增长势头的减弱则更明显地表现为各国反危机政策效应的下降。这些全球经济问题也影响到整个南亚经济的增长。例如在欧元区，成员国对商业银行的危机救助，导致政府主权债务率不断攀升，引起主权债务信用危机，而这一危机反过来又会进一步恶化商业银行的资产质量而引起新一轮的银行危机。如此相互影响的恶性循环，使得欧元区的主权债务危机不断发酵，并成为全球经济增长的主要风险来源。又如，2008 年经济刺激计划之后，美国经济增长尽管步入了复苏轨道，但是失业问题仍未得到根本解决，相反还呈现出失业现象长期化的趋势，而为了维持经济增长所需采取的进一步刺激手段却遇到国债上限的制约。再如，2012 年依旧上涨的国际原油价格也在一定程度上影响着全球经济发展。

依附与独立：英属印度民族工业资本的历史透视

张　伟*

印度是一个非常重要的发展中大国，其经济的发展是这个大国逐步提高自己综合国力的重要标志之一。而在印度现代经济大发展中的工业企业，特别是被称为“财团”的大型企业的竞争能力的不断增强，也被认为是这个大国的经济实力的具体体现和重要特色之一。但是，印度这些民族工业企业以及这些特别的大型企业财团能够发展到今日的程度，却是经历了非常曲折的道路的。从对这些英属印度时期成长起来的印度民族工业和民族工业资本以及其中的企业财团的发展历程的再认识中，我们可以初步地描述出并认识到作为印度这样的发展中大国的民族工业，特别是其企业财团的发展的心路历程，乃至整个印度经济的发展轨迹。本文思考的重点将是印度民族工业资本在1947年以前的发展进程，由此获得对这些印度民族工业资本发展的基本特征的一个历史角度的认识。

一、英属印度殖民地的“新性质”

从宏观视野来考察，印度作为有丰富传统文化的大国的价值至少在两个历史阶段显著地体现出来。第一个历史时期是作为最早的东方古文明大国之一的存在和发展，在这长达四五千年的历史进程中，印度河与恒河流域的社会给人类创造了太多能够承载人类文明价值的器物和文化。第二个历史时期就是当今世界性的全面现代化进程中印度社会的“新发现”和其不断的进步。虽然这个历史时期并不久长，至今不过六七十年，但已经昭示出印度将不断强盛的势头，其中其民族工业资本和其集中的表现形式——印度企业财团，更是有飞跃的发展和对当今经

* 张伟，教育部人文社会科学重点研究基地四川大学南亚研究所研究员。

济全球化的重要影响。这也就是我们需要认真研究印度，特别研究印度民族工业资本发展的着眼点。

而在这两个历史阶段之间的过程中，印度与其他大多数殖民地或者半殖民地的国家一样，自17、18世纪开始，就受到了资本先期成长起来的现代意义上的传统老牌殖民地宗主国的侵占，由此在印度形成了长达200多年的殖民地统治时期。但是，这个被外部现代资本势力或现代意义上的强权势力征服的历史过程，在印度却有着特别重要的别样的认识价值，因为历史上外民族对印度广大地区的征服或侵占已经发生过多次，200多年前的这次英帝国对印度的殖民征服自然不是第一次，但却具有十分明显的“新性质”。这正如印度的著名学者鲁达尔·达特和K. P. M. 桑达拉姆在其重要专著《印度经济》中所陈述的那样：“印度在英国人到来以前也被征服过，但入侵者在印度定居了下来。英国征服与以往的不同在于，它导致了一种新的政治和经济制度的出现，这种制度将其利益置根于外国的土壤，而其政策却只受殖民利益的指导。早期的侵略者都使他们自己印度化了，而英国人却试图在自己与印度人民之间保持距离，于是产生出过去印度历史中前所未见的特征——外国统治这和印度臣民。”① 印度专家的文字清晰地揭示出英国殖民者这次对印度的征服的重要性和不同意义。

在我们看来，这种与全部以往的征服不同的根本点，就在于这次是基于工业革命基础上的现代工业资本成长起来后所形成的帝国，对缺乏这样一种工业资本的经济相对后进的民族国家的侵占和掠夺。而这种结果反过来又正是作为殖民帝国的侵占者，不管在国内还是在外国市场以及由此形成的资本与制度实力，更进一步发展的绝对重要的条件之一，尽管目前学界往往有意无意地忽略了这种“殖民地哺乳宗主国”的根本存在。而以英国为代表的对印度这个世界性大国的二百多年的殖民剥削，无论是广度还是深度，以及由此造成的对这种具有非凡文明传承能力的大国的损毁和颠覆，在世界范围内都是极其严重的和长期难以恢复的。尽管如此，印度的现代经济发展载体和动力之一的现代意义上的民族工业资本，和这些工业企业的领头羊——企业财团的发展，却就是在这种时局与道路中艰难地诞生和曲折地成长的。

---

① ［印］鲁达尔·达特、K. P. M. 桑达拉姆著，雷启淮等译：《印度经济》（上册），四川大学出版社1994年版，第32页。

二、英属印度殖民者的“遗产”

英帝国对印度长达200多年的殖民统治，当然地给印度造成了许多严重的损害。就经济角度观察，可以认为至少包括了以下三个方面：

第一，土地制度的殖民化。英帝国的殖民统治颠覆了原先印度国内自给自足的能够维系传统社会的农业生产制度和行政管制基础，使其更加符合英帝国已经逐步成长起来了的工业资本对其的控制和掠夺。其中“柴明达制度”①（Zamindar system）和“农民佃租制”②（system of land leasehold）就是最典型的英帝国工业资本在作为殖民地的印度这个异地掠夺域外非工业社会的农业财富的代表形式。英帝国殖民者在印度实施这些制度的目的和它所造成的结果，用一二百年的大历史尺度来考察，都完美地体现出了作为以工业资本为基础的现代社会对仍以农耕制度为基础的传统非工业社会的不可避免的摧毁和掠夺。在此基础上，英国殖民者获得了这种基于工业对农业的剥削和现代对传统的褫夺，以及由此造成的印度经济长久停滞而形成的自己的持久统治。因此，英国对印度的土地制度的殖民化，不仅仅局限在农业产业上，而涉及到了安邦立国的基础方面。正如苏联学者列夫柯夫斯基指出的一样：“在印度，英国殖民者从对农村居民的剥削中获得了主要的收入。在十八世纪末期和十九世纪初期，英国当局实行了许多目的在于增加征自农民的税收量的措施。但是，这些措施远远地超出了关于征收田赋和增加田赋额的问题的范围：它们对国家的以后的整个经济发展有着严重的

---

① 一般都认为，这是印度社会历史上的一种特有的土地制度，即政府通过中间人“柴明达尔”（Zamindar，也就是印度地区，开始时是政府与缴纳土地税人之间的中间人，后来慢慢演变成为类似中国西南地区曾经有过的“土司”的一种地主阶层）向农民征收田赋的制度。英国殖民者曾在孟加拉、贝拿勒斯等地区实行过这种制度，20世纪50年代末被印度政府废除。

② 一般学界普遍认为，多数国家历史上农民与地主的关系大致有三种，即雇佣制、定额租制和分成佃租制。而殖民地时代的印度农民与土地主的关系，因为传统的原因，则多数是佃租关系。也就是说，印度农民多是租种从土地所有者那里佃租的土地，然后承担租金。而这种制度之所以在印度历史上普遍存在，主要的原因就是印度农村普遍存在具有特殊身份的“柴明达尔”。所以，从某种意义上可以说，存在于印度农村的“柴明达制度”和“农民佃租制”，分别代表了典型的印度当时的农村政治制度和经济制度。

影响。”①

第二，贸易市场殖民化。英帝国殖民者在最广泛的意义上运用了作为现代社会标志的非自然动力型交通工具和跨洲际性贸易，从而能使原来意义上的区域性市场转变成为世界市场的现代交易手段，意在深远地迫使殖民地的印度必然地成为殖民者英国的原料附属地和工业制成品倾销地。这种往复性的原料来源与异域加工后再返销殖民地的格局，就是一种在脱出民族国家地域范围内的更大范围和意义上的二元结构，其结构深刻之处的关键就在于，它无情地剥夺了作为特定区域内的拥有主权地位的行政当局处于完全无权的地位，也不再具有统辖本区域事务的法定权利和行政权力，这无疑使得印度社会永久性地成为他国的附属之国。这种附属国的特性和必然结果就只能是持久地在经济上受到现代工业的剥夺和排斥，而难以逆转地陷入在传统农业向现代工业转型时，必然要承受的对工业、对城市、对殖民宗主国无限地提供廉价原料和劳动力的历史过程。这使得英属印度的经济在 200 多年前，当这种全球性的第一次世界市场浪潮形成之初，也即宗主国与殖民地原料——工业品贸易市场格局一形成的开始时刻就已经落败和成为祭品。这就在已经摧毁了印度自给自足的自然经济基础上，再使得这种由自给自足的经济能够自然地生成本区域内现代工业社会的原料基础的机会和可能性不复存在，也无从构建，从而永久性依附于宗主国。这就像现代任何一个国家内的农业对工业的依靠和农村对城市的依靠一样。

第三，正是在摧毁印度原有农业生产模式和颠覆其村社管理体制，以及人为割裂殖民地原料市场与宗主国工业品加工脐带后，无可避免地挤压了英属印度弱小的现代工业萌芽生长的空间，造成了这些本土的工业企业成长经历异常艰辛。这些当时弱小的民族工业萌芽，不仅受到英国殖民者的挤压，也受到民族手工业经济对它们最初的排斥。同时，这些印度本土工业企业的发展道路和途径，也被完全扭曲甚至阻隔，使得英属印度本土工业企业的生成和发展无一例外地被塑造成了附庸和累赘。其中最为典型的特征就是这些本土的工业企业最初绝大部分地成长于买办、商人、高利贷者之流。而这又是英属印度殖民统治时期内，其民族自然的农业经济和根植其上的广大的手工业经济，以及最初的民族资本的工业经济所难以接受和认同的。同时，由于印度社会不同的民族、宗教、种姓以及文化认同的疏离夹杂其间，所以英属印度民族工业的生存和发展无时不举步维艰，时刻都充满了坎坷与扭曲。这种可资利用来发展自身民族性的工业资本的实力的条

① ［苏］列夫柯夫斯基著，汝信译：《1947 年前印度资本主义发展的一些特点》，三联书店 1958 年版，第 18 页。

件的先天不足和后天的无法弥补性，不仅直接导致于英属印度殖民者所具有的工业资本的强力与优势，还受制于英帝国殖民者为了持续保护其工业资本所具有的这种强势与被“制定”为合法的权利而动用的国家机器的力量。其中最具有典型意义的是英帝国等殖民者的外国资本利用其有“合法”外衣保护的而大肆控制英属印度的民族工业资本产生与发展的“经理行”① 制度。而这种制度更深的意义和影响在于这些外国资本的对印度殖民地的侵占与掠夺，已经从产业资本正在逐步地演变或者已经成为金融资本。事实证明，这恰恰就是资本主义国家进程到帝国主义时代时资本输出到殖民地后攫取当地财富和掠夺资源的最重要和最狡猾的变种形式之一。

英属殖民地印度的民族工业资本和工业企业财团就诞生和生长在这样的环境下。这也就决定了印度民族工业资本以及它的重要代表形式——财团当初与后来的发展形态以及一些重要的基本特征。而这些重要的基本点也就注定了当今印度社会在经济大发展上的不同与其他许多新兴发展中国家的地方，特别是后来大财团的巨型扩张以及它所给印度带来重要影响。

三、依附与独立的“较量”

作为印度河与恒河流域的古文明大国，印度其实在世界发展历史上是具有重要角色地位的国家。就其经济而言，丝毫并不逊色任何曾经的大国。即使是到了工业革命的历史阶段，印度本土的具有工业生产性质的某些产品也可以比堪当时世界上相当重要的国度，例如当时还未成为其宗主国的英国。印度著名的学者辛哈和班纳吉在其代表著作中就明确指出：“从远古时代以来，印度就是世界的棉纺织品的大工场。达卡是印度的曼彻斯特，达卡洋布的美丽和结实是全世界闻名的。”②

因此，英属印度本地的民族工业才既在有丰富原材料支持而优势依旧的情况

① 英属印度时代的“经理行”实质上是一种涉外公司（foreign firm），只是开初时期具备很多特权，既能够涉外又能够对内，既能够放贷也能投资实业，同时，英国人英国资本可以做，印度人和印度民族资本也能做。从某种意义上说，有些类似近代中国的“洋行”，但不同的是，中国近代“洋行”要么是外国人和外国资本做的，而即使是中国人或者民族资本做，却也得获得青政府授予的特权，例如中国近代最著名的“十三行”。

② ［印］辛哈、班纳吉著，张若达、冯金辛、王伟译：《印度通史》（中译本），商务印书馆 1964 年版，第 620 页。

下，也在英帝国殖民掠夺资源而造成挤压民族工业资本的情况下，即使是扭曲的和遭受长期的挤压，也仍然顽强地不断生成、不断发展，所以，这就决定了印度独立前其民族工业资本和其重要的载体形式——民族企业财团在自己的萌芽、开花、结果的历史中，必然出现的成长二重性：依附与独立。

一方面，一定历史时期内的“依附”对当时的印度民族工业资本来讲是必然的。这是由强国的工业资本优先崛起后直接导致的全球性的具有重要历史意义的结果，这犹如全球范围内资本主义崛起对封建主义必然要扬弃一样重要。正像马克思在《不列颠在印度统治的未来结果》著作中指出的那样：“英国在印度要完成双重使命：一个是破坏性的使命，即消灭旧的亚洲式的社会；另一个是建设性的使命，即在亚洲为西方式的社会奠定物质基础。”① 所以，在我们不能假定历史的情况下，应当坦承这种依附对进入近代工业社会门槛前的英属印度是必然的。虽然，这个过程有时是非常残酷和不人道的，然而，即使是进行全球性考察也莫过如此：“美洲金银产地的发现，土著居民被剿灭，被奴隶化，被埋于矿坑，正在开始的东印度的征服与劫掠，非洲被转化为商业性黑人猎夺场所，都表示了资本主义生产时代的曙光。这些牧歌式的过程，是原始积累的主要要素。”② 可见，这种依附性在特定的社会发展史的进程中具有一定的普遍意义，这也许就是所谓的由工业革命所直接导致的“世界市场”逐步形成过程中一个重要而必然的环节。

同时，这种依附性也表现在对英属印度民族工业资本的自身利益的增加上，而这也正是这种依附性存在的前提和可能性所在。“在印度资本主义发展过程中，最大的商业中介人和高利贷者从十九世纪下半期起，开始把自己借助于商业中介人的、高利贷者的和诸如此类的业务而赚得的一部分货币积累，投入较大的资本主义企业的建设，首先是纺织工厂的建设。从事工业活动的印度大资产阶级是从靠帮助殖民地剥削和封建地主剥削而至富的主要印度商业中介人和高利贷者中间成长起来的。”③ 由此可见，这种英属印度殖民地时期内的民族工业资本对英帝国殖民统治者和与其共生的经济体制产生依附的内在必然性，这种情况在殖民者一定程度上“容忍”地将部分利益让与具有“买办”特性的印度民族工业资本时尤其如此，从中也可以解释存在了近乎二百年的印度民族工业资本的觉醒的缓慢

① 马克思：《马克思恩格斯选集》，中译本，第二卷，1972 年版，第 70 页。

② 马克思：《资本论》第 1 卷，人民出版社，第 949 页。

③ ［苏］列夫柯夫斯基著、汝信译：《1947 年前印度资本主义发展的一些特点》，三联书店 1958 年版，“序言”，第 4 页。

和摆脱依附性的艰难。

另一方面，英属印度殖民地的民族工业资本的独立也是必然的。这是由现代意义上的世界历史发展进程中最重要的历史事实之一：民族国家形成与定型这个划时代的历史飞跃所决定的。而这种民族国家的形成与定型的世界范围的最普遍认同意义上的最本质要求和最深刻表述，恰恰就是由作为英属印度这个殖民地独立以后与另外一个具有同样深远的古文明背景的，但也有着近似半殖民地经历的大国中国来共同完成的。这就是这两个发展中的大国在各自刚刚完全实现民族独立后不久提出的，现在世界人民都已经非常熟知的著名的作为现代国家关系基础的“和平共处五项原则”。[①] 因此，印度民族工业资本的独立也是必然的，只是或早或迟的事情。因为，本质上讲殖民地民族工业资本的独立与否，完全不取决于当时已经是非常强大的殖民者自身的“容忍”与否，这是一个巨大的历史趋势，所以我们可以肯定地认为，殖民地民族工业资本的独立性终究要取代它的依附性。

英属印度殖民地的民族工业资本以及后来逐步形成起来的属于民族资本性质的企业财团的这种依附与独立的特征，就构成为了其自身成长过程中的内在矛盾的冲突，和由此产生的与外国列强工业资本不间断的抗争：依附则必然弱小，独立则必然顽强，即以弱小之身躯顽强地争取生存权利。所以，我们有理由认为，在 1947 年以前，英属印度殖民地的民族工业资本和其集中的体现——大企业财团，在其发展壮大过程中必定充满了艰辛和曲折。但是，依附的历史趋势之消亡与独立之历史趋势的实现，在世界现代历史演进的过程中同样是必然的，而且总是以后者战胜前者来实现的。因此，印度民族工业资本和其集中的表现形式——大企业财团的独立性也必然战胜它的依附性。只是在完全实现这一历史进程以前，这种依附性和独立性在非常大的程度上决定了印度民族工业大资本的根本性质和基本特征。这种根本性质和基本特征，笔者认为就是：印度民族大资本，一方面“心安理得”地剥削本民族的民众之“剩余价值”，而另一方面，政治上又“理直气壮”地积极主张脱离英帝国的民族独立。

四、民族工业资本转型的“经济性”

单单从经济上考察，英属印度社会中被殖民者强制实施和普遍执行的各种不

---

① 即：互相尊重领土完整和主权；互不侵犯；互不干涉内政；平等互利；和平共处。

平等的经济方面的交易措施和管制手段，除了貌似取得了当地当时的“合法”许可外，也都是完全具有殖民性和歧视性的，远非各类殖民者倡导的构建所谓的统一性“世界市场”、协调“世界分工”等等这样一些冠冕堂皇的概念所能遮羞的。

这种经济上英帝国对英属印度的残酷剥削，其历史文献的记载就几乎比比皆是。“贸易的方法是非常不公平的。1840 年在下院的特别委员会上对正在揭露的印英贸易关系提供了证据。英国的丝绵织品用英国船运到印度要付百分之三点五的关税，英国的毛织品只付百分之二。可是印度的棉织品输入英国要付百分之十的关税，印度的丝织品要付百分之二十，印度的毛织品要付百分之三十。难怪 1837 年英国向印输出的棉织品有六千四百万码以上，而 1824 年还不到一百万码。达卡的人口从十五万减少到三万左右。印度人生活的整个经济基础被摧毁了，印度成了英国的农庄。”① 由此可见，印度民族工业资本及其代表——大企业财团在表达出了根本性的独立的要求以外，也还提出了哪怕仅仅局限于经济范畴的公正和公平的必然要求。而这正是最终真正地孕育出要求完全的民族独立的意识前的必要准备，甚至我们也可以这样说，英属印度的民族工业资本的独立要求正是英国殖民者持久的不公平和长期的欺负所导致的必然结果。

英国殖民者不仅在殖民前期所需要的“自由贸易”的形式上，也在殖民后期所需要的“资本输出”的形式上对英属印度的民族工业资本及其制成品实行了全方位的歧视，它的实质就是在殖民政策和行政措施方面限制印度的民族工业资本的发展和壮大。“英国帝国主义者在建设铁路时，在决定主要铁路线的方向时，仅仅遵循一个目的——加强对印度的自然财富和居民的剥削。主要的线路都是从大海港通往原料产地的，这些地区已成为大不列颠工厂商品的销售市场。建设的本身目的排斥了印度的真正的、全面的工业发展。但是，当英国占统治的上层分子开始看到铁路毕竟能够促进印度本身的工业发展的时候，他们就实行了复杂的运费率制度，这种运费率的基本目的是在于促进商品由港口深入国内的运输，而阻碍内地的运送。这是靠了采用对从港口起运和运往港口的货物与对在国内各地区之间转运的商品征收不等费用的方法达到的。对第一种货物只收不大的费用，而对第二种货物则收很高的费用。各个省份之间的商品流转除了运费率之外还受到了各种宽度的铁路路轨的阻碍。问题是在于，从港口通往原料产地的主要线路往往有一种宽度的路基，而连接它们的铁路即那些应当实现内地货物运输的铁路却有另一种宽度的路基。结果是，在把商品从国内一个地区运往另一个地区时，

① ［印］辛哈、班纳吉著，张若达、冯金辛、王伟译：《印度通史》，商务印书馆 1964 年版，第 621 页。

必须把它们转运好几次，而每一次转运都要按很好的运费率付费。这种政策造成了这样的情况，例如，在许多地方往往从英国输入煤要比从邻省运入还要更便宜一些。”① 这种狡诈透顶与权力滥用的各种挤压印度民族工业资本的方法和措施，可能也就是只有当年的英国绅士们能够毫无章法地发明出来并具体实施。所有这些歧视性的“经济上”的措施，其实质也就是阻碍印度民族工业进而阻碍民族资本的成长壮大。

同时，在更具有英帝国特色的经济范畴内的殖民统治术上，更是体现出了作为殖民者的宗主国对殖民地的印度的民族工业企业，乃至其民族工业资本和它的代表——企业财团的歧视与掠夺。这就是前文提及的，也被大家所熟知的作为经济杠杆的英国资本掠夺印度财富的“经理行”制度。“在生产领域以及流通领域内进行活动的英国经理行，在帝国主义时代中已成为主要的经济杠杆之一，靠了它们的帮助加强了英国和印度之间的强制性分工，使印度的根本利益受到损害……借助于经理行这些特殊的殖民地垄断组织，英国的金融巨头们在印度培植了他们所需要的巨大的资本主义企业：麻厂、煤井、锰矿、和云母矿开采场，建筑了一些铁路，创办了茶叶种植园和其他的种植园以及贸易公司、保险公司和别的公司。通过英国经理行制度，不仅进行了不列颠对印度的资本输出，而且还利用了属于印度有产阶级的很大的一笔货币资金。”② 从中我们可以看出，借助于英国殖民者发明的这种经理行形式，英帝国统治者和殖民地占领者不仅掠夺了印度的自然资源等各种利益，也还将印度的民族工业资本紧紧地控制在自己的掌控之中，不断地加深它们对自己的依附性。

虽然前述的“自由贸易”、“资本输出”和“资本控制”表面上观察都仅仅局限在经济的层面上，即使是这样，这些也都能够直接或间接地导致印度民族工业资本至少要提出经济上独立的要求。但是在这里面，其实政治与经济的统一是明摆着的事实。这就是说，宗主国对印度的殖民地侵占和剥削必然导致英属印度的民族工业资本，甚至是民族工业的财团对殖民者的依附，而民族国家的民族独立也必然是民族工业资本真正独立的前提。所以，殖民地印度的民族工业资本的独立与其民族国家的独立是完全一致的。就这个意义上而言，如果说民族工业资本的独立之于民族工业资本的强大是前提，那么摆脱依附就是必然的选择。因此，民族工业资本的转型和逐步成长壮大对英属印度的经济发展也是迟早的事。

---

① ［苏］列夫柯夫斯基著，汝信译：《1947 年前印度资本主义发展的一些特点》，三联书店 1958 年版，第 47 页。

② 同上书，“序言”，第 2 页。

五、民族工业资本的"现代化"

在英属殖民地印度真正独立以前，英帝国在长达200多年期间对印度的殖民统治和其运用的各种冠冕堂皇的手段，都必然性地也是毁灭性地"破坏了（印度）本地的公社，摧毁了本地的工业，夷平了本地社会中伟大和突出的一切，从而消灭了印度的文明"。① 面对这样的历史后果，我们有理由认为，这种早期的以英帝国为代表的殖民者统治，即使是在"工业革命"、"世界市场"、和"现代化"的历史推进和扩张下，也必然包藏着对殖民地本土的所有的政治上的压迫和经济上的剥削。因此，对殖民制度的历史否定和对宗主国的唾弃的目标和动力，其实早在殖民地建立之初就已经构建并逐步清晰和强大起来。就经济上而言，英属印度的民族工业资本，以及后来逐步演变成为印度特有的财团性的工业资本，其要求独立和摆脱依附的根本动力也正是来源于此。因此，宏观而论，印度民族工业企业和工业资本所要求独立的目标和动力必然是与印度作为民族国家所要求的独立是相一致的。而与此同时，英属印度的民族工业资本正不断成熟与壮大。

同时，根据世界历史演进的事实，我们有理由认为英属印度殖民地的独立还具有特殊的世界性意义。随着世界范围内民族独立浪潮的不断兴起和原先大多数殖民地国家大面积地独立于宗主国，印度的历史也将发生根本性地向其完全独立的历史时刻的转变。这种转变不仅仅标志着印度作为殖民地推翻宗主国的自身的进步，也是具有普遍意义的世界性历史事件，这就如同200多年前的英帝国对它的殖民扩张并最终统治它一样重要。因为，自"普拉西战役以后，情况就改变了。在1757年以后开始的印度财富的枯竭，促进了英国的工业革命，因为它对英国的新工业提供了资本"。② 从而，自始之起，在世界历史范围内逐步就形成了某种意义上的一种从广义上的农业社会向广义上的工业社会过度的必然的模式——宗主国与殖民地模式，也即工业制造中心与原材料来源地模式和工业资本与非工业资本模式，当然也是剥削与被剥削和压迫与被压迫的模式。在此基础上，后来所谓的"世界分工"和"世界市场"就逐步显现和形成了，并由此产生了各种理论众口一词地赞扬的"现代化"。所以，200多年前印度的被殖民某种意义上甚至就是标

---

① 马克思：《马克思恩格斯选集》，中译本，第二卷，1972年版，第70页。

② ［印］辛哈、班纳吉著，张若达、冯金辛、王伟译：《印度通史》，商务印书馆1964年版，第620页。

志着世界历史进入了一个新的阶段——工业革命与殖民地时代，而200多年后印度的独立也将无疑以结束这种殖民统治并宣告世界历史进入了一个更新的发展阶段——民族国家独立与民族资本发展的时代。正是因为殖民地和殖民地独立的这样的轮回，全球性的世界历史和各国性的社会进步无疑获得了不以人的意志，当然也不以殖民统治者意志而转移的划时代的进步。这就是英属印度民族工业资本必然要要求独立的根本原由，也是它一定要转型的必然性所在。

而且，工业革命以后导致的所谓“现代化”的必然启动，对新兴的民族国家向往独立和独立后的现代化前景也具有必然的历史趋势性的导向意义和作用，当然，这也是现代化的工业资本的必然走向。所以，即使是从“单纯”的现代化所要求的经济要素方面考察，英属印度民族工业资本以及它的集中代表——企业财团也都要向现代化迈进，从而必然要实现转型，即：随着印度作为主权国家的民族独立的实现，印度民族工业资本也必须转型，从而跟随自身国家的独立、转型和迈步进入工业化门槛后的进步而产生深刻的变化。因为，世界性的工业化进程在世界上的任何角落都是不可逆转的和永恒的。这正如马克思在《不列颠在印度统治的未来结果》中指出的“机器工业”之于国家进步的必然性一样：“只要你把机器应用到一个有煤有铁的国家的交通上，你就无法阻止这个国家自己去制造这些机器了。如果你想要在一个幅员广大的国家里维持一个铁路网，那你就不能不在这个国家里把铁路交通日常急需的各种生产过程都建立起来，这样一来，也必然要在那些与铁路没有直接关系的工业部门里应用机器。”① 机器、铁路、交通和由此形成的工业部门，乃至于建立在其上的“现代化”，其实只要一深入到一个国家社会进步过程之中，变化就必然发生，哪怕从开始时仅仅是一个弱小的殖民地属地。那么，这些国家的民族工业资本的产生和壮大，即使不言殖民者统治本身，或者不言所谓的“挑战—回应”模式，也是应有之理，应走之道。无怪乎中国的学者也同样这样认为：“英国作为一个先进的资本主义国家在对印度进行殖民剥削中不可避免地将资本主义因素带进了印度。这也就是马克思所说的英国在印度要完成的另一个使命——在亚洲为西方式社会奠定物质基础的建设性使命。（到）十九世纪后半期，印度发展资本主义的条件先后在一些地方渐臻成熟。”② 但是，真正值得我们思考的是，如果没有殖民地这一历史过程过程，难

---

① 马克思：《不列颠在印度统治的未来结果》，《马克思恩格斯选集》，中译本，第二卷，1972年版，第72页。

② 孙培钧、华碧云、张敏秋、高鲲著：《印度垄断财团》，时事出版社1984年版，第17页。

道民族工业资本就不会寻求自身的成长与发展吗?

六、结论

综上所述，如果我们要对英属印度的民族工业资本的成长作一个宏观的历史透视，那么，正确看待英属印度殖民地的性质与意义，认真考察英帝国给殖民地印度造成的制度性后果，客观分析英属印度的民族工业资本内在的二重性，深入把握殖民者的经济歧视，以及历史地认识现代化的必然趋势，就是无法绕过的理性的认知过程，这使得我们由此能够观察到英属印度民族工业资本的基本特征和其曲折成长与不断发展。所以，恰恰是由于完成了这样一个逻辑与历史相统一的认知过程，我们体察到了 1947 年前印度民族工业资本以及它的典型代表——企业财团的成长过程的内在特殊性：依附与独立。

中印非政府组织（NGOs）及其在扶贫开发中的作用研究

李　涛*

非政府组织（Non-Governmental Organizations，或 NGOs）是当今世界的一种重要社会现象和社会发展的必然趋势，既是全球化形势下的一种新兴的经济发展模式，又是全球社会政治生活中的一项制度创新，体现了现代社会中社会组织多样化的特征。NGOs 在全球共同面临的世界性难题——扶贫开发中所起作用何在？尤其是对中印拥有世界人口 1/3、拥有贫困人口最多的两个大国？对我国西部大开发的扶贫工作有何借鉴？这便是本文研究的目的。①

关于非政府组织（NGOs）这一概念，目前中印学术界众说纷纭，涉猎甚多，在此不想赘述，要说明的是本文采取 NGOs 的广义概念，即非政府组织是合法的、非政府的、非营利的、非党派性质的、实行自主管理的民间志愿性的非成员组织，实行网络型的组织体制，致力于解决各种社会性问题，简而言之，NGOs 具有六性——组织性、民间性、非营利性、志愿性、自治性、公益性。这里还要强调国际非政府组织（International Non-Governmental Organizations，或 INGOs）即跨国的、非本国的非政府组织，以别于本国的或国内的非政府组织和非政府组织（NGOs）这一总称，人们通常将国内非政府组织简称非政府组织（NGOs）。

---

* 李涛，教育部人文社会科学重点研究基地四川大学南亚研究所常务副所长、教授，撰写此文时为尼赫鲁大学国际关系学院访问学者。

① 作者曾对德里个别非政府组织进行了实地调查，国内大部分田野调查工作由学生王玮、康青、李霞和李佩蓉所做，他们曾走访四川省民政厅、省外办，甘孜州政府、外办、教育局、民政局等单位，并对利众基金会、温洛克等 INGOs 在成都的组织和甘孜的组织及工作人员进行了调查，还对部分受益人进行了个别访谈，该文中未注明出处的数据及资料基本上来自调查所得，在此致谢并感谢那些调查中给予支持和帮助的人们。

一、中印非政府组织（NGOs）形成背景比较

印度NGOs形成源远流长，英殖时期已有雏形，19世纪初基督教传教士在印度建立大量的学校、医院等慈善机构，已具有一定现代意义上NGOs形式；1947年后NGOs随着印度的独立进入一个新的发展阶段，但这一发展是伴随着政府职能增减而起浮，如1950年宪法赋予政府在政治经济方面更强的权力，相应就削弱了NGOs的活动空间，特别是1975年国家宣布进入紧急状态，NGOs的发展受到极大的影响；尽管20世纪80年代NGOs活动有一定回升，但印度NGOs大规模地发展却是90年代后由自由化和全球化的进程而推动的。[①]

中国的非政府组织起步相对较晚，尽管20世纪五六十年代有过短暂的原始发展，但70年代基本上处于停滞阶段，中国NGOs大规模兴起是在70年代末伴随改革开放而来的。中国改革开放后，过去强国家—弱社会的格局发生了重大的变化，原来高度集中的计划经济体制逐渐淡出，与之相应的高度集权的政治体制也有所松动。无论是经济领域还是政治领域都在自上而下地下放权力，全能型的政府机构大幅度削减。在中央与地方的关系中，地方获得了许多自治权，尤其是在农村确立了村民委员会制度。在国家放权的过程中，出现了大量的政府做不好、市场又不愿做或也做不好的社会公共事务方面的问题，这为中国的非政府组织的兴起提供了广阔的空间。改革开放以来内地较早的NGOs组织是从农村经济改革开始的，第一批NGOs是由农民自发组织起来的自上而下的技术服务型的农村专业技术协会，但NGOs的较大发展是从1984年中国经济体制改革的重心由农村转向城市的时候，不过90年代以前，中国的NGOs都处于一种无序发展阶段，直到1995年中国举办世界妇妇大会后，中国NGOs自主性增强，其整体能力和社会影响日益扩大。[②]

两国NGOs都是随内部自身社会经济发展需要的拉动和外部经济全球化的推动下发展的。尽管印度NGOs形成历史较久，但两国NGOs基本上都是在20世纪八九十年代随国内改革开放进程，并在国际NGOs影响下得到较大发展。

---

① Sen. Siddhartha, Some Aspects of State-NGO Relationships in India in the Post-Independence Era, Development and Change, 30 (2) April, 1999.

② 陈向阳："非政府组织在中国的现状及挑战"，《中国经济时报》2005年5月26日。

二、中印非政府组织（NGOs）发展特征

第一，两国NGOs分布不平衡。中国NGOs地区分布极不平衡，明显存在“东强西弱”的特点，就国内非政府组织来说，东部沿海正在逐步走向成熟，而西部省区特别是边疆民族地区不少才开始起步；而国际非政府组织（INGOs）的总部大多设置在东部省份，尽管近年随中国政府西部大开发行动，不少INGOs有西移倾向，但这需要一个过程。印度在NGOs的分布上存在另一种不平衡，即各地区城乡分布的差异，例如在德里，绝大多数NGOs分布在城区，而在梅加拉亚邦，至少有90％的NGOs分布在乡村。

第二，两国NGOs资金来源及特点。目前两国NGOs投资金额普遍偏低，融资渠道单一。经费都不充足，存在着“慈善不足”（philanthropic insufficiency）现象。一般来说，非政府组织的资金来源有四个渠道，即服务收费、政府补贴、民间捐赠和外国援助。发达国家的NGOs较依赖前三种来源，那些发展中和转型中国家较依赖于外国捐款，来自本国的资金不多。但中印两国直接或间接来自政府的资金在两国NGOs的资金中所占比例都较大，[①] 据调查，印度政府每年将为其NGOs拨款50亿美元，并规定运行3年以上的社团可以向政府申请资助。目前两国服务性收费较混乱，不具有影响力。在中国国外资金所占比例较大，而民间特别是个人捐赠资金不多。印度相对来说外资不多而个人或家庭捐赠较多，据一个赴印考察组的调查显示，印度非营利组织国外资助仅占捐赠的7.4％，大部分捐增来自家庭，有40.7％的印度家庭曾经进行过慈善捐赠，在德里这一比例更高达80.7％，而且捐赠更多来自于下层民众，其中68％的捐赠来自于农村地区，约2/5来自于年收入少于2.5万卢比的低收入家庭。[②]

第三，两国NGOs受其政府影响大，缺乏一定的自主性。两国NGOs基本上是随其国内政治经济和政府职能的变化而产生和发展的，NGOs与政府之间的关系过于密切。特别是20世纪八九十年代，为应对不断崛起的国际非政府组织，

---

① Tapan R. Mohanty，“Partners in Development：A Reflection on The Role of NGOs”，Indian Journal of Public Administration，Vol. L，No. 4，October-December 2004.

② 2005年2—3月，由印度自愿行动网络（Voluntary Action Network India，简称VANI）和香港乐施会联合组织，包括中国社会科学院、民政部、清华大学、中国政法大学等单位的一行10人，赴印度进行了为期13天的对于印度非营利组织及其法律制度的学术考察访问。数据来自其相关成果贾西津的“印度非营利组织及其法律制度环境考察报告”。

两国政府都曾建立过自己的即官办的 NGO（GO－NGO），而其他 NGOs 特别是中国的 NGOs 大都与政府有密切关系，无论在组织设置、经费来源、人事配备还是在活动方式上都与政府相似，甚至被称为“第二政府”。一些学者声称，“可以说在中国并不存在西方国家普遍存在的那种具有独立法人地位、能够按照自己意愿开展工作的纯粹 NGOs”。

第四，两国 NGOs 的宗旨主要代表贫穷、弱势群体的利益，其活动领域主要集中于教育、医疗卫生、环境保护、宗教文化等扶贫开发。据调查，在印度非营利组织的活动领域中，占据前五位的主导类型依次为：宗教（26.5％），社区和社会服务（21.3％），教育（20.4％），体育和文化（17.9％），健康（6.6％）。但城乡之间的分布不同，在农村，教育、宗教、社区和社会服务、体育文化等类型为主导；而城市则以宗教为主导，其次是社区和社会服务，再则是文化艺术、教育等类型。[①]

第五，两国 NGOs 的活动方式。NGOs 在发展中国家的活动主要有三种方式，即直接从事有关发展的各类工程项目，提供特定的产品与服务；从事研究、教育和知识的传播；通过倡议和游说对各国政府和国际组织的决策施加影响。[②]目前中国大部分地区 NGOs 主要采取第一、二种方式，沿海发达地区越来越重视对政府决策的影响，而在民族地区 INGOs 目前普遍采取从事第一类活动，第二类活动主要关注教育，较少开展研究工作，少数 INGOs 在扶贫开发中针对导致贫困的结构性和制度性的原因开始尝试通过对政府的宏观政策施加影响来解决各种社会问题。而印度 NGOs 尽管也以第一类活动为主，但其第二、三类活动开展较频繁和有力，尤其是在帮助贫困人口提高教育水平上起了极大的作用，[③] 当然印度 NGOs 对其政府政策和国家法律法规施加影响的力度更是不可低估。

三、中印两国扶贫特征比较

从扶贫理念上看，中印两国扶贫理念源远流长，对在全社会开展扶贫活动都起了积极的作用。印度从早期的婆罗门经典《奥义书》鼓励家庭的慈善，到佛教

① Sen. Siddhartha，“Some Aspects of State-NGO Relationships in India in the Post-Independence Era”，Development and Change，30（2）April，1999.

② 赵黎青：“非政府组织问题初探”，《中共中央党校学报》1997 年第 4 期。

③ Jandhyala B. G. Tilak，Role of NGOs in Education in India，Man & Development，June 2004.

教义强调"普度众身"，再到后来的穆斯林文明，乃至英殖时期随基督教文化传入而带来的"平等""博爱"思想等，无不为其社会扶贫奠定基础；中国自古就有"老吾老，以及人之老；幼吾幼，以及人之幼"，"授人以鱼，不如授人渔鱼"等具有助人为乐思想的古训，加之后来的"劫富济贫"思想使中国的扶贫理念显得具有实用性、功利性和被动性。

从扶贫背景上看，首先两国贫困根源不同，印度主要是由于严格的等级制度、不彻底的土地改革以及不平等的混合经济体制所带来的资源和利益分配不均形成的贫困，[①] 而中国主要是由于计划经济时代"剪刀差"造成的严重城乡差异和市场经济时代区域经济不平衡发展所形成的地区贫富差异。当然由此形成了两国贫困的不同特性，在中国主要表现为"横向贫困"——地域性贫困，即城乡之间、东西部之间的贫困差异，而印度则表现为"纵向贫困"，即贫富主要体现在不同阶层上，而城乡之间的贫困差异不像中国那么悬殊，尽管大多数贫困对象仍集中在农村，但其城市的贫困人口远远超过中国。印度孟买有亚洲最大的城市"贫民窿"，印度城市贫困人口居高不下，贫困发生率与农村相差无几，并有扩大趋势。不过，印度贫困人口主要集中在比哈尔邦、奥里萨邦、中央邦和北方邦。

从扶贫方式上看，两国同属亚洲发展中的国家，经济发展水平决定了其扶贫模式的选择只能是按发展中国家的模式而且带有亚洲特色。一般来说，发达国家主要依靠雄厚的财力，强调要素尤其是投资的拉动效应，以实现提高其社会经济发展的整体水平，而发展中国家则强调政策的推动效应，以提高贫困人口生存标准为目标。两国政府除对贫困地区实行诸多优惠政策外，都采取划定贫困线，由中央财政对一定贫困户或贫困地区实行援助，主要通过采取小额信贷模式、实施以工代赈等方式。在中国还部署安排东西扶贫协作即东部发达省市对口帮扶西部贫困省区以及环境移民、劳务输出、"希望工程"、"贫困农户自立工程"、"温饱工程"等大规模的特殊扶贫计划等措施；印度则较注重发动社会各种力量实行扶贫，除政府外，各种非政府组织活动相当活跃，如 SYEDHASHIM 家族基金会、印度自我就业妇女协会（SEWA)、SHARE、国家发展投资及咨询服务公司(BASIX)[②] 等。在扶贫开发上，中印呈现给世人最明显的不同似乎是印度比中国更加"多元化"。

从扶贫成果上看，印度扶贫时间跨度长，从独立后就开始开展扶贫活动，中

① 沈红："印度的乡村贫困和扶贫体制"，《社会学研究》1994 年第 5 期。

② 中国社会科学院印度扶贫考察团："印度扶贫考察报告"，《中国农村经济》1998 年第 9 期。

国是从20世纪70年代末期开始扶贫工作的。两国都取得了显著成绩，中国政府经过20多年的艰苦努力，农村贫困人口数量已从1978年的2.5亿人减少到2002年的2820万人，扶贫工作取得了很大成绩。

四、中印非政府组织在扶贫开发中的作用

首先，NGOs是中印两国扶贫开发的时代所需。目前中印扶贫工作基本上从初级扶贫、基本解决温保发展到结构性扶贫的新阶段，特别是中国已进入到“贫困程度深，扶贫难度大”的攻坚阶段。随着市场经济的发展和社会经济环境的变化，原有的扶贫政策、模式和方法受到挑战。具体而言：

（1）扶贫政策被市场经济弱化。在中国，过去对贫困地区实行的一些行之有效的特殊政策和优惠措施已失去作用。如国家对贫困地区实行减免农业税、减免扶贫企业税等政策，早已因为财政分级包干体制的出现而不再有用。

（2）政府扶贫功效发生变化。如在中国占扶贫资金一半的扶贫贴息贷款扶贫效果差，贷给企业的扶贫资金回收率仅50%，呆账率高达35%，而又难于直接发放贷款给贫困农户。[①] 此外，中印两国普遍存在政府各级扶贫部门及一些官员和工作人员挪用扶贫款、贪污腐败等现象，并有越来越严重的趋势。

（3）一些扶贫模式受到冲击。如倍受中印两国政府扶贫青睐的小额信贷模式，却因为行政运作的僵化性影响了实效，在选择项目的过程中没有发挥项目受益人的积极性，金融管理、监测和内部审计工作等都存在很大局限性，严重影响到实施效果。

总之，过去过份强调政府的主导和计划经济的权威作用，忽略市场自动调节机制的扶贫方针，已很难满足新时代的扶贫要求，相反，NGOs在扶贫中的作用却日益彰显，它正成为中印转变扶贫机制，实现可持续的、长效的扶贫方式的重要力量。

第一，NGOs可吸引大量社会金资、国内外资金参与扶贫事业。资金缺乏是发展中国家扶贫开发中的共同问题。NGOs不仅可以将国内大量闲散资金聚积来用于扶贫开发，而且可以吸引大量国外资金。在中国随着市场经济的发展，非国有资金所占比例越来越大，民间和个人掌握着大量闲散资金，NGOs通过开展各

---

① 张建军、李国平：“西部贫困地区扶贫模式的创新与对策研究”，《科学学研究》2004年第22卷第6期。

种项目，动员社会资金特别是企业从事社会慈善活动；而且它们还积极吸收更多的国际社会和海外资源用于扶贫开发事业。不少国际机构规定其项目必须通过地方 NGOs 组织完成。如温洛克国际农业开发中心（Winrock International）藏区可持续项目负责人 Ethan Goldings 博士就曾告诉笔者不少其总部规定他们的项目必须与当地的民间组织合作，而不能直接与政府机构合作。

第二，NGOs 丰富多样的项目构成社会扶贫的必要补充。中印 NGOs 的扶贫项目虽然与政府的相比较小，但其分布地区往往是政府大型扶贫项目未能覆盖或较难深入的偏远地区在扶贫对象的选择上，具有更强的征对性和个体灵活性，一些弱势群体或边沿化的个体受到特殊关照；在项目的内容选择上，面对各地的各种既定条件，如经济、政治、文化和传统等，具有较大的适应性，并根据这些特定的条件来确定自己的战略、策略以及应采取的各种措施。一些企业和政府都做不到、做不好或不便去做的，特别是政府以行政手段较难处理的项目，NGOs 以其灵活的手法使之迎刃而解，如在印度由政府主持的计划生育事业曾受到很强烈的抵制，甚至导致剧烈的政治动荡，而在政府支持下以 NGOs 为主开展计划生育事业则进行得较有成效。还有印度的社区初级保健体系、无烟炉的使用和推广、卫生厕所的发明和推广等，也都是由非政府组织主持实施而实现的。①

第三，NGOs 灵活务实的运作方式为其他扶贫组织起到良好的试范效应。NGOs 特别是大型 INGOs 的工作方法越来越受到关注。大多数 NGOs 十分强调工作人员的自愿性，要求他们热爱自己的工作、具有“奉献”、“敬业”精神，在工作中保持强烈的创新冲动，以适应快速变化的需求，并能够更直接和有效地针对不同地区、不同人群、不同贫困层的不同问题开展具体的、有针对性的扶贫活动；NGOs 工作程序中积极开展项目示范、召开专题研讨会、项目评估会、进行学术交流等多种形式的活动；注重对项目的验收工作，有一套行之有效的管理和监督办法；NGOs 在项目运作中注重对象的自我参与和决策意识，注重项目发展的可持续性；此外 NGOs 还具有协助、监督各级政府贯彻执行有关扶贫开发的方针政策的作用，NGOs 可作为中央政府和地方各级政府之间的“中介”，协调有关政策并监督实施，确保扶贫政策的落实。

第四，NGOs 具有极大的协调冲突的功能，成为正在快速发展中的中印社会转型时期不可或缺的润滑剂。中印两国正在经历从农业社会向工业社会和现代信息社会转变，从计划经济向市场经济发展，传统、单一的社会结构解体，已进入

① Pratibha Singh, “Role of NGOs for Sustainable Development of Rural Areas”, Geographical Review of India, Vol. 67, No. 2, 2005, pp. 171—176.

社会结构的裂变期；随着改革开放的深入，政治体制改革的深化和政府职能的转变，传统的国家和社会高度统合的格局被打破。如在中国，原来由工人、农民阶级与知识分子阶层组成的“两个阶级、一个阶层”的简单社会结构现已被新的复杂结构所取代。社会阶层结构的深刻变化导致原先高度集中统一的利益格局不复存在，各阶层之间利益日趋多元化与分化重组，人们的希望和可资相互沟通的资源都在增长，各自需要不同的利益代言人。一般来说政府比较偏重企业、生产者、富有阶级和强势群体的利益，而 NGOs 则更重视人权、社会援助与救济，注重维护劳动者、贫困阶层和弱势群体的利益。于是以 NGOs 为首、政府与企业之外的第三部门与公民社会开始形成。

五、目前中印非政府组织在扶贫开发中存在的问题

NGOs 在中印扶贫开发中作用日显，而且是两国实现扶贫阶段发展的必要手段之一，但其目前在两国的发展不尽如人意，由于种种原因受到诸多制约，存在一定的问题，主要表现在：

第一，NGOs 与中印各级政府关系密切，影响了其在扶贫开发中的自主性、积极性和监督功能的发挥。历史上印度的 NGOs 是其社会变革的重要力量，被视为代表民众声音、表达基层诉求的渠道，在印度的民族独立运动中曾起着重要的作用。但独立后国家加强了对 NGOs 的控制，削弱了其社会活动和作为社会自治机制的影响力，更是严重影响 NGOs 为极贫困人群、妇女、被边缘化的人群的利益的诉求。如在 2004 年孟买政府强行拆迁贫民窟一事件中，一些 NGOs 未能代表弱势群体的利益进行强烈抗争，已受到媒体的质疑。

而中国的 NGOs 受制于政府带来的问题更多。首先中国的 NGOs 对政府行政机关的依赖性强，“官办”色彩太浓，双重管理甚至多重管理——“多个婆婆”现象突出，存在政出多门，但遇事却相互推诿、无人问津的情况；另外 NGOs 与政府界限不明，导致政社不分现象突出，与政府的关系有待厘定、规范。在许多扶贫项目上政府实际上成了国内 NGOs 的主体或代言人，以致在与一些国际 NGOs 合作时，政府部门从“监督机关”变成“合作方”，无法对其进行有效的监督和协调，一旦合作不成功，政府不得不承担失败的责任，影响政府形象。[①]

① “国际非政府组织在云南发展状况研究”（课题组），《云南行政学院学报》2004 年第 2 期

针对这样的情况，有的学者提出要将官办协会转变为民间协会以解决政社不分问题的建议。

第二，相关NGOs的法律、法规滞后，影响其扶贫开发工作的正常运行。尽管中国关于非政府组织的立法比较全面，已形成了以《宪法》为统领，以两个《登记管理条例》为主，以地方性法规、部门规章为辅，一般法与特别法相结合的法律法规体系。[①] 但总的来说，中国的立法工作滞后于NGOs的发展，有关NGOs的法规还不完善，主要表现在：我国社团立法的层次和质量不高，一些具有法律效力的条例主要侧重于登记程序，不仅与其他法规衔接性差，而且缺乏可操作性。可以说，目前中国还没有真正完整的非政府组织管理法律文本。有关的社团登记管理条例实际上都称不上是完整的社团法，更不要说像印度一样有不同的法管理不同类型的社会团体。

应该说印度相关非政府组织的法律比较详尽和完善，主要涉及的有《社团登记法》(1860)、《宗教捐赠法》(1863)、《印度信托法》(相关章节)(1882)、《合作社法》(1904)、《慈善和宗教信托法》(1920)、《伊斯兰教区法》(1923)、《工会法》(1926)、《教区法》(1954)、《印度公司法》(相关章节)(1956)、《公共教区法》(1959)、《外国捐赠管理法》(1976)等等，不过大多数相关社团的法律形成于英殖时期，不少都有100多年的历史，难以应对目前NGOs出现的新情况；另外政府通过《外国捐赠管理法》及1983年前后税法的变动限制NGOs从企业募捐，取消NGOs经营活动收入免税等办法，明显从经济上加强了对NGOs的控制。

第三，对国际非政府组织(INGOs)缺乏正确的认识和适当的管理措施，影响与其在扶贫开发领域的合作。目前大多数INGOs来自发达国家，他们往往体现西方发达国家的价值观和利益，尽管大部分INGOs是抱着帮助贫穷落后人们、让世界变得更加美好的良好愿望而来到发展中的国家，但不排除个别非政府组织另有图谋——从事民族宗教渗透和分裂活动，推广不同的价值观念和从事情报收集活动等等，中印两国都属民族、宗教问题比较复杂的国家，宗教财产的不平等分配和等级制度是印度贫困的根源之一，而中国民族地区往往位于边疆，与内地相比较为贫穷落后，政府在此更为关注“主权”，强调国家“认同感”，可见INGOs的扶贫活动大多集中在这些“离心因素”大，“较不稳定”、“较为敏感”的

① 张继红：“中国非政府组织法律规制问题研究”，《政法论丛》2004年第4期。

领域，不可避免地增加两国政府的防范心理，担心导致公民对国家忠诚的转移；[①] 加之不少 INGOs 在国外背景复杂，受援地各级政府不易了解情况，更增加了对 INGOs 的不信任感。

由此导致两国政府对 INGOs 缺乏正确的管理。印度因为对接受国外资金捐赠控制太严，影响了国外扶贫资金引进，而中国对 INGOs 的管理更是混乱，一方面控制太严，有强烈的不信任感，另一方面缺乏管理，缺乏与之配套的相关法律条文。目前中央涉及 INGOs 的部门有民政部、外交部甚至统战部、中联部等，至于地方以我们曾调查过的甘孜州为例，涉及 INGOs 的单位有外事侨台办公室、民政局、文化局、卫生局、教育局、林业局、扶贫办、环保局、藏胞办等部门。尽管涉及部门多，但我们在调查中发现，大多数 INGOs 的工作人员抱怨，他们遇到问题不知道该向谁反映和求助。值得注意的是，在中国的 INGOs 几乎游离于中国相关 NGOs 的法律、法规和规章、制度之外，不少民族地区甚至未对其进行统一登记，甘孜州从 2005 年开始才以“非政府组织备案表”形式对其境内开展活动的 INGOs 进行“登记”。

六、结论

NGOs 是政治民主化、经济市场化、社会现代化、全球化条件下的必然产物。这里，我们通过对 NGOs 在人口和贫困人口居世界之首的发展中国家中国和印度扶贫开发工作的比较，证明 NGOs 不仅是发达国家也是发展中国家社会经济发展的一种必不可少的现象、一种有益的制度创新。尽管 NGOs 在中印两国得到了较大的发展，在两国的扶贫开发工作中发挥了极大的作用，但与欧美发达国家相比，无论在资金数量还是活动影响力等方面都存在一定差距，而且远远落后于两国社会经济发展水平的要求；特别是由于种种原因，两国 NGOs 自身存在不少问题，影响着其扶贫作用的发挥。如像一些 NGOs 背离了社会团体非营利性原则，为个人或小集体谋取经济利益；一些过多参与政治；一些 NGOs 组织内部管理水平极端低下，财务混乱等等。但瑕不掩瑜，不能像“连同浴盆扔出婴儿”[②]

---

① 笔者在西藏塘古村调查时发现，当地村民对国外非政府组织的一个小项目援助非常感激，而对国家投了大量资金在当代从事的教育、医疗和基础建设项目熟视无睹。（参见冉光荣、李涛主编：《西部开发中西藏及其他藏区特殊性研究》，黑龙江人民出版社 2003 年版）

② Tapan R. Mohanty, “Partners in development: A Reflection on The Role of NGOs”, Indian Journal of Public Administration, Vol. L, No. 4, October-December 2004.

一样对待 NGOs，这些问题并非对抗性的、不能克服的，通过改进，NGOs 将会在中印两国乃至亚洲发展中国家扶贫开发中起到更大的作用。鉴此，我们认为：

第一，在一定时期，坚持政府的主导地位，充分调动和发挥各种社会力量特别是非政府组织的作用，是发展中国家扶贫开发的必由之路。NGOs 在中印扶贫开发中的经验证明，在一定时期特别是在初期阶段，政府的权威在扶贫开发中的作用不可忽视，但达到一定阶段后，应重视 NGOs 的扶贫功效，它是使扶贫开发实现社会化、制度化、道德化转换，实现扶贫开发可持续性发展的必要制度创新。

第二，加强管理特别是依法管理是 NGOs 发展和扶贫效益实现的必要保障。加强政府对 NGOs 的管理并非是增加对 NGOs 的控制，而是依法对 NGOs 实行管理、监督和评估。令人惊讶的是，中印两国学者不约而同提出了建立全国性的统一管理 NGOs 机构的呼吁。依法管理也十分重要，特别是中国。目前中国政府对 NGOs 的管理受行政方式影响大，对“问题型”NGOs 的管理手段单一，随意性强。改变长期以来对非政府组织“重登记、轻管理”，“重行政管理、轻依法管理”的局面。

第三，公益观念和奉献精神既是 NGOs 发展的宗旨，也是扶贫开发必备的社会环境。注重倡导社会公德，尤其重视发挥舆论宣传在调动、引导和监督社会关爱上的积极作用。

第四，辩证地对待国际非政府组织（INGOs），有利于 NGOs 扶贫作用的充分发挥。非政府组织本身是双刃剑，其消极影响不可低估。

对待国际非政府组织活动的态度，应是鼓励和利用其有利于改革开放与发展的积极方面，防止和消除其可能产生的各种消极影响，充分运用公共管理科学的专业知识与专业手段来研究解决非政府组织存在的问题。

外交安全

阿富汗困局与中国的应对

陈继东*

随着美国撤军进程的推进，阿富汗局势成为国际社会的关注焦点，尤其是阿富汗周边国家在关注的同时，也在考虑如何发挥作用，促进阿富汗局势在2014年后向和平、稳定的方向发展，避免出现内战的乱局。中国作为阿富汗的邻国和地区大国被寄予厚望，希望能在阿富汗问题上发挥更大、更积极的作用。中国应当如何妥善应对，才更符合我们自己的国家利益？本文拟就此进行探讨并提出笔者的看法。

一、阿富汗困局的表现

（一）反恐战争难以为继

自2001年美国发动阿富汗反恐战争至今已历13年之久。目前，阿富汗反恐战争已经打不下去了，主要表现为以下方面。

其一，美国的政策转变。美国选择用军事手段解决阿富汗问题，但13年的经历证明此路不通。13年来，美国在阿富汗花费了4000多亿美元，平均每天花费近1亿美元。在阿富汗死亡的美国士兵超过1800名，受伤者达1.5万名。阿富汗战争让美国不堪重负，美国不愿意继续陷在阿富汗的反恐战争之中，撤军是必然的事，这就意味着需要寻找解决问题的其他方式和途径。因此，奥巴马提出并实施从阿富汗撤军计划，公开宣布2014年底结束阿富汗反恐战争，推动与塔

---

* 陈继东，教育部人文社会科学重点研究基地四川大学南亚研究所研究员。

利班的直接和谈。

其二，反恐失去主攻目标，陷入“空心化”。鉴于美国推动与塔利班的和平谈判，已经明确把阿富汗塔利班排除在恐怖组织之外，积极支持巴基斯坦释放所关押的阿富汗塔利班骨干，从而使阿富汗反恐战争“空心化”：以塔利班为打击对象的反恐战争失去主攻目标，反恐战争的终结难以避免。

其三，军事行动目的改变，反恐变成了“假打”。目前，驻阿美军和北约部队的军事行动目的已改变为“以打促谈”，而不再以消灭塔利班为目的。驻阿美军和北约部队匆忙把维护阿富汗安全的责任转交给阿政府军，准备脱身撤离，阿富汗政府军既无斗志，也缺乏足够的战斗力，更不愿主动出击，只是被动应付塔利班的袭击。因此，反恐战争已经成了“假打”。

（二）和谈困难重重

从现实的角度看，阿富汗的和谈是实现民族和解、避免新一轮内战的唯一选择，但困难很大，涉及诸多问题：如何定位塔利班的性质以及与塔利班分享权力问题；如何引导塔利班承认美军继续留驻阿富汗的问题；如何处置多年来在反塔战争中积聚了一定实力的地方既得利益集团的诉求问题；如何处理受西方文明影响的阿富汗世俗利益集团与以塔利班为代表的伊斯兰极端主义之间的深刻矛盾问题等等。因此，和谈之路并不容易。

2013 年 6 月，美国与塔利班就和谈问题的接触有了结果，塔利班在多哈开设了和谈办事处，这是阿富汗和谈的重大进展。然而，由于塔利班在多哈办事处开设时使用了塔利班政权的旗帜和标志，招致卡尔扎伊政府的抗议。阿富汗政府拒绝派代表团赴多哈参加和谈，还暂停了与美国正在进行的“双边安全协定”（BSA）谈判。卡尔扎伊报怨美国和塔利班绕过阿富汗政府私下往来，甚至指责塔利班和美国政府“合伙”，称美军的撤离将促使塔利班展开报复行动。[①] 塔利班在多哈的办事处被迫降下其旗帜和不再使用其标志，为表抗议，塔利班代表撤离了多哈。这样，阿富汗问题多哈和谈陷入僵局。

塔利班坚守两个原则：所有被俘的塔利班成员应被释放；美国撤出阿富汗。只有这样才能开始对话进程。现在，塔利班作出让步，同意在美军撤离前开始与美国的对话，但并没有改变要求外国军队全部撤离的原则立场，这与美国在

① 《今日看世界》，凤凰卫视 6 月 17 日，http：//phtv. ifeng. com/program/xlksj/detail _ 2013 _ 06/18/26518955 _ 0. shtml。

2014 年后将继续在阿富汗保留军事基地和驻军的立场相距很大。

虽然现在和谈停下来了，但还是会再谈，由于双方立场相差太大，谈判会是一个漫长的艰苦过程，目前难以预料结果如何，时间对塔利班有利。

另一个重要因素是美国在阿富汗不受欢迎，美国士兵非常害怕当地民众，文化的障碍使他们无法与当地社会沟通。这样，站在美国一边的阿富汗现政府得不到多数民众的支持，塔利班的社会基础未被有效削弱。因此，塔利班是解决阿富汗问题无法回避的力量。

(三) 美国加快撤军，但不会离开阿富汗

2013 年的阿富汗撤军并没有受到塔利班“春季攻势”的影响，盟军部队撤离阿富汗的速度比原计划更快，留下阿富汗人自己打仗，美国要从阿富汗撤军，同时要阻止阿富汗陷入大规模内战，因此加紧训练阿富汗政府军，使之成为能够对抗塔利班的力量，美国不保证在局面失控时会再次加入同塔利班的作战。英美政府都声称相关的安全工作移交顺利，但是以目前阿富汗政府军的现状能否胜任阿富汗的安全工作，人们并没有信心。由于阿富汗现政府的社会支持率很低，政府军的可靠性并不确定，这就留下很大的问题：阿富汗政府军能有效对抗塔利班吗？现在已经明确，2014 年后，美国还将在阿驻军和拥有军事基地，从而保持美国在阿富汗的军事存在。因此，撤军并不意味着美国军事存在的撤离。

另一方面，阿富汗政府没钱来供养这支军队，还要靠美国的财政援助。阿富汗政府每年需 40 亿美元资金援助，美国同意提供 20 多亿美元，其余的由北约各国分担和阿富汗政府自筹。但美国要每年对阿富汗政府的运行情况进行评估，合格后才决定第二年是否继续拨款，从而在财政上控制阿富汗政府。

因此，从军事和财政两方面看，在 2014 年完成撤军后，美国并不会离开阿富汗，只是完成从阿富汗的“战场脱身”。也就是说，2014 年后并不会出现美国撤离后的“政治真空”，也就谈不上由其他力量来“填补真空”的问题。

由此可见，美国欢迎本地区各国参与阿富汗重建，实质上是要在保持美国对阿富汗局势有效控制力的前提下，把更多的国家拉进来分担自己所承担的责任。

(四) 安全局势持续恶化

2013 年以来，塔利班发动春季攻势，阿富汗安全形势继续恶化，主要表现为：2013 年前 6 个月共有 2499 名平民伤亡，而 2012 年同期的伤亡数为 1900 人，

同比增长了24%。2013年1—8月，共发生各类袭击813次，2012年同期为755次，同比增长7.6%。2013年6月13日发布的2013年最新全球和平指数（GPI）显示，阿富汗位于倒数第一，成为政治稳定和尊重人权表现最差的国家。专家称，阿富汗现在的和平指数比2008年更低。2013年7月15日，阿富汗国防部发言人扎赫尔·阿兹米将军在与北约部队联合举行的记者会上称，2013年是死亡之年。有报道称，目前30%的国土已经重新落入塔利班之手。①

综上所述，目前的阿富汗正处于和谈与反恐的两难困境，不确定因素太多，各方矛盾太深，要找到破解这一困局的办法并不容易。

二、主要原因分析

阿富汗陷入和谈与反恐两难困境，原因是多方面的。反恐难以继续下去，原因很清楚，不必多说。问题的关键在于和谈不能进行下去，其主要原因可从以下方面分析。

首先，和谈是反恐难以为继的选择，各方诚意不足，互不信任。美国发动阿富汗战争，并没有想到这场战争会持续这样长时间，没有想到人员伤亡这样大，没有想到会付出这么多的经费和各项代价。而得到的结果并不理想，塔利班“散而不败”，继续保持对阿富汗局势的重大影响力。美国出于其全球战略考虑，下决心从阿富汗的战争“泥潭”中脱身。这样就不得不调整反恐战略，考虑通过和谈来实现顺利从阿富汗撤军的目的。美国虽然力促和谈，但并没有停止军事行动，即边打边谈，因此美国的和谈诚意不足。

阿富汗现政府和塔利班对和谈的思想准备严重不足，缺乏诚意。

塔利班认为，美国撤军在即，只要再坚持一段时间，就有可能获得卷土重来的机会，塔利班并不是失败的一方。既然如此，有什么必要参与和谈？即使要谈，也要和美国谈而不必与卡尔扎伊政府谈。阿富汗将在2014年4月举行总统和省级选举，卡尔扎伊不再连任，谁将出任阿富汗新总统尚不明朗，各派力量正在激烈角逐，因此，现在也难以与阿富汗政府进行有实质内容的谈判。

卡尔扎伊政府对和谈的心态极为复杂，既有被美国出卖的感觉，又对自己的谈判筹码信心不足，因此对美国与塔利班的直接接触极为敏感。卡尔扎伊政府一

---

① 《今日看世界》，凤凰卫视6月17日，http://phtv.ifeng.com/program/xlksj/detail_2013_06/18/26518955_0.shtml。

方面声称愿意与塔利班举行和谈，另一方面又提出一些举行和谈的前提条件，如塔利班应承认阿富汗宪法等，还强烈反对塔利班使用其政权的名称、标志，不承认塔利班是平等的谈判对手。这些条件的实质是把塔利班置于“有条件投降”的地位，而不是平等和谈对手的地位。如果塔利班不接受这种地位，阿富汗政府就可以把和谈失败的责任推给塔利班，并以阿富汗乱局对周边地区的“溢出”影响为由“绑架”各国，要求各国提供帮助，以击败或消灭塔利班。

其次，各方立场差距很大。塔利班要求外国军队先撤离、后和谈，后来立场有所调整，同意边和谈、边撤军，但不接受外国在阿富汗驻军，这一原则底线并没有改变。美国并不打算 2014 年后在阿富汗“零驻军”，而是仍要保持在阿富汗的军事存在，包括在阿富汗的军事基地和驻军。

第三，外部因素的作用。阿富汗国内各派政治势力均有自己的诉求，力图在和谈中使自己的利益最大化，他们分别得到不同的外部支持，从而使阿富汗问题并不仅仅是内部问题，也是一个地区问题。各外部相关方对如何处理阿富汗问题并没有达成共识，而是相互博弈，力图使阿富汗问题的解决结果有利于自己。

第四，阿富汗各方对和谈的结果及其效果信心不足。即使和谈成功，也仅仅是使阿富汗得到暂时的和平。但阿富汗有关各方之间的矛盾很深，问题很多，导致阿富汗的和平仍极为脆弱，而阿富汗的重建也将会是困难重重。当年苏联撤军后，阿富汗抗苏力量各方也曾达成和平协议，但并未能避免内战的发生。历史的经验值得重视。因此，现在阿富汗有关各方对和谈是有所保留的，也不愿意在和谈中作出更多让步，从而使和谈的成功更为困难。

三、巴基斯坦的作用凸显①

美国无法单独解决阿富汗问题，随着美国从阿富汗撤军进程加快，巴基斯坦在阿富汗局势稳定与重建中的作用更趋重要，巴基斯坦的对阿政策直接影响阿富汗问题的解决，也是分析阿富汗局势不可或缺的重要因素。

巴基斯坦对阿富汗政策的出发点在于，从现实看，巴基斯坦清晰地意识到自身的安全与阿富汗的安全状况有很大关联：如果阿富汗稳定，巴基斯坦边境就安全；如果阿富汗不稳定，巴基斯坦边境地区也得不到安宁。所以，从巴基斯坦自

---

① 本节内容和巴方观点来自本人于 2013 年 3 月 1 日至 4 月 12 日在巴基斯坦调研时所获得的访谈和文字资料，不再一一注明。

身安全来说，阿富汗的安全非常重要。从战略层面和长远看，阿富汗对巴基斯坦的战略安全也非常重要：一个对巴友好的阿富汗可以成为巴应对印度压力的战略纵深；一个对巴不友好、与印度联手的阿富汗会使巴基斯坦面临东西夹击的被动局面，国家安全将难以保障。

怎样达到在稳定阿富汗局势的同时形成一个对巴基斯坦友好的阿富汗政府这个目标，则是一个复杂的问题。

从内部情况看，阿富汗在过去 30 年中交织了太多的冲突，传统的社会已经不复存在，新的社会力量在过去的 30 年中得到发展，这些新势力当中有一些属于极端势力，与这些极端势力举行谈判非常困难，因为这些势力对于发展的理解不同于阿富汗传统体系，他们的经济生活、社会生活都伴随着冲突。

从外部情况看，影响阿富汗局势走向的因素众多，涉及大国战略、地区关系等复杂因素，各种势力出于自身利益考虑而对阿富汗施加影响，由此决定了巴基斯坦可以对阿重建发挥重要作用，但不能独立主导局势走向。巴基斯坦不可能承担全部责任，目前在巴基斯坦的注册阿富汗难民就有 160 多万人。

在巴基斯坦看来，阿富汗也会通过自己的方式寻求问题的解决：战争或谈判。因此，未来阿富汗可能出现两种状况：

一是政治和解进程启动，塔利班参政，组成新的阿富汗民族和解政府。但问题是如何分享权利。普什图人是阿富汗最大的民族集团，塔利班在普什图人中有很大的影响力。如果塔利班掌权，非普什图居民会与普什图人产生冲突；如果主要由非普什图人组成的阿富汗现政府的军队控制局势，非普什图人将压迫普什图人，导致普什图人的大规模对抗。

二是政治和解失败，2014 年后阿富汗国民军失去对局势的控制，那将意味着阿富汗陷入混乱。阿富汗一旦爆发内战，每一派力量都将为扩大自己的影响力而努力，不仅巴基斯坦，包括伊朗在内的与阿富汗接壤的国家都将卷入，届时阿富汗局势可能失控。如果这种情况发生，巴基斯坦也会陷入困境。因为最为宗教化的组织就是塔利班组织，普什图部落武装集团虽然与塔利班组织有联系，但并不隶属于塔利班。哈卡尼网络组织也类似，更像是一个反美的组织，而不是塔利班的附属组织。巴基斯坦希望阿富汗避免出现这种状况，希望在阿富汗谈判和重建进程中获得应有的尊重。①

巴基斯坦认识到，美国虽然欢迎阿富汗周边国家参与，但并不允许这些国家

① 张远：“巴基斯坦着力参与阿富汗和解”，新华国际，2012 年 2 月 15 日，http：//news.xinhuanet.com/mil/2012－02/15/c_122703320.htm。

在阿富汗扩大影响力，以免抵消美国的影响力。美国虽然同意巴基斯坦在阿富汗发挥作用，但要求巴基斯坦遵循美国制定的规则。巴基斯坦有自己的安全需要，因此要力图保持自己在阿富汗问题上的独立性。现在这种复杂的状况是以前从未出现过的，巴基斯坦也不能确定阿富汗的未来走向，只能走一步看一步。

巴基斯坦欢迎中国在阿富汗重建中发挥重要作用，并主张中巴在此问题上密切合作。巴基斯坦认为，中国是阿富汗的邻居，与阿富汗交界，不能回避阿富汗问题。巴基斯坦和中国应该与阿富汗举行三方定期会晤，商讨更为务实的措施，寻求有益于阿富汗社会的重建项目。另外，巴基斯坦和中国应该努力满足阿富汗的基本社会需求，因为到目前为止，西方社会对阿富汗的援助并不成功。国际社会借给阿富汗数十亿美元的资金，但是在阿富汗却无法看到这些资金实施的效果。巴基斯坦与阿富汗之间的边界线比中国与阿富汗的边界更长，因此巴基斯坦在阿富汗的利益要更多一些。巴基斯坦认为，中国可以在未来阿富汗重建中发挥更大的作用。

印度在阿富汗的影响力是巴基斯坦不能忽视的重要因素，巴基斯坦不介意印度为阿富汗提供医生、教师、社会护理等支持，但是反对印度提供安全方面的援助，比如：印度为阿富汗训练军队——这些力量将不利于巴基斯坦的国家安全，巴基斯坦不欢迎印度扮演这样的角色。

在阿富汗未来局势发展方面，巴基斯坦的政策思路是支持阿富汗走民族和解、政治解决的道路，并在这一进程中发挥促进作用，以此确保在推进阿富汗重建的同时，保持其在阿富汗的影响力，维护本国利益。但阿富汗问题的解决受诸多因素影响，巴基斯坦的作用既重要和不可或缺，但也是有限的和并非决定性的。

四、阿富汗问题透视

（一）认知阿富汗问题

阿富汗在历史上就是一个“东西方文明交汇的十字路口”，来自中亚和西亚地区的入侵者通常经过这里进入南亚地区，南亚地区的势力却很少由东向西迁徙。每一次重大的外来民族入侵和迁徙都在这里留下了其文明的痕迹和族群的后裔，由此构成多民族、多文化的现代阿富汗。长期以来，现在的阿富汗地区都是作为地区大帝国的一部分，并未形成独立的统一国家。

但近百年来的阿富汗历史却发生了很大变化，受其独特的地理位置即地缘战略价值影响，这里成为两大外部势力争夺的场所。

最开始是沙俄和英属印度的角逐。沙俄征服中亚地区后，逐步向阿富汗推进，这是其南下印度洋获取不冻港战略的组成部分。而英国在南亚的征服进程也到达了阿富汗，与沙俄在阿富汗相遇。

两大外部势力争夺的手段就是在当地扶植一个听话于自己的傀儡政府，用贿赂、所谓的援助、武器等等来“收买”。正是这种独特的背景，使乘伊朗帝国衰落之机而独立的普什图部落在坎大哈建立起自己的国家，并逐步扩展统治范围，直至现在的阿富汗国家版图。

阿富汗的建国是伊朗帝国衰落的结果之一，而阿富汗之所以能够作为一个独立国家生存下来，是英俄两大势力争夺和妥协的结果：沙俄与英印帝国两大势力范围之间需要一个缓冲区，这样，阿富汗作为政治实体而存在下来。虽然被杜兰线割去大片领土，但阿富汗却因此而没有被大国殖民，并在英国的帮助下得到了本来并不属于它的瓦罕走廊。

阿富汗当地人则利用外来势力去镇压、统治自己的对立面，由此埋下新的隐患。被压势力则联合另外一个外来势力进行反抗。一旦外来势力离去，在此过程中形成的既得利益者与被抛弃者之间的矛盾暴发出来，造成社会的动荡，以至发生内战和自相残杀。

1979 年底苏联的入侵使阿富汗的独立受到公开挑战，为各地反政府势力的公开反抗创造了合法理由。从此开始，情况变为外来势力帮助部分当地人去镇压自己的对立面，如：哈扎拉人站在苏联一边以获取利益，普什图人在美国等西方国家和巴基斯坦的帮助下进行“圣战”，在反抗苏军的同时，也攻击帮助苏联的那些非普什图人。

苏联撤离后，西方对阿富汗也不感兴趣，阿富汗人自己打内战，直到 1994—1996 年塔利班占上风，试图一统全国，外部支持才重新介入阿富汗内战。北方联盟得到外部支持，因为塔利班也得到了外来支持。

“9·11”事件使外部对阿富汗的干预达到顶点。美国用武力改变了阿富汗的政治版图，推翻了塔利班政权。美国人在一些阿富汗人的帮助下打击塔利班，重演这场戏剧。[①]

现在，喀布尔的掌权者对美国撤军后的局势没有把握，对抗击塔利班缺乏信

① 参见汪金国、杨恕译：《阿富汗症结与中亚安全问题》一书相关部分，兰州大学出版社 2010 年版。

心，因此阿富汗有议员提出，要求政府与美国谈判签订“双边安全协定”(BSA)，使美军在2014年后继续留在阿富汗，并称美国“零驻军”对阿富汗而言将是“灾难”，这正合美国人的想法。

2014年美国不会“零驻军”，还会留部分军队在几个军事基地里，主要负责对阿富汗国家军队的训练、情报支持等工作，美国仍将保留对阿富汗的重大影响力。美阿“双边安全协定”(BSA)就是要解决这个问题，目前谈判受困于驻阿富汗美军的司法豁免权问题，卡尔扎伊总统把这个难题交给大支尔格会议讨论决定。美国人声称，要先与阿富汗政府签订相关安全协定后才会同意继续驻军阿富汗，否则就会全部走人，这是对阿富汗政府施压的外交姿态。

这一施压手段已经见效，2013年11月24日，阿富汗大支尔格会议经讨论决定，同意政府与美国签署“双边安全协定”(BSA)。这就扫除了签约的最大障碍，阿富汗与美国可以按照美国坚持的在2013年底前签约的“时间表”完成谈判和签约。

(二) 阿富汗重建之症结

在这种背景下，关于“阿富汗重建”的概念需要明确界定：重建什么？是国家重建？安全与和平重建？还是社会与经济重建？显然，社会与经济重建要以安全与和平重建为前提，没有和平，经济社会的重建就难以进行。安全与和平重建取决于国家的重建，而要实现阿富汗的国家重建，又必须解决民族和解问题。阿富汗民族关系的特点之一，就是各地区的少数民族与相邻国家主体民族的认同大于对阿富汗国家的认同，[①] 这是阿富汗国家分裂的基础。

自1979年苏联入侵以来，阿富汗的民族关系发生了重大变化。一方面，各少数民族的觉醒和自治能力增强，形成各自的势力范围并得到外部力量的支持。经过30多年的战乱，其民族意识不断觉醒、强化，并发展起自己的武装力量，形成自己的势力范围和自治区域。他们不再接受普什图民族曾经施加于他们的统治权威，力图在阿富汗重建过程中捍卫自己的利益和自治权利。另一方面，过去占主导地位的普什图民族的内部分裂和对国家事务掌控能力的衰落，普什图人要想恢复过去的主导地位，难度很大。苏联撤军后、塔利班兴起前的军阀内战，反映了阿富汗民族关系的这种变化。塔利班兴起后，试图在极端主义思想指导下一

① 参见汪金国、杨恕译：《阿富汗症结与中亚安全问题》一书相关部分，兰州大学出版社2010年版。

统全国，恢复普什图人的主导体制，但因美国发动阿富汗战争而终止了这一进程。

美国帮助反塔利班的北方联盟建立了全国政权，虽然总统卡尔扎伊是普什图人，但他在国内没有多少根基，被普什图人视为美国人的傀儡，而塔利班却在普什图人中有较大代表性，他们成为阿富汗反抗外来者的代表。北方联盟主体是非普什图人，他们在现政府中掌握实权，阿富汗国民军主要由非普什图人组成，派驻南部普什图族地区的阿富汗政府军都不是当地人，也不懂普什语，更分不清塔利班与当地村民。他们与塔利班作战，实际上是在与普什图人作战。①

阿富汗作为多民族国家的事实很难改变，国家重建就需要实现民族和解。只有实现民族和解，才能实现阿富汗的和平与统一。因此，所谓“阿富汗重建”，本质上是民族关系的重建。概言之，阿富汗重建的关键在于如何调整阿富汗的民族关系，实现民族和解。否则，一旦外国军队撤离，阿富汗难免重新爆发内战，有关各方将按“枪杆子里面出政权”的原则来分享权力和划分势力范围。

要实现民族和解，必须解决塔利班回归主流社会的问题，举行和谈、分享权力、重组政府是唯一可行之路。外部力量可以提供一些帮助和创造有利条件，但不能“越俎代庖”，阿富汗的事情最终还是要靠阿富汗人自己来解决。2013 年 9 月卡尔扎伊访问巴基斯坦，与谢里夫举行会谈，双方在经贸等问题上取得成果，但在安全问题上却进展不大，可见各方的立场还相距甚远。阿富汗和谈要想谈出结果，并非易事。

五、中国的应对

作为阿富汗的邻国，中国关注阿富汗局势的变化发展，并希望阿富汗实现和平与稳定，这符合中国的利益。为此，中国愿意做一些力所能及的事，做一些劝和促谈的协调工作。

（一）中国的积极作用

具体说来，中国在阿富汗问题上的积极作用主要体现在双边、地区和国际多

① 《今日看世界》，凤凰卫视 6 月 17 日，http：//phtv. ifeng. com/program/xlksj/detail _ 2013 _ 06/18/26518955 _ 0. shtml。

边三个层面。

双边层面：中国支持阿富汗的民族和解与和平进程，积极开展与阿富汗的经贸合作与文化交流。

2013 年 9 月 25—28 日，阿富汗总统卡尔扎伊对华进行国事访问并出席第五届欧亚经济论坛开幕式。访问期间，习近平主席同卡尔扎伊总统举行了会谈，国务院总理李克强、副总理汪洋分别会见了卡尔扎伊总统。两国领导人就双边关系和共同关心的国际和地区问题深入交换了意见，达成广泛共识。中阿两国发表“关于深化战略合作伙伴关系的联合声明”。①

关于双边关系，联合声明指出，中阿深化战略合作伙伴关系符合两国人民的共同愿望和两国的根本利益。双方将继续巩固两国在政治、经济、人文、安全以及国际地区事务五大支柱领域的合作，充实中阿战略合作伙伴关系的内涵。② 双方同意充分发挥中阿经贸合作联委会机制的作用，继续探讨扩大和深化两国经贸投资合作。双方同意在资源和能源开发、基础设施建设和农业等领域加强务实合作。中方愿继续鼓励有实力的中资企业赴阿参与建设和开发。双方同意加强文化、教育、卫生、新闻媒体等领域交流与合作，开展形式多样的人文交流，进一步增进两国人民之间的了解和友谊。双方将为深化与拓展上述交流与合作创造一切有利条件。③

双方强烈反对任何形式的恐怖主义、极端主义、分裂主义以及有组织犯罪行为。双方同意签署《中华人民共和国政府与阿富汗伊斯兰共和国政府引渡条约》。双方同意加强两国安全领域交流与合作，共同打击非法移民、贩运人口、贩运武器和毒品等跨境威胁活动，加强情报交流和边境管控，加强防灾减灾等非传统安全领域合作。阿方重申在打击“东突厥伊斯兰运动”方面继续坚定支持中方，将采取切实措施，加强对在阿中资机构与人员的安全保障。中方支持阿富汗政府为打击“三股势力”以及促进阿富汗稳定与安全所做的努力。④

关于阿富汗局势与重建问题，联合声明指出，双方认为，阿富汗保持和平与稳定符合阿人民的根本利益，也是本地区国家的共同期待。

---

① 新华社：中华人民共和国与阿富汗伊斯兰共和国关于深化战略合作伙伴关系的联合声明（全文），2013 年 9 月 27 日，http：//www.gov.cn/jrzg/2013—09/27/content _ 2496791.htm。

② 引自“中华人民共和国与阿富汗伊斯兰共和国关于深化战略合作伙伴关系的联合声明”，见新华社 2013 年 9 月 27 日报道，http：//www.gov.cn/jrzg/2013-09/27/content _ 2496791.htm。

③ 同上。

④ 同上。

中国支持“阿人主导、阿人所有”的和解进程，愿为此继续发挥建设性作用。中方将继续推进中国、阿富汗、巴基斯坦三方对话等机制，支持阿富汗改善和发展同本地区国家的关系。阿方赞赏并欢迎中方在阿富汗问题上发挥建设性作用。中方重申支持阿富汗和平重建进程，将一如既往地向阿富汗提供力所能及的帮助。①

地区层面：双方通过加强在国际和地区机制内的协调与合作，就重大国际和地区问题保持沟通，协调立场，以应对国际、地区形势发生的深刻复杂变化。

目前中阿两国之间较为重要的地区合作机制主要有三个。

一个是伊斯坦布尔进程。中阿双方一致认为，伊斯坦布尔进程是一个合适的地区合作平台，为促进阿富汗及本地区的和平与稳定提供了独特的机会。双方同意继续致力于在伊斯坦布尔进程中开展合作，在地区层面建立信任，促进阿富汗乃至整个地区的和平、稳定与发展。联合声明指出，中国将承办 2014 年伊斯坦布尔进程第四次外长会。中国重申将参与伊斯坦布尔进程禁毒、反恐、灾害管理等领域建立信任措施的合作，并有意在落实这些领域的建立信任措施合作方面发挥更加积极的作用。②

一个是上海合作组织。中方欢迎阿富汗作为观察员国更深入地参与上海合作组织合作。双方呼吁上海合作组织为支持阿富汗和平与和解进程发挥更大作用。③

一个是南亚区域合作联盟。阿方欢迎中国作为观察员国参与南盟合作，双方同意进一步加强在南盟框架内的协调与合作。④

国际多边层面：双方同意继续加强在联合国等多边机制下的沟通与协调。

中国作为联合国安理会常任理事国和众多国际组织的重要成员国，可以在国际多边层面支持阿富汗的和平与发展，为推动和促进国际社会帮助阿富汗重建发挥积极作用。

---

① 引自“中华人民共和国与阿富汗伊斯兰共和国关于深化战略合作伙伴关系的联合声明”，见新华社 2013 年 9 月 27 日报道，http：//www.gov.cn/jrzg/2013-09/27/content_2496791.htm。

② 参见“中华人民共和国与阿富汗伊斯兰共和国关于深化战略合作伙伴关系的联合声明”相关条款，见新华社 2013 年 9 月 27 日报道，http：//www.gov.cn/jrzg/2013-09/27/content_2496791.htm。

③ 同上。

④ 同上。

(二) 中国应对阿富汗困局需要考虑的主要方面

鉴于阿富汗正处于和谈与反恐的两难困境，中国的应对需要考虑以下方面。

第一，阿富汗与中国的经贸往来很少，政治交往有限，由此决定了阿富汗问题本身并不涉及中国的重大利益。由于中国对阿富汗各方的影响力有限，中国所能发挥的作用也极为有限，中国并不想也没有能力去充当阿富汗问题的“救世主”。对这一点，我们应当保持清醒。因此，对中国作用的任何过大期望都是不切实际的。

第二，阿富汗国内两大对立势力（即构成阿富汗现政府的前反塔利班联盟与塔利班集团）都不同程度得到外部支持。除了美国和以北约为主的多国部队外，阿富汗的塔吉克人、乌兹别克人和哈扎拉人还得到中亚国家和伊朗的支持，而塔利班则与巴基斯坦的关系比较深。这样，中亚国家、伊朗和巴基斯坦在阿富汗的利益诉求是不一致的甚至是对立的，而这些都是中国的友好国家，中国在阿富汗问题上的立场和表态必须考虑这一特殊背景，因此需要外交智慧和灵活策略。我们应当重视这一因素，在阿富汗问题上尽可能避免“顾此失彼”，更要防止出现“两边不讨好”的被动局面，否则会影响中国西向外交的总体战略。

第三，对阿富汗局势的未来走向，我们需要进行客观、理性的总体判断，以此作为应对的参考依据。目前看，比较清楚的是：

其一，2014 年底美国将撤出其全部作战部队，但美军不会离开阿富汗。2014 年以后，依据美国与阿富汗政府即将签署的“双边安全协定”（BSA），美国将留驻部分军队在阿富汗的几个军事基地，其使命不再是承担直接作战任务，而是对阿富汗国民军提供训练、情报支持等。美国人想从阿富汗的战争中脱身出来，但这是他们的一厢情愿。因为在塔利班与阿富汗政府军继续作战的状态下，塔利班不会不袭击驻阿美军。

其二，美国训练和装备的阿富汗政府军战斗力不强，忠诚度不高，能否在与塔利班的作战中保持对全局的控制力，是一个需要观察的问题。现在的情况是，大多数阿富汗政府军来自非普什图人，他们与塔利班的战斗，在很大程度上是非普什图人与普什图人之间的“族际战争”，其实质是要保持其作为非主体民族在阿富汗的既得民族利益，而塔利班的战斗既有反抗外来势力的理由，也带有恢复普什图民族主导阿富汗政治权力的企图。因此，阿富汗政府军中为数不多的普什图人，在与塔利班的作战中是否忠诚可靠，是很不确定的。

其三，阿富汗作为一个独立国家，在历史上其国家认同就很弱，外部势力出于把阿富汗作为“缓冲国”的考虑，支持其最大民族普什图人维持对其他少数民族和教派的统治与压制，这才保持了阿富汗国家的统一。经过 30 多年的战争，普什图人已经失去了控制全局的实力，而其他少数民族和教派在外部势力支持下已经取得很强的自治实力，不再接受普什图人的主导统治地位。如何处理这种新的民族利益结构，有关各方并没有取得基本的共识。

因此，总体看，2014 年后的阿富汗局势存在两种可能性：一是和谈失败，阿富汗出现“阿富汗人打阿富汗人”的局面，即新一轮内战。一旦出现阿富汗政府军打不过塔利班的情况，美国驻阿富汗部队出于自身安全考虑，很难避免再次直接卷入武装冲突，即美军再次直接参战。不论是阿富汗出现新一轮内战，还是美军再次被拖入战争，阿富汗都将是一个乱局。二是和谈取得进展甚至成功，塔利班与阿富汗现执政集团分享权力，政府重组后的阿富汗可能出现和平局面，但即使这样，阿富汗各方的利益协调也将极为困难。需要指出的是，外来势力各自支持一派，只会增加问题的复杂性，使乱局更加混乱。

阿富汗周边各国应当清楚，阿富汗是一个“泥潭”，当年的大英帝国、苏联都没有在这里捞到好处，冷战后唯一的超级大国美国在这里打了 13 年仗，结果是“得不偿失”，现在急于脱身，谁要是想乘美国撤军之机去阿富汗“填补真空”，那将是极不明智的。我们必须记住，阿富汗的民族特性就是不接受外来支配，谁来就反抗谁。

在这种情况下，中国在寻求阿富汗问题解决的过程中可以发挥一定的积极作用，但仍需谨慎应对，并注意立场的平衡。

印度多边外交实践的成效与局限

黄正多*

新世纪以来，随着经济全球化和区域一体化发展更加深入，世界多极化的趋势日益明显，国际关系领域的规范化和制度化趋势不断增强，多边主义的理念更加深入人心，甚至已经成为冷战后国际关系的基石。① 印度在此为背景，在对外战略中实施多边外交，积极参与多边机制的建设。

一、印度多边外交的战略决策与实施

在冷战时期，印度的外交政策偏爱于双边交往，反对多边动议。② 新世纪以来，印度意识到仅依靠传统的双边交往与合作已不足以有效应对新时代的一系列挑战：创造南亚次大陆的和平与繁荣；建设亚洲稳定的和平与合作的结构体系；对全球治理作出积极有效的贡献等。③ 因此，印度在逐渐发展与主要大国关系的基础上，形成了以联合国为核心、以区域多边组织为重点的多边外交战略。2004年，印度总理辛格把印度的国际理念概括为“合作的多元主义”。④ 在这一战略

* 黄正多，教育部人文社会科学重点研究基地四川大学南亚研究所副研究员。

① Zaki Laïdi，“Trade deals show power politics is back”，March 31，2013 http：//www. ft. com/intl/cms/s/0/e2aae9f4-9254-11e2-851f-00144feabdc0. html#axzz2g7iNfPR7.

② Arthur G. Rubinoff，“The multilateral imperative in India’s foreign policy”，The Round Table：The Commonwealth Journal of International Affairs，1991，Volume 80，Issue 319，p. 313.

③ C. Raja Mohan，“India’s New Foreign Policy”，http：//www. realinstitutoelcano. org/wps/portal/rielcano _ eng/Content? WCM _ GLOBAL _ CONTEXT=/elcano/elcano _ in/zonas _ in/asia—pacific/ari65—2012 _ india _ foreign _ policy.

④ Rohan Mukherjee and David M. Malone，“From High Ground to High Table：The Evolution of Indian Multilateralism”，Global Governance，2011，Vol. 17，Issue 3，p. 311.

的指导下，印度的多边外交获得了较大的进展。

（一）强化与联合国等国际组织的合作

印度历来重视与联合国的合作。在刚刚独立时，印度就表现出对联合国“全心全意的合作与毫无保留的支持”。冷战时期，印度在反对殖民化、倡导全球裁军以及领导不结盟运动等方面的积极表现，使其成为亚非拉国家在联合国的代言人。新世纪以来，在核裁军、反恐、人权和环境等问题上，印度都是积极的倡导者和支持者，对联合国为应对众多全球性问题而采取的集体和多边行动也都是积极参与。印度参加了联合国的所有维和行动。在联合国为创建更公平的国际经济秩序而进行的审议中，印度也起着积极的作用。① 印度积极支持和推动联合国改革。2012 年 10 月，在第 67 届联大举行的一般性辩论上，时任印度外长克里希纳呼吁对联合国安理会制度进行改革，以反映当前的国际现实，有效应对不断出现的全球性挑战。

印度逐渐加强与世界银行、国际货币基金组织、世界贸易组织等全球性重要国际组织的多边往来，并主张对世界银行、国际货币基金组织进行改革。印度呼吁：“世界银行和国际货币基金组织的持股比例并未体现目前全球的收入和效益分配，应当加以调整令其匹配。”②

（二）通过修复与欧美主要大国关系改善在国际多边机制中的地位

冷战时期，印度在外交政策中明显地表现为亲苏联反西方。苏联解体后，印度逐渐放弃了反对西方殖民主义和霸权主义的目标，逐渐修复和发展与欧美主要大国的关系。

新世纪以来，印美关系迅速升温。2000 年，美国总统克林顿正式访问印度，这是时隔 22 年之后的美国总统首次访印。2005 年 7 月，印度总理辛格正式访问美国，美国承认印度是“一个拥有先进核技术的负责任的国家”。2010 年 11 月，美国总统奥巴马访问印度，明确表示支持印度竞选联合国安理会常任理事国。

① “India's Foreign Policy”，Embassy of India to China，http：//www.indianembassy.org.cn/DynamicContent.aspx? MenuId=7&SubMenuId=0.

② Sanjaya Baru，“Throwing BRICS at G-20?” The Indian Express，March 29，2012，http：//www.indianexpress.com/news/throwing-brics-at-g20-/929641/.

2013年9月，印度总理辛格再次访问美国。从2010年6月两国举行首次战略对话以来，至2013年6月，印美已举行了4次战略对话，双边关系达到新高度。

在印美关系升温的同时，印度还积极开展对欧盟外交。2000年，印度与欧盟建立首脑会晤机制，并开始定期举办印度与欧盟峰会。2005年，印欧双方正式建立印欧战略伙伴关系。目前，欧盟已成为印度最大贸易伙伴和重要投资来源地。印度与欧美国家关系的修复和发展，为印度加入以欧美为主导的国际多边机制并发挥积极作用奠定了基础。

(三) 推动与发展中国家在多边机制内的交流与合作

进入新世纪以来，地区一体化和全球化趋势不断发展和深化，促使印度开始关注地区经济一体化和其他多边组织。作为南盟最大成员国，印度积极推动在南盟范围内实现货物、人员、资金等自由流动，最终建立南亚经济共同体。2007年，在新德里召开的第14届南盟峰会上，印度推动通过了一系列加强成员国合作的协定和措施。2011年，在马尔代夫举行的第17届南盟峰会的主题是"构筑桥梁"，反映了包括印度在内的南亚地区各国希望扩大彼此间以及本地区与世界其它地区间的相互理解和多方面合作的愿望。

印度始终把发展与东南亚国家的关系置于应有的优先位置。[①] 东盟是一个联系亚太乃至世界经济的桥梁，加强与东盟的多边合作不仅有助于促进印度经济与世界经济接轨，而且有助于建立一个安全的海上贸易通道。为此，印度积极推行"东向政策"，加强同东盟的政治经济关系。2002年11月，印度与东盟确立双方领导人会晤机制。

印度还积极加强与非盟等地区性多边组织的合作。印度长期支持非洲国家反殖民主义和国家民族解放斗争，在非洲国家中享有良好声誉。近年来，印度更加重视非洲，通过非盟、东非共同体、"环印度洋地区合作联盟"、"印度—巴西—南非"倡议等多边组织，全面开展与非洲国家的经济合作。

此外，印度还积极拓展包括七十七国集团、不结盟运动等多边合作机制。这些机制虽然建立时间较早，但随着时间的发展，机制的合作理念、发展方向、工作方式等都需要进行适当的修正和调整，印度在这些机制的完善过程中发挥着重要的作用。

---

① "India's Foreign Policy", Embassy of India to China, http://www.indianembassy.org.cn/DynamicContent.aspx? MenuId=7&SubMenuId=0.

（四）重视与新兴经济体的合作，积极参建多边合作机制

近年来，新兴经济体经济联系进一步加强，在重大国际和地区性问题上的共识也越来越多，在一些国际多边机制内开始发挥重要作用。作为一个重要的大国，印度与中国、俄罗斯、巴西等的关系发展良好，合作日益密切。印度、中国、俄罗斯建立起三边合作机制。三国还与巴西、南非组成“金砖国家”。在这两个机制内，印度与这些国家共同努力，积极推进世界多极化和国际关系民主化，维护印度和其他发展中国家的权益，最大程度地实现在国际舞台

上的政治经济诉求。在气候变化、反恐和能源安全等问题上，印度则通过基础四国、上海合作组织以及发展中五国等多边机制，与发展中国家一起共同应对来自外部世界的挑战。在金砖国家、基础四国、发展中五国、中印俄三边合作等由新兴经济体组成的多边机制中，印度都是创始会员国家，并在这些机制的建立、发展等方面发挥了重要的作用。

二、印度实施多边外交的动因

在多边机制日益繁荣、全球联系日益密切的时代，印度积极实施多边外交，努力参与国际多边机制的建设，是基于维护国家安全、提升国际地位、促进经济发展、实现国家利益最大化等多方面的考量。

（一）以多边外交推动全球战略平衡和世界多极化

苏联解体后，印度在两极格局下制定的不结盟外交政策面临严峻考验。为适应冷战后的国际形势，印度不得不转变外交策略，调整与主要大国的外交关系，重新实现南亚地区的战略平衡。印度认为，通过多边合作可以促进世界向多极化方向发展，更好地维护世界战略平衡。

金融危机和欧债危机之后，西方国家的相对实力逐渐下降，而新兴经济体和发展中国家却表现出强劲的势头，实力增强，这种变化对世界格局产生了重要影响。新兴经济体在一些重大的政治和全球性问题上面，保持着相同或相近立场，并用同一个声音说话，国际地位不断提高，发言权也逐渐增加，使得世界更加朝着多极化方向发展。印度作为新兴经济体和发展中国家的重要代表，多次在金砖

国家和中印俄三边机制等平台上倡议希望在多边机制下加强发展中国家的国际政治合作，积极推进世界多极化和国际关系民主化，维护印度和发展中国家权益。

（二）经济改革需要建立全方位外交关系

1991 年，印度开始了以自由化、市场化和私有化为特征的经济改革。为配合国内经济改革和为经济发展创造良好的国际环境，成为印度外交工作的重点。

经济快速发展加强了印度与世界的融合。印度 40%以上的 GDP 都与世界贸易相关，每年需要进口大量的能源和矿产资源以维持高速的经济增长。印度逐渐形成了积极参与全球多边治理、并准备为此积极承担相应的国际责任的新国际主义理念。这“不是由于意识形态的原因，而是出于切实利益的需要”。[①] 印度在多边平台上与世界重要经济组织、新兴经济体和其他发展中国家、发达经济体进行经济合作，可以保证其在对外经济合作中获得最优化的战略资源配置、广阔的市场空间及充足的资金和技术。随着经济快速发展，能源安全、海上通道安全、自由贸易与合作等方面的问题变得更加突出，这都需要印度加强在多边机制内与其他国家的交流与互动，以应对全球化带来的众多挑战。

（三）提高印度国际地位，实现大国梦想

印度自独立以来，一直渴望做一个“有声有色的大国”。但长期以来，由于经济的贫穷和国际格局的限制，印度的大国梦一直未能实现。近年来，随着综合国力的不断提升，印度加快谋求世界大国地位的外交努力。多边外交是印度扩展影响，提升国际地位的主要途径。

在包括联合国安理会在内的一些国际机构中，印度迫切希望增加它的作用和影响，承担更加正式的角色，以和其不断增长的实力相对称。[②] 对于印度迫切的心情，英国《金融时报》首席经济评论员马丁·沃尔夫建议：“由于背负着虚荣的枷锁，而把自己弄得筋疲力尽，英国应该尽快把联合国安理会的席位让给它的

---

① C. Raja Mohan，“India's New Foreign Policy”，http：//www.realinstitutoelcano.org/wps/portal/rielcano _ eng/Content? WCM _ GLOBAL _ CONTEXT=/elcano/elcano _ in/zonas _ in/asia－pacific/ari65－2012 _ india _ foreign _ policy.

② David M. Malone，Does the Elephant Dance? —Contemporary Indian Foreign Policy，Oxford University Press，pp. 283－284.

前殖民地。"① 对于世界银行和国际货币基金组织这样重要的国际经济组织，印度则希望获得在世界银行更大的投票权，而国际货币基金组织的份额也应该向印度等金砖国家和其他发展中国家倾斜。作为一个单独的国家，印度显然没有足够的实力与当前的国际政治经济体制相抗衡，要想获得更多发言权，并维护自己的国家利益，根据实际利益的不同，参与和组建不同的多边机制是印度最好的选择。为了成为联合国安理会常任理事国，2005 年，印度与巴西、德国、日本组成"四国联盟"(G4)，要求增加常任理事国与非常任理事国名额。2009 年 6 月，印度与中国、巴西和俄罗斯四国

领导人首次在俄罗斯举行首次会晤，"金砖四国"成立。对于加入金砖国家，印度总理辛格指出，"金砖国家一个重要的目标就是改革全球治理机制以反映目前国际社会的现实"。②

三、印度多边外交的成效及制约因素

(一) 印度多边外交的成效分析

在如今的多边论坛中，印度地位已举足轻重，这主要是由于其不断增加的经济实力、政治上的稳定和核能力。③ 当然，还有其多边外交努力的结果。多边外交为促进印度经济发展、维护国家利益、提高印度的国际地位发挥了重要的作用。

1. 有效地提升了印度的大国地位

目前，在国际多边舞台上，印度可以单独或者联合其他发展中国家发出重要而引起足够关注的声音。在 2009 年 7 月意大利举行的八国集团峰会上，美国总统奥巴马表示，在应对全球性挑战时，"如果少了中国、印度和巴西等重要国家，

① Martin Wolf, "India's elephant charges on through the economic crisis", Financial Times, March 3, 2010.

② "PM's statement at Joint Press Conference at the BRICS Summit", http://www.pmindia.gov.in/speech-details.

③ Martin Wolf, "India's elephant charges on through the economic crisis", Financial Times, March 3, 2010.

是行不通的。”[①] 在气候变化问题上，包括印度在内的“基础四国”在历次国际气候谈判中都发挥重要影响，成为维护发展中国家利益的中坚力量。

印度在亚太和印度洋地区的崛起已引起世界普遍关注。在亚太地区，2005年7月，印度成为上海合作组织观察员。2011年，印度申请正式加入上海合作组织，并得到了俄罗斯等国家的支持。在世界最大的区域经济合作组织——亚太经合组织内部，美国、俄罗斯等国也对印度的加入表示支持。在印度洋地区，印度以环印度洋区域合作联盟为平台，在该区域发挥了重要影响。随着印度洋地区战略地位的提升，印度在亚太乃至全世界的影响力也将得到大幅提升。

2. 为国内经济发展提供了稳定的外部环境

近年来，随着经济社会的快速发展，印度对自然资源、国外资本的需求迅速增加，保证资源和资本的稳定供应成为印度政府的重要任务。正如印度媒体所指出，总理辛格在后危机时代外交政策的关键就是：推动资本流入来为印度的投资体系提供支持，利用全世界的高新技术为印度的跨越式发展提供良机，同时还要确保国家的发展不因自然资源的匮乏而受限。[②] 为此，印度一方面通过改善投资环境，以吸引更多的外国直接投资；另一方面，通过国际多边机制加强与自然资源丰富、技术先进国家的合作，为国内的经济发展提供一个稳定的外部环境。金砖国家之间的合作就是一个典型的例子。为了解决印度等金砖国家国内基础设施缺乏的问题，金砖国家加强合作以增强基础设施融资，主要通过建立金砖国家基础设施基金以吸收社会闲散资金和其他机构的资金，并对基础设施投资的机构和个人给予税收上的优惠，印度在这些方面已经做出大量有益尝试。[③]

3. 有效地保障了国家安全

“9·11”事件以来，印度的国家安全面临更加复杂的挑战。除传统的安全威胁外，印度认为来自外部的恐怖组织、海盗等对印度国土、人员和过往船只造成安全威胁，同时国内面临民族分裂势力、宗教矛盾等严峻挑战。面对如此复杂的国内外安全状况，仅凭印度一个国家的力量是无力应对的，只有选择与外部力量合作才能化解安全困境。新世纪以来，印度通过金砖国家、环印度洋地区合作联盟、东盟、上海合作组织开展反恐、打击海盗等非传统安全合作，大大改善了印

---

① “印度望提升国际地位　欲与中国比肩”，路透中文网，http：//cn. reuters. com/article/CNAnalysesNews/idCNCHINA-61020090714? sp=true。

② Indrani Bagchi，“From moral to real：India on a self-building path”，the Times of India，Jan. 25，2010，http：//articles. timesofindia. indiatimes. com/2010-01-25/india/28138401 _ 1 _ foreign-policystrategic-autonomy-atal-bihari-vajpayee.

③ “Cooperation in Infrastructure Financing”，The BRICS Report（2012）.

度的安全环境。同时，通过多边合作，印度加深了与多边机制内成员国家之间的相互认知、政治互信，减少了政治摩擦和贸易纠纷，还有效抑制或者缓解了区域外大国对其形成的安全压力。

（二）制约印度多边外交的因素

1. 西方既得利益集团的挤压

现有国际秩序是欧美等大国利益和意愿的体现。新兴大国为了自己的利益改变既定规则，必然会招致欧美大国的排挤和压制。在气候变化谈判问题上，新兴经济体就面临着以美国为代表的西方发达国家的巨大压力。发达国家希望印度等新兴经济体按照西方国家标准进行碳排放控制，但是印度等新兴经济体则认为由于发展程度不一样，发展中国家与发达国家应采取不同的标准。由于分歧的存在，协议无法达成。在世界银行，国际货币基金组织的改革问题上，中印等新兴经济体提出建立国际金融新秩序、加快推进多元化国际货币体系建设等诉求，也受到了西方国家的压制。在农业谈判问题上，以印度为代表的发展中国家与西方国家在农业补贴、农产品关税等问题上分歧巨大。2008 年，印度与美国之间就农业补贴问题产生冲突，导致无法达成一项最终妥协。[①] 除了正面的对抗和打压之外，西方国家还通过相对应的机制来抗衡发展中国家的多边合作机制，并且对多边机制内的一些发展中国家进行利诱和威胁，以达到分化、瓦解的目的。虽然印度时常是西方国家拉拢的对象，但西方在骨子里同样不愿给印度平起平坐的地位。

2. 印度与一些国家的矛盾与分歧阻碍其多边外交的实施和发展

多边外交往往是多个国家为了共同的利益就共同关心的问题进行磋商的一种外交方式。国家之间关系的好坏、利益一致与否都会影响到多边外交的进行，影响到相关多边外交机制的建立或者以后活动的开展以及该机制未来的发展。印度在多边外交的实施过程中就存在这样的一些困扰。在南亚区域内，印度与巴基斯坦矛盾突出，其对其他南亚小国的打压控制，导致南亚不少国家在区域合作联盟内部对印度疑虑重重，这造成南盟的发展远远落后于近邻东盟，更不用说高度一体化的欧盟。由于边界纠纷等因素，中印之间的不信任已经持续了半个多世纪，近年来中印在能源、贸易等问题上的竞争、分歧和矛盾，都会在一定程度上影响

---

① Zaki Laïdi，“Trade deals show power politics is back”，March 31，2013，http：//www.ft.com/intl/cms/s/0/e2aae9f4-9254-11e2-851f-00144feabdc0.html#axzz2g7iNfPR7.

中印在世界多边机制内的交流与合作，也会影响印度在亚太地区乃至世界多边舞台上发挥更大作用。

3. **外交理想与国家实力的矛盾**

印度独立后，在理想主义的影响下，尼赫鲁为帮助其他国家摆脱殖民统治提供大力支持，并发起了不结盟运动。尽管印度这样做主要出于自身利益考量，却也包含一种理想主义成分。① 非暴力运动和理想主义缔造了印度这个国家，但在接下来的半个世纪里，印度因其理想主义的文化理念所产生的外交政策在当今世界实用政治的面前屡屡受挫。② 残酷现实使印度政府逐渐认识到，第三世界虚幻的领导地位并没有多少具体意义。近年来，印度对其外交政策进行了调整，一些新外交理念得以形成。但理想主义和道德主义原则并未彻底从印度外交政策中消失，仅仅只是被边缘化而已。③

由于理想和现实实力之间的差异，在多边外交的舞台上，印度的表现并不总是令人满意。为了自身利益，印度希望在全球规则的制定以及执行方面发挥更大作用。国际社会也希望，印度加入多边组织之后承担更多的责任，而不仅仅基于自身利益。由于经济实力和国际地位的限制，印度暂时还没有能力，甚或也不打算在世界性义务中承担更多的责任。世界角色的期望、自身实力和其付出的意愿之间存在的差距让印度的多边外交实际成效不得不大打折扣。

---

① ［印］巴沙拉特·皮尔，吕虹译："印度理想主义的破灭"，《社会科学报》2012 年 6 月 21 日，http：//www. cssn. cn/news/513022. htm。

② Indrani Bagchi，"From moral to real：India on a self-building path"，the Times of India，Jan. 25，2010，http：//articles. timesofindia. indiatimes. com/2010-01-25/india/28138401 _ 1 _ foreign-policystrategic-autonomy-atal-bihari-vajpayee.

③ C. Raja Mohan，"India's New Foreign Policy Strategy"，http：//carnegieendowment. org/files/Mohan. pdf.

探析印度怎样回应中国在斯里兰卡修建汉班托特港

唐鹏琪*

斯里兰卡是是南亚次大陆南端印度洋上的岛国，位于印度东南面，西北隔保克海峡与印度半岛相望，风景秀丽，素有“印度洋上的珍珠”之称。

中世纪时，印度洋被誉为海上丝绸之路。那时，流行这种说法：“谁控制了马六甲，谁就能扼住威尼斯的咽喉。”今天，印度洋是世界商贸水上要道。全球一半集装箱货运、1/3 散运及 2/3 石油运输都要取道印度洋，它是南亚和东亚连接非洲、中东、欧美的必经之路。①

斯里兰卡地理位置优越，自古就有“东方十字路口”之称，是重要的海上交通枢纽。在历史上是海上丝绸之路的要道，是中国和阿拉伯商人贸易往来的中转站。现在，斯里兰卡既是中东石油经印度洋运往亚洲的海上要塞，也是通往中国大陆及印度东部的重要中转站。斯里兰卡重要的战略地位显而易见。

一、中国在斯里兰卡修建的汉班托特港

汉班托特位于斯里兰卡首都科伦坡东南约 240 公里处，有人口 50 余万，是总统拉贾帕克萨的故乡。汉班托特地区离世界最繁忙的欧洲—远东国际主航线仅 10 海里，具备发展为国际中转深水港的良好地理位置条件。

由于在斯里兰卡的南部离国际航线最近的地区还没有较大的港口，随着区域经济发展及斯里兰卡国民经济和产业发展的需要，斯里兰卡政府计划在南部地区

* 唐鹏琪，教育部人文社会科学重点研究基地四川大学南亚研究所副研究员。

① 卢永昌、李苏：“斯里兰卡 Hambantota 港口项目港址选择及一期工程设计介绍”，《水运工程》2009 年第 7 期，总第 429 期，第 45 页。

兴建一个具有国际水平的现代化港口。这也是斯里兰卡政府的梦想。但由于斯里兰卡国内的冲突与矛盾，建港计划一直搁置。2005 年拉贾帕克萨当选总统，他重视基础设施建设，其中最重要的规划就是在南部的汉班托特建设一个世界级港口。在内战最后几年，斯里兰卡政府多方寻找资金来源。印度方面对出资建设汉港项目缺乏兴趣，斯政府转向中国寻求资金和技术。

在汉班托特港修建之前，斯里兰卡的 3 大主要港口分别是科伦坡港（Colombo）、加勒港（Galle）、亭可马里港（Trincomlee）。科伦坡港在斯里兰卡港口战略发展中定位为集装箱枢纽港，以接卸和转运集装箱为主。此外，该港还装卸普通杂货、干散货以及油品。加勒港作为一个区域性港口，为加勒地区经济发展服务。斯里兰卡政府在其港口发展政策中，是将加勒港发展为一个主要为周边地区产业服务的多用途港口，目前主要接卸件杂货和干散货。亭可马里港位于斯里兰卡东北部，是天然深水海港，现有 4 个泊位，主要为区域附近面粉厂、水泥厂和石油公司服务。

汉港一期工程于 2008 年 1 月 15 日开工。一期工程主要包括两个 10 万吨级多用途码头、一个 10 万吨级油码头和一个工作船码头。根据斯方规划，整个汉港工程将分期建设。二期工程将建设 8 个码头，预计需要 3 年时间完成。此外，汉港还有远期规划。全部工程完工后，汉港将提供超过 30 个泊位，成为南亚第一大港。①

斯里兰卡港务局负责人威拉马表示，由于斯里兰卡与海洋航线的距离很近，所以它已经成为亚欧之间的集装箱换船装卸中心，汉港的建立将增加该国的年吞吐量，使其从 600 万个集装箱年吞吐量上升到近 2300 万个。②

拉贾帕克萨总统对汉港的未来充满信心。他在一次讲话中表示，汉港不仅会在斯里兰卡地图上留下痕迹，同样也会在世界地图上留下痕迹。汉港将为斯里兰卡带来繁荣，让斯恢复其海洋运输中心的地位。

但由于斯里兰卡在印度洋上重要的战略地位，国际上对中国在斯修建汉港密切关注。

---

① 吴成良：“汉港寄托斯里兰卡强国梦”，《人民日报》2011 年 11 月 29 日，第 021 版。

② 美联社驻斯里兰卡记者加文·拉比诺维兹［斯里兰卡］《每日镜报》；本报特约编译叶子：“印度洋上的大国棋局”，《世界报》2008 年 6 月 18 日，第 7 版。

二、印度对国际上所谓“珍珠链”传言的看法——半信半疑

由于斯里兰卡的战略地位和与印度的悠久关系，印度向来把斯里兰卡看成是自己的一个部分。印度首任总理尼赫鲁在 1945 年说过，从文化上、种族上以及语言上，“兰卡同任何省份一样是印度的一部分”。① 印度前海军司令 1974 年的观点更强调斯里兰卡对印度的重要性。他说：“对印度来说，斯里兰卡在战略上如同爱尔兰对英国，台湾对中国那样重要。只要斯里兰卡友好或中立，印度就无忧无虑。但是如果出现该岛被印度的敌对大国支配的危险，印度不会容忍这种危害其领土完整的局面。”②

斯里兰卡是只有 6 万多平方公里的岛国，历史上对次大陆有着先天的依赖性。南亚就是印度人的南亚，其绝不允许有任何的南亚内部挑战性力量和外部威胁性势力干扰印度对整个南亚地区的掌控。这是印度第一任总理尼赫鲁固有的观念。印度强烈反对南亚地区以外的大国势力介入南亚事务。“印度领导人习惯于把南亚次大陆看做自己的势力范围，容不得任何本地区以外的大国介入南亚事务。”③

中国在斯里兰卡修建汉班托特港，对印度来说，无疑是进入其“后院”，加之国际上的“珍珠链”传言，让印度很为忧虑。

“珍珠链战略”说法的始作俑者是美国。美国国防部的一个承包商 2004 年在向国防部提交的一份名为《亚洲未来的能源》报告中最先使用了这个术语。④ 这份报告指出，“中国正在沿着从中东到南中国海沿线以某种方式建立战略关系，这种方式兼具防御性和进攻性特点，以保护中国的能源利益”。“珍珠”是指新港口、新机场和后勤保障设施的建造以及对旧港口、旧机场进行升级改造。这些基础设施兼具贸易和军事双重功能，包括物质供给、加油和电子监听。一旦“珍珠”建造或升级完成，中国海军就能将其存在从海南和马六甲海峡推进到非洲和

---

① ［斯里兰卡］歇尔顿·U. 果迪卡拉：《斯里兰卡外交政策》，德里，1982 年版，第 24 页。

② 同上。

③ 张忠祥：《尼赫鲁外交研究》，中国社会科学出版社 2002 年版，第 66 页。

④ David L. O. Hayward，“China in the Indian Ocean：A Case of Uncharted Waters”，Strategic Analysis Paper，July 2010，p. 1.

霍尔木兹海峡。①

对于“珍珠链”传言，印度赞同的观点曾占主流。印度国家海洋基金会主席、前海军参谋长普拉卡什就表示：“中国的‘珍珠链战略’从巴基斯坦的瓜达尔港开始，穿越伊朗、沙特、塞舌尔、毛里求斯、马尔代夫、斯里兰卡和缅甸，最后终结于孟加拉国的吉大港。这些国家大部分都接受过中国的武器和经济援助，这不可能都是巧合。可以确定的是，这种战略是要围困在印度洋上存在着巨大安全利益的印度。中国海军在这些水域的存在无疑会对印度的利益构成威胁。”② 在这些“珍珠”中，印度认为有三颗对印度的影响特别大，因为中国利用这三颗“珍珠”就能对印度构成包围。其中一颗是印度西边的巴基斯坦瓜达尔港，一颗是印度东边的缅甸实兑和皎漂港，再有一颗是印度南部的斯里兰卡汉班托特港。

印度现任海军参谋长苏里什·马哈塔也曾公开声称：“‘珍珠链’上的每一颗珍珠都代表着中国实实在在的存在，这使中国能够控制整个世界能源的咽喉。”③

印度鹰派退役情报官员 B. 拉曼明确表达出了一些印度人对中国建立港口项目的担心，他认为，这些港口将会被中国用来充当控制印度洋地区的海军基地。拉曼说：“我们不能从它们的表面价值来衡量它们。我们不能假设他们的意图是良好的。”④

2013 年 2 月，中资企业接手巴基斯坦西南部瓜达尔港的运营权。印度媒体再度将瓜达尔港运营权与所谓的中国“珍珠链战略”相联，并鼓吹印度“东向”，同越南和日本这些国家构建强大的海上安全桥梁，以此对抗中国在印度洋的“珍珠链”战略。⑤

但是，现在印度对此传言不以为然。印度军方普遍认为：中国不是印度现实安全敌人，而是可以成为印度的合作伙伴。他们强调巴基斯坦才是印度最大安全敌人。“与巴基斯坦三军情报局（ISI）所代表的现实威胁相比，中国的威胁微不足道，至少发生在印度境内的恐怖袭击不是以中国为基地的恐怖分子为……”不但如此，他们还认为：中印作为世界最大的人口大国，且都处于发展中阶段，两

---

① David L. O. Hayward，“China in the Indian Ocean：A Case of Uncharted Waters”，Strategic Analysis Paper，July 2010，p. 1.

② Arun Prakash，“China's Maritime Challenge in the Indian Ocean”，Maritime Affairs，Vol. 7，No. 1，Summer 2011，p. 13.

③ David L. O. Hayward，“China in the Indian Ocean：A Case of Uncharted Waters”，Strategic Analysis Paper，July 2010，p. 2.

④ 美联社驻斯里兰卡记者加文·拉比诺维兹［斯里兰卡］《每日镜报》；本报特约编译叶子：“印度洋上的大国棋局”，《世界报》2008 年 6 月 18 日，第 7 版，专家时评。

⑤ 苏展：“印度牵头谈印度洋海事安全”，《东方早报》2013 年 7 月 10 日，第 A14 版。

国经济肯定有互补之处，故此，两国应该加强合作，以增加贸易往来和共同打击恐怖主义等（中国是目前印度除美国之外的最大贸易伙伴）。[①]

就外界猜测的中国“珍珠链战略”挑战印度之说，印度军方反驳说：即便如此，印度的大部分问题都集中在陆上，况且，现在还很难判断中国会挑衅地公然在印度洋建立海军基地。确实如此。除中国外，印度其他邻国均比较贫弱，且内乱不断，加上宗教极端主义的恐怖行为，印度陆上存在各种各样的安全隐患。孟买恐怖袭击事件让他们清楚地认识到：印度真正的安全威胁来自巴基斯坦与阿富汗交界的地方，而一个强大且内部稳定的中国，其实是守护印度北部边疆安全的壁垒。再者，中国当前在印度洋地区的活动主要出于经济目的，这离挑战印度海军在印度洋地区的优势还有很长距离。一向奉行“不结盟”的印度领导人很清楚这一点。故此，他们既不会被一些“中印敌对”的言论所迷惑，也不会放弃实现印度的大国梦想。相反，他们会保持理智思维习惯，继续务实外交。正是如此，印度陆军总参谋长迪帕克·卡普尔将军呼吁：“中国能力很强，但中国不是印度的敌人，而是印度的邻居，印度应该学会与中国相处。”[②]

尽管印度对“珍珠链”的说法先后观点有差异，但是从印度近几年的行动与措施，我们不难知道印度对中国进入其“后院”还是有担心的。

三、印度对中国进入其“后院”的回应

在中国进入斯里兰卡建设汉班托特港的背景下，印度越来越强调与斯里兰卡的亲密关系。2013 年 4 月 9 日，在新德里印度国际中心举行的“斯里兰卡佛教遗产：与印度共有的文化”摄影展览会开幕典礼上，印度外长引用了印度首任总理尼赫鲁于 1950 年访问斯里兰卡时的话：佛陀和佛陀所代表的一切是印度和斯里兰卡之间不可破坏的纽带。[③] 印度与斯里兰卡全方位的合作是从斯里兰卡结束 30 年内战开始的。

---

① 姚远梅：“印度洋上空权力斗争的阴影”，《东方早报》2013 年 11 月 10 日，第 A04 版。

② 同上。

③ The bond of Buddha is a bond between India and Sri Lanka which nothing can break - Indian Foreign Secy, http://www.priu.gov.lk/news_update/Current_Affairs/ca201304/20130415the_bond_of_buddha_is_a_nd_between_india_sl.htm Monday, April 15, 2013.

（一）印度与斯里兰卡进行全方位的合作

首先，帮助斯里兰卡进行战后重建。在重建斯里兰卡饱受战争摧残的北部与东部地区的过程中，印度所发挥的作用有望逐渐增强。2009年7月，印度再度斥资1亿美元用于国内难民的康复工作，并且提供价值8亿美元的贷款，用于铁路建设以及其他重建项目。此外，印度还承诺修建5万所住宅，供无家可归家庭居住。

至2012年，印度对斯里兰卡的援助仅次于中国。斯里兰卡财政与计划部之对外资源部最近发布的“迈向发展的2012全球伙伴关系”报告称：对斯里兰卡的发展援助，印度仅次于中国；2012年印度提供给斯的发展援助为7亿美元，中国的援助为10.5亿美元。过去5年来，印度给斯里兰卡的援助总共为14.5亿美元，其中贷款援助为11.2亿美元，赠予为3.3亿美元。从1971年到2012年中国对斯的援助为50.5亿美元，其中47.6亿美元发生在2005年到2012年之间。2012年印度给斯里兰卡的赠与额度为2.6亿美元，修建4.9万间房屋。首批1000间安置房已于2012年8月完成，并交付给北部省份的难民。①

其次，加强与斯里兰卡贸易。为了加强印斯贸易，促进两国在医药、纺织和汽车零部件的贸易和投资。印斯成立了一个高水平的专门工作组。该工作组由主要部门的高级官员和著名私营企业重量级人物组成。斯工商部长在2013年1月3日称：不管是在印斯双边贸易，还是在给斯的主要出口商开放印度大市场方面，印斯高水平工作组都迈开了一大步。根据斯里兰卡商务部的报告，2011年印斯自由贸易协会的贸易接近10亿美元，印度对斯里兰卡的出口每年增长70%，从250万美元增长到435万美元；而斯里兰卡对印度的出口每年增长16.8%，从4.66亿增长到5.21亿美元。②

2012年斯里兰卡对印度的出口增长12%。斯工商部长在对由印度国家商务、工业和纺织部长率领的贸易代表团发表讲话时称：由于两国高水平专门工作组的诞生，2012年是两国双边贸易史上的里程碑，且上升趋势已经开始，斯里兰卡2012年对印度的出口增长12%就是开端。根据斯里兰卡商务部的数据，2012年

---

① India second largest development aid giver to Sri Lanka，http：//www.priu.gov.lk/news_update/Current_Affairs/ca201305/20130522india_second_largest_development_aid.htm Wednesday，May 22，2013.

② Sri Lanka unveils first high level JTF with India，http：//www.priu.gov.lk/news_update/Current_Affairs/ca201301/20130104sl_unveils_first_high_level_jtf_with_india.htm Friday，January 04，2013.

两国的贸易达到40.8亿美元。①

2013年，减少贫困、增加就业和促进经济发展。印斯两国于1月22日在新德里举行了印斯第八次合作会议。两国达成协议要采取措施，使两国的双边贸易在未来3年翻番，达到100亿美元。②

2013年6月，为了促进两国的商贸关系，印度代表团同斯里兰卡金融和计划部及经济发展部官员就贸易与投资在科伦坡举行会谈。双方就吸引印度投资进入斯里兰卡各部门，特别是汽车配件、药品、制糖和旅游进行了激烈的讨论。同时，对斯里兰卡成衣、茶叶和橡胶产品真正进入印度市场也进行了讨论。根据印度工商业部的数据，2000年，由于签署了印斯自由贸易协定，当时印度是斯里兰卡第16大商品出口目的地，2011年已经成为斯第4大商品出口地，印度吸收了斯里兰卡向世界出口的5.1%的商品，仅次于美国、英国和意大利。③

第三，在文化教育领域，印度给予斯里兰卡积极的支持。2012年在斯总统的倡议下，斯里兰卡启动了一项宏大的10年计划——使斯里兰卡成为一个3种语言的国家，并宣布2012年为“三种语言年”，即让每个斯里兰卡公民通晓僧伽罗语、泰米尔语和英语。

印度援助斯里兰卡建立语言实验室。2010年斯总统在访问印度时，印度政府承诺在斯里兰卡9个省分别建立一个语言实验室。2011年9月，印斯签署了“在斯里兰卡建立3级英语语言培训系统”的备忘录。根据该备忘录，印度政府将给斯的9个省份各提供一个30台计算机的设备和教学辅助设备。该项目耗资8400万卢比，将有助于改善斯里兰卡的英语语言训练设施，提高斯各社会阶层的英语熟练程度。④

---

① Sri Lanka exports to India rose by 12 percent in 2012，http：//www. priu. gov. lk/news _ update/Current _ Affairs/ca201301/20130124sl _ exports _ india _ rose _ 2012. htm Thursday，January 24，2013.

② Sri Lanka，India to deepen trade，tourism and investment relations，http：//www. priu. gov. lk/news _ update/Current _ Affairs/ca201301/20130123sl _ india _ deepen _ trade _ tourism _ investment _ relations. htm Wednesday，January 23，2013.

③ Sri Lanka，India to enhance existing trade and commerce ties：Sri Lanka，India to enhance existing trade and commerce ties，http：//www. priu. gov. lk/news _ update/Current _ Affairs/ca201306/20130625sl _ india _ enhance _ existing _ trade _ commerce _ ties. htm Tuesday，June 25，2013.

④ India's assistance to set up language labs，http：//www. priu. gov. lk/news _ update/Current _ Affairs/ca201301/20130118india _ assistance _ set _ up _ language _ labs. htm Friday，January 18，2013.

2013年1月，印斯两国在在新德里举行了印斯第八次合作会议时，两国再次强调在信息通信、教育、人力资源的开发培训和提高领域加强合作，以达成斯里兰卡总统所倡议的在2020年之前使斯全国国民通晓3种语言。①

总之，印斯关系正在走向亲密。2014年1月，印度高级专员在庆祝印度第65个共和国日时称，印度的政策是同斯里兰卡保持强大的、双边互利的关系。为了实现和平、和谐增长和发展，印度承诺成为斯里兰卡的伙伴。印斯双边关系方面，印斯有丰富而共同的文明、文化、宗教和语言遗产；在经济合作方面，2013年印斯双边贸易增长强劲，贸易额超过40亿美元。②

（二）印度加强与斯里兰卡、马尔代夫海上合作以增强其对印度洋的影响力

2013年7月，印度国家安全顾问梅农访问斯里兰卡和马尔代夫，与斯里兰卡和马尔代夫国防部长就海事安全签署了一份三方协议，旨在保护印度洋区域的海上航线安全。

斯里兰卡国防部的声明称，协议的达成基于三国间海事安全合作的重要性，“尤其在当前印度洋区域航海安全的语境下”。斯里兰卡国防部发布的声明称，三方“详细标注了协议中提及的在航海安全领域的合作范围”。③

2014年3月6日，印度在新德里就印度、斯里兰卡、马尔代夫海上安全合作举行了第三次国家安全顾问级三边会议。第二次国家安全顾问级会议于2013年7月在科伦坡举行。三邻国一致同意盯梢、反海上抢劫及限制非法活动包括海上污染方面进行合作。三方共同达成海上安全合作的目标：通过进入国际海上组织管理系统提高海上管辖范围意识和觉悟。如远程识别和跟踪服务和共享自动识别系统数据。

三方还计划在以下领域启动能力培训：海上管辖范围意识和觉悟、搜寻和救援和治理石油污染。三方共同的活动包括：三边训练；在非法海上活动方面保持

---

① Sri Lanka unveils first high level JTF with India，http：//www. priu. gov. lk/news _ update/Current _ Affairs/ca201301/20130104sl _ unveils _ first _ high _ level _ jtf _ with _ india. htm Friday，January 04，2013.

② “Strong，mutually beneficial relationship with Sri Lanka is India’s policy-Indian HC”，http：//www. priu. gov. lk/news _ update/Current _ Affairs/ca201401/20140127strong _ mutually _ beneficial _ relationship _ with _ sl. htm Monday，January 27，2014.

③ 苏展：“印度牵头谈印度洋海事安全”，《东方早报》2013年7月10日，第A14版。

通信线路；制订海上石油污染应对计划；就海盗问题在法律和政策上进行合作。①

（三）印度进一步向东靠拢并涉足南海事务

印度的“东向”政策开始于20世纪90年代初，主要目的是加强与东盟国家的关系。经过近10年的发展，印度在21世纪初又制定了第二阶段的“东向”政策，目的是：扩大与东南亚和东亚联系；加强与亚洲国家之间的关系；促进地区集团的发展。

2011年9月，印度总理辛格对邻邦孟加拉国进行了为期两天的历史性访问。这是印度总理自1999年以来首次访问孟加拉国。辛格此行是印度近年更积极地推动“向东看”战略的重要一步。不少当地媒体将辛格此访称为一次“破冰之旅”，而一些西方媒体尤其关注印度此举背后的中国因素，认为中国不断扩大在这一地区的影响促使印度加快了“向东靠拢”的步伐。其中不排除中国在斯里兰卡修建汉班托特港的因素。

辛格访问期间，两国重新就加强双边关系签署了一份全面合作框架协议，双方还在边界领土、经贸、可再生能源、渔业、动物保护及教育等领域达成一系列协议或谅解备忘录。

辛格此举的目的是进一步打开通向东南亚地区的通道。印度知名外交政策分析家桑杰亚·巴鲁一针见血地指出，印度将通过孟加拉国向其开放境内公路和铁路等基础设施项目，进一步打通与南亚乃至东南亚地区国家的联系。②

巴鲁指出，受到地缘政治和经济利益因素的影响，印度近来明显加大了周边外交力度。譬如，印度同南亚国家高层互访数量达到近年来的高潮，印度正在不断通过加强对话、扩大经贸合作、增加投资贷款等方式拉近同其他南亚国家关系。2011年初的“板球外交”为印巴关系正常化开辟了道路，而目前印度已成为阿富汗第六大援助国，投入并承诺的无偿援助金额达到20亿美元，同时印度也在确保对尼泊尔、斯里兰卡等国的特殊影响。③

2011年9月，印度和越南两国政府就印度国营企业在越南声称拥有主权的

---

① Sri Lanka, India, and Maldives hold meeting on trilateral Maritime Security Cooperation, http://www.priu.gov.lk/news_update/Current_Affairs/ca201403/20140307sl_india_maldives_hold_meeting_trilateral_maritime_security_cooperation.htm Friday, March 07, 2014.

② 人民日报驻印度记者廖政军：“印度加大周边外交力度，印度总理12年来首次访问孟加拉国显示加快“向东靠拢”的步伐”，《人民日报》2011年9月8日，第003版。

③ 同上。

南海海域开发油气田达成协议，两国外长发表的公报称，双方“已就保障南海航行自由达成协议”，“对两国在安全保障领域的合作给予高度评价”。印度前高级外交官巴德拉库马尔认为，“印度是经过深思熟虑才决定要刺激中国的”，“中印地缘战略竞争翻开了新的一页”。①

四、我们对汉港及印度对此回应的看法

首先，中国在斯里兰卡修建汉班托特港实实在在地利益了斯里兰卡，符合斯里兰卡的国家战略计划。2009 年 5 月内战宣告结束后，斯里兰卡社会经济发展迎来了重要转折点，提升港口业和海洋经济成为国家战略，汉港既可以加强斯里兰卡国际航运地位，又可极大地推动南部地区经济发展。汉班托特港的建设是斯里兰卡政府打造国际海运中心，促进经济社会发展，恢复其海上丝绸之路交通枢纽地位的一个大工程。在斯里兰卡人看来，汉港的建设是一项“了不起”的工程，中国人圆了斯里兰卡人建设国际大港的梦想。

2013 年 8 月，斯里兰卡港口局又提出了名为“展望 2020 年——丝绸路上的卓越物流”的总计划，把斯里兰卡港口原来的目标进行了重新定位，从集装箱中心成为全球物流中心。在建设海事深水港、扩大其他港口和举行海上基地活动的同时，正计划建设一个全方位的物流系统，整合物流功能，使斯里兰卡成为全球物流中心和海运中心，其目标是到 2020 年达到 100 亿美元的港口投资、2 亿吨的货物装卸、10 亿美元的收入，使港口经济成为国家经济增长的主要贡献者。②

现在，汉班托特港正在发挥重要物流中转作用。2013 年 8 月，汉班托塔港迎来了第 100 艘轮船入港。自从该港从 2012 年 6 月开始运行以来，该港就成为汽车转载处理中心，2012 年后半年，汉港已经从 31 艘汽车运载船上成功处理了近 4500 个转载箱。③

进入 2014 年，国际知名的海运公司 Master Divers 将在汉班托特港开办区域办公室，以满足日益增长的船运工业的需求。Master Divers 主席称，他们将开

---

① 赵明昊：“警惕中印战略竞争关系的深化”，《东方早报》2012 年 6 月 22 日，第 A16 版。

② SLPA introduced new corporate plan，http：//www. priu. gov. lk/news _ update/Current _ Affairs/ca201308/20130801slpa _ introduced _ new _ corporate _ plan. htm Thursday，August 01，2013.

③ Hambantota port expects to dock 100th ship，http：//www. priu. gov. lk/news _ update/Current _ Affairs/ca201308/20130806hambantota _ port _ expects _ dock _ 100th _ ship. htm Tuesday，August 06，2013.

一家轮船修理厂和一个物流中心，估计投资为1亿美元。他认为，对汉班托特港的批评是有政治动机的。一个显而易见的事实是：新加坡和迪拜港已经越来越拥挤，船运线路正在寻找可选择的港口。因为汉班托特港位于主要船运线路上，该港口将会越来越繁忙。他认为汉港将成为一个主要的转载中心，大船在汉港把货物卸下，装上小船，然后小船将货物运到其他港口。该公司计划在2014年年底完成工程并投入运行。①

其次，斯里兰卡对汉班托特港建设也作出了声明：建汉班托塔港是纯粹商业性的行为，不能误解成"珍珠链"模式。在2013年11月25日举行的题目为"2013加勒对话"的国际海事会议上，斯里兰卡国防部长发表讲话称，斯里兰卡谋求与其盟国的建设性的有意义的经济合作。随着亚洲国家如中国与印度的崛起，印度洋越来越受到重视，世界的中心近年来明显地回到印度洋地区。对于中斯、印斯关系，他认为：从斯里兰卡的角度来讲，印斯关系是具有历史影响的、是牢固的，尽管偶尔双边出现一些问题；而中斯关系是深厚的、多面的，他感激中国，中国作为最重要的发展中伙伴，建设汉班托塔港为斯里兰卡作出的贡献；建汉班托塔港是纯粹商业性的行为，不能误解成"珍珠链"模式。斯里兰卡一贯追求"不结盟"的外交政策。战后，斯里兰卡取得了迅速的发展，在这种背景下，斯里兰卡启动了"5个中心"的发展战略——即把整个国家发展成海事中心、航空中心、商业中心、能源中心和知识中心。②

第三，中国"海上丝绸之路"的提出是对印度诸多猜疑最好的回答。2013年9月7日，国家主席习近平在访问哈萨克斯坦时，提出了建设"丝绸之路经济带"的战略构想。2013年10月8日，李克强总理在接受东盟国家媒体联合采访时，提出了"共同建设21世纪海上丝绸之路"的战略构想。

历史和地缘赋予了"海上丝绸之路"沿途各国割不断的纽带。"海上丝绸之路"将串起连通东盟、南亚甚至西亚、北非、欧洲等各大经济板块的市场链，形成覆盖数十亿人口的共同市场，未来或将从"量的扩张"至"质的升华"，实现利益的深度共享融合。

---

① Master Divers to open in Hambantota Port，http：//www. priu. gov. lk/news _ update/Current _ Affairs/ca201403/20140324master _ divers _ open _ hambantota _ port. htm Monday，March 24，2014.

② Sri Lanka seeks constructive，meaningful economic cooperation with its allies-Defence Secretary，http：//www. priu. gov. lk/news _ update/Current _ Affairs/ca201311/20131126sl _ seeks _ constructive _ meaningful _ economic _ cooperation _ with _ allies. htm Tuesday，November 26，2013.

目前，中斯双方正在进行自贸区联合可行性研究。佩里斯外长透露，中国与斯里兰卡可能将在今年年底签订一项自由贸易协议，这将是 1952 年两国签署“橡胶换大米”协议后最重要的双边成就。

2014 年 2 月 1 日，中国外交部发言人华春莹介绍了斯里兰卡总统特使佩里斯外长访华的情况。她指出，外交部部长王毅与佩里斯会谈时建议，中斯两国全面拓展海洋合作，共建 21 世纪“海上丝绸之路”。斯方表达了参与“海上丝绸之路”建设的热情。这表明“海上丝绸之路”构想开始落地，是实现习近平主席提出的“以点带面，从线到片，逐步形成区域大合作”的第一步，对于加强中国和东南亚、南亚国家海洋经济合作，最终形成海上“丝绸之路经济带”具有示范作用。

王毅外长也表示，中国提出建设 21 世纪“海上丝绸之路”，是在新形势下本着“和平、友谊、合作、发展”的精神，通过与有关国家开展海上互联互通、海洋经济等各领域的务实合作，实现和谐相处、互利共赢和共同发展。与横贯欧亚的陆上“丝绸之路经济带”相仿，“海上丝绸之路”契合中共十八大确定的对外开放战略，通过海上互联互通、港口城市合作机制以及海洋经济合作等途径，最终形成海上“丝绸之路经济带”。

第四，但也是最重要的一点：中印是“命运共同体”，印度应放弃对中国的猜疑。中共十八大提出“要倡导人类命运共同体意识”。之后，中国领导人多次深刻阐述命运共同体理念，全方位推进国际与地区合作。

“命运共同体”已成为新时期中国外交理论和实践创新的一面旗帜，亚洲命运共同体已成为中国周边外交政策方向。① 各国要实现共同发展，离不开一个和平稳定的国际和地区环境，这需要各方共同作出努力，共同承担维护地区和平稳定的责任。在新形势下，宜秉持互信、互利、平等、协作的新安全观，摒弃冷战思维，不搞零和博弈，努力实现全面安全、合作安全、共同安全。

在经济全球化背景下，各国利益深度交融，一荣俱荣，一损俱损，共同发展是唯一出路。中印是亚洲的两个主要大国，因互相不信任而付出的代价是巨大的。印度应放弃对中国的种种猜疑，共同担当起亚洲大国的责任，互信合作，共创共赢局面。

① 刘振民：“坚持合作共赢 携手打造亚洲命运共同体”，《国际问题研究》2014 年第 2 期。

“东向政策”遭遇“重返亚太”：美印亚太地区安全互动研究

曾祥裕* 郭 红**

印度洋—西太平洋水域及周边地区（本文将其称为亚太地区）[①] 在全球地缘政治中的地位至关重要，且呈不断上升之势。印度洋西北岸的海湾地区是全世界最主要石油产地，印度洋水域沟通世界三大经济区（北美、东亚、西欧）中的两个即东亚和西欧，西太平洋则分布着全球最具活力经济区之一的东亚。随着中国对外开放度持续大幅提升，自西太平洋经印度洋的海上贸易与能源通道对中国的重要性也迅速提高。美印战略调整与互动对地区安全格局有直接而重要的影响，引起世界各国包括中国的高度关注。

美印亚太政策调整：“东向政策”与“重返亚太”

印度的“东向政策”始于20世纪90年代初的纳拉辛哈·拉奥政府时期，已从关注东南亚、侧重经济合作的第一阶段，推进到涵盖整个东亚、全面关注战略经济外交等领域的第二阶段。有观点将当下的“东向政策”划分为第三阶段，认为其突出特征包括印度积极参与东亚地区机制化进程，力图发挥更大作用；积极

---

* 曾祥裕，教育部人文社会科学重点研究基地四川大学南亚研究所助理研究员。

** 郭红，广安职业技术学院讲师。

① 国内外通常将亚太界定为亚州东部濒临太平洋的广大地区，涵盖东北亚、东亚、东南亚，有时也延伸到澳大利亚水域。但2012年初出台的美国防务战略指南即《维持美国的全球领导地位：21世纪的防务优先领域》将亚太界定为“从西太平洋和东亚延续到印度洋和南亚的弧形地带”。本文探讨的正是美印两国在上述区域，特别是东印度洋和马六甲—东南亚—南海水域的海上战略互动。鉴于名词与美方衔接有利于讨论且较简练，本文将上述区域称为“亚太地区”。

强化与东方水域各国的全方位交往尤其是军事安全合作，涉足地区安全事务乃至敏感问题；进一步加强东方水域军备建设，提升面向东方的军事活动平台［例如启用巴阿兹海军基地（INS Baaz）］。“东向政策”在过去的20年中虽经历了许多发展变化，但强化与亚洲东部的联系，更加重视东方水域的政策主张则一以贯之，坚定不移。

2011年末以来，美国开始高调“重返”亚太，将战略重心向亚太回调。美国2012年1月发布一份防务战略指南即《维持美国的全球领导地位：21世纪的防务优先领域》，明确表示：美国的经济利益和安全利益与从西太平洋和东亚延续到印度洋和南亚的弧形地带的局势发展密不可分，美军“必然要对亚太地区进行再平衡（rebalance）”。① 根据美方的解释，“再平衡”的要点首先是逐步强化其亚太军力部署，到2020年将美军60％的军舰（包括11艘航母中的6艘）部署于太平洋地区。其次是全力巩固与盟国和伙伴国的关系，在本地区不再继续建设大型基地，转而更多地借重盟国或伙伴国的协助。美方武装力量（如军舰、飞机和部队）将与伙伴国举行联合演习、联合训练和联合行动，借此实现轮流部署。②

美印地区战略的协调及其原因

值得注意的是，美方将“亚太”地区定义为“从西太平洋和东亚延续到印度洋地区和南亚的弧形地带”，印度及其主要活动区域也囊括其中。这就决定了印度的“东向政策”与美方“重返亚太”必然发生某种碰撞，其结果既可能是美印冲突，也可能是美印协调，而实际情况是美印间的默契与协调大大超过了冲突倾向。其主要原因在于：美国为“重返亚太”而主动援引印度力量，印度则积极谋求对美务实合作，两国由此得以规避战略冲突，实现战略协调。

具体而言，美方将中国定位为所谓“再平衡”的主要对象，因而积极借重其他国家特别是与中国关系复杂的印度来制衡中国。美方承认中美两国在维护东亚

---

① “Sustaining U. S. Global Leadership：Priorities for 21st Century Defense”，US Department of Defense website，January，2012，p. 2，http：//www. defense. gov/news/Defense _ Strategic _ Guidance. pdf.

② Boris Volkhonsky，“Leon Panetta Shifts the Arms Race to Asia Pacific”，The Voice of Russia website，June 4，2012，http：//english. ruvr. ru/2012 _ 06 _ 04/77026287/. “US to bolster military presence in Asia-Pacific：Panetta”，Indian Express，June 1，2012，http：//www. indianexpress. com/news/us-to-bolster-military-presence-in-asiapacific-panetta/956616/.

和平稳定方面有重大利害（stake），在建设合作性双边关系上有共同利益，但又“忧心忡忡”地要求中国必须更明确地澄清自身战略意图，以免“引起”地区摩擦。① 为了继续确保其在亚太的主导地位，美方一再表示要与盟国和伙伴国密切合作，维护以规则为基础的国际秩序，保持稳定，鼓励大国实现和平崛起。② 上述表态或明或暗地都指向中国，而“鼓励大国实现和平崛起”一语更是直接针对中国。具有指标意义的是，美方在提到盟国和伙伴国的时候并未罗列名单，也没有明确提及韩国、日本、澳大利亚等重要传统盟国，却异乎寻常地表示“致力于与印度建设长期战略伙伴关系，支持其发展实力，助其成为地区经济之锚和大印度洋地区的安全提供者”。③ 美国国防部长帕内塔更是将印度称为美国亚太新战略的“关键”（linchpin）。④ 美方对印度的借重由此可见一斑。

印方也积极转变思维，寻求对美战略协作以谋求实利。美印两国在历史上一度因印度洋主导权而出现严重危机。印度对美国在 1971 年末的第三次印巴战争中派遣“企业”号航母进入孟加拉湾威慑印度一直耿耿于怀，称之为“炮舰政策”重现，并以此为由大力加强海军建设。在整个冷战期间，印度始终反对美国在印度洋地区驻军，强烈抨击美国在中印度洋的迭戈加西亚设立海军基地，并大力倡议建设印度洋“和平区”，从而引起美国强烈不满。美国及其盟国对印度的海上扩张更是高度警惕，美国国防部迟至 20 世纪 90 年代初还抨击印度在印度洋地区有“霸权野心”。⑤ 美国的亲密盟国澳大利亚则一度强烈抨击印度的海军现代化建设，澳国防部长甚至称印度为地区霸权国。按印方的说法，澳侦查机甚至会经常“骚扰”印度海军舰船，在印度船只周围布设声纳浮标监听设备。⑥ 澳方

---

① “Sustaining U. S. Global Leadership: Priorities for 21st Century Defense”, US Department of Defense website, January, 2012, p. 2, http: //www. defense. gov/news/Defense _ Strategic _ Guidance. pdf.

② Ibid.

③ Ibid.

④ “Asia-Pacific Region focus by US will help India contain China”, Indian Herald, June 9, 2012, http: //indianherald. com. au/indian-news/asia-pacific-region-focus-by-us-will-help-india-contain-china/1789/. “Leon Panetta in Delhi, Says India ‘Linchpin’ for American Strategy in Asia”, Times of India, June 6, 2012, http: //timesofindia. indiatimes. com/india/Leon-Panetta-in-Delhi-says-India-linchpin-for-American-strategy-in-Asia/articleshow/13871933. cms.

⑤ Sourabh Gupta, “The US pivot and India's look east”, East Asia Forum website, June 20, 2012, http: //www. eastasiaforum. org/2012/06/20/the-us-pivot-and-india-s-look-east/.

⑥ Arun Prakash, “A Moment for India: Shangri-La Dialogue 2009 Offered Both Choice and Opportunity”, Force Magazine, July Issue, pp. 4—5. 作者为印度前海军参谋长。

的激烈态度实际上也折射出美国的深切疑虑。

冷战结束后，印方态度明显变化，逐渐接受了美国地位不可撼动的现实，开始寻求对美协调。印度不再公开抨击美国在迭戈加西亚驻军，不再公然抨击美国的印度洋政策，转而积极谋求美国支持，在军备、地区机制建设等领域谋求美印务实合作。在此背景下，印方一般并不将美国的"重返亚太"战略视为直接威胁。印度前海军参谋长阿伦·普拉卡什（Arun Prakash）公开宣称，"重返亚太"战略对印度的主权与安全不构成威胁，印度不仅不应反对，反而应"表示欢迎"，因为印度同样"对中国的崛起感到焦虑。在长期的遏制过程中，这一趋势（'重返亚太'战略）是有利于印度的"。[①]

美印地区战略协调的主要内容

在新形势下的美印亚太互动中，美印的地位并不对等。美国始终占据主动，起着主导作用，引导着双边关系的发展方向；而印度则较为被动，发挥余地要小得多。美国积极援引印度势力为其所用，其具体表现，首先是高度肯定印度的积极作用。美印高层互动频繁，凸显了美方对印度的重视，仅 2012 年的重要互访就有如下一些：4 月，负责政治军事事务的助理国务卿夏皮罗（Andrew Shapiro）访印并举行美印自 2006 年以来的第一次政治军事对话；5 月初，国务卿希拉里访印，评估美印战略伙伴关系的进展；随后不久，国防部长帕内塔访印，与印方重点讨论了地区热点、防务贸易、军方合作 3 个问题；6 月 13 日，两国又在华盛顿举行第二次战略对话。在安全领域，美国积极谋求美印默契。奥巴马会见印度总理曼·辛格时专门与其"讨论了对地区的责任，以及在海上安全和不扩散问题及救灾等领域的共同原则"。[②] 希拉里则在钦奈称，印度横跨从印度洋到太平洋的广阔水域，应与美国共同管理这些海上通道。帕内塔则明确表示，美国希

① "Asia-Pacific Region focus by US will help India contain China", Indian Herald, June 9, 2012, http: //indianherald. com. au/indian-news/asia-pacific-region-focus-by-us-will-help-india-contain-china/1789/.

② "US backs India's Look East policy, seeks greater Asia Pacific role for India", Firstpost website, November 23, 2011, http: //www. firstpost. com/world/us-supports-indias-look-east-policy-137741. html.

望“在印度日渐增长的实力支持下，建设一个和平的印度洋地区”。① 在经济领域，美国同样高度评价“东向政策”，认为“‘东向政策’将对整个亚太地区的增长发挥核心作用”。② 美国副国家安全顾问罗德斯（Ben Rhodes）甚至表示“（美国）总统非常欢迎印度的‘东向政策’”，而且坦言“作为太平洋大国的美国与东亚的未来密切关联，作为印度洋大国和亚洲国家的印度也应如此”。③ 这一表态公开将印度在印度洋和亚洲所发挥的作用与美国在太平洋地区的作用相提并论，可以说是在公然鼓励印度“胆子再大一点，步子再快一点”。

其次，美国积极鼓励，甚至敦促印度在亚太地区发挥更大作用。美国国务卿、国防部长、副国家安全顾问、驻印大使等高官近年来多次公开敦促印度不仅要“向东看”，而且要“有所作为”。2011 年，希拉里在印度参加第二次美印年度战略对话时公开呼吁印度不仅要向东看（look east），还要持续关注东方并在采取行动（engage and act east）。2012 年 6 月 13 日，希拉里在华盛顿举行的第三次美印年度战略对话期间再次敦促印度在亚太地区发挥更积极的领导作用，并表示美国“愿积极支持印度将其‘东向’政策发展为‘东向作为’政策”。④ 她在会见印度外长克里希纳时又表示，美印需要深化安全合作并携手“促进对亚太地区的共同构想”。副国家安全顾问罗德斯同样表示，美国“非常希望印度在本地区（亚太）扮演重要角色”。美国新任驻印大使鲍威尔（Nancy Powell）则将上述表态具体化为，美国要“鼓励印度为建设和平、繁荣和民主的印度洋地区发

① 张力：“美国‘重返亚太’战略与印度的角色选择”，《南亚研究季刊》2012 年第 2 期，第 3 页。“Partners in the 21st Century”，US Defence Secretary Leon E. Panetta's Address at the Institute for Defence Studies and Analyses，June 6，2012，http：//www. idsa. in/key-speeches/LeonEPanettaonPartnersinthe21stcentury。

② 这是希拉里在印度公开演讲的原话。“India's Look East policy Central for Asia-Pacific Growth：Hillary Clinton”，Headlinesindia. com，May 7，http：//headlinesindia. mapsofindia. com/india-and-world/united-states/indias-look-east-policy-essential-hillary-clinton-108468. html.

③ “US backs India's Look East policy，seeks greater Asia Pacific role for India”，First-post website，November 23，2011，http：//www. firstpost. com/world/us-supports-indias-look-east-policy-137741. html.

④ Sourabh Gupta，“The US pivot and India's look east”，East Asia Forum website，June 20，2012，http：//www. eastasiaforum. org/2012/06/20/the-us-pivot-and-india-s-look-east/. “US Wants to Support India's Look East Policy：Clinton”，Hindustan Times，November 12，2011，http：//www. hindustantimes. com/world-news/Americas/US-wants-to-support-India-s-Look-East-policy-Clinton/Article1-768138. aspx.

挥作用，增加反恐和应对全球威胁方面的合作”。①

第三，美国积极主动开展各种形式的美印防务合作。军方合作与防务贸易是帕内塔近期访印的两大要点。美国高度重视美印军事战略协调，实际上，美印政治军事对话机制的首要目标就是“为更深入的防务伙伴关系构想蓝图”。美国驻印大使鲍威尔 2012 年 4 月甫一到任即表示，其首要任务是“扩大两国各军种各层次的防务合作”。美国将对印军售视为美印战略关系的重要纽带，认为“防务销售既可巩固两国外交关系，又能建立长期的安全关系”。正是由于这种战略作用，帕内塔才会一再强调，“美国坚定承诺向印度提供其能提供的最优防务技术”，并不无拉拢之意地表示，采购 P8－I 海上侦察机后，美印两国将成为全世界拥有该装备的唯一两个国家。他还敦促印度采取措施，继续加大对美军购力度。经过不懈努力，美国对印防务销售额已在十年间从近乎为零增长到 80 亿美元。美国驻印大使近期表示，两国还准备“签署 80 亿美元合同”。有评论也指出，帕内塔访印的目的之一就是要签署 14 亿美元的合同，并向印销售 22 架阿帕奇直升机。②

除了军售，美国还积极推动美印联合军备研发。帕内塔极为热络地表示，期待美印军事贸易最终“超越‘买卖’关系，成为实质性的联合生产关系，并最终成为高技术联合研发关系”。他公开呼吁“将重点转为经常性合作，以便从质和量两方面巩固双边防务贸易”，因为“两国均为技术研发的领先者，联合起来将取得不可思议的业绩”。他还透露，洛克希德·马丁公司、西科斯基飞机公司和印度塔塔集团已在印度海德拉巴联合生产运输机零部件。③

军事人员培训和军事演习是美印另一重要合作领域。美国 40 余年前启动国际军事教育与培训计划（International Military Education and Training (IMET)），印度是其最早参加者，已有 1700 名以上的印度军官顺利结业。近年

---

① F. Inderfurth, Nicholas Lombardo, “Panetta to India: Why Now? For What?” Center for Strategic & International Studies website, May 31, 2012, http: //csis. org/publication/panetta-india-why-now-what. “US backs India's Look East policy, seeks greater Asia Pacific role for India”, Firstpost website, November 23, 2011, http: //www. firstpost. com/world/us-supports-indias-look-east-policy-137741. html.

② F. Inderfurth, Nicholas Lombardo, “Panetta to India: Why Now? For What?” Center for Strategic & International Studies website, May 31, 2012, http: //csis. org/publication/panetta-india-why-now-what.

③ “Partners in the 21st Century”, US Defence Secretary Leon E. Panetta's Address at the Institute for Defence Studies and Analyses, June 6, 2012, http: //www. idsa. in/keyspeeches/LeonEPanettaonPartnersinthe21stcentury.

来，美印频繁举行联合军演，频率高达每年 50 次，并可能继续增加。① 其中，美印马拉巴尔海上联合演习值得特别关注。这一演习延续时间长（始于 1992 年，至今已举行近 20 次），规模不断扩大（美印双边演习为主，美印日、美印日澳新等多边演习也多次举行），演习地域多元化（遍及阿拉伯海、孟加拉湾、安达曼海、南海、日本东海岸等地）。

第四，美国还积极推动建设中的东亚多边机制包容印度，主动为印度争取发言权。罗德斯表示，美国“认为东亚峰会应成为首要的地区战略论坛，原因之一是它将印度、美国、俄罗斯等纳入其中。除东亚国家和东盟国家外，印度、美国、俄罗斯参加这一论坛也非常重要”。② 希拉里还代表美方提议推动两国在东亚的机制化合作，确保东亚的机制化架构保持开放、均衡和包容。美国还积极表示欢迎印度与日本、韩国和东盟提升经济和安全关系。美印日三国在 2011 年 12 月启动首次三边会晤，美方将之视为三国“广泛讨论与亚太地区相关的一系列问题的机遇”。美方甚至可能与印度、澳大利亚缔结三方安全条约。③ 在美国的积极支持下，印度频繁参加东亚峰会，积极参加东盟 10＋N 会晤机制，在东亚机制化进程中事事争先，不甘人后。

第五，美国积极鼓励印度在缅甸、斯里兰卡等地区热点问题上发挥作用，呼吁其向经历政治转型的缅甸和忙于战后重建的斯里兰卡提供民主化经验，推动其民主进程。希拉里在印度公开呼吁印“帮助缅甸人民探索经济政治改革之路”。④ 美国还派遣缅甸问题特别代表米切尔（Derek Mitchell）出席了助理国务卿坎贝尔与印方的会谈，并明确表示希望印度把握时机，在缅甸问题上发挥更大作用。⑤ 在美国鼓励下，印度正进一步插手缅甸事务。两国的防务合作值得注意：

---

① F. Inderfurth，Nicholas Lombardo，“Panetta to India：Why Now? For What?” Center for Strategic & International Studies website，May 31，2012，http：//csis. org/publication/panetta-india-why-now-what.

② “US backs India's Look East policy，seeks greater Asia Pacific role for India”，Firstpost website，November 23，2011，http：//www. firstpost. com/world/us-supports-indias-look-east-policy-137741. html.

③ 张力：“美国‘重返亚太’战略与印度的角色选择”，《南亚研究季刊》2012 年第 2 期，第 3—4 页。

④ “India's Look East Policy Central for Asia-Pacific Growth：Hillary Clinton”，Headlinesindia. com，May 7，2012，http：//headlinesindia. mapsofindia. com/india-and-world/united-states/indias-look-east-policy-essential-hillary-clinton-108468. html.

⑤ 张力：“美国‘重返亚太’战略与印度的角色选择”，《南亚研究季刊》2012 年第 2 期，第 4—5 页。

2011年5月4日，印度海岸警卫队"金刚"号（Vajra）和"拉济亚女苏丹"号（Raziya Sultana）舰船与缅甸海军首次进行交汇演习。印度海军和陆军参谋长分别于2011年8月和2012年1月访缅。[①] 2012年8月2日，印度又提议为缅甸培训武装部队，帮助缅甸打击在其境内活动的印度叛乱武装。[②] 缅甸对印度也态度积极，缅甸政府保证不允许其领土用于反印活动。[③] 缅甸副外长吴貌敏公开呼吁印度支持东盟建立由印度、泰国、缅甸直达东盟多国的公路、铁路与海路联系。[④]

对亚太安全格局的影响

"东向政策"和"重返亚太"的互动必然产生复杂而深远的地缘政治影响。首先，美国的鼓励将促使印度更大胆地东进亚太。印方高度重视亚太地区的战略意义，前海军参谋长阿伦·普拉卡什公开表示，"亚太地区将成为未来五十年的权力角逐场"。退役海军准将、全国海洋委员会主任巴斯卡尔（C. Uday Bhaskar）更是直率地表示，印度"应表现出走出特定区域（南亚—印度洋水域）的能力"，"应获得在太平洋活动的能力"。[⑤] 美方的鼓励将促使印方更大胆、更积极地大举东进，或者如美国所说的，在东方"有所作为"。

其次，受益于美国的支持乃至鼓励，印度与缅甸、斯里兰卡、孟加拉国等孟加拉湾国家和马六甲各国发展关系的步伐可望加速，影响将进一步增大。特别是缅甸，与印度在历史、文化、经济乃至人种方面有千丝万缕的联系，两国相互接壤，来往密切，渊源颇深。尽管美缅关系已经解冻，但美国要在缅甸立足乃至扩大影响还面临各种为问题，而印度则可较为迅速地恢复并发展印缅关系，美国对

---

① Ministry of Defence：Annual Report 2011－2012，IDSA website，April 1，2012，pp. 54，191－192，http：//www. idsa. in/resources/annualreports/MoD-AnnualReports2011－2012.

② "India's Look East Policy Comes of Age"，The Manila Times，August 6，2012，http：//www. manilatimes. net/index. php/opinion/28440-india-s-look-east-policy-comes-of-age.

③ Ministry of Defence：Annual Report 2011－2012，IDSA website，April 1，2012，p. 7，http：//www. idsa. in/resources/annualreports/MoD-AnnualReports2011－2012.

④ 李月霞："印度'东向政策'瞄准东盟"，《联合早报》2012年3月16日，http：//www. zaobao. com/gj/gj120316_006. shtml。

⑤ "Asia-Pacific Region focus by US will help India contain China"，Indian Herald，June 9，2012，http：//indianherald. com. au/indian-news/asia-pacific-region-focus-by-us-will-help-india-contain-china/1789/.

此是乐观其成的。借助与印度的政策协调，美国也可望借此扩大对缅甸局势的影响力。更何况，美国将更密切的印缅关系视为对中缅友好关系的抵消力量，认为发展印缅关系可有效制衡中缅关系。

第三，美国的鼓励可能促使印度进一步插手亚太热点问题，特别是南海争端。积极插手亚太热点问题原本就是印度“东向政策”的自然延伸。印度与南海争端最重要当事国之一的越南的关系本来极为密切，印度驻越南大使坦言，发展印越关系是印度“东向政策”的重要组成部分。印度与越南签约在南海争端水域开采石油的行动已引起了中国不安。就在中国和菲律宾因黄岩岛主权争端在南海对峙的 2012 年 5 月，印度“拉纳”号和“夏克提”号战舰造访菲律宾苏比克湾，“什瓦利克”号和“喀木克”号也在这一时段短暂访问越南海防港。[①] 实际上，美方鼓动印度涉足南海事态的动向极为明显，例如：帕内塔近期访印的重要内容就是围绕南海紧张局势与印交换意见。[②] 与帕内塔会谈的印度国防部长安东尼则意有所指地表示，印度支持各方在国际水域享有航行自由。[③] 不难设想，在美国一再鼓励下，印度完全可能更多地插手南海问题。

第四，在得到美印或明或暗的支持以及印度插手的政策鼓励后，相关国家在处理对华争端时态度可能趋于僵硬，不利于争端的缓和、化解乃至解决。例如，在南海争端中，除中国外，其他当事方都属中小国家。由于其国力与中国极不对称，因而积极“抱团取暖”或“援引外力”，借以“制衡”中国，美国、日本、印度，乃至澳大利亚都是某些国家乐于援引的砝码。而后者也充分了解前者的微妙心态，积极加以利用。美印单独或联合插手南海争端的前景，很可能促使某些国家抱着携美印以自重的幻想，采取更强硬的立场，导致争端进一步复杂化，不利于其妥善解决。

第五，美国的强烈支持有利于印度积极参与东亚区域化进程。东亚区域化进程虽然进展缓慢，但仍取得了一些可贵的进展。印度一直积极谋求参与其中，美国也支持印度的诉求，东南亚国家同样乐于将印度纳入这一进程。帕内塔近期访

---

① 郭西山、葛元芬：“印度推行‘东向政策’ 军舰穿越南海为‘彰显存在’”，《环球时报》2012 年 5 月 25 日，http：//chn. chinamil. com. cn/jwjj/2012—05/25/content _ 4875791. htm。

② “Partners in the 21st Century”，US Defence Secretary Leon E. Panetta’s Address at the Institute for Defence Studies and Analyses，June 6，2012，http：//www. idsa. in/keyspeeches/LeonEPanettaonPartnersinthe21stcentury.

③ “US Defence Secretary Leon Panetta Identifies India as ‘Linchpin’ in US Game Plan to Counter China in Asia-Pacific”，India Today，June 7，2012，http：//indiatoday. intoday. in/story/leon-panetta-identifies-india-as-linchpin-to-counter-china/1/199505. html.

印就专门与其讨论了东盟“地区架构”对促进国际规则、维护航行自由的价值，并表示，美国认为印度也应发出声音，积极参与东南亚各种多边论坛。① 美国的鼓励将促使印度更积极地全程参与东亚机制化建设，印度的作用也可望进一步增强。

第六，美国的容忍乃至配合也有利于印度进一步提升军力，特别是在靠近马六甲的安达曼·尼科巴水域加强军力部署，增强在孟加拉湾和马六甲附近水域的活动能力。安达曼·尼科巴群岛现在从北到南依次分布有什普尔海军航空兵基地、三军司令部、卡尼克空军基地、卡迪普海军基地和新启用的巴阿兹海军航空兵基地。印军“道尼尔”巡逻机能从该群岛首府布莱尔港，以及卡尔尼科巴岛、坎贝尔湾和底格里普尔的机场起飞。印军还在该群岛组建了“战区司令部”，下辖的陆军主力是第 108 山地旅，海军兵力包括快速攻击艇、登陆艇和两栖作战舰艇。近年来，该司令部下辖部队大幅扩编，正在增派一个陆军营，并计划延长坎贝尔湾和什普尔基地的跑道，增加 3 个供军舰使用的作战基地。卡莫尔塔岛和小安达曼岛上将建造新的飞机跑道，布莱尔港和卡尔尼科巴岛现有的两个主要跑道也会升级。特别值得一提的是，印度最近又在该群岛启用了巴阿兹基地。该基地能起降各种轻重型飞机，现有机场跑道约 1066 米，并将逐步延长以部署更大型的战机。据报道，该基地未来将部署供特种部队使用的 C—130 运输机等重型装备。另据印度海军参谋长维尔马表示，这一基地还会动用战机和无人机来进行海上侦察。② 美方在战略上容忍，在军备上支持，特别是主动提出要向印方销售各种海上侦察机、海军用战机等，显然有利于印军进一步强化在东方水域的军力部署。

美印亚太战略的分歧与矛盾

尽管美印地区战略互动的主流是协调与合作，但不容忽视的是，美印分歧乃至猜忌仍极为突出，客观上必然严重制约两国合作。就在希拉里于 2012 年 5 月

① “Partners in the 21st Century”, US Defence Secretary Leon E. Panetta's Address at the Institute for Defence Studies and Analyses, June 6, 2012, http://www.idsa.in/keyspeeches/LeonEPanettaonPartnersinthe21stcentury.

② “印正式启动‘鹰眼’ 防中国‘染指’印度洋”，中评网，2012 年 8 月 2 日，http://www.zhgpl.com/doc/1021/8/7/0/102187099.html? coluid=4&kindid=16&docid=102187099&mdate=0802142734。

访问南亚期间，孟买“当前时代”电视频道（Times Now）和印度最有影响的主流媒体之一《印度时报》网站均报道，希拉里向孟方表示希望在孟建立海军基地并派遣第七舰队进驻。这一消息在印度引起轩然大波，有媒体称“如果美国舰队进驻孟加拉国，印度可能陷入被动。印度全部安全设施都将受到美国监控。该基地可能对印度利益构成威胁”。更有人公开表示“此事对印度肯定有不利影响”，并颇为无奈地抱怨“印度对此也毫无办法”。尽管美国国务院迅速否认了这一消息，美驻孟大使也在第一时间澄清，表示“对在孟加拉国谋求‘基地’一事，既无计划，也未讨论，更没有这种设想”。① 但此事仍然拨动了印度很多分析人士的敏感神经，揭示了美印间的潜在分歧和互不信任。

具体而言，近期美印合作面临着三方面的挑战。首先是印度极力维护其战略自主性，必然与美国发生各种分歧。不难理解的是，作为崛起的大国，印度不愿依附或从属于任何国家。印度独立自主和不结盟的外交传统也排除了它以战略自主性为代价来寻求美印合作的可能。美印两国在重大的全球与地区问题上的分歧是明显而深刻的。在全球领域，印度一贯积极倡导多极化，在应对气候变化、国际经济体制改革等方面，印度更多地表现了发展中国家的立场。印美在伊朗问题、中东问题等地区热点上的分歧更为明显：印度不久前就抵制了美国压力，拒不放弃与伊朗的合作关系与能源进口。有俄罗斯学者表示：印度很大，极为强调自立，不会成为任何其他国家的政策工具。② 这一评论是较为中肯的。

其次是地区战略重心的分歧。从牵制巴基斯坦、防范极端主义等因素考虑，印度更为关注西侧的阿富汗问题。而美国为了往亚太方向抽调力量，正谋求从阿富汗抽身。印度对此并不放心。③ 美国一再要求印度加大在阿富汗的参与力度，帕内塔印度之行的重要任务之一就是“敦促印度领导人通过贸易与投资、重建及

---

① “No Plan on US Base in Chittagong”, The Daily Star, June 4, 2012, http://www.thedailystar.net/newDesign/news-details.php?nid=236906. “US naval base in Chittagong?” The Daily Star, Saturday, June 2, 2012, http://www.thedailystar.net/newDesign/news-details.php?nid=236707. “Asia-Pacific Region focus by US will help India contain China”, Indian Herald, June 9, 2012, http://indianherald.com.au/indian-news/asia-pacific-region-focus-by-us-will-help-india-contain-china/1789/.

② Boris Volkhonsky, “Leon Panetta Shifts the Arms Race to Asia Pacific”, The Voice of Russia website, June 4, 2012, http://english.ruvr.ru/2012_06_04/77026287/.

③ Sourabh Gupta, “The US pivot and India's look east”, East Asia Forum website, June 20, 2012, http://www.eastasiaforum.org/2012/06/20/the-us-pivot-and-india-s-look-east/.

援助阿富汗安全部队等形式，继续加大对阿富汗的支持力度”。[①] 但印度始终保持审慎，虽然积极发展印阿关系，加大经援力度，帮助阿培训军官，向其提供军备，但却始终不派遣印军进入阿境内，[②] 不愿为美国火中取栗。在海洋领域，印度虽然重视东方水域包括南海地区，但其重点仍然是印度洋水域。正如印度海军参谋长维尔玛所说，“最关乎我们利益的地区是从马六甲海峡到西部的波斯湾和南部的好望角的区域。太平洋和南海的确与我们有关，但在此地积极活动却并非我们要打的牌”。[③]

第三是军购和军备合作方面的分歧。印方的态度颇为矛盾，既积极谋求美方先进军备，又不愿过度依赖美国，力图保持军备进口多元化，并进而维护自身的战略自主性。印方这种做法还有两个重要考虑：一是借此巩固与俄罗斯的传统特殊关系，避免形成倒向美国而疏远俄罗斯的局面或这种印象；二是拒绝美方将军售与若干苛刻条件捆绑推出的做法。美方虽一再表示对美印军备合作毫不设限，实际上却附加了各种条件。例如，美方长期坚持要求印度签署《通讯兼容性与安全备忘录》（CISMOA）等协定，印度则一直以上述协定将侵犯其自主权为由予以拒绝。美方对此针锋相对，拒绝在印度花费近 10 亿美元采购的 6 架 C－130J 运输机上安装 5 种关键电子设备，即 AN/ARC－222 单通道地空无线电通信系统、KV－119 数字化敌我识别接收机、TACTERM/ANDVT 高频保密语音通信终端、KY－58 保密语音通信装置和 AN/ARC－210（V）卫星通信接收机。[④] 为了维护军备进口多元化，印度已不止一次拒绝美国的军售倡议，并引起其强烈不满。就在 2011 年，印度刚刚在价值 100 亿美元的飞机采购计划中拒绝了美国。帕内塔访印时意味深长地表示，为了扩大军售合作，“两国都要解决内部的官僚

---

① “Partners in the 21st Century”，US Defence Secretary Leon E. Panetta's Address at the Institute for Defence Studies and Analyses，June 6，2012，http：//www. idsa. in/keyspeeches/LeonEPanettaonPartnersinthe21stcentury.

② 印度在阿境内有少量警察部队，用以保护在阿施工人员。见时宏远：“后塔利班时代印度在阿富汗的战略利益”，《贵州财经学院学报》2009 年第 3 期，第 27、29 页。

③ Ajai Shukla，“Navy Chief Says Indian Ocean is Priority，Not South China Sea”，Business Standard，August 8，2012，http：//www. business-standard. com/india/news/navy-chief-says-indian-ocean-is-priority-not-south-china-sea/482661/.

④ 更有洛克希德·马丁公司的消息称，美国根本不愿向印度出售这些装备，在合同签署前已冻结 C－130J 机型设计，印度即使签署了 CISMOA 也得不到这些装备。“US Strips IAF Plane”，India Today，October 28，2010，http：//indiatoday. intoday. in/story/us-strips-iaf-plane/1/118036. html。

主义等问题”。[①] 这无疑是在委婉地批评印度，要求其采取更积极的态度。坦率地说，印度的犹疑态度远不仅是军备方面的具体问题，更是两国战略互信严重不足的反映。由此观之，两国要充分协调，一致对华，无疑是非常困难的。

鉴于上述情况，中国采取积极审慎的应对措施。首先，应冷静而密切地关注美印亚太战略的互动，不宜掉以轻心。尽管美印两国走不到战略同盟的地步，但两国的战略协调与默契仍极为重要，客观上将对中国的安全环境产生重要影响，中国必须对此保持足够的关注。其次，应积极稳妥地谋求与有关国家缓和、化解甚至解决相关争端，不应受到外界因素的过多干扰。第三，应积极强化与包括美印在内的各国间的利益纽带。第四，对东亚机制化建设，中国可保持必要的开放态度。

总的说来，美国的“重返亚太”和印度的“东向政策”无疑存在密切的联动关系，二者相互交织，令亚太地区安全结构更为复杂，中国应加以密切关注。二者战略确有汇合之处，美印政策协调有助于各自的战略部署或调整，印度的获益可能要更多一些。但美印的分歧仍然深刻，二者战略始终难以合流。中国前驻印大使裴远颖认为，印度的“东向政策”和美国“战略中心东移”合流并无依据。[②] 应该说，这种看法是较为中肯的。

---

① “Partners in the 21st Century”, US Defence Secretary Leon E. Panetta’s Address at the Institute for Defence Studies and Analyses, June 6, 2012, http://www.idsa.in/keyspeeches/LeonEPanettaonPartnersinthe21stcentury.

② 裴远颖：“印度的‘东向政策’”，《解放日报》2012年4月1日。作者为中国前驻印度大使。

论新世纪以来印度核能外交

刘思伟*

21世纪以来印度的核能外交较为活跃，已然成为印度对外关系的重要领域。除了备受关注的印度对美核外交与印美核能谈判，印度对其他国家核能外交也全面展开，核能甚至已经成为近年来印度与其他国家交流互动中一个重要的议题。本文考察印度积极推动核能外交的背后动因，分析其开展核能外交的条件和效果，并对前景进行预测，为人们理解当前印度外交行为提供一个微视角。

一、有声有色的核能外交

近年来印度积极展开旨在从国际市场上获取民用核技术与核燃料的核能外交，不仅调动大量外交资源开展对美核外交，与此同时针对其他国家如法国、俄罗斯等国的核能外交也是有声有色。总体来看，核能外交在印度整体外交战略中日益收到重视，并呈现多元化特点。

其一，对美核能外交是印度核能外交的重中之重。1998年印度公开核试验后，美国政府迅速作出强烈反应，并对印度实施严厉制裁，给两国关系极大的冲击。不过值得一提的是，印度核试造成的外交危机也为解决长期以来影响印美关系发展的核问题带来了契机，为印美两国进行核对话提供了机会，美印核关系也开始改善。2004年1月，布什政府出台《美印战略关系的后续步骤》(NSSP)，强调在诸如民用太空项目和民用核活动方面对印度提供更多帮助和支持。2005年7月18日，印美两国发表建立“全球伙伴关系”宣言，宣布开展全面的民用核合作。美国同意督促核供应国集团成员国准许印度从国际市场购买核燃料。尽管印美两国的核能谈判一波三折，但双方最终达成了协议，并获得两国国内批

* 刘思伟，教育部人文社会科学重点研究基地四川大学南亚研究所助理研究员。

准。在此过程中，印度所积极开展的游说外交功不可没。2008 年 9 月，45 个核供应国集团成员国一致同意取消对印度的核制裁，允许印度从国际市场上获取民用核技术与核燃料，这也可谓是印度核外交的一大胜利。

其二，近年来印度与法国在核能领域的合作受人关注，印法核能合作可谓是印度核能外交成功案例之一。事实上，印法民用核能合作始于 20 世纪 50 年代，而且法国曾代替美国向印度塔拉普尔核电站提供核燃料。不过 1993 年塔拉普尔协议终止后，印法之间的相关合作也随之终止。不过，印美核协议的签署给印度与法国的合作带来机会。2008 年印度和法国签署了民用核协定。2009 年，两国还签署一份谅解备忘录，计划在印度西部的马哈拉施特的杰塔普（Jaitapur）建设 6 个核反应堆。2010 年，法国阿海珐集团和印度国有核能公司（NPCIL）就实质性核能合作签署了一份框架协议。协议内容显示，两家公司将展开合作，在印度西部马哈拉施特拉邦先行建造两座 1650 兆瓦的欧洲第三代压水核反应堆（EPR），总造价为 93 亿美元。① 法国总统萨科齐强调印法两国的核能合作“没有任何限制”，双方将开展“全方位的核能合作”，并透露未来阿海珐还将在印度建设 4 座核反应堆。②

其三，加强与俄罗斯的核能合作也是印度核能外交的主公方向，而且印俄核能合作相比印美合作更显顺畅。印俄核能合作最早开始 20 世纪 60 年代，随后俄印合作一直受到核供应国集团出口限制的约束，尽管双方依然有相关合作项目。2007 年亦正值印美两国就民用核合作的细节展开谈判时，印俄两国签署了民用核合作备忘录。俄罗斯承诺在印度南部泰米尔纳都邦的库丹库拉姆为印方新建 4 座轻水核反应堆，并答应在其他地点再建核反应堆。2008 年 12 月俄罗斯总统梅德韦杰夫访问印度期间，双方签署了一项民用核合作协议，欲展开核能产品与服务贸易。俄罗斯承诺继续向印度提供民用核技术支持，帮助印度实施到 2032 年使核电达到 6.3 万兆瓦的计划。③ 此外，2009 年俄罗斯核燃料产供集团（TVEL）

---

① “India, France ink pact to set up two N-power plants in India”, *KUNA*, Dec. 6, 2010, http://www.kuna.net.kw/ArticlePrintPage.aspx?id=2129312&language=en.

② 于欢：“萨科齐率先叩开印度核市场大门”，《中国能源报》2010 年 12 月 13 日，第 7 版。

③ “N-power programme to follow highest safety standards: PM”, Sme Times, Mar. 27, 2012, http://www.smetimes.in/smetimes/news/indian-economy-news/2012/Mar/27/n-power-programme-to-follow-highest-safety-standards-pm.html.

与印度核电有限公司（NPC I L）之间签署了价值 7.8 亿美元的核燃料供应合同。① 该合同将持续数年，确保印度马哈拉施特拉邦塔拉普尔核电厂的燃料供应。值得一提的是，相比印美核协议，印度国内似乎更为满意印俄核协议。印度智库专家莱什米·卡奇指出，俄印核协议与美印核协议不同之处在于，俄印核协议允许印度建立自己的“核燃料循环体系”，由印度自己处理乏燃料，这与美国通过的海德法案关于“排除同印度就浓缩技术和核燃料后处理开展合作”的规定形成鲜明对比。②

此外，印度核外交还积极拓展新的领域。2010 年 6 月 27 日，印度总理辛格与加拿大总理哈珀在渥太华就两国核合作协议商谈，双方承诺将完成协议生效所需的剩余步骤，以确保协议尽早实施。另外，印度还与阿根廷、哈萨克斯坦、蒙古国、纳米比亚，越南、韩国等国签署了民用核合作协议。印度与英国核能合作也正在谈判中。不仅如此，印度还对努力加强对澳大利亚和日本等国的核能外交。澳大利亚原本工党一贯坚持不向《不扩散核武器条约》非签字国出口铀矿，澳大利亚前总理陆克文任期坚定地反对核武器和核材料的进一步扩散和使用。但 2011 年澳总理吉拉德表示，修改对印度出口铀矿资源的政策，对澳改善与这个正在崛起的经济大国的关系“至关重要”。③ 此外，印日之间的核能协议谈判也有较大进展。在此之前日本希望印度尽快签署《全面禁止核试验条约》和《不扩散核武器条约》，并明确表示日印两国在核问题上存在分歧。印度辛格总理则表示，印度在其他核大国签署《全面禁止核试验条约》前不会签署该条约。但近来印日双方谈判也有所进展。日本制钢所发言人 Takahisa Okuyama 说：“我们愿意提供好材料，但前提是要确保核能被和平利用。”该公司将在印度核反应堆的建设中扮演关键角色。④

---

① “Nuclear Power in India”, World Nuclear Association, July 2014, http://www.world-nuclear.org/info/Country-Profiles/Countries-G-N/India/.

② Reshmi Kazi, “India-Russia Nuclear Cooperation: A Balance of Interests”, IPCS Article, February14, 2007, http://www.ipcs.org/article/nuclear/india-russia-nuclear-cooperation-a-balance-of-interests-2207.html.

③ “Gillard: Drop ban on uranium sales to India”, World Nuclear News, November15, 2011, http://www.world-nuclear-news.org/NP-Gillard_Drop_ban_on_uranium_sales_to_India-1511114.html.

④ 路透新加坡 2010 年 7 月 5 日电。

二、大力推进核能外交的动因

无疑，印度展开国际多元化核外交背后存在多重动因，包括争取核能发展利益，谋求核大国地位以及积极发展对外关系等。

其一，改善印度在国际核能市场的地位，谋求核能发展利益。近年来印度对海外能源的依存度不断提高，为印度的经济持续增长和战略安全构成了严峻的挑战，而核能在某种程度上可弥补其他能源的不足，这在某种程度上促使印度积极展开核能外交，以便在国际核能市场上获取民用核技术和核燃料。众所周知，“核供应国集团”是为应对印度 1974 年核试验而建立的。该组织曾于 1992 年规定禁止未向与 IAEA 签署全面保障监督协定（INFCIRC / 153）的国家出口核材料，包括进口国的所有核设施。[①] 多年来，印度在国际核交易市场可谓处于一种被孤立的状态。对此，印度要加速国内核能发展计划，就必须借此打破国际核制裁。正因如此，近年来印度辛格政府甚至冒着“下台”的风险而推动对美核外交，其目的之一就是游说美国同意督促核供应国集团成员国准许印度从国际市场购买核燃料，为印度打开通向国际核燃料市场的大门，来满足其宏大的核能发展计划需求。

其次，希望改变印度“核贱民”身份，谋求核大国地位。2005 年印度积极争取与美国签署了民用核能合作协议，在印度看来，核协议除了为印度的全球核贸易敞开了大门，也被看作是一种途径让印度在某种程度上融入国际核不扩散机制。众所周知印度一直徘徊在全球核不扩散体制外，印度也希望通过与美国的核协议找到一种与国际核机制靠拢的方式，而且更为重要的是印度渴望美国承认印度的核大国地位。印美核协议中宣称印度是“拥有先进的核技术国家”，事实已经变相承认印度的核国家的事实，印度可谓在一定程度实现了其初期目的。此外，印度加强法国、俄罗斯等核国家的核能合作，也是认识到这些国家将会在印度参与国际核机制的进程中发挥相当重要的作用，为印度摆脱核“核贱民”身份，树立核大国形象提供好的机会。

第三，印度也有发展地缘政治，加强对外国家联系的战略考量，尤其是为印度正在力推的“大国外交”战略服务。印度试图通过核能合作，深化与美国、法

---

① 斯德哥尔摩国际和平研究所编，中国军控与裁军协会译：《SIPRI 年鉴 2008 军备裁军和国际安全》，时事出版社 2009 年版，第 499 页。

国、俄罗斯等大国关系，并获取额外回报。印度对美核外交就有期待改善印美关系的考虑，印度总理辛格曾表示，“通过推进核能合作协定，美印始于冷战时期的隔阂已经一去不复返”。[①] 此外，印度也期待更多回报，如期待印度致力成为安理会常任理事国时获得美国的支持。值得一提的是，印度意识到印美关系改善还可能给印度外交带来一些其他机会，如改善那些与美国关系较密切国家如澳大利亚、日本的关系。诚然，印度期待改善对美关系的同时，却并未因此冷淡与其他大国的关系。同样，印度积极利用核能外交深化对法国、俄罗斯、英国等国的关系，并努力争取这些国家对印度的大国地位承认或“入常”支持。事实证明，印度在某程度上达到了这一目的。例如，2010 年俄罗斯总统梅德韦杰夫在访印期间就重申俄对印度“入常”和在国际事务中扮演重要角色的支持。2010 年英国首相卡梅伦在访印时则历数印度对国际社会的贡献，重申他在二十国集团会议上的承诺，支持印度“入常”。法国总统萨科齐也表示支持印度成为安理会常任理事国，并称当今任何国际重大问题的解决都不能缺少印度的参与，[②] 他还与印度总理辛格共同倡议推动二十国集团的改革，包括全球货币制度和商品市场的改革。

三、开展核能外交的有利因素与制约因素

印度对核能外交的日益强调也为其外交理念和实践提出了更高的要求。不过，必须承认，近年来印度开展核能外交受到一些有利因素支撑。这也是印度的核外交取得不错成绩的重要原因。

其一，印度新兴市场巨大的“经济利诱”为印度开展核能外交提供有利条件。印度核能市场巨大的经济效益是美国积极推动与印度的核能合作一个重要原因。目前，印度核能发电仅占印度电力生产的 2.9%，印度计划在 2030 年时提高到 13%。[③] 据悉，印度已制订了雄心勃勃的核电发展计划，其目标是在 2025 之前将核电装机容量扩大到 30GWe，以满足未来经济增长的需求。[④] 无疑，美国希

---

① 傅小强、辛格：“经济学博士的精明外交”，《环球杂志》2009 年第 1 期。

② “收获百亿核能大单 萨科齐率先叩开印度核市场大门”，国际电力网，2010 年 12 月 6 日，http://power.in-en.com/html/power-0916091649859051.html。

③ “亚洲核电‘大跃进’”，时代在线，2011 年 4 月 28 日，http://www.time-weekly.com/index.php?m=content&c=index&a=show&catid=8&id=11817。

④ 王海丹：“印度核能复兴”，《国外核新闻》2010 年第 9 期，第 11 页。

望能从印度未来核电站建设中能分一杯羹。2006 年 12 月，由 200 多家美国公司代表组成的代表团访问了新德里，其中包括美国通用电气公司、贝克特尔集团以及西屋电气公司在内的 25 家以核为导向的公司，这 200 多家公司同印度核电公司和热电公司进行了磋商。[①] 除此之外，美国也期待其他经济利益回报，比如国防销售（包括导弹防卫）以及高科技领域合作。[②] 同样，其他国家也对印度市场（民用核能市场，军售市场等）垂涎三尺。不过，在核能领域，由于受核供应国集团的规则制约，多年来俄罗斯、法国等都未能采取实质性的行动，而 2008 年印度获得核供应集团的特殊豁免则给这些国家带了机会。无疑，众多国家争相印度核能市场，为印度的核外交提供方便之门。

其二，有利的地缘政治环境也是印度开展核能外交的优势条件。美国布什政府上台后，尤其是“9·11”事件后，美国重新思考其南亚政策和印度的战略地位。美国试将印度塑造为亚洲的战略伙伴，欲拉印度这个世界上最大的民主国家以平衡中国崛起，这为印美关系的全面提升以及印美核关系改善提供机会。此外，俄罗斯也认为加强印度关系符合国家利益。俄罗斯学者就曾指出，“在新世纪俄具备与印继续发展友好关系的一切基本条件，印度是俄可靠盟友。俄印两国利益相符。俄印在社会发展问题上的态度基本相同，在文化上也有一定的共性，且不存在利益冲突。从地缘政治考虑，俄印应发展友好关系”。[③] 此外，日本、澳大利亚等国家也希望加强与印度的战略合作，为其争取自身在亚太地区的地缘优势。这些都为印度开展核能外交提供了优势条件。印度甚至利用这种优势在对各国外交中进行讨价还价。如在印美核谈判期间，印度就大力加强与俄罗斯等国家合作，以增强自身在与美国交易中筹码。值得一提的是，印度这种外交策略早已有之，而且行之有效。冷战时期印度就多次向美国等西方国家表示，如果西方不为印度提供帮助，那印度将寻求苏联的帮助。例如霍米·巴巴就曾在《政治家》杂志上发文声明，西方国家要求印度接受国际原子能的监督与安全保障才愿意将帮助印度，但苏联不会坚持印度的接受安全保障。[④]

---

① 杰伊·所罗门：“新德里获得贸易协议”，《华尔街日报》（亚洲版）2006 年 12 月 11 日。

② Sharon Squassoni, “The U. S. 's Catastrophic Nuclear Deal with India: Power Failure”, The New Republic Online, August 3, 2007, http://www.tnr.com/article/environment-energy/power-failure.

③ 丁晓星：“中国、印度在俄罗斯外交中的定位——（当代全球化进程中的俄中印）介评”，《现代国际关系》2002 年第 6 期。

④ “Setting up Nuclear power Plant”, Stateman, Feb. 3, 1961.

当然，印度核外交也并非一帆风顺，不仅印美核能合作一波三折，印度与澳大利亚、日本的核能合作谈判也较为缓慢，即便是印度与法国、俄罗斯的合作在某程度上也不得不受到各种制约因素的影响。

其一，国际社会对印度核武计划有所担心，在与印度展开合作时保持警惕。即便印美签署核协议，但是美国对印度的防范也显而易见，这在一定程度上阻碍两国的合作。例如目前印美两国在美国提供的核技术能否再转让问题上出现阻碍，按照美国相关法律，印度政府必须承诺其公司不会把美国的核技术再出口，但印度政府至今仍未能作出相关承诺。此外，一些国家也由于印度不是《不扩散核武器条约》签署国，而犹豫是否与印度展开合作。日本政府表示希望在与印度民用核能合作协定中加入关于如果印度实施核试验就停止合作的条款，但遭到印方拒绝。值得一提的是，印度与日本的之间核能合作进展缓慢还在一定程度影响印度与其他国家相关合作。据报道印日能否达成该协议对印度与美国，法国企业的核交易而言至关重要，因为这些企业都要使用来自日本的零部件。严格来说，除非印度与日本签署了核协议，否则阿海珐集团、通用电气或者西屋公司等核企业都很难与印度开展核贸易。① 虽然印日之间核能协议谈判一直进行。但 2011 年日本福岛核事故之后，印日民用核合作协议的谈判进展缓慢。日本外务大丞玄叶光一郎在和印度外交部长克里希纳联合举行的记者会上依然表示希望协议中能够加上一条，如果印度进行核试验，那么合作中止。②

其二，2010 年核供应国集团出台了新的转让准则也对印度核外交提出一定挑战。新规则禁止其成员国向《不扩散核武器条约》以外的国家提供核燃料浓缩和后处理技术转让。尽管美国声明表示其将坚守承诺，继续同印度全面开展民用核能合作，但这并不意味着美国将向印度提供核浓缩与后处理技术，对此印度表示担心。事实上，2005 年 11 月，美副国务卿伯恩斯在国会作证时就表示，美不准备向印度提供上述敏感技术。对此，印度外交秘书拉奥琪明确表示，印度不接受该出口控制组织准成员身份的安排，任何导致“核供应国集团”停止向印度提供铀浓缩和后处理技术的做法，都是该组织立场的倒退。③

其三，国内因素也对印度核外交形成一定的制约，尤其表现在印度对美核外

---

① “India, Japan to finalise nuclear deal soon”, Rediff News, January17, 2011, http://www.rediff.com/news/report/india-japan-to-finalise-nuclear-deal-soon/20110117.htm.

② “Japan assures India on N-pact”, The Indian Express, Oct. 30 2011, http://www.indianexpress.com/news/Japan-assures-India-on-N-pact/867652/.

③ “核供应集团或将限制关键核技术销售”，核信息院，http://www.caea.gov.cn/n16/n1100/n1313/372664.html。

交方面。印美核能合作谈判历时 4 年，期间印度政府不得不面来自国内的强大压力。的确，对印度来说核协议不仅仅涉及印美两国的核能贸易，还涉及印度国家安全以及对外政策安排。事实上，印度国内对印美核协议有不少反对声音，尤其担心核协议对印度核武器计划将产生限制作用。他们反对美国对印度核计划的监督，并且认为核项目军用和民用的区分会限制印度军事核项目的发展，尤其反对将 14 座民用核反应堆置于国际原子能机构的监督之下，担心国外进口核技术可能会影响到印度的核自主开发能力。[①] 此外，印度一些专家学者对印度政府所宣扬核能利益也表示不赞同，指出加大核能利用对于印度摆脱国际石油市场的依赖不会发挥实质性的作用，并指出核能开发虽然在燃料成本上占有优势，但其开发成本仍然是昂贵的。值得一提的是，近年来，印度国内“反核抗议”活动要求延缓核能开发步伐，也在一定程度对印度核外交提出考验。2011 年 3 月日本核泄漏事件使印度民众关注核电安全，印度国内舆论也开始认为印度要慎重对待核能开发。对于当前国内核项目，如法国帮助印度建设的杰塔普（Jaitapur）核电反应堆就遭到了当地居民、非政府组织、反核电组织和一些政党都对其进行了激烈的抵制。[②]

另外，印国内相关法律规定在一定程度也给印度与他国开展的核能合作带来不便。2010 年 8 月，印度议会通过了《核事故灾难赔偿法》，该法案同意向私人投资者开放印度核能市场，这意味着外国公司可以在印度建设核电站，但同时也为核事故设定了上限非常高的赔偿标准，对提高核设施的供应商设置了苛刻的条件，即一旦发生核事故，最高赔偿限额高达 3.2 亿美元。[③] 显然，法案规定为即将进军印度市场的国外核电企业增加了困难，国外核电企业担心会因为核损害而招致无限制的赔偿。尽管后来印度加入《核损害补充赔偿公约》，[④] 以确保国外核能电厂供应商的所有责任和义务，但国外核电企业的担心依然存在。例如 2010 年，俄罗斯担心这项法律将不成比例地加重核技术卖家的负担，在万一发生事故作出巨额赔偿的情况下得不偿失，使得印俄两国的核能开发合作一度陷入僵局。

---

① 蓝建学：“美印核合作：背后动因及潜在影响”，载张蕴岭、孙士海主编：《亚太蓝皮书：亚太地区发展报告（2006）》，社会科学文献出版社 2007 年版。

② KANTI BOSE Tarun，“Jaitapur Nuclear Power Plant：Another Catastrophe in the Offing”，12 June 2013，http：//www. ritimo. org/article4864. html.

③ 刘洋：“核电：俄印能源合作关键词”，《中国能源报》2010 年 12 月 27 日。

④ 这项公约的宗旨是建立一套全球责任体制，补充和加强各国对核损害的赔偿措施，但也相应制定了核损害赔偿额度框架。

结 语

21 世纪以来印度日益重视核能外交，投入了大量外交资源，取得了不错的成果。印度利用多元化核能外交在某程度上改善了自身在国际核能市场地位，获得了核供应国集团的特殊豁免。不仅如此，印度还借此积极发展地缘政治，加强对外国家的联系，尤其是与美国、俄罗斯、法国等大国的关系。当然，印度核能外交历程也充满曲折，面临来自国内外多种因素制约，包括国际社会对印度核武计划以及对印度国内相关法律的担心等。此外，印度国内对核能外交的质疑以及反核舆论对印度核外交也形成一定制约。目前印美核协议落实缓慢，甚至给印美关系带来一定的负面影响。印度与日本、澳大利亚的核能合作也迟迟未能顺利开展，甚至为印度发展与这些国家的双边关系带来一定困境。无疑，这些都给印度核外交提出挑战，对印度未来的外交提出了更高的要求。

美国在印度洋上的新动作——以美国与马尔代夫谈判《驻军地位协定》为中心的探讨

王娟娟[*]

自奥巴马政府抛出“重返亚太”战略与“再平衡”政策以来，美国在经济、外交与军事等方面均加强了其在亚太地区的战略构建与部署。印度洋是美国在亚太的战略要点，其重要性不言而喻。美国在印度洋本已拥有唯一的军事基地——迪戈加西亚，但2013年4月媒体踢爆美国正与马尔代夫谈判《驻军地位协定》，马尔代夫极有可能成为美国在印度洋的下一个军事基地。美国为何要选择在此时与马尔代夫缔结《驻军地位协定》？若美马最终达成协议，将对哪些相关国家产生怎样的影响？本文试图以美马谈判《驻军地位协定》事件为中心分析并回答上述问题。

一、美马《驻军地位协定》谈判

马尔代夫作为世界的弱小国家，本不在美国的战略视野范围之内，美国一直没有在这个亚洲最小的国家设立专门的大使，而是由驻斯里兰卡的大使兼任。然而，自奥巴马执政以来，美国开始对马尔代夫给予特别关注。奥巴马总统采取的首要措施是将原驻斯里兰卡与马尔代夫大使罗伯特·布莱克（Robert Blake）擢升为主管中亚与南亚事务的助理国务卿。2009年9月7日，奥巴马签署了一项总统决议，称“根据修改后的1961年《外国援助法》、《出口武器法案》等规定，

* 王娟娟，教育部人文社会科学重点研究基地四川大学南亚研究所助理研究员。

向马尔代夫派送的防御物资及装备将会巩固美国的安全并促进世界和平”。① 自此，美国加大了对马尔代夫政治、经济与军事等方面的支持与援助，密切了美马关系。自此，美国加大了对马尔代夫政治、经济与军事等方面的支持与援助，密切了美马关系。

最近两国在军事合作上最为突出的案例是美国与马尔代夫谈判《驻军地位协定》(Status of Forces Agreement，SOFA)。

2013 年 4 月 24 日，美马政府秘密谈判《驻军地位协定》的消息率先被马尔代夫最大的新闻媒体公司——哈沃鲁日报网站（www. haveeru. com. mv）踢爆。美国对此作出了迅速回应，表示美马两国政府确实正在谈判《驻军地位协定》，但该协议尚未完成，仅是草案；还表示美国尚未计划在马尔代夫确立永久军事存在，《驻军地位协定》对美国而言是一个很平常的行动，因美国可与所驻国的安全力量亲密合作，目前美国已经与 100 多个国家签署类似协议。② 与美方说辞相矛盾的是 25 日马尔代夫国防部长穆罕默德·纳兹姆（Mohamed Nazim）的声明，他直接否认马尔代夫政府与美国就军事基地做过任何谈判，表示仅是商讨美马联合军事演习。③ 5 月 7 日，美方表示希望尽快与马尔代夫签订协议。④ 同日，助理国务卿布莱克表示，美国不会向马尔代夫派遣地面部队，也无意在马建立基地或军事存在。⑤ 6 月 5 日，马国防部长纳兹姆告之反对党主导的行政监督委员会，政府不会与美国签署当前的《驻军地位协定》。他谴责泄露的协定遭到篡改，但又拒绝向行政监督委员会透露当前协定的内容，表示政府仅与国家安全委员会分

---

① The White House，Presidential Determination No. 2009－25，Sep. 07，2009，http：//www. whitehouse. gov/the-press-office/presidential-determination-assistance-maldives.

② JJ Robinson，“Leaked draft agreement opens possibility for US base in Maldives”，Apr. 24，2013，http：//minivannews. com/politics/leaked-draft-agreement-opens-possibility-for-us-base-in-maldives-56913.

③ “No US base under discussion，only joint training exercises：Defence Minister”，Apr. 25，2013，http：//minivannews. com/politics/no-us-base-under-discussion-only-joint-training-exercises-defence-minister-56976.

④ “US hopes to sign SOFA with Maldives soon”，May 7，2013，http：//www. haveeru. com. mv/news/48862.

⑤ “No boots on ground，no military base in Maldives：US”，May 7，2013，http：//articles. timesofindia. indiatimes. com/2013-05-07/south-asia/39089323 _ 1 _ maldives-sofa-indian-ocean.

享《驻军地位协定》的草案内容。①

根据被媒体曝光的《驻军地位协定》（草案）的规定，美马签约时长将为10年。马尔代夫将负责为美国提供设施与基地，并授权美国部队在两国所同意的设施和基地行使所有权利，认可美国必要的使用、操作、国防或控制，包括修建新建筑工程和做出调整和改进的权利；美国将授权独家控制这些基地的进出口，也允许其运营通讯系统，并免费使用无线电频；美国还被赋予可以获得并使用机场、港口与协议所认可的交通、辅助支持与相关活动的设施的权利，包括船舶加油、飞机加油、维护船舶、航空器、车辆和设备、住宿的人员、通信、船参观、培训、演习、人道主义活动等。②

目前美国一直否认有意在马尔代夫建立军事基地或军事存在。5月8日，布莱克在接受印度《信报》采访时再次强调，美马《驻军地位协定》只是一个用来规范两国军事演习的协定，美无意在马建立军事基地。③ 这与之前马国防部长的说辞接近一致。由此看来，此事件后经过数月的发酵，美、马政府已就此达成口径一致的说辞，即美马《驻军地位协定》仅是用来规范两国的联合军事演习。然而此举是欲盖弥彰，从泄露的美马《驻军地位协定》的内容可看出，马尔代夫将为美国提供设施与基地，并授予其对基地和设施的多种所有权与使用权，实际上是授权美国不久的将来在马尔代夫建立军事基地。

自马尔代夫媒体踢爆美马谈判《驻军地位协定》以来，国际上相关国家如印度、中国、斯里兰卡、巴基斯坦等的媒体均对此予以特别关注与报道。印度主要报纸如《印度时报》、《印度信报》、《印度教徒报》等均对此事件进行了追踪报道。印度媒体还就此采访了美国南亚与中亚事务助理国务卿布莱克，布莱克否认美国在马确立军事存在。但印媒对此并不十分采信，之后又采访马前总统加尧姆

① JJ Robinson，“Govt will not sign current draft of SOFA，Defence Minister tells parliament”，Jun. 05，2013，http：//minivannews. com/politics/govt-will-not-sign-current-draft-of-sofa-defence-minister-tells-parliament-59074.

② JJ Robinson，“Govt will not sign current draft of SOFA，Defence Minister tells parliament”，Jun. 05，2013，http：//minivannews. com/politics/govt-will-not-sign-current-draft-of-sofa-defence-minister-tells-parliament-59074.

③ JJ Robinson，“No US base says Blake，as US，UN diplomats visit Male”，May 8，2013，http：//minivannews. com/politics/no-us-base-says-blake-as-us-un-diplomats-visit-male-57621.

等，借其口道出美欲在马确立军事存在。[①] 中国主流媒体用中英文对此事件进行了相关报道，认为马尔代夫欲允许美国加强其在马的军事存在，而且还对之前外国媒体渲染中国欲在马建立军事基地的说法进行了批驳，并指出事实证明是美国而非中国有此企图。[②] 斯里兰卡媒体对此事件也进行了追踪报道，且认为布莱克的否认说辞不可信。[③] 巴基斯坦媒体也以《美国寻求在马尔代夫建立军事存在》为题进行了报道。[④]

二、动因分析

美国为何要选择在此时与马尔代夫谈判签订《驻军地位协定》？笔者认为主要有以下原因：

第一，确保对印度洋的控制。伴随着美国“重返亚太”战略与“再平衡”政策的相继出台，亚洲在美国全球战略中的地位不断加强，而连接亚洲、非洲与大洋洲的交通要道，同时担负能源运输线的印度洋，其战略地位愈发凸显。对美国而言，其在印度洋的首要战略目标或者说重大利益点是确保美国对印度洋，特别是对波斯湾水域的控制，不允许任何国家独霸印度洋。这实质上是保证美国对“链接国际贸易，尤其是盛产石油的波斯湾国家与经济强劲的东亚国家之间的高速公路”[⑤] 的控制。确实如此，目前中东地区石油剩余探明储量 1103 亿吨，占全

---

① “No boots on ground，no military base in Maldives：US”，May 7，2013，http：//articles. timesofindia. indiatimes. com/2013-05-07/south-asia/39089323 _ 1 _ maldives-sofa-indian-ocean；“In Indian Ocean，threat is from U. S.，not China，says Gayoom”，Jun. 7，2013，http：//www. thehindu. com/news/in-indian-ocean-threat-is-from-us-not-china-says-gayoom/article4788579. ece，etc.

② “Maldives could allow increased U. S. military presence”，May 7，2013，http：//en. ce. cn/World/Asia-Pacific/201305/07/t20130507 _ 24356060. shtml；“不是中国？美国被指欲在马尔代夫建军事基地”，2013 年 6 月 8 日，http：//news. xinhuanet. com/yzyd/mil/20130608/c _ 116088726. htm。

③ Sandun Jayawardana，“Blake's bunkum about US base in Maldives”，May 12，2013，http：//www. nation. lk/edition/news-features/item/17799-blake%E2%80%99s-bunkum-about-us-base-in-maldives. html.

④ “US seeks military presence in Maldives”，April 27，2013，http：//www. defence. pk/forums/world-affairs/248610-us-seeks-military-presence-maldives. html.

⑤ Michael J. Green and Andrew Shearer，Defining U. S. Indian Ocean Strategy，*The Washington Quarterly*，Spring 2012，p. 177.

球总探明储量的54%,[①] 中国、日本、印度与韩国等国家均从该地区进口石油，而中东的石油运输又必须经过印度洋。马尔代夫位处印度洋的中心，无论是贸易管道还是能源通道都要经过它，美国在此确立军事存在，有利于其更好地掌控印度洋乃至亚太。当然，美国确保对印度洋的控制并非完全是坏事，其军事存在不仅可以震慑日益猖獗的海盗与恐怖分子，更可以保证航道的安全与畅通。

第二，平衡中国海洋强国战略所带来的冲击。在中共十八大会议上，中国正式提出建设海洋强国的重大部署,[②] 这标志着中国将发展海洋上升为国家战略层面。2012 年下半年，中国成立了专门的中央海洋权益工作领导小组办公室，简称“中央海权办”，负责协调与整合国家海洋局、外交部、公安部、农业部和军方等涉海部门的工作，这表明中国政府愈发重视海洋发展与海权，未来极有可能设立专门的海洋部。[③] 2013 年 7 月 31 日，在中共中央政治局专门举行的建设海洋强国的第八次集体学习会议上，习近平强调发展海洋大国，并将维护海权定位为国家核心利益。他表示，中国“既是陆地大国，也是海洋大国，拥有广泛的海洋战略利益”;“要维护国家海洋权益，着力推动海洋维权向统筹兼顾型转变。我们爱好和平，坚持走和平发展道路，但决不能放弃正当权益，更不能牺牲国家核心利益”。[④] 中国的海洋强国初期战略所指向的是与主权利益攸关、且对中国发展具有极大影响的海域，这极有可能特指南海、东海与印度洋。南海与东海对中国的重要性无需赘言，而印度洋虽与主权无涉，但它对中国的经济发展影响甚大。中国目前已取代美国成为世界上最大的原油进口国,[⑤] 每年近 1/2 的原油来自中东，对外依存度已逼近 60%;[⑥] 作为世界第二大经济体，中国 80%以上的国

---

① 崔守军:《能源大外交：中国崛起的战略支轴》，石油工业出版社 2012 年版，第 82 页。

② “十八大报告：‘海洋强国’乃科学发展的重要途径”，2012 年 11 月 12 日，http://www.chinadaily.com.cn/hqcj/fxpl/2012-11-12/content_7482223.html。

③ 彭美、吴瑶:“专家：中国已成立中央海权办 系高层次协调机构”，2013 年 3 月 2 日，http://news.ifeng.com/mil/2/detail_2013_03/02/22663764_0.shtml。

④ “习近平：进一步关心海洋认识海洋经略海洋 推动海洋强国建设不断取得新成就”，2013 年 7 月 31 日，http://news.xinhuanet.com/politics/2013-07/31/c_116762285.htm。

⑤ “中国超美国成世界石油进口第一大国”，《金融时报》2013 年 3 月 5 日，http://intl.ce.cn/specials/zxgjzh/201303/05/t20130305_24170371.shtml。

⑥ 崔守军:《能源大外交：中国崛起的战略支轴》，石油工业出版社 2012 年版，第 91 页。

际贸易面向欧美，这均依赖于印度洋以及马六甲海峡的海上运输通道。[①] 中国要想成为世界强国，必然要走向海洋。鉴于中国崛起的事实，再加之中国在 21 世纪的海洋强国发展战略，美国出于应对与平衡中国崛起冲击的需要，必将继续加强在印度洋的军事存在。

第三，深化与马尔代夫的反恐合作。当前马尔代夫恐怖主义与宗教极端主义势力抬头，美国扶植马尔代夫服务于其全球反恐的目标。马尔代夫一直以一个温和的逊尼派穆斯林的国家形象示人，但近几年来，尤其是自 2007 年发生第一起恐怖主义分子制造的袭击案以来，伊斯兰极端主义与恐怖主义在马尔代夫越来越猖獗。2007 年 9 月，马尔代夫发生苏丹公园爆炸案，致使 12 名外国人受伤，包括来自英国、日本与中国的游客。2009 年 3 月，巴基斯坦警方在瓦济里斯坦逮捕了 9 名来自马尔代夫的圣战分子。[②] 5 月，一马尔代夫人与其他两名圣战分子对位于拉舍尔的巴基斯坦三军情报局司令部进行了自杀性袭击。另据消息披露，一名美国人曾向参与此袭击案的马尔代夫人提供物质帮助与建议。[③] 2010 年，马尔代夫政府接受了 2 名从关塔那摩监狱释放出来的恐怖分子。8 月，马尔代夫政府释放了上述 9 名被引渡回国的、在巴基斯坦瓦济里斯坦被逮捕的圣战分子。[④] 12 月，根据阿桑奇在维基爆料的马尔代夫恐怖主义情况，马尔代夫警方正在调查并监控 3 名马尔代夫人的活动，其中 1 人被怀疑是基地组织的成员，该报告还称 3 名马尔代夫人在巴基斯坦接受了包括虔诚军等组织对其的军事训练；该报告还披露了马尔代夫恐怖主义者与克什米尔、英国极端分子存在联系。[⑤] 2011 年 3

---

① "中国须在印度洋建战略支点 确保海外利益"，2013 年 1 月 8 日，http://mil.huanqiu.com/mlitaryvision/2013-01/2678986_4.html。

② U. S. Department of State, Office of the Coordinator for Counterterrorism, Country Reports on Terrorism 2010, August 2011, p. 119, http://www.state.gov/documents/organization/170479.pdf.

③ "Terrorists Attack Lahore ISI Office", The Nation, May 28, 2009; "US citizen arrested for funding Maldivian terrorist in Lahore bombing", Mar. 9, 2013, http://minivannews.com/politics/us-citizen-arrested-for-funding-maldivian-terrorist-in-lahore-bombing-54230.

④ U. S. Department of State, Office of the Coordinator for Counterterrorism, Country Reports on Terrorism 2010, August 2011, p. 119, http://www.state.gov/documents/organization/170479.pdf.

⑤ Bhaskar Roy, "Maldives Turning Into Terrorist Haven - Analysis", June 3, 2013, http://www.eurasiareview.com/03062013-maldives-turning-into-terrorist-haven-analysis/.

月与5月，斯里兰卡警方分别逮捕了2名因与恐怖主义组织有联系的马尔代夫人。① 2012年，巴基斯坦警方又逮捕了与恐怖组织有联系的几名马尔代夫人。②

“9·11”事件之前美国对马尔代夫了解甚少，外交联系也不深入。“9·11”事件发生后不久，即2001年12月，美国政府第一次命令其驻斯里兰卡的大使馆与马尔代夫展开全面联系。③ 南亚地区是恐怖主义的重灾区，也是美国打击恐怖主义的重点所在，由于马尔代夫战略地位重要，且旅游业发达易成为恐怖分子的流窜地和中转站，所以美国一直帮助其推进反恐事业，主要体现在：其一，签署两国相互引渡罪犯协定。在反恐的最初阶段，美国十分关注恐怖分子的引渡问题。经过一年的谈判，2003年美国与马尔代夫签署第98款协定，可不经过国际刑事法庭实现两国犯人的相互引渡。④ 其二，美国向马尔代夫安全力量提供反恐培训、技术装备（如海上安全监察系统与边界检查系统），并赞助马尔代夫官员与安全力量人员参加区域的打击暴力极端主义的会议或论坛等，以帮助马尔代夫政府打击境内的恐怖主义力量。⑤ 其三，美国还帮助马尔代夫加强反恐的法律执行能力和开展区外打击暴力极端主义，⑥ 等等。由此，美国帮助马尔代夫加强了反恐领导、管理、保护关键目标和促进地区合作等方面的建设，将马尔代夫打造为美国反恐援助项目的合作伙伴国。

最后，为迪戈加西亚基地寻找合适“备胎”。迪戈加西亚基地续约面临诸多变数，为继续保持其在印度洋的长久军事存在，美国未雨绸缪，欲提前策划在马尔代夫建立军事基地。目前迪戈加西亚岛是美国在印度洋上唯一的军事基地和美

---

① U. S. Department of State, Office of the Coordinator for Counterterrorism, Country Reports on Terrorism 2011, July 2012, p. 139, http: //www. state. gov/documents/organization/195768. pdf.

② U. S. Department of State, Office of the Coordinator for Counterterrorism, Country Reports on Terrorism 2012, May 2013, p. 164, http: //www. state. gov/documents/organization/210204. pdf.

③ Michael OShea, “How the US discovered the Maldives in the aftermath of 9/11”, Sep. 11, 2011, http: //minivannews. com/politics/how-the-us-discovered-the-maldives-in-the-aftermath-of-911-25365.

④ Ibid.

⑤ U. S. Department of State, Office of the Coordinator for Counterterrorism, Country Reports on Terrorism 2011, July 2012, p. 139, http: //www. state. gov/documents/organization/195768. pdf.

⑥ U. S. Department of State, Office of the Coordinator for Counterterrorism, Country Reports on Terrorism 2012, May 2013, p. 164, http: //www. state. gov/documents/organization/210204. pdf.

国GPS系统在全球5大地面卫星监控站之一。该基地综合设施完善，已成为美军在太平洋地区最重要的海、空作战基地和后勤补给基地，被称之为“印度洋上不沉的航空母舰”。在两次波斯湾战争与阿富汗战争中，美国的重型轰炸机在此起落、军舰在此驶进驶出。尽管迪戈加西亚的战略地位非常重要，但它是美国向英国租借而来的，非自己拥有，且即将在2016年期满。迪戈加西亚历史上属毛里求斯，1965年从毛里求斯分离出来，成为英国的领地。1966年，美英签署协议，它被英国“租借”给美国，期限50年，随后可自动延长20年。为建设该军事基地，美英采取强制措施迫使岛上的原住民搬离。自20世纪90年代以来，查戈斯群岛的原居民不断要求重返迪戈加西亚岛上的家园。2010年英国欲在查戈斯群岛建立世界上最大的海洋保护区，禁止捕鱼及深海采矿等，又引发原住民与毛里求斯对英国的抗议。[①] 可见，迪戈加西亚群岛纠葛多重利益，而美国若想在2016年租约期满后与英国续约面临多重困难与阻碍，其在迪戈加西亚的继续军事存在具有很大的不确定性。在这样的情况下，美国需寻找一个合适的“备胎”以防迪戈加西亚基地租约期满无法续约的情况发生，而马尔代夫距离该基地约600多公里，且位处印度洋两大贸易航道中心，符合其战略与军事需要。

三、影响

美国与马尔代夫谈判《驻军地位协定》意在马确立军事存在，这给相关国家带来了一定冲击并进而影响了亚太局势，主要体现在以下方面：

第一，它造成印度对美国在马尔代夫确立军事存在心怀不满。长期以来，印度视马尔代夫为其“势力范围”，与马尔代夫之间政治交往密切、军事合作良好、经贸往来频繁。印度还经常对马尔代夫施以政治、经济、军事和外交与等方面的援助与支持。例如，2007年9月，马尔代夫政府同意将阿加莱加群岛长期租赁给印度，并允许印度对此群岛进行进一步开发。[②] 2011年11月，印度总理辛格出席在马尔代夫举行的第17届南盟会议，并与纳希德会谈。两国达成5项重要合作协议，即《印马政府发展合作框架协议》、《引渡犯罪者协议》、《共同打击国

---

① “英在争议领土设保护区 遭毛里求斯强烈抗议”，2010年4月3日，http：//international. dbw. cn/system/2010/04/03/052434811. shtml。

② “印度租借马尔代夫领土 触角伸向西南印度洋”，2007年9月21日，http：//www. china. com. cn/international/txt/2007-09/21/content _ 8933505. htm。

际恐怖主义、非法贩毒与加强能力建设、灾害管理和沿海安全合作的谅解备忘录》、《备用贷款的谅解备忘录》和《关于翻新英迪拉·甘地纪念医院的谅解备忘录》。[①] 2012年9月，印度国防部长安东尼（Shri A. K. Antony）访问马尔代夫，拜访瓦希德总统并与马国防部长会晤，双方表示将继续加强在防务与打击恐怖主义方面的合作。印方承诺将把“北极星”直升机在马尔代夫驻扎的时间延长2年（该直升机自2010年起在马驻扎），还将派出飞行教练小组帮助马尔代夫培训飞行员；印决定向马尔代夫派驻一支印度海军海上支援对，驻扎时间为1年；双方还决定在11月联合举行军事演习；等等。[②] 然而，近来印马关系却发生了一些波折。2013年1月，因马尔代夫取消与印度GMR公司的机场建设合同，印度拒绝了马外交部长对印进行国事访问的请求，还要求马在2月必须偿还印度发展银行5000万美元，两国关系因此交恶。[③] 2月印度又接受了前总统纳希德赴其驻马高级使馆避难的请求。[④] 尽管当前印马关系出现了一些小波折，但由于传统、地缘政治等因素，马尔代夫无论哪一个政党上台执政都必须与印度搞好关系。

长期以来，印度对中国在印度洋上的任何行动都抱有怀疑与敌意，尤其是近几年中国与马尔代夫的密切往来更引起印度的猜忌，怀疑中国欲在马尔代夫建立军事基地。[⑤] 但令印度感到惊讶的是，不是中国而是美国欲要在马尔代夫建立军事存在。奥巴马执政期间，尤其是美国提出“重返亚太”战略以来，美印关系提

---

① “President Nasheed Expresses Hope to Start a Regular Passenger Cargo Ferry System between Maldives and Minicoy Islands”, Nov. 12, 2011, http://www.presidencymaldives.gov.mv/Index.aspx?lid=11&dcid=6280.

② “President Waheed meets with Indian Defence Minster”, Sep. 17, 2012, http://www.presidencymaldives.gov.mv/Index.aspx?lid=11&dcid=7942；“印加强与马尔代夫防务合作”，2012年9月18日，http://www.chinadaily.com.cn/micro-reading/dzh/2012-09-18/content_7038510.html。

③ JJ Robinson, “Maldives denies diplomatic snub by India, as High Commission issues list of consular grievances”, Jan. 20, 2013, http://minivannews.com/politics/maldives-denies-diplomatic-snub-by-india-as-high-commission-issues-list-of-consular-grievances-51469;
“Foreign Minister admits Maldives' ties with India weakened after GMR Dispute”, Jan. 28, 2013, http://minivannews.com/news-in-brief/foreign-minister-admits-maldives-ties-with-india-weakened-after-gmr-dispute-51918.

④ “Nasheed ‘seeking advice’ in Indian High Commission following court order for his arrest”, Feb. 13, 2013, http://minivannews.com/politics/live-nasheed-seeking-advice-in-indian-high-commission-following-court-order-for-his-arrest-52792.

⑤ “印媒：中国欲抢美之前拉拢马尔代夫建军事基地”，2012年12月17日，http://mil.huanqiu.com/observation/2012-12/3388012.html。

升迅速，美国尤其重视印度在亚太所扮演的“平衡”角色。[①] 然而，这并不能掩盖美印之间的矛盾。美国与马尔代夫谈判《驻军地位协定》意在马确立军事存在的计划显然与印度称雄印度洋的战略构想相冲突。

早在20世纪80年代，随着国力的增强，印度开始积极实践“印度洋控制战略”，并开始重点性地发展远洋作战能力。20世纪90年代，印度拟订了一项为期25年（1990—2015年）的海军现代化计划，并提出“远洋歼敌”的海上战略。进入新世纪以来，印度不断修订其海洋战略理论，2000年提出《海洋新战略构想》，2004年炮制《海洋学说》，2007年制订《自由使用海洋：印度海上军事战略》，2009年又提出《印度海上理论》。印度的海洋战略理论意在通过建立强大的远洋海军，发挥其“海基威慑、经济与能源安全、军事存在和海上外交”的作用，以实现海洋强国之梦。[②] 按照印度提出的“主导印度洋，东进太平洋，西出大西洋，南下非洲”的海洋战略构想，“主导印度洋”是其整体海洋战略的重中之重。另外，“主导印度洋”不仅是印度海洋战略构想的关键，也是印度经济发展的现实需要。目前，印度97%的国际贸易来自海上[③]；同时，印度也是一个严重依赖中东、非洲进口石油的国家，其75%的原油来自海外。[④] 因此，为保护其经济与能源航线的安全，印度必须将印度洋放在其海洋战略首位。

但印度实践其“主导印度洋”的海洋战略构想面临诸多挑战，其中“最大挑战来自区外的大国，主要是美国”。[⑤] 马尔代夫作为地处印度洋中心的国家，印度一直视其为传统的“势力范围”，既不欢迎中国加强与马的各种交往与联系，也不欢迎美国在马扩大影响力。如果美国在马尔代夫确立了长期的军事存在，则美国在印度洋的主导地位更加牢固与难以动摇，印度的海洋战略构想势必大打折扣，届时或许如《俄罗斯和印度报告》所分析的，美马《驻军地位协定》证明了

① 具体可参阅张力：“美国‘重返亚太’战略与印度的角色选择”，《南亚研究季刊》2012年第2期。

② Iskander Rehman，“India's Aspirational Naval Doctrine1” in Harsh V. Pant's ed.，“The Rise of the Indian Navy：Internal Vulnerabilities，External Challenges”，Ashgate，Corbett Maritime Studies Series，Sep. 2012，p. 58，http：//10. 10. 5. 26/data6/pdf/215da5d4b4f6c4f63dc8f6e8f09a1216/Indias _ Aspirational _ Naval _ Doctrine. pdf.

③ 胡志勇：“印度大力发展海军 中国受制印度洋”，2013年6月21日，http：//www. zhgpl. com/crn-webapp/mag/docDetail. jsp? coluid=0&docid=102591963&page=1。

④ “印度欲在2030年停止原油进口 目前所需原油75%来自海外”，2013年6月17日，http：//news. xinhuanet. com/world/2013-06/17/c _ 116175467. htm。

⑤ 汪巍：“印度称雄印度洋 面临诸多挑战”，2013年5月23日，http：//pinglun. eastday. com/c10/2013/0523/278325217. html。

在印度洋“印度的损失就是美国的收益”。[①] 缘于战略与现实的需求与挑战，印度一直致力于海上力量的发展，目前印度海军全球排名第五，是印度洋周边最强大的海军。[②] 2013 年 8 月 12 日，印度还宣布建成了第一艘国产航空母舰——“维克兰特”号。[③] 这其中既有应对中国建成第一艘航空母舰所带来挑战的目的，更有向外界显示其“主导印度洋”、建设“世界第二大海军”、成为海洋强国决心的意图。因此，有媒体评论印度此举“既瞄着中国也想制衡美国”。[④]

第二，它导致中国对美国在马尔代夫确立军事存在之后的印度洋局势充满疑虑。进入新世纪以来，中国与马尔代夫的政治交往密切、经济往来频繁，还加大了对马的援助力度。例如，2010 年，中国向马尔代夫援建的国家博物馆落成。[⑤] 2011 年中国正式在马尔代夫设大使馆，并由余洪耀出任大使，改变了之前在马无大使馆、无专任大使的局面。[⑥] 2011 年到马尔代夫旅游的中国游客超过 19.8 万人次，中国连续第二年成为马尔代夫最大客源国。[⑦] 2012 年 2 月 13 日，即马尔代夫政变后一周，余洪耀大使拜访瓦希德总统，称中方将继续与马新政府紧密合作，[⑧] 由此中国成为“2·7”军警政变后第一个承认瓦希德联合政府的国家。8—9 月，瓦希德总统访问中国，并参加第二届中国－亚欧博览会暨中国－亚欧经济发展合作论坛。温家宝会见了瓦希德总统，中马两国政府达成了重要的合作协定，如《经济与技术合作协定》、《优惠贷款框架协定》和《中国进口口银行向马尔代夫优惠贷款以建设 1500 个单位的住房计划协定》等，其中中方允诺将给

---

① M. K. Bhadrakumar，“US seeks military presence in Maldives”，April 26，2013，http：//indrus. in/blogs/2013/04/26/us _ seeks _ military _ presence _ in _ maldives _ 24183. html。

② “印度海军全球排名第五 成印度洋周边最强大海军”，2013 年 8 月 16 日，http：//news. xinhuanet. com/yzyd/mil/20130816/c _ 116970861. htm。

③ 周戎：“印度倾力发展海上力量”，《光明日报》2013 年 8 月 13 日。

④ 王少喆：“首艘‘国产’航母下水，既瞄着中国也想制衡美国 印度离海上强国还有多远?”，2013 年 8 月 12 日，http：//news. china. com. cn/live/2013-08/13/content _ 21655125. htm。

⑤ “中国政府援建的马尔代夫国家博物馆项目举行交接仪式”，2010 年 7 月 15 日，http：//www. chinaculture. org/cxsj/2010-07/15/content _ 385751. htm。

⑥ “中国驻马尔代夫大使馆开馆”，2011 年 11 月 8 日，http：//www. people. com. cn/h/2011/1111/c25408-4279685608. html。

⑦ “中国连续第二年成为马尔代夫最大客源国”，2012-07-21，http：//china. cnr. cn/ygxw/201201/t20120130 _ 509102727. shtml。

⑧ “Chinese Ambassador Calls on the President”，Feb. 13，2012，http：//www. presidencymaldives. gov. mv/Index. aspx? lid=11&dcid=6784.

予马 5 亿美元的优惠贷款。[①] 12 月，马尔代夫国防部长纳齐姆访问中国，中国国防部长梁光烈与之会谈，双方表示将继续加强两国与两军的关系。[②] 2013 年 1 月，中国给予马尔代夫 5400 万美元的优惠贷款以用于 IT 基础建设。[③]

马尔代夫位处印度洋中心，且与南中国海相连，为中国通往欧非的重要战略通道，加强与马尔代夫的友好往来对中国当前推行海洋强国战略具有重要意义。然而，若美国在马尔代夫确立军事存在，则中国将面临美国长期在印度洋独大的事实。如前所述，中国的能源与贸易通道均须经过印度洋，若任容美国在印度洋长时间独霸，届时中国的经济生命线将长期被美国握在手里，并直接左右中国的未来经济发展。中国一直试图规避此种危局与风险，为此加强了能源进口渠道的多元化建设，如目前着力打造中缅油气管道、[④] 中俄原油管道、中亚天热气管道等，还采取刺激内需、扩大亚洲市场等措施，以减少对印度洋、马六甲海上通道的依赖。然而，目前中国进口中东、非洲的原油依然占据相当大的比例，欧美依然是中国重要的贸易市场，且在较长一段时间内此种局面不会改变。因此，美国此举对中国的潜在不利影响依然不可低估。

最后，美国即将在马尔代夫确立军事存在的行为还加剧了印度洋相关国家、乃至亚太地区相关国家之间的海军军备竞赛。近几年，由于亚太地区相关国家海上争端与分歧不断，相关国家的军备竞赛有增无减。这既有对海权重视的原因，也有美国从中不断卷入、干涉的因素，在南海、东海、印度洋均可见美国忙碌的身影。目前，中国、日本、印度等国家相继亮出海上利器——航空母舰或准航空母舰。2012 年 9 月 25 日，中国的第一艘航母“辽宁号”下水，吨位达到 5.5 万吨；2013 年 8 月 6 日，日本的 2.5 万吨直升机驱逐舰“出云号”下水，这艘船也普遍被认为是一艘稍加改造就能成为航母的“准航母”；8 月 12 日，印度“维克兰特”号航母首次下水，吨位也有 4 万吨。此外，澳大利亚、菲律宾、韩国与越

---

① “Important agreements signed between the governments of Maldives and China”, Sep. 3, 2012, http://www.presidencymaldives.gov.mv/Index.aspx?lid=11&dcid=7860; “Chinese aid not limited to US$500 million loan: Waheed”, Sep. 9, 2012, http://minivannews.com/category/news-in-brief/page/6.

② “梁光烈与马尔代夫国防和国家安全部长会谈”，2012 年 12 月 11 日，http://news.xinhuanet.com/2012-12/11/c_113991249.htm。

③ Luke Powell, “Increase in Chinese presence in Maldives IT sector sparks Indian concern”, Jan. 22, 2013, http://minivannews.com/politics/increase-in-chinese-presence-in-maldives-it-sector-sparks-indian-concern-51564.

④ “中缅天然气管道竣工将满足中国 1/4 天然气需求”，2013 年 6 月 5 日，http://www.china5e.com/index.php?m=content&c=index&a=show&catid=13&id=340829。

南等国家也在加强海上军事力量。美国一直执行在亚太地区始终保持两个航母战斗群存在的战略，且随着美国“重返亚太”战略的逐渐实施，美海军力量部署将逐渐向亚太集中、倾斜，“到 2020 年，美国海军 60％的舰只将部署到亚太地区，包括 11 艘航母中的 6 艘，以此稳固其在亚太地区的利益”。① 目前，美国亚太地区的海上战略部署点主要集中于南海、东海与印度洋。不必赘言美国对南海、东海的介入，它近来在印度洋上也是动作不断。美国通过深化贸易往来、合作反恐与打击海盗、提供军援和军售、展开海上联合军演等方式积极拉拢印度洋沿岸国家，如印度、孟加拉国、斯里兰卡以及东南亚国家等，马尔代夫现在亦在其中，美马《驻军地位协定》谈判即是例证。美国此举意在继续巩固其在印度洋的独大地位，这加剧了中国、印度等国家对其的疑虑，为了应对挑战，中国与印度只能加大自己的海上力量建设。最后的结果很可能如《泰晤士报》中的学者所分析，美国此举“将导致美、印、中在印度洋部署更多的海上力量，未来海洋体制将呈现显著的军事化特点”。②

尽管美国希望尽快与马尔代夫达成《驻军地位协定》，但面对国内外的质疑之声，6 月瓦希德总统已向西松大使表示马尔代夫暂时将不会与美签署《驻军地位协定》。③ 此问题无疑将留给 2013 年 11 月新当选的总统、前总统加尧姆的弟弟阿卜杜拉·亚明·加尧姆作出决定。但无论哪一个政党执政，马尔代夫政府都不会完全无视美国的需求，同时还需兼顾相关国家如印度与中国的感受。或许对马尔代夫这个处在大国夹缝之中的弱小国家而言，执行中立、不结盟政策是最好的外交选择。

---

① “亚太地区航母扎堆亮相 中国周边成军备竞赛海洋”，2013 年 8 月 15 日，http：//world. huanqiu. com/regions/2013-08/4243733. html。

② Lasanda Kurukulasuriya，“US agreement with the Maldives – making ripples in the Indian Ocean?” May 12，2013，http：//www. sundaytimes. lk/130512/columns/us-agreement-with-the-maldives-making-ripples-in-the-indian-ocean-44147. html.

③ Ahmed Naif，“Won't sign military agreement，Maldives president tells US”，Jun. 5，2013，http：//www. haveeru. com. mv/news/49368.

孟加拉国极端势力：现状、特点及对策

李建军*　王红义**

近年来，民族或种族分离主义、极端主义、宗教矛盾所引发的恐怖活动在南亚地区异常活跃，巴基斯坦、阿富汗安全形势急剧恶化，印度成为恐怖袭击的新目标，孟加拉国亦不能幸免，受到恐怖主义的不断袭扰，被印度和西方媒体称为恐怖主义的温床、新天堂。根据孟政府的反恐成果显示，孟加拉国的恐怖袭击活动基本上都是极端势力所为。

一、主要的极端势力

极端势力在孟加拉国的出现比较晚，但发展很快。20世纪90年代末至21世纪初，孟加拉国极端势力迅猛发展。它们有组织，有武装，以暴力活动为主要特征，对国内的稳定造成很大的负面影响。南亚是受伊斯兰极端主义威胁最早、最严重的地区之一，该地区伊斯兰圣战运动盛行、极端组织较多、恐怖袭击事件频发。孟加拉国是世界第三大穆斯林国家，奉伊斯兰教为国教，信奉者约1.24亿，伊斯兰极端势力在孟生存发展有了良好的土壤。近年来，随着孟政府反恐力度的加深，伊斯兰极端势力受到严重打击，发展势头受到遏制，被迫转型。但孟左翼极端势力的活动愈加活跃。2009年4月哈西娜政府将12个伊斯兰极端组织列入

---

* 李建军，教育部人文社会科学重点研究基地四川大学南亚研究所助理研究员。

** 王红义，盐城师范学院黄海学院助教。

黑名单①。左翼极端组织在孟加拉国的历史超过30年，据孟快速行动营的报告显示，近年来左翼极端势力的活动范围不断扩大，活动涉及谋杀、毒品、抢劫、敲诈勒索、绑架等。2009年11月孟快速行动营列出了13个左翼极端组织②。现简介其中4个知名度高和具有影响力的极端组织。

（一）孟加拉伊斯兰圣战运动（Harkat-ul Jihad Islami Bangladesh, HuJI-B）

该组织1992年4月30日在达卡成立，领导人是沙瓦特·奥斯马。该组织旨在通过发动战争和杀戮进步的知识分子，在孟加拉建立伊斯兰国家。受本·拉登和阿富汗塔利班政权的影响，其宣扬口号是："我们将成为塔利班，我们将把孟加拉变成阿富汗。"成员有1.5万人左右，骨干2000人，在吉大港山区建有6个训练营。③ 主要活动区域在吉大港南部沿海地区—科克斯马扎尔—缅甸边境一带。1998年2月，该组织当时的领导人法扎尔·拉赫曼代表孟加拉的极端组织签署了本·拉登发出的对美"圣战"令。该组织制造了一系列国内外恐怖袭击活动。2000年7月和2004年8月两次组织刺杀总理哈西娜未遂。2000年7月，计划刺杀孟加拉28名著名人士未遂。2001年1月，制造孟加拉共产党在帕尔坦·麦旦集会爆炸事件，导致5人死亡，50人受伤。2004年8月，制造人民联盟集会手榴弹袭击事件，造成24人死亡，约300人受伤，包括总理哈西娜。2006年制造印度瓦拉纳西神庙和2007年海德拉巴爆炸案。2011年7月13日孟买爆炸案

---

① 这12个极端组织：Harkat-ul Jihad Islami（HuJI）Bangladesh，Jamaat-ul Mujahideen Bangladesh（JMB），Jagrata Muslim Janata Bangladesh（JMJB），Shahadat-e-al Haqima（SAH），Hizbut Touhid，Islami Samaj，Ulema Anjuman al Baiyinaat，Hizb-ut Tahrir，Islamic Democratic Party，Touhid Trust，Tamir ud-Deen，Alla'r Dal. Joyeeta Bhattacharjee，"Understanding 12 extremist groups of Bangladesh"，June 7，2009，http：//www. observerindia. com/cms/export/orfonline/modules/analysis/attachments/Bangladesh-Militant-Groups _ 1246945884723. pdf.

② 这13个左翼极端运动组织是：Purba Banglar Communist Party，PBCP（Janajuddha），PBCP（M-L Red Flag），PBCP（M-L Communist War），Biplabi Communist Party，New Biplabi Communist Party，Gono Bahini，Gono Mukti Fouz，Banglar Communist Party，Socialist Party，Biplabi Anuragi，Chhinnamul Communist Party and Sarbahara People's March，"Bangladesh Assessment 2010"，http：//www. satp. org/satporgtp/countries/bangladesh/assesment2010. htm。

③ "Harkat-ul-Jihad-al Islami Bangladesh（HuJI-B）"，http：//www. satp. org/satporgtp/countries/bangladesh/terroristoutfits/Huj. htm.

的主谋印度圣战者组织头目阿卜杜拉·汗藏匿在孟加拉国，并与该组织有密切合作。2005 年 10 月该组织被卡莉达·齐亚政府禁止，2008 年 3 月被美国政府列为恐怖组织。

（二）孟加拉圣战者大会党（Jamaat-ul Mujahideen Bangladesh，JMB）

该组织 1998 年开始活动，但确切成立时间尚存争议。最高领导人是赛杜尔·拉赫曼。该组织反对民主，最终目标是通过武装革命在孟加拉建立伊斯兰法律治理下的国家。成员有 5000 名骨干和 10 万兼职骨干，在孟 57 个县建有训练中心。[①] 主要活动区域在孟南部，但已建立了全国性的网络。该组织的恐怖活动在 2005 年达到高潮。2005 年 8 月 17 日，在孟全国 64 个县中的 63 个县和大城市（包括首都达卡在内），同时制造 350 多起连环爆炸袭击事件，造成 150 余人伤亡，震惊世界。2005 年 10 月，该组织在达卡和吉大港市的政府机关、法院附近制造了数起自杀式恐怖袭击，造成 14 人死亡，100 多人受伤。2005 年 11 月 29 日，在吉大港和达卡以北的加济布尔县制造两起自杀式炸弹袭击事件，导致至少 7 人死，60 多人受伤。2005 年制造系列爆炸袭击后，该组织成员逃离回该组织主要 4 个活动的地区重新招募成员。2009 年 6 月，该组织在洛瓦不甘杰县的 4 个偏远乡村开始重新组建。2010 年 5 月，该组织两位高级领导人赛杜尔·拉赫曼、阿拉姆先后被捕。该组织 2005 年 2 月被孟政府取缔。

（三）孟加拉穆斯林清除左翼义务警卫队（Jagrata Muslim Janata Bangladesh，JMJB）

该组织和 JMB 是一个类似的组织，1998 年开始活动，2004 年 4 月宣布成立。领导人班格拉·巴伊是前塔利班战士，也是 JMB 的领导人，2007 年 3 月被处决。该组织认同塔利班的政治理想，倡导在孟发起伊斯兰革命，发动圣战，建立一个以《古兰经》为意识形态和统治法的理想社会。在孟加拉西北部地区彻底铲除“无产阶级党”和“东孟加拉共产党”等左翼组织。该组织最高决策机构是一个包括精神和军事领导人在内的 7 人委员会，成员有 10 万名兼职活动家和 20

---

① “Jama'atul Mujahideen Bangladesh（JMB）”，http：//www.satp.org/satporgtp/countries/bangladesh/terroristoutfits/JMB.htm.

万名合作者。[①] 其主要活跃于孟加拉西北部，在此建立了 9 个支部，10 个训练营。自称总部设在达卡，但孟媒体认为其总部设在贾马尔普尔。自成立起，该组织已在全孟加拉私自执行 100 多次搜捕行动，杀害和袭击他们认为犯了罪的人，绑架勒索富人，强迫人民信仰伊斯兰教，遵守伊斯兰传统习俗。2004 年 6 月，美国驻孟加拉大使托马斯称，应立即逮捕该组织领导人班格拉·巴伊。该组织 2004 年被孟政府禁止。2005 年 2 月被孟加拉政府宣布为极端组织，该组织被迫停止公开活动，转入地下。

(四) 东孟加拉共产党 (Purba Banglar Communist Party, PBCP)

东孟加拉共产党属于左翼极端组织，但不在孟政府所列的 12 个极端组织之列。近年来，随着伊斯兰极端势力的活动陷入低谷，左翼极端组织的活动频繁，影响力不断扩大，孟快速行动营列出了 13 个左翼极端组织，东孟加拉共产党位列首位。该党成立于 1968 年，随后从孟加拉国共产党分离出来，现任领导人是莫法卡·考德胡瑞，目标是通过武装革命夺取国家政权。在意识形态上，它更接近印度的马列主义组织，希望与印度西孟加拉邦的纳萨尔派发动联合行动。活动区域在在孟加拉国的西南部以及与印度的西孟加拉邦接壤的地区，并出版刊物《东孟加拉》。经过多年分化和演变，该党早已背离了立党初期的指导思想，逐渐蜕变为地方极端势力。其骨干参与了杀人、抢劫、敲诈、掠夺土地和绑架勒索赎金等行为。2002 年前 3 个月东孟加拉共产党的骨干在孟加拉国西南部的 10 个地区杀死了近 100 人。1998 年至 2002 年 4 月间，杀死了 18 名其他组织的政治活动家。[②]

二、极端势力活动的现状及特点

近年来，孟政府坚决打击和遏制极端势力的发展，恐怖活动全面回落，极端势力的活动转入地下，处于小型分散状态，现呈现出以下情况与特点。

---

① “Jagrata Muslim Janata Bangladesh (JMJB)”, http://www.satp.org/satporgtp/countries/bangladesh/terroristoutfits/JMJB.htm.

② “Purba Banglar Communist Party (PBCP)”, http://www.satp.org/satporgtp/countries/bangladesh/terroristoutfits/PBCP.htm.

（一）极端势力的活动明显减弱，造成的危害降低

近年来，孟极端势力的活动受到严重遏制与削弱，与极端势力活动相关的恐怖事件和造成的死亡人数均呈下降趋势。2009 年孟极端势力共制造 68 起恐怖事件，2010 年制造 49 起恐怖事件。2009 年制造 2 起重大恐怖事件，2010 年制造 1 起重大恐怖事件。2005—2011 年与极端势力活动有关造成的死亡总人数、安全部队人员的死亡人数、平民死亡人数、极端分子死亡人数这 4 项数据值大体呈下降趋势且在低值上保持稳定状态，详情见表 1。

表 1　2005—2011 年极端势力造成的死亡人数统计

年份	安全部队人员	平民	极端分子	总人数
2005	3	37	172	212
2006	5	34	145	184
2007	0	9	79	88
2008	1	4	53	58
2009	0	6	81	87
2010	3	4	49	56
2011（截止 10 月 23 日）	0	0	19	19

资料来源：根据南亚恐怖主义信息网编制。

（二）伊斯兰极端势力暂处于低潮期，但左翼极端势力的活动比较活跃

近年来，伊斯兰极端势力受到孟政府的高度重视与严厉打击，伊斯兰极端势力暂处于低谷，只进行一些有限的活动，一些组织只是威胁发动袭击等，但再也没有制造重大恐怖事件。但左翼极端势力的活动总体一直比较活跃，2005—2011 年与左翼极端势力活动有关造成的死亡总人数、安全部队的死亡人数、平民死亡人数、极端分子死亡人数这 4 项数据值有所下降，但仍处于较高值。详情见表 2。

表 2　2005—2011 年伊斯兰极端势力与左翼极端势力造成的死亡人数统计比较

年份	极端势力	平民	安全部队人员	极端分子	总计
2005 年	伊斯兰极端势力	26	0	9	35
	左翼极端势力	11	3	163	177
2006 年	伊斯兰极端势力	6	0	6	12
	左翼极端势力	28	5	139	172
2007 年	伊斯兰极端势力	1	0	7	8
	左翼极端势力	8	0	72	80
2008 年	伊斯兰极端势力	1	0	0	1
	左翼极端势力	3	1	53	57
2009 年	伊斯兰极端势力	0	0	0	0
	左翼极端势力	6	0	81	87
2010 年	伊斯兰极端势力	3	0	3	6
	左翼势力	1	3	46	50
2011 年（截止 10 月 23 日）	伊斯兰极端势力	0	0	0	0
	左翼势力	0	0	19	19

资料来源：根据南亚恐怖主义信息网编制。

(三) 国内极端势力结盟，并向政党渗透

在孟政府的打压下，极端势力为维护自身生存与行动能力，极端势力相互勾联，结成联盟。JMJB 前领导人班格拉·巴伊同时也是 JMB 的领导人，JMJB 的最高决策机构是一个包括精神和军事领导人在内的 7 人中央委员会，这 7 人中央委员会也包括 JMB 的领导人阿卜杜·拉赫曼。同时，极端势力向孟政党渗透。在 2010 年 5 月对抓捕的 JMB 一高级领导人巴克尔·西迪基的调查中首次揭露出 JMB 与孟伊斯兰大会党（Jamaat-e-Islami Party）之间存在联系，巴克尔·西迪基供认他们从属于伊斯兰大会党，伊斯兰大会党为其提供小型武器与手榴弹。为此，2010 年 6 月，孟政府逮捕了与 JMB 有联系的伊斯兰大会党的 3 个高级领导人。2010 年 7 月被拘捕的 JMB 行动首脑阿拉姆透露，JMB 会员中有 12 个高级政治级人物，大多是政党的领导人。

（四）国内外两股势力合流

孟极端势力（如 HUJI—B、JMB）与国外的恐怖组织和极端势力关系密切，两股势力呈联动合流之势。孟极端势力为其提供庇护，协助其在孟建立训练营，在孟招募圣战者以及提供装备。如 HuJI—B 与缅甸若开省穆斯林极端组织罗辛加团结组织建立了密切联系，为其提供武器装备，组织运行印度东北部分离组织阿萨姆联合解放阵线在吉大港山区的训练营，同时宣称与巴基斯坦的三军情报局和基地组织建立了联系，[①] 为巴基斯坦恐怖组织虔诚军骨干在孟提供庇护，帮助其在孟就业。国外的恐怖组织与极端势力也为孟极端势力提供帮助，如缅甸若开省穆斯林极端组织协助孟极端势力从缅甸罗辛加难民中招募骨干与激进分子。巴基斯坦恐怖组织虔诚军是 HuJI—B 的长期支持者，为其提供资助。JMB 受政府打击后，JMB 将军事训练向巴基斯坦转移，其骨干加入该国激进组织。

（五）边境地区成为避风港

孟加拉国东、西、北三面与印度接壤，孟印边界线长 4053 公里，边界的部分地段呈犬牙交错状。在孟加拉国和印度境内，各自均有对方的飞地，又都滞留有对方国家的公民，这些导致边界地区秩序混乱。孟东南与缅甸交界，孟缅边界线长 193 公里。这些边境地区大多位于山区、港口，地处偏远、监管难度大、治安形势不良。国内外的“三股势力”——极端势力、分离势力、宗教势力在边境地区不断渗透，频繁活动，建立训练营和基地，为“三股势力”的成员提供过境、避难与发动恐怖袭击等活动。

孟加拉国的西部与印度西孟加拉邦接壤，该地区正是左翼极端势力东孟加拉共产党的主要活动区域，东孟加拉共产党与印度西孟加拉邦的纳萨尔派有着联系；孟的北、东面与印度东北地区的阿萨姆邦、梅加拉亚邦、特里普拉邦等接壤，印度独立之后，居住在东巴基斯坦（后来的孟加拉国）的印度教徒移居布拉马普特河谷和特里普拉邦。东巴基斯坦（后来的孟加拉国）的穆斯林非法移民由于生活贫困和躲避战乱也持续不断地涌入这里，因此整个印度东北地区民族关系紧张、宗教矛盾突出、分离组织和反政府武装叛乱活动频繁、恐怖活动猖獗。2009 年 12 月，印度边境安全部队向孟提交了 104 个在孟活动的印度武装组织的

① Joyeeta Bhattacharjee, “Understanding 12 extremist groups of Bangladesh”, June 7, 2009.

名单。[1] 印度分离组织如阿萨姆联合解放阵线、印度圣战者组织、波多民族民主阵线、提普拉民族解放阵线、提普拉猛虎组织在孟有基地。巴基斯坦的恐怖组织穆罕默德军、虔诚军此设有分支，在孟为恐怖组织招募人员，然后向巴基斯坦派遣培训。孟东南部与缅甸为邻，缅甸若开省穆斯林极端组织如若开罗辛加民族组织、罗辛加团结组织、若开罗辛加伊斯兰阵线在班达尔班、吉大港、科克斯马扎尔这些港口城市建立了训练营。孟极端组织 HuJI－B 主要活动区域就在吉大港南部沿海地区—科克斯马扎尔—缅甸边境一带。JMB 主要活动区域在孟加拉南部。2009 年，HUJI－B 和巴基斯坦恐怖组织虔诚军和在孟组织发动了对印度的恐怖袭击。印控查谟和克什米尔的极端组织成员将孟作为中转站前往巴基斯坦，并把孟作为恐怖分子在印度实施恐怖袭击的避风港和训练营。[2]

三、政府的应对措施

长期以来，孟政府为宣扬其温和伊斯兰国家的形象，长期执行“两不政策”，即不承认境内有恐怖组织与恐怖活动。但 2005 年“8・17”事件后，血的事实使孟政府彻底认识到极端组织和恐怖活动的严重性和危害性，开始向恐怖主义宣战。2009 年 1 月哈西娜执政以来，制定和完善了一系列应对措施，扩大和巩固了反恐成果，保持了孟政局的相对稳定。

（一）执法机构行动有力，严厉打击极端势力

哈西娜政府延续了艾哈迈德看守政府对极端势力采取的强硬措施，执法机构行动迅速、有力，打击极端势力卓有成效。2010 年 9 月孟安全机构列出了 280 个武装组织和犯罪组织，80 名重要分子和多达 150 名政治人物位列其中。[3] 伊斯兰极端势力的活动受到沉重打击与遏制，伊斯兰极端主义全面回落，其骨干成员被逮捕、审判、定罪以及执行死刑。2009 年孟政府逮捕 101 名 JMB 成员和 11 名

① “Bangladesh Assessment 2010”，http：//www.satp.org/satporgtp/countries/bangladesh/assesment2010.htm.

② Ibid.

③ Ibid.

HUJI－B 的武装分子，2010 逮捕 43 名 JMB 成员和 9 名 HUJI－B 武装分子。[①] 被捕人员包括 JMB 的最高领导人扎法、高级领导人塞卜鲁以及“行动首脑”阿拉姆。2010 年 12 月，快速行动营瓦解了 HuJI－B 在吉大港山区的训练营，并拘捕 5 名武装分子。2011 年 4 月，逮捕 HUJI－B 高级领导人萨比尔及其同党艾努尔。除严厉打击国内的恐怖组织与极端主义组织外，孟政府也坚决打击跨境“三股势力”的活动。2010 年 2 月，逮捕 5 名巴基斯坦恐怖组织穆罕默德军的成员。2010 年 4 月，逮捕巴基斯坦虔诚军领导人穆巴夏维尔·沙希德·穆宾。2010 年 7 月，逮捕印度分离组织阿萨姆联合解放阵线领导人兰简和孟籍助手马拉克，并缴获了部分武器。2010 年 9 月，逮捕印度分离组织全国联合解放阵线主席拉库马·梅根，并把他移交给印度。2010 年 5 月，向印度移交印度分离组织波多民族民主阵线的反对话派别领导人拉简·戴梅尔。2011 年 3 月，向印度移交两名逃亡的印度分离组织阿萨姆联合解放阵线领导人。

（二）通过修宪去伊斯兰教原教旨主义

孟加拉国独立 40 年来，政局一直动荡不安，几乎每次重大的政治变故都导致了宪法的修改，包括一些主要条文的彻底修改。其中宪法第五次和第八次修正案，确立和强化了孟加拉国政体、国体以及意识形态的伊斯兰化。宪法第五次修正案是在齐亚·拉赫曼总统的主张下，于 1979 年 4 月 15 日的第二届议会通过的，主要批准和确认了自 1975 年 8 月 15 日实行军法管制以来颁布的法令和修宪令，其中包括将原宪法中的“政教分离”原则改为“绝对忠诚和信仰全能真主”，废除了“世俗主义”。1988 年 6 月 7 日通过宪法第八次修正案，宣布伊斯兰教为国教。孟加拉国改名为“孟加拉伊斯兰共和国”，伊斯兰教成为主导意识形态和统治思想。“说伊斯兰教，想伊斯兰教，梦伊斯兰教”成为艾尔沙德总统的劝世名言。[②] 伊斯兰原教旨主义成为孟加拉国思想、政治、教育、社会生活的主导原则。

现执政党人民联盟是孟加拉世俗主义的倡导者，特别强调孟加拉民族的语言文化独特性。孟加拉语中的世俗主义与西方世俗主义概念不同，孟加拉语中的世

---

① “Bangladesh in 2010：The Year in Review”，http：//www. satp. org/satporgtp/countries/bangladesh，July 10，2011.

② 林良光：“孟加拉伊斯兰化的前因后果”，《南亚东南亚评论》1989 年第 3 期，第 30 页。

俗主义的含义是“宗教上的宽容和中立”。[①] 2009年孟人民联盟重新执政后，开始去伊斯兰原教旨主义，恢复孟成为世俗化国家的进程，采取最重要的措施就是孟法院裁定宪法第五次修正案违法。2010年7月27日，孟最高法院宣布恢复1972年宪法。2010年10月4日，高等法院以宪法第五次修正案被判无效、1972年宪法自动重新生效为由，裁定孟加拉国属世俗国家，公民享有宗教自由。孟加拉国时隔31年后重新宣布改为世俗国家。孟加拉国成为世俗国家后，将在意识形态、政党、社会生活方面削弱和淡化伊斯兰原教旨主义色彩，伊斯兰极端势力的政策、主张将被束缚限制，政府也能引导其利用组织政党、参加竞选、议会斗争等这些合法、非暴力的斗争方式取得政权或者改造社会。

（三）进一步完善反恐措施

2010年孟政府组建“南亚反恐特别工作组”，以遏止越境恐怖主义。2010年5月，成立军事反恐委员会。该委员会由17人组成，成员包括内政部长、7名高级官员以及执法机关、情报机关的人员。对武装分子、恐怖主义和任何企图破坏国家法律和秩序的人采取零容忍政策，宣布了短期、中期和长期三个阶段的计划，以对付武装和恐怖主义所带来的双重问题。努力切断恐怖分子的资金来源。2011年4月，孟央行向政府提交了《2011—2013打击洗钱和为恐怖组织融资国家战略草案》，并在该草案中向政府建议，加强对部分怀疑为恐怖组织融资和洗钱的单位及个人的现金业务监管，同时注重区别不规则交易和资金周转。孟财政部会尽快将该草案提交孟全国协调委员会以获得通过。

（四）加强反恐国际合作

孟政府一直致力于反恐的国际合作，采取一系列反恐国际合作措施。基于孟坚定承诺消除各种形式的恐怖主义，2010年欧盟向孟提供资金和技术支持，在达卡设立地区反恐中心。孟警察、情报以及调查人员在此受训，南亚的其他各国也可以利用这个反恐中心。2010年1月在哈西娜总理在访印期间与印度就反恐和安全合作签署了《法律互助协定》、《打击国际恐怖主义、有组织犯罪和跨境贩毒协定》、《移交被判刑人员协定》三项重要协议草案。为此，孟印将成立一个联

---

① 储永正：“孟加拉国伊斯兰极端势力发展历史及其根源”，《南亚研究季刊》2007年第3期，第59页。

合协调委员会，以打击国际恐怖主义、有组织犯罪和跨境毒品交易。2011 年 1 月 13 日三项双边协议生效后，孟向印度移交了印度分离组织阿萨姆联合解放阵线和博多兰全国民主阵线的高级导人。2011 年 9 月，印度总理辛格访孟，两国总理就巩固双边经济合作以及联合反恐等一系列问题举行了会谈，并签署了系列协议。孟同意对在本国境内寻求庇护的印度分离主义势力进行打击，对印度的反恐行动提供协助。2011 年 9 月孟美两国海军举行首次海上战备与训练联合演习，此次联合演习旨在加强两国在海上安保及反恐事务上的协调力与作战训练。① 2011 年 4 月，孟加拉国与斯里兰卡发表联合声明，同意取消关税与非关税贸易壁垒以及分享反恐情报。2011 年 8 月孟外秘访问缅甸，与缅副外长会谈，这是缅新政府上台后两国最高级别的会谈。缅副外长表示，在确认在孟缅难民身份后，根据协议标准撤回缅籍难民，并与孟方在边境区域同步巡逻，阻止边民非法越界和跨境犯罪。

四、结语

目前，在孟政府严厉打击极端势力和积极参与国际反恐合作的双重作用下，已基本遏制了恐怖活动发展势头，无重大恐怖事件发生，保持了国内相对稳定。但是，高压下处于蛰伏状态的众多伊斯兰极端组织正在暗中集聚力量，进行重组。孟政府的反恐报告显示，4 个伊斯兰极端组织正在孟西南部的 12 个县重组，40 名极端组织的领导人以及近 1000 名骨干分子在这些地区活动。②

孟加拉国是一个穆斯林占绝对多数的国家，穆斯林的宗教信仰根深蒂固，宗教情感难以改变。伊斯兰极端势力的生存与发展有着极其深刻的历史和社会背景，孟政府遏制伊斯兰极端势力所采取的措施，在一定时期内可以取得成效，但要解决宗教、民族、政治、经济等遗留问题是一个漫长的过程。伊斯兰极端势力的活动现处于低谷，但左翼极端势力的活动较少受人关注，左翼极端势力正成为一支不可小觑的力量，其恐怖活动不容忽视。因此，孟政府打击极端势力还有很长的路要走。

---

① 海军联合海上战备训练演习，简称 CARAT，是美国海军与孟加拉国、文莱、柬埔寨、印度尼西亚、马来西亚、菲律宾、新加坡、泰国等东南亚国家的系列双边演习，越南也与美国进行类似的军事技术交流。这是孟加拉国第一次参加。

② Asutosha Acharya，“Qualified Gains”，http：//www. southasianoutlook. com/issues/2009/december/bangladesh _ qualified _ gains. html.

中国与南亚

中印关系前景可期

张 立*

中国和印度建交已有60年。从官方层面看，两国已经迈进了共建面向和平与繁荣的战略合作伙伴关系的轨道。但尽管如此，在媒体、民间和学术界等其他层面，唱衰两国关系的论调却一直不绝于耳。恰如某些评论所言，中国和印度在很多地区和国际事务上展开合作，但是两国也不断地出现摩擦和紧张关系。中印关系未来究竟会如何发展，似乎仍在一些学者看来是个问题。本文拟对此展开分析，在探讨影响中印关系发展走向的各种因素之基础上，提出我们的看法。

一、唱衰中印关系的论调此伏彼起

回顾两国建交以来的关系，大致经历了以下几个阶段：① 在20世纪50年代，两国关系曾经历了一段黄金时期；进入20世纪60年代后，因为众所周知的1962年中印边界冲突等种种原因，两国关系一度陷入低谷；1988年时任印度总理拉吉夫·甘地访华，与中国领导人邓小平就两国重新建立友好合作关系达成共识。1991年中国国务院总理李鹏访问印度，这是中国总理31年来对印度的首次访问，此后两国关系进入恢复正常的轨道。1996年，中印两国确立了面向21世纪的建设性合作伙伴关系。总体来看，最近20年来，中印关系正朝着健康的方向

---

* 张立，教育部人文社会科学重点研究基地四川大学南亚研究所副研究员。

① 吴强：“中印关系进入成熟稳定发展阶段”，http：//news. xinhuanet. com/world/2010-05/26/c _ 12143893. htm。

发展。

然而，在中印关系不断向前推进的同时，唱衰中印关系的论调却也此伏彼起，不时见诸于媒体之中。

2005年3月，英国《经济学家》发表了一篇题为《对手与伙伴》的文章，[①] 该文基于“强邻必是对手”的陈腐思维模式，竭力渲染中印之间的“历史积怨和现代嫉妒”，断言中印只能是竞争对手，而不会成为合作伙伴。美国《华尔街日报》2009年10月的一篇文章——“中印21世纪对抗加剧”——列举了中印两国在双边贸易、金融投资、航天工程等领域存在的竞争关系，最后得出了莫须有的结论：两国的紧张关系将加剧。[②] 美国麻省理工学院的华裔学者黄亚生2010年撰文认为，[③] 中印关系从本质上是一种竞争关系，它们代表着两种截然不同的经济增长方式和政治模式，而且相互还会竞争外国的投资、市场上的机会，以及日趋激烈地争夺能源资源。因此他预测两国关系可能在未来的十年会增加竞争而不是合作，会增加摩擦而不是和谐。2011初，哈佛大学教授约瑟夫·奈撰文指出，[④] 印度难以成为中国的盟友，相反，它更有可能成为平衡中国战略崛起的亚洲国家之一。

诚然，任何两国关系的发展都难免会经历一些风雨或波折，国际关系的历史演进历程已经生动地证明了这一点。尤其是在国际风云不断变幻的大背景下，任何一个国家谋求国家利益的手段和行为都会相机作出调整。中印关系当然也概莫能例外。随着两国相互交往的增多，出现一些摩擦或碰撞也是在所难免的。如在结为联盟伙伴的美欧、美日等双边关系中，同样也是摩擦不断。如何把握两国关系的实质，其关键正在于认清两国关系发展的主流态势，以及决定此一态势的核心因素。这一点，对于我们理解和判断中印关系的未来走向也尤为重要。为此，在本文随后的部分，我们将着重分析影响中印关系走向合作或冲突两种前景的主要因素，从而就中印关系的未来提出我们的看法。

---

① 汪嘉波：“挑拨中印关系 称中国印度是对手”，《光明日报》2005年3月28日。

② 杨欢：“西方挑动中印媒体对攻 印媒再掀涉华风波”，《世界新闻报》2010年9月7日。

③ 黄亚生：“中印决胜之道”，《中国改革》2010年第7期。

④ 约瑟夫·奈：“中印关系前途未卜”，[新加坡]《联合早报》2011年1月14日。

二、中印合作之源

在比利时学者乔纳森·霍尔斯拉格看来，[①] 过去几十年来中印关系之所以不断向前发展，其主导力量在于中印两国政府。如在 20 世纪 70—80 年代，中印关系的改善最初主要是由两国政治领导人推动，他们希望借此为国内改革创造一个稳定的环境。而到了 90 年代以后，政治和商业利益的增长则成为双边关系持续改善的主要动力。尽管在这一过程中，两国政府都曾不同程度地遭遇到了国内政治上的异议，但是最终两国领导人高瞻远瞩，看到了合作的巨大利益所在，从而克服了阻力，让两国走到了一起。如同曾任印度总理的莫拉尔吉·德赛所指出的："与中国进行核军备竞赛会阻碍印度经济和社会发展计划，从内部削弱我们的国家，并会损害我们的政治影响力。"同样的，邓小平也曾经指出："我们两国……不相互了解、不建立友谊是不行的。改变国际经济秩序，首先是解决南北关系问题，同时要采取新途径加强南南之间的合作。"[②] 事实上，在笔者看来，政府的强力推动仅仅是中印关系改善的表面原因，其根本还在于符合两国利益的需要。直到今天乃至未来的相当一段时期内，这些利益依然存在，从而构成了两国成为伙伴的深厚基础。具体来看，可以将这些利益划归为以下三类。

（一）和平红利

勿庸置疑，国家的发展离不开和平稳定的周边环境。这种利益通常被称之为和平红利。它也是指一个国家或地区与敌对方结束敌对状态之后，给该经济体带来的额外好处。据估计，冷战结束后 10 年间，由于美国的国防费用占 GDP 的比重由 5.2%下降到不足 3%，美国共获得 10000 亿美元的"和平红利"。[③] 很显然，对于中印这样两个比邻而居的大国而言，这种红利同样也异常可观。两国保持睦邻友好的关系，不仅直接可以减少双方的防务支出，同时也有助于两国投资环境的塑造和经贸联系的拓展。目前，印度仍是一个不发达的国家，文盲和赤贫者数以亿计，大约有 1/3 的印度人生活极度贫困，而世界上贫困人口的约 1/3 也是在

---

① 乔纳森·霍尔斯拉格："中印关系的进展、认知与和平前景"，《当代亚太》2008 年第 4 期。

② 乔纳森·霍尔斯拉格，2008 年。

③ 李学江："美俄核裁军，'和平红利'几何"，《国际金融报》2009 年 5 月 19 日。

印度。[①] 中国的经济水平尽管总体上好于印度，但是若按印度的贫困标准计算，贫困人口数也将有可能上亿。[②] 因此，两国都面临着极为沉重的发展负担，更需要将有限的资源用于生产而非国防，获取和平红利对两国都具有十分重大的现实意义。

（二）增长红利

从 20 世纪 70 年代末至今，中印两国都正经历着世界上少见的经济高速增长。摩根士丹利发布的最新研究报告显示。[③] 1978—2009 年间，中国成功地实现了 9.8%的年均增长。在未来 10 年，尽管劳动力、资本和全要素生产率等影响中国经济潜在增长速度的三大要素增长率可能会减缓，但由于总消费、服务业支出及收入增加相对 GDP 仍会上升，因此中国经济仍有可能维持平均 8%的年增长率。印度的改革开放也始于 20 世纪 80 年代初，随后迎来了经济的快速增长。过去 10 年，印度年均经济增长率高达 8.5%，与全球增速最快的中国相比仅一步之遥。[④] 最近两年，印度经济又出现增速加快现象。得益于年轻的人口结构和旺盛的消费需求，包括国际货币基金组织在内的多家金融机构都预测，印度在 2012 年将超过中国成为全球增速最快的经济体。英国《金融时报》的著名评论员马丁・沃尔夫（Martin Wolf）将印度称为“早产的超级大国”——一个人民生活水平低下但拥有巨大经济体的国家。[⑤] 他认为，印度的经济总量将在 10 年后超过英国，20 年后超过日本。渣打银行 2011 年初发表的报告预测，到 2030 年印度经济规模有望达到 30 万亿美元，成为仅次于美国和中国的全球第三大经济体。[⑥] 两国经济的高速增长带来了巨大的贸易和投资机会。据统计，[⑦] 2008 年，中国的外

---

① 约瑟夫・奈，2011 年。

② 肖明：“中国将贫困标准提至 1500 元 贫困人口或将破亿”，《21 世纪经济报道》2010 年 12 月 24 日。

③ 胡俊英：“大摩：未来十年中国经济年均增长 8%”，http：//www.caijing.com.cn/2010-11-29/110579012.html。

④ 包月阳：“外媒：印度腾飞在即‘丛林野象’或变成‘南亚猛虎’”，http：//intl.ce.cn/specials/zxxx/201108/12/t20110812_22613897.shtml。

⑤ 约瑟夫・奈，2011 年。

⑥ 王红娟：“渣打：印度腾飞在即 未来 20 年 GDP 增速将超中国”，http：//intl.ce.cn/specials/zxxx/201105/26/t20110526_22443438.shtml。

⑦ “中国印度成为全球重要投资来源国 地位不断加强”，http：//www.chinanews.com/cj/cj-gncj/news/2009/09-18/1873881.shtml。

资流入高达1080亿美元，成为全球第三大吸收外资国。印度的外资流入量则达到420亿美元，跃居全球第13位。这两大新兴经济体已占南亚、东亚、东南亚区域外资流入量的一半，占全球外资流量的1/10。在贸易方面，2009年，中国的进口额高达1万亿美元。印度的进口额则达到2495.9亿美元。因此，随着两国关系的健康稳定向前发展，将有利于两国继续通过贸易或投资等各种渠道相互分享对方的增长红利，从而赢得可观的经济利益和发展契机。

（三）合作红利

印中人口之和约占世界人口的1/3，如果两国开展合作，将形成一个巨大的合作市场。在经贸合作方面，双方取得了前所未有的积极进展，步入了最活跃、最富有成果的新时期。双边贸易额自新世纪以来的10年里增长近20倍，中国成为印度第一大贸易伙伴，印度则是中国在南亚最大的贸易伙伴。[①] 两国于2010年12月16日共同发表的《中华人民共和国和印度共和国联合公报》中，已经确立了2015年双边贸易额达到1000亿美元的新目标。两国相互投资方兴未艾，给双方带来了丰厚的回报。中国企业在印度的基础设施建设中发挥了重要作用，同时在电力、通信和钢铁等行业也占据了较大市场。印度的塔塔、Infosys、Wipro、Satyam等软件厂商也纷纷进入中国并发展顺利，阿拉宾度制药公司、全印度最大的私人企业之一的L&T公司等其它行业企业也正在逐步跟进。此外，两国在“金砖四国”、“基础四国”和二十国集团等框架内，在应对金融危机、气候变化，推动世界多极化和国际关系民主化，维护广大发展中国家权益等方面也开展了富有成效的合作。正如印度学者比哈蒂查特亚（BISWA N. BHATTACHARYAY）等所指出的，[②] 有研究表明，中印贸易扩张的潜力还十分巨大，双方现在都在努力抢抓机遇以获得更多的共同利益，而且双方的区域合作和一体化将能有助于双方最大化地从经济全球化中获利避害。

综上所述，两个国家走向合作决非偶然，而是有着深刻的现实利益基础。同时由于两个国家同属世界大国，因此两国走向合作的影响也极为深远。在美国国家情报委员会2004年的研究报告《全球未来地图》（Mapping the Global Future）

---

① 游心、王莉莎：“中印计划2015年双边贸易额达到1000亿美元”，《第一财经日报》2010年12月17日。

② Biswan. Bhattacharyay，“Prabir DE. Promotion of Trade and Investment between People's Republic of China and India：Toward a Regional Perspective”，Asian Development Review，Vol. 22，No. 1，pp. 45—70，2005.

预测中，中国和印度的崛起成为了焦点。[①] 该报告将其重要性与19世纪的德国和20世纪初的美国崛起相提并论，认为中国和印度成为“新兴全球玩家将改变地缘政局，影响力可能跟先前两个世纪的强国同样重大”。2007年，美国《国家利益》杂志7—8月号又为此刊文指出，[②] 中印等崛起将能创造出一个新兴的“非西方世界”，这些崛起的国家将优先深化它们之间的关系，同时相对放松与以西方为中心的国际体系的联系，建立起一种取代它的国际政治体系。该文不无忧心地指出，这一正在出现的一个“没有西方的世界”，将依靠发展中世界内部相互关系的迅速加深——商品、货币、人员和思想的流动（它不受西方控制自主发展），形成一个平行的新国际体系，具有自己特有的一套规则、制度和权力分配方式。换言之，中印的共同崛起和合作交往的确意义非凡，它们将极有可能打破目前由美国领导的世界秩序，对现存的以西方发达国家利益为主导的世界政治—经济秩序框架构成严重的挑战。

三、中印关系的冲突之源

合作决非中印关系的全部。在许多学者看来，中印关系也存在着显而易见的脆弱性和不稳定因素。[③] 这在很大程度上为中印关系的悲观主义者提供了口实。

---

① National Intelligence Council，“Mapping The Global Future：Report Of The National Intelligence Council's 2020 Project”，University Press of the Pacific，2005.

② “美刊：中印俄崛起正在出现一个‘没有西方的世界’”，http：//news. xinhuanet. com/world/2007-08/02/content _ 6463617. htm。

③ 如可参阅：Sumit Ganguly，“India and China：Border Issues，Domestic Integration，and International Security”，in Frankel and Harding（eds），No. 10，pp. 103－133；Mark W. Frazier，“Quiet Competition and the Future of Sino-Indian Relations”，in Frankel and Harding（eds），No. 10，pp. 294－320；Ashley J. Tellis，“China and India in Asia”，in Francine R. Frankel and Harry Harding（eds），No. 10，pp. 134－177；Francine R. Frankel，Harry Harding（eds），The India-China Relationship：What the United States Needs to Know，Columbia University Press，New York，2004；John W. Garver，Protracted Contest：Sino-Indian Rivalry in the Twentieth Century，University of Washington Press，2001；Pant，V. Harsh，Indian Foreign Policy and China，Strategic Analysis-IDSA，Vol. 30，No. 4，Oct-Dec 2006，pp. 23－36；Mohan Malik，India-China Competition Revealed in Ongoing Border Disputes，The Power and Interest New Report，October 9，2007，http：//www. pinr. com 等。

(一) 中印冲突论

正如英国《经济学家》的文章所提出的，[①] 中印不会成为伙伴的理由有三：一是“印度对中国的疑虑根深蒂固”，双方距达成解决领土争端的方案“还很遥远”；二是“中国与巴基斯坦的‘全天候’友谊会使中印关系复杂化”，中国在对印度进行“战略包围”；三是“印度和中国也许还会发现两国正在争夺资源，特别是能源”。比利时学者乔纳森·霍尔斯拉格在其 2009 年的一本新著中，也持有同样的观点。[②] 他认为，中国和印度未来更可能出现冲突而非合作，甚至出现冲突或爆发战争的可能性都极大，其主要原因在于：一是持续上升的经济联系并未消弭中印两国之间历史上的紧张状态，相反由于边界争端的影响而使得“安全困境”日渐凸显；二是国内的经济发展并未能在中印之间产生更多的务实合作，相反，为了争夺资源，两国在东南亚展开了激烈的竞争，这也将成为诱发中印之间爆发“代理人战争”的一个重要因素。[③] 当然，两国的水资源之争近年来也是一些学者们关注的话题。如布拉马·切拉尼和艾西利·特利斯在 2011 年 9 月专门探讨了中国对重要水资源的控制可能引发的紧张局势。[④] 他们认为，源自中国境内的跨境河流所流向的国家数量堪称全球之最，这一独特地位，连同其与河流途经邻邦间的水纠纷，对其西南面的邻居印度造成了严重影响。中国对印度主要河流源头的控制、大型水坝的修建、雄心勃勃的水资源管理计划，以及对制度化水资源共享合作的否决，引发了其与印度潜在的严重冲突。

除此之外，学者们还提到了影响中印关系的其它一系列关键因素。如经济发展、美国在该地区的势力问题[⑤]以及媒体对两国在相互认知塑造上的影响等。经济发展方面的问题除有两国必然存在的正当商业竞争外，两国间已有的贸易不平衡也不时让双边关系有所紧张。而两国在从双边贸易向共同投资的转变上不断遭

---

① 汪嘉波，2005 年。

② Jonathan Holslag，China and India：Prospects for Peace，Columbia University Press，2009.

③ 葛传红：“即将到来的中印冲突：一个虚妄的预言”，《国外社会科学》2010 年第 5 期。

④ 布拉马·切拉尼（Brahma Chellaney）、艾西利·特利斯（Ashley J. Tellis）：“危机即将来临？——中印水资源争夺战”，2011 年 9 月 13 日，http：//chinese.carnegieendowment.org/events/?fa=3431。

⑤ 辛格、韩磊、司乐如：“中印关系：朋友还是敌人?”，http：//chinese.carnegieendowment.org/2010/10/27/中印关系—朋友还是敌人/59p。

遇障碍。至于美国在该地区的影响，很显然，美印的言行表现出了其防范和戒备中国发展的一面。① 而在塑造中印相互认知中承担了核心作用的纸媒和网媒，也并未很好地发挥积极的沟通作用。正好相反，印度媒体聚焦于中国侵入边界，意图拆分印度；在中国的报道中，则充斥着美印战略伙伴关系正与中国相抗衡，双方媒体按各自方式演绎事件，不时激起外交或军事回应。②

（二）对中印冲突论的评价

尽管学者们提出了上述等一系列问题的存在，但我们认为，决定两国关系的关键却并非在于这些问题本身，而在于这些问题是否可控，或者是否已发展得足够的严重、足够的迫切，乃至到了足以对中印关系的正常运行构成致命性挑战的程度。很显然，按照这一标准来评价，答案将是否定的。

在首当其冲的是边界问题上，两国实际上已经建立起相对可控的协调和谈判机制。到目前为止，中印双方已建立了相关的边界谈判小组、技术专家小组及战略对话小组等三重机制予以协商解决，而且经过双方努力，已经取得了一些进展并有望达成共识或协议。更为重要的是，关于边界问题两国高层均表示将通过谈判解决，并且定下了原则性的方向，都不希望因边界问题而影响双方的合作和关系的发展。如2008年印度总理曼莫汉·辛格在接受《人民日报》记者采访时指出，“我对边界谈判进展满意。现在，边境地区保持和平与安宁。我们不允许边界问题影响双边关系的良好发展态势”。③ 因此，超越边界等具体的历史遗留问题，实现中印睦邻友好是完全可行的。④

对于中印关系中的巴基斯坦因素，也不必给予解读或担忧。因为同巴基斯坦建立亲密友好的伙伴关系，与中国一贯坚持的和平互利睦邻友好政策是一致的。中国与印度或巴基斯坦任何一方关系的改善和发展，并不是以任何第三国的利益为代价，更不争对第三国，以及不影响各自与第三国的关系。⑤ 恰如新德里政策

---

① 张立：“美印战略伙伴关系中的中国因素”，《南亚研究季刊》2009年第1期。

② “架起沟通的桥梁：谈中印媒体”，2011年7月1日，http：//chinese.carnegieendowment.org/events/？fa=eventDetail&id=3359.

③ 任彦：“印总理：不允许中印边界问题影响双边关系发展”，《人民日报》2008年1月12日。

④ 禺山默客：“中印关系将进入全新阶段”人民网，2005年4月4日，http：//www.people.com.cn/GB/32306/33232/3317711.html。

⑤ 郑瑞祥：“中印关系60年：总结过去，展望未来”，http：//www.china.com.cn/international/txt/2010-03/22/content_19645141_4.htm。

研究中心高级研究员斯瑞纳斯·拉哈文所言，[①] 所谓“中国着力在次大陆包围印度”的说法“暴露更多的是我们自身对中国的成见，而非北京的真实意图”。客观地讲，中巴关系的健康发展，对于作为邻居的印度也具有正向的外溢效应。

经济发展和资源获取方面的竞争问题，也是个并不十分特别的议题。因为在市场经济条件下，世界上大多数国家都存在着相互的经济和资源竞争。这对盟国而言同样如此。而且竞争也可以促进合作，这在资本主义由自由竞争走向垄断的历程中已经得到证明。事实上，在备受瞩目的能源问题上，中印不但已经迈出了合作的步子，而且对能源安全问题的压倒一切的政治现实主义考量也正在促使两国采取更多的措施加强合作。[②] 对于某些学者近来特别提到的水资源冲突问题，其实也有些危言耸听。因为中方一直在付出努力，以增进双方的跨境水资源合作。长期以来，为帮助下游地区防灾减灾，中方技术人员在上游地区极恶劣的自然条件下，克服巨大困难甚至冒着生命危险，向印方提供讯息水文资料。2010年12月我国总理访印曾专门表示，中方重视印方在跨境河流上的关切，愿意进一步完善双方联合工作机制。“凡是中方能做到的，我们都会去做，而且会做得更好。我请印度朋友们放心，中国在上游的开发利用，都会经过科学规划和论证，兼顾上下游的利益。”[③]

美国虽然近年来表现出重返亚洲、希望主宰和加强控制亚洲的野心和意图，但是，作为地区外部势力，它的影响还需要经过地区国内政治的过滤才能实现。这将使其影响力大打折扣或根本无法体现。如近年来中国因素虽然对美印关系升温起到了较大的推动作用，但印度作为南亚乃至世界上实力居前的大国，它有自己的打算，不会为美国火中取栗，[④] 心甘情愿地成为美国的“马前卒”。因而，即便未来美国因素的影响不断加大，但它始终只是外因，并不能从根本上改变中印关系的基本面。

对于双方存在的互信不足问题，也并未严重到或迫切到足以打断两国关系正常发展的程度。诚然，总体上看，中印双方的交往不多，相互了解不够，除近年

① 斯瑞纳斯·拉哈文，邱峰译：“印度高级研究员称印对中国存在3方面成见”，《环球时报》2010年9月12日。

② Neeladri Chatterjee, “A Political Perspective on Energy Security Cooperation between India and China”, paper presented in 58th Political Studies Association Conference, Swansea University, 1—3 April, 2008.

③ 周兆军：“温家宝．彻底解决中印边界问题需要耐心和时间”，http：//news.cntv.cn/20101217/103085.shtml。

④ 周刚：“牵制中印关系发展的内外因素”，《中国经济时报》2003年9月29日。

来少数互访过的官员、商人、学者外，两国广大民众对对方的国情和政策缺乏基本了解，互信程度较低。[①] 但需要看到的是，这种低互信状况本身既是双方交往可能受限的原因，同时也是双方交往有限的结果。而且按照自由主义相互依赖理论的观点，双方在经贸等领域合作的不断增强将会逐渐改变整个社会的态度，使猜疑和紧张感逐渐消失。因此，两国间存在的“信任赤字”[②] 有望通过两国开诚布公的政治对话、蓬勃发展的经贸往来和不断扩大的文化交往得到缓解。

上述分析表明，除非双方中的任一方采取截然不计后果的外交冒险主义做法，否则中印关系在未来相当一段时间内将并没有可以爆发冲突的正当理由。对中国一方而言，这种风险几乎可以完全排除。因为在中国的发展和对外战略中，睦邻友好政策几乎是不可动摇的。这一方面是由于中国的主要任务仍在于提高经济发展水平，实现国家统一，另一方面也在于中国的外交挑战重点仍在于与美国、欧盟、俄罗斯以及日本等全球政治经济军事强权以及包括印度在内的一批新兴大国构筑相对稳固的依存关系。相反，对于总体实力和综合潜力尚不如中国的印度而言，这种风险却更值得注意。因为在不少持有现实主义国际政治思维的印度政治家或学者的眼中，中国常被视为其在亚洲乃至世界崛起的头号对手甚或最大障碍。[③] 他们认为中国的持续发展可能会进一步加剧中印实力的不平衡，从而在未来使优势更多地向中国倾斜。因此在转向寻求遏制中国发展这一点上，他们将会与某些别的国家找到共同点，这或许将在一定程度上助长他们逆转两国正常关系的胆量和力量。而印度著名战略问题专家、曾担任印度国家安全委员会顾问的马达夫·纳拉帕特教授也为此曾告诫说：“不应把国家的能量都用到在国际事务中故作姿态或是奉行外交冒险主义。印度与中国几千年的历史中，我们只有四个月在进行战争。这四个月就够了”。[④]

但无论如何，即便中印两国毫无疑问地会在许多领域有所差异或分歧，但我们仍有足够的理由对两国管控好双边和平共荣关系以实现同步崛起的前景充满信心。[⑤] 作为世界上两个人口最多的发展中大国，从现在到未来相当一段时间内压倒两国一切的优先事项仍是发展自身实力和追赶缩小与发达国家差距问题。正是

---

① 王晔：“印双边经贸关系发展制约因素多”，《经济参考报》2009 年 7 月 31 日。

② 王恬：“中印之间要减少‘信任赤字’”，《人民日报》（海外版）2011 年 8 月 15 日。

③ 张力：“中印关系与印度对华政策及其战略思维”，《南亚研究季刊》2005 年第 4 期。

④ 魏玉栋、印学者：“中印既是伙伴又是竞争对手”，http：//news. xinhuanet. com/world/2007-08/30/content _ 6631251. htm。

⑤ Yuan Jingdong，The Dragon and the Elephant：Chinese-Indian Relations in the 21st Century，The Washington Quarterly，Vol. 30：3，pp. 131—44，2007.

基于这一共识，两国在上世纪后期改善了政治关系，开启了两国经贸活动的大门，奠定了两国战略关系的基石。而到二十余年后的今天，从西方自由主义国际政治理论视角看，这种力量已经变得难以逆转。随着中印的经贸联系变得日趋紧密，双方的相互依存度也日益提高，这不但导致双方发生冲突的机会成本变得异常高昂，同时反过了也使经贸合作成为了一股促使双方在政治上加强互信合作以营造有利的政策环境中的强大推力。由于经贸活动都是嵌入在特定的制度环境下而得以进行，因此难以想像，一个缺少稳定预期、动荡或冲突的政治交往前景能够与蓬勃向前的经贸活动和国家富强目标相兼容。当然，驾驭好双边关系的走向并不能仅仅依靠经贸渠道，还需要双方在开诚布公地承认和正视分歧的同时，成熟理性地管控好双方间可能出现的各种紧张状况或潜在的区域危机，[①] 同时还需要双方继续保持持续的高层互访和政治沟通，推进在国际和区域事务中的合作，开展多层次的对话和交往活动。

四、结论

综上所述，我们认为，中印发展伙伴关系有着坚实的利益基础。中印两国关系前景尽管面临诸多挑战，但绝非是锁定在约瑟夫·奈所视的悲观预期中，将其视为一种良性竞争性共生伙伴关系的看法或许更为准确而全面。[②] 这意味着两国尽管在许多领域会发生竞争，如在商业领域，两个国家都在寻求同样的市场资源和科学技术；在制造业方面，印度需要同中国展开竞争，以便能够创造更多的蓝领工作岗位；在软件开发和服务业方面，中国也需要追赶、甚至试图反超印度，以便能加强制造业的创新基础能力，并努力为国内数千万受教育人口提供工作岗位。但是这种竞争的性质不是完全对抗性的，不是一种零和式博弈，而是两国交往中的正常组成部分。当然，与两国在经济上展开竞争合作关系同样重要的是，两国未来还需要努力取得在文化、人文领域等的平衡发展，增加在这些方面的合作关系，减少两国面临成为对手的风险。

---

① Malone, D., Mukherjee, R., India and China: Conflict and Cooperation, Survival Vol. 52, pp. 137—38, 2010.

② 刘宗义："中印竞争性共生关系—兼评约瑟夫·奈的《中印关系前途未卜》"，[新加坡]《联合早报》2011 年 1 月 24 日。

公共外交与国家形象：中印关系新视野

尹锡南*

一、公共外交的涵义和作用

“公共外交”（public diplomacy）是1965年由西方学者率先提出的一个描述当代国际关系实践的新话语。它在英国又被称为“文化外交”（cultural diplomacy），主要是指一国政府所从事的对外宣传和文化交流。有的学者认为，公共外交的概念晚于公共外交的实践，各国公共外交的具体实践均可追溯到20世纪之前，但接受此一概念的时间却要晚得多。① 中国与印度的情况均是如此。中国官方接受公共外交的概念大致以2004年外交部新闻司成立公共外交处为标志。2009年，该处升格为公共外交办公室。

公共外交绝非某个国家的政府为了自己的利益而采取的权宜之计，它有着更加深厚的理论基础和价值内涵，是全球化信息时代外交公开化、社会化和民主化的自然产物。“从更广泛的意义上说，公共外交所反映出来的是一国政府着眼于沟通不同思想文化，促进彼此的理解和交流的外交努力；或者说从根本上昭示了一国政府增进不同文化实体之间的相互理解和认知的社会责任。”② 这便体现了当代国际关系研究突破军事安全、政治互动和经济贸易等各个传统层面而转向构建“全球心灵空间”（全球意识共同体）的大趋势。这是一种新型的“国际民心工程”，它使“心灵政治”正日益成为“一种新的国际关系理论研究路径”。③ 以

---

* 尹锡南，教育部人文社会科学重点研究基地四川大学南亚研究所教授。

① 韩方明主编：《公共外交概论》，北京大学出版社2011年版，第6页。

② 同上书，第7页。

③ 韩方明主编：《公共外交概论》，北京大学出版社2011年版，第15页。

探索和实践“心灵政治”为导向的公共外交一般以政府主导为前提，其外交对象大体为外国公众而非外国政府，其外交手段是媒体公关、文化传播、人文交流和援助等，其目标是达成外国公众对本国形象的正面认知。一国与别国的民间交流上升到政府主导层面时，自然便成为公共外交。[①] 这对那些长期存在文化隔阂、彼此理解度极低的国家而言，不啻于相互沟通而促进两国关系健康发展的一剂良方。从这一角度看，目前日趋成熟但仍存在许多脆弱或不稳定因素的中印关系非常值得从公共外交的视角进行思考。

对中国和印度而言，公共外交的必要性和紧迫性不言而喻。其中的一个原因是，中印广大人民对于对方国家的认知存在诸多误区，诸如“龙象之争”或“龟兔赛跑”模式的中印关系认知存在某些弊端，因为它将国际关系经典理论中的实力论带入中印关系研究中，使其成为考察中印关系的唯一理论模式。一般而言，国家形象就是着眼于人们认知领域的一个核心概念，它突出的是一国民众对他国政治、经济、社会、文化等方面的观察和评价，是一种强调主体价值标准的判断。“特别是对于正在崛起中的国家，在谋求国家利益增长的同时，还必须优化自己的国家形象，争取国际公众对本国实力增长后的信任和理解，这是正在崛起的国家必须进行的重要工作。”[②] 究其实质，开展对于别国民众的公共外交也有提升本国软实力的战略考量。软实力论始作俑者约瑟夫·奈曾经认为：“在这样一个多样化的世界里，所有这三种力量——军事实力、经济实力和软实力，都是必不可少的，尽管在不同场合具有不同的作用。然而，只要目前的经济和社会发展趋势继续下去，信息革命的领导作用和软实力就会变得更加重要。”[③] 奈还认为，未来的中国和印度将成为亚洲的巨人，这两个国家的软实力日益显露出“上升趋势”。“中国和印度的真正希望还在更长远的未来。经济的快速增长很可能同时提升中印两国的硬实力与软实力。”[④] 如何“润物无声”地影响他国对于本国的观察和认知即国际形象的塑造便成为本国培育文化软实力的关键过程。加强自身软实力的建设，塑造良好的国家形象，在“心灵政治”层面上沟通不同国家民众的文化心灵，进而达成心灵和谐，促进两国关系绿色的可持续发展，这是从公共外交视角对当代中印关系发展进行战略思考的基本原因。从此意义上说，探讨公共外交与中印关系发展的辩证关系，成为时代赋予学者们的要务之一。此处的

① 参阅韩方明主编：《公共外交概论》，北京大学出版社 2011 年版，第 7—9 页。

② 韩方明主编：《公共外交概论》，北京大学出版社 2011 年版，第 93 页。

③ 约瑟夫·奈著，郑志国等译：《美国霸权的困惑：为什么美国不能独断专行》，世界知识出版社 2002 年版，第 12—13 页。

④ 约瑟夫·奈著，马娟娟译：《软实力》，中信出版社 2013 年版，第 117 页。

探讨主要围绕公共外交如何促进中印之间的国家形象塑造而展开。

二、中印公共外交历史回顾

大体来看，公共外交的实践要普遍早于公共外交这一概念的出现。这对中印两国来说也是如此。明末清初开始的思想转折，改变了中外文化交流的性质。中国同欧洲的交流成为一股激流，而同有传统交流关系的亚洲国家的互动交流则成为一股涓涓细流，没有中断，但不强烈，大有若断若续之势。“中印文化交流就属于这个范畴。”[①] 殖民主义势力的干扰是中印近代时期交流黯淡的主要原因。但是，在互相理解和支持对方民族独立的前提下，现代印度与中国之间的民间交流不仅逐渐恢复，而且上升到公共外交的地步。

自 1937 年 7 月 7 日实行全面抗战后，中国的抗日战争得到世界各国的同情和支持。“在亚洲，最有力的支持来自印度国大党和印度人民。”[②] 印度国大党采取一切可能的措施支持中国抗战。印度共产党、其他民族主义组织和各群众团体对中国抗战都抱同情和支持态度。泰戈尔、甘地等著名人士以各种方式强烈谴责日本侵华的野蛮行径。这显示了印度人民的国际主义精神。在印度人民给予中国抗日战争的诸多帮助中，最突出的要算是国大党派遣以柯棣华大夫等 5 人组成的医疗队援华。尼赫鲁是组织援华医疗队的主要策划人。1938 年 9 月 17 日，柯棣华大夫等 5 人到达广州。他们为中国抗日战争作出了杰出的贡献。2002 年 1 月 16 日，时任中国总理朱镕基在孟买会见了柯棣华大夫的亲属。2006 年，时任中国国家主席胡锦涛访问孟买期间，也特意接见了柯棣华大夫的亲属。印度医疗队来华是中印公共外交史上的里程碑事件。

中国政府和人民在接受印度政府和人民援助的同时，对印度争取独立的民族斗争也给予了力所能及的支持。例如，蒋介石访印时发表《告印度人民书》，敦促英国政府尽快承认印度民族权利。中国各大新闻媒体报道了 1942 年英国镇压印度民族运动的消息。中国各界掀起抗议怒潮，国共两党都对此事给予高度关注。宋庆龄、宋美龄、戴季陶等人以赠送礼物等方式对尚处英国殖民者监狱中的尼赫鲁以深切慰问。1943 年，印度孟加拉、孟买、比哈尔和马德拉斯等地发生

① 季羡林：《中印文化交流史》，新华出版社 1991 年版，第 159 页。

② 林承节：《中印人民友好关系史（1851—1949）》，北京大学出版社 1993 年版，第 257 页。

严重饥荒。中国人民为印度受灾群众举行了筹款赈灾活动。根据印度方面记载，1944 年 2 月印度方面收到中国赈款 12 万多卢比。在这种互相同情和支持的背景下，中印民间交流自然极易上升为政治高层主导的公共外交。

在中印政治家和学者们的沟通和努力下，中印文化交流的组织在中印两国分别成立。1934 年 5 月，印度的中印学会成立，泰戈尔任主席，尼赫鲁后来任名誉主席，普拉沙德、拉达克里希南等政治家曾任各地负责人。1935 年 5 月，中国的中印学会在南京正式成立。国民政府给予大力支持，蔡元培当选为理事会主席，戴季陶当选为监事会主席。1937 年 4 月 14 日，国际大学的中国学院举行成立典礼，这是中印现代文化交流史上的一桩盛事。它得到甘地、尼赫鲁等人的高度重视。戴季陶和蒋介石、宋美龄等国民党要人先后访问国际大学。尼赫鲁后来长期担任该校校长。中印学会和国际大学中国学院也可视为中印公共外交的典范之作。中国学院成立至今，在促进中印学者互访和文化交流方面作出了杰出的贡献。这些教育和文化交流活动也是中印公共外交的重要组成部分。

1949 年 10 月 1 日，新中国诞生。1950 年 4 月 1 日，中印正式建交。印度是世界上社会主义国家外，第二个承认新中国的国家。这同样显示了中印公共外交的良好效应，因为此前印度官方和民间人士的中国体验和认知奠定了他们承认新中国的心理基础。正如印度首任驻华大使 K. M. 潘尼迦所言："尽管对必须承认新中国这点毫无异议，但印度领导层对承认的时间问题存在不同意见……坦率地说，我自己的观点是，当国民党政权在中国大陆倒台时，我们应该承认这个新的政权。"① 根据一位当代印度学者的研究，当时的印度对新中国的承认出于彼此理解的缘故。她说："印度强烈批评美国不承认毛泽东政权的政策……印度对新中国采取的立场既不是英国式的实用主义，也不是缅甸式的绝望和权宜之计。印度必须以容易明白的人类理解方针和亚洲式爱国精神凸显自己的外交路线。"②

20 世纪 50 年代中期被称为中印关系的"蜜月期"。在中印共同倡导和平共处五项原则、共同促成万隆会议成功召开和高层互访成功举行的基础上，两国间的公共外交也随之顺利展开。例如，由政府组织的两国友好代表团不断访问对方国家。20 世纪 50 年代来华访问的有印度友好代表团、文化代表团、艺术代表团、舞蹈团及国家排球团。中国出访印度的包括文化代表团、艺术代表团、作家

---

① K. M. Panikkar，In Two Chinas：Memoirs of a Diplomat，London：George Allen & Unwin Ltd.，1955，p. 67.

② Shalini Saksena，India，China and the Revolution，New Delhi：Anmol Publications，1992，p. 185.

代表团和大学代表团。中印两国的和平运动团体和友好协会之间也开展了积极的协作。这些典型的公共外交加强了两国人民的互相了解，促进了中印关系的健康发展。

20 世纪 50 年代后半期，西藏问题与边界问题的阴影开始笼罩中印关系。1961 年 7 月印度驻华大使回国，1962 年 7 月中国驻印度大使回国。此后，直到 1976 年，两国虽保持着外交关系，但均未向对方派出大使，一切外交活动几乎陷入停顿，这是十分不正常的现象。不过，1976 年，中印之间重新互派大使，结束了 10 多年的“代办级”状况，中印关系逐步得到修复。此后，中印之间的政治、经济、教育、新闻、文艺、体育、医药卫生等方面的交流和民间往来逐渐得到恢复，自然，公共外交也开始重新提上中印高层的议事日程。1988 年 12 月，时任印度总理拉·甘地访华，这次“破冰之旅”是“中印关系史上的重大事件，具有突出的现实意义和深远的历史意义”。[①] 拉·甘地访华期间，中印两国政府签订了文化合作协定 1988 年、1989 年和 1990 年交流执行计划。这为开展新时期的中印公共外交提供了新的平台，并为两国关系的发展注入了新的活力。1991 年 12 月，李鹏总理对印度进行正式友好访问。两国政府领导人同意将在卫生和教育等领域进行合作，还同意印度在中国举办文化节和中国在印度举办文化节，进一步夯实双方的公共外交基础。

2003 年 6 月，印度总理瓦杰帕伊访问中国，接待印度领导人访问的温家宝总理提议，开展中印在教育、科学、文化和卫生等领域的交流，互设文化中心。瓦杰帕伊表示，印度方面愿与中方共同努力，加强上述领域的合作交流。这为 21 世纪初的中印公共外交定下了新的基调。中印两国总理共同出席了两国政府 9 个合作文件的签字仪式，其中包括：《中国教育部与印度政府人力资源开发部教育交流与合作的执行计划》、《两国政府关于在两国首都互设文化中心的谅解备忘录》和《两国政府文化合作协定 2003 年至 2005 年执行计划》等。此后，由中国国家留学基金委和印度文化关系委员会（ICCR）等单位牵头的“中印互换奖学金项目”启动，两国间学者、研究生等多了一条互相了解对方文化、体验对方民族风情的捷径。同时，印度驻华大使馆继续向中国广大读者免费赠送自己主办的中文期刊《今日印度》，中国驻印度大使馆也向印度知识精英赠送介绍中国风情的多种英文杂志。近年来，两国在对方国家多次举办文化节。2010 年以来，印度驻华大使馆牵头，在北京大学等地多次举办纪念泰戈尔诞辰 100 周年国际学术研讨会，宣传泰戈尔所代表的印度文化软实力。2012 年 11 月，印度德里的中国

---

① 张敏秋主编：《中印关系研究（1947—2003）》，北京大学出版社 2004 年版，第 42 页。

研究所在该所举办鲁迅国际学术研讨会，中国驻印度大使馆也派员参会并发表演讲。此次研讨会旨在宣传鲁迅为代表的中国现代文化，促进印度学界对中国作家的深入了解。2011 年被中印两国定为“中印交流年”，2012 年被两国领导人宣布为“中印友好合作年”。2013 年 5 月，李克强总理访问印度期间，与印方高层共同确定，2014 年为“中印友好交流年”。近年来，中印两国高层领导高瞻远瞩，共同确立了每年互派百人以上青年代表团访问对方国家重要城市的重要项目。这说明，中印公共外交已经进入一个崭新的阶段。从目前来看，中印关系处在前所未有的大好发展时机。

三、公共外交优化中印国家形象

公共外交既然是培育别国公众对本国的亲和力，进而优化本国形象的重要一环，它在中印近距离互相认识对方的过程中自然会留下许多真实的印迹。此处略举几例加以说明。

1951 年 9 月 1 日，中国和平理事会等 5 个中国机构联合向以下 3 个印度机构发出访华并参加中国国庆大典的邀请：位于孟买的印中友好协会（会长为时任《闪电》编辑的卡兰加即 R. K. Karanjia）和全印和平理事会，位于加尔各答的印中友好协会（会长是 Hannah Sen 女士）。印方迅速作出了热烈回应，组成了由印度斯坦文化协会秘书、《新印度》编辑苏恩达拉尔（Sundarlal）为团长的印度友好代表团，其中包括著名英语作家、记者、时任全印和平理事会副会长的安纳德（Mulk Raj Anand）等 15 人。这 15 人中包括了安纳德在内的 3 名印度记者。1951 年 9 月 21 日，印度友好代表团到达香港九龙，22 日到达广东。至 10 月 30 日启程回国，代表团在中国访问达 40 日之久。回到印度后，苏恩达拉尔和卡兰加分别撰写了中国游记，并于次年即 1952 年出版。他们的中国游记在印度公众心目中激起了热烈反响。

苏恩达拉尔和卡兰加等人通过在华 40 日的耳闻目睹，加深了对中国政治、经济、社会现实与民俗文化等各方面的了解，并对中印历史友谊有了更为直观的感受。他们在自己的书中分别详细描述了中国印象。在苏恩达拉尔笔下，中国妇女得到了解放，女性地位大大提高。中国实行了宗教宽容和少数民族自治政策。土地改革使农民翻身作了主人。中国实行的是多党合作制。中国新民主主义革命值得赞扬。苏恩达拉尔发出了印度学习中国的号召。关于经济，他写道：“印度从中国学习的主要经验，与其说是经济政策的内容或方法，不如说是学习确保经济政策实施、大众理解和群众参与的方法。"① 他在书的最后写道："新中国给了我们足够的精神食粮，有助于我们把握自己的未来，以创造一个幸福、强大和自由的亚洲，并确保世界人民的和平与繁荣。"②

与苏恩达拉尔一样，卡兰加也为新中国翻天覆地的变化感到振奋。他对中国的各个方面均给予正面报道，并以自己的亲身经历驳斥某些西方和印度记者对所谓中国"缺乏民主"的歪曲报道或恶意诋毁。他为中国实行的宗教政策和民族政策喝彩，并在中国农民身上"发现"了甘地理想的实现。在卡兰加看来，中国的"专制政体"比起印度的民主政体更为优越。他说："我们的'民主'与中国的'专政'之间唯一的区别在于，后者组织有序，积极高效，而前者非常的混乱无序，效率低下。"③ 在书的最后，卡兰加呼吁从西方民主中寻求治国灵感的印度总理尼赫鲁将眼光转向中国："我以前曾经恳请、现在再次恳请尼赫鲁访问中国，如果他真要体验精神愉悦，以使其'印度的发现'臻于完美的话。因为在中国，他不仅可以发现解除自己困境的方法，也可发现他的政府和人民面临的诸多难题的解决办法。中国已经向世界、特别向印度展示了如何解决亚洲问题的方法，即自产（swadeshi）的亚洲式道路。"④ 上述两位作者的中国观察和中印比较对印度精英人士或普通公众从正面认识中国不无益处。

虽然由于 1962 年边界冲突导致中印间公共外交长期处于不理想状态，但随着两国关系解冻，公共外交又以各种形式得到不同程度的恢复。例如，印度记者近年来常驻中国，不断地向印度的媒体发回关于中国的报道。虽然这些报道存在这样那样的问题，但与借用西方之眼看中国相比，却又是一大进步，因为这是通过印度之眼看中国。中印公共外交即使在对华态度敏感的印度记者身上，也可因其足够的中国体验发挥某种积极的效应，这对传递中国形象的正能量起到了不可替代的重要作用。

与前述印度学者、记者的中国观察类似，对于有过足够印度体验的中国学者、学生、作家、记者及其他普通民众而言，他们心中的印度形象也会出现很多积极的成分。

20 世纪 50 年代，在卡兰加等人访问中国前后，几乎中国所有的知名作家都

---

① Sundarlal, China Today: An Account of the Indian Goodwill Mission to China, September-October 1951, Allahabad: Hindustani Culture Society, 1952, p. 507.

② Ibid., p. 596.

③ R. K. Karanjia, China Stands Up and Wolves of the Wild West, Bombay: People's Publishing House, 1952, p. 217.

④ Ibid., pp. 255—256.

访问过印度。中印互访代表团均受到对象国群众的热烈欢迎，也大多受到国家领导人的接见。曾经随团访问过印度的季羡林回忆道："我曾多次访问印度。印度人民对中国人民代表的欢迎，简直达到了狂热的程度。"① 1953 年底至 1954 年初，中国友好代表团访问印度，著名作家冰心是其成员之一。她的这段访印回忆录可以视为中印公共外交最美好的象征："每到一处，飞机刚落，火车刚停，就看见机场车站，人山人海，旗帜飘扬。人的巨流包围上来，握手，拥抱，套化环，献花束，在响彻云霄的'中印友好万岁'、'和平万岁'的口号声中，我们被簇拥上批花插旗的汽车，开到各样的公共场所，被介绍，受欢呼。"② 从上面两位名人的访印体验和相关记载来看，他们心目中的印度形象是美好的、正面的。

同样的道理，由于 1962 年中印边界冲突的缘故，中印公共外交在很长一段时间内陷入停滞，去印的中国人大幅减少，这使中国人的印度体验无从发生，他们对印度的认识大多停留在过去的阶段，或借助于佛教之眼看印度，或借助于西方的报道对之进行思考，难免会有模糊或错误的地方。随着 1988 年拉·甘地访华的"破冰之旅"顺利进行，特别是随着中印政府自觉主动地开展大规模的公共外交，越来越多的中国学者、学生到印度留学，越来越多的中国游客到印度旅游，对于印度文明的近距离接触使中国人认识了一个全新的印度，从而在心中建构起更加真实的、正面的印度形象。

近年来，随着中国留学生和游客访印的频率增加，陆续出现了一系列印度游记。例如：《莲花之上——印度行游书》（张金鹏著，2007 年）、《不可思议的印度》（于彤、刘志刚著，2009 年）和《菩提树下，恒河水上——一次与印度的神奇邂逅》（周利群、沈逸鸣著，2012 年）等。这些由青年学者或游客所写的印度游记大多图文并茂，文字鲜活灵动，能向中国广大读者迅速地传达印度形象的正能量。一位学者在为两位留学印度并研究佛教的研究生写的印度游记写序时称："印度无疑是世界上最迷人的国度，它的迷人之处在于变化万千，富有大自然的馈赠。它的迷人之处更在于人文的色彩斑斓。"③ 此语可谓中的之言。

可以断言，随着中印间人文交流增多、经贸往来和旅游往来日趋频繁、学术对话渠道不断拓宽，中国精英人士和普通大众对印度的认识将更趋真实而理性。这足以抵消很多复杂因素加诸于印度形象的不实一面，并为发展理想的中印关系

---

① 季羡林：《中印文化交流史》，新华出版社 1991 年版，第 78—79 页。

② 卓如编：《冰心全集》（第 4 册），海峡文艺出版社 1994 年版，第 73 页。

③ 周利群、沈逸鸣：《菩提树下，恒河水上——一次与印度的神奇邂逅》，"序"，人民邮电出版社 2012 年版。

打下坚实的基础。

四、对印公共外交的动因、阻力和策略

对于中国方面而言，加强对印公共外交是刻不容缓的时代要务，这几乎是无需论证的一大现实命题。这是中印关系波澜曲折的现实反映，也是全球化信息时代的必然要求。随着1962年中印边界冲突的爆发，两国间的人文交流长期陷入停滞，公共外交活动无从展开。这种不正常的状况造成的直接后果便是，两国民众对对方的认识停留在几十年前的水平，有的甚至连对方国家居于何方也不得而知。这对两个比邻而居的大国来说，是一种令人无法接受的尴尬现实。因为要想在国际和地区层面进行全方位合作，要想在政治互动和经济贸易乃至军事安全等诸多领域进行合作，缺乏必要的互信是难以遂愿的。目前，中印两国已经以不断崛起的新形象步入21世纪，高层互访正常化、经济贸易额逐年攀升、旅游往来和人文交流日趋增多，重要的是，两国在国际事务中越来越多地留下了合作呼应的记录，这一切为中印开展新时期公共外交创造了必要的条件和充分的前提。

公共外交是全球化时代自然产生的新型外交，但其实践或雏形却是由来已久。“从本质上来说，公共外交是对传统外交的补充和发展，是全球化和信息化时代塑造国际合法性和认同度的一项重要战略。”① 此处所谓“塑造国际合法性和认同度”其实便是塑造积极正面的国家形象的另一种说法而已。迄今为止，“中国威胁论”在印度仍旧占有“份额可观”的市场。2005年左右，印度主流英文媒体在中国报道上曾经呈现出多色调的特点。印度媒体以很高的热情对于发生在中国的新闻和有关中国的方方面面给予及时报道，这使印度公众心目中的中国形象在某种程度上显得更加真实可信。印度媒体倾心于中印比较以发现中印各自的优劣，有的强调学习中国，以追赶中国经济的发展速度。印度媒体有时还展开激烈辩论，争论中国是敌是友亦即合作伙伴还是安全威胁的问题。② 将中国视为安全威胁的做法早有所本，早在1975年，便有印度国会议员称：“中国的政策对人类世界的存在构成了严重威胁。”③ 随着近年来中国崛起的步伐加快，印度部

---

① 韩方明主编：《公共外交概论》，北京大学出版社2011年版，第7页。

② 参阅尹锡南：《印度的中国形象》，人民出版社2010年版，第119—142页。

③ Shashi Bhushan, China on the Way to Fascism, New Delhi: Peoples Sector Publications, 1975, p. 5.

分鹰派人士的“中国威胁论”持续存在。他们的舆论一时间似乎成为了对华报道的主流声音，这对发展健康友好的中印关系是一种无形的制约。不仅如此，部分印度人士的“中国威胁论”还延伸到中国的非洲战略、中国的东南亚外交政策等领域，这显然是与国际上的“中国威胁论”存在着某种联系。在此背景下，公共外交在中印关系发展中的重要战略地位得以凸显。公共外交“润物无声”的独特魅力，在消除印度精英和普通大众对中国的误解、误读甚或是刻意曲解方面，可以发挥柔性政治或低级政治的独特作用。

开展对印公共外交存在一些不容忽视的阻力或不利因素。首先，印度国内的对华认知存在分裂的局面，这是开展对印公共外交必须加以思考并稳妥制定相关对策的一点。中印之间存在的诸多历史遗留问题、特别是边界争端问题、西藏问题和巴基斯坦问题，成为横亘在印度精英分子和普通大众心灵上难以逾越的“障碍”。印度学者近期指出：“除了政治外，中印关系自然还包含了战略、文化和意识形态等因素。印度的中国观察家们容易分成两派：一方是我所谓的‘恒久敌对派’（Eternal Enemy School），他们认为，由于固有的意识形态、人口、经济和地理等因素，中印必然保持敌对、甚至是冲突的关系；可以称为‘中印大同派’（Chindia School）的另一派认为，尽管我们之间存在诸多差异，全球化的原动力要求两位亚洲巨人进行合作，这是抗衡、甚或是超越历史上西方在亚洲长期存在的霸权优势的唯一道路。”① 所谓“恒久敌对派”其实是受中印历史遗留问题的“包袱”所累，也受到了西方中国观的负面影响。这派人对于中国开展对印公共外交自然会存有疑惧心理。

近代以来，印度与西方的全方位互动从未因为政治版图变迁等因素而中断，这便在无形中造成了印度与西方公共外交连绵不断的历史格局，印度精英自然认同西方的学术规范和大部分政治话语。由于印度精英和大众对于本国文化的自豪和对西方文化的亲切感，他们在接受陌生的中国文化时自然存在很大的心理障碍。中国如欲融入世界话语圈，除了适当借用西方话语外，还得以英语来表达自己的声音。中国对印公共外交也不例外。这对中国政府和学者来说，均是一大挑战，因为，中国在既深谙印度历史文化和基本国情、也通晓西方文化和学术话语的人才储备方面，存在严重短缺的不利局面。

公共外交的一大前提是人员交流的正常进行，如果对象国具有一定的本国人口或本民族人口，那就更为理想。在这方面，中国和印度均存在一些天然的缺

① Ira Pande, ed., India China: Neighbours, Strangers, “Preface”, New Delhi: HarperCollins Publishers, 2010.

憾，那就是两国常驻对方的人口或互通婚姻的人口非常少。这对开展中印之间的公共外交而言是一种制约，也是短期内难以克服的不利因素。相比于中国对日、对美、对英等的公共外交，中国对印公共外交的难度之大可想而知。

虽然存在不少的不利因素，开展对印公共外交仍然势在必行。当务之急是有针对性地、系统地制定一套切实可行的对印公共外交政策，使其提升至发展中印关系的国家战略高度。这种带有国家战略的公共外交政策，应该具有历史透视的维度，也应该观照当代中印关系的各种难题和制约因素。只有如此，方可将历史的经验教训与当代中印关系的实践有机地结合起来，对目前的公共外交进行准确定位。制定这种切实可行的公共外交战略，需要真正懂得印度国情和中国国情异同、印度文化和中国文化异同的学者和专家们群策群力、精诚合作。这样的一套公共外交策略，必将为中国的对印政治外交、经济外交和安全合作等指引必要的方向，免除诸多盲目及无谓的人力、物力浪费。

中印关系中的很多问题在很大程度上是一种由历史解读出现歧异而产生的复杂心理问题，因此提倡历史再探讨，倡导中印两国的历史学者频繁对话，召开殖民主义时期的中印关系史研讨会，便是势在必行的系列举措。这必须得到政府的大力支持。它的目的是，淡化印度精英和普通民众关于 1962 的强烈记忆，转而强化其关于中印历史悠久的传统友谊的记忆，强化其关于中印曾经同遭西方殖民势力摆布和劫掠的历史记忆，以达成中印具有历史维度和深度的文化认同或地缘记忆。不可忽视的是，当一些印度的中国问题专家考察中印关系时，很多人不由自主地涉及到几十年前的中国研究成果，而这些成果的作者大多是生活在特定时期的人，他们的中国观无法避免历史语境的制约。例如，常为印度学者所信奉的错误观点是，1962 年中印边界冲突的起因是尼赫鲁等人处理中印关系的理想和浪漫姿态，而这种理想必将在现实政治面前大打折扣。① 曾有印度学者指出潜伏在"中国威胁论"背后的思想逻辑："没有中国这样一个潜在敌人，军队的重要使命便毫无理由可言。"② 通观印度学者的中印关系研究、特别是 1962 年以后的相关研究，不难发现，他们大多从注重历史文化考古的中国研究转向了现实关切的"中国观察"，这便是很多学者至今念念不忘 1962 的主要因素之一。1962 年后，印度学界除了谭中、玛妲玉、H. 雷和狄伯杰等少数人富有成效和当代启迪

---

① D. R. Mankekar, The Guilty Men of 1962, Bombay: The Tulsi Shan Enterprises, 1968, p. 116.

② Waheguru Pal Singh Sidhu and Jing-dong Yuan, China and India: Cooperation or Conflict? Boulder and London: Lynne Rienner Publishers, 2003, p. 145.

的历史探索外，大部分学者的精力都为中印关系的现实问题吸引过去。这既是印度的中国研究的不足或短板，也是当今开展对印公共外交的一大契机。如何把握这一机遇，将更多的学者吸引到中印历史对话和学术交流的轨道上来，这是必须认真思考的公共外交议题。

提倡相互理解，增进对话交流，这是对印公共外交的一个重要指导原则。近年来，华裔印度学者谭中在印度发起中印双方“跨越喜马拉雅障碍”而理解对方的公共外交性运动，这对中国政府和学术界不无启示。近年来，中印百人以上的青年代表团定期互访对方国家，实地感受对方的文明魅力，这是面向未来建构中印文化亲和力的智慧之举。但是，这种公共外交仍属浅层次的国家行为，只有将之提升到学术层面，并扩展至经济贸易领域、人文交流、翻译、旅游和教育科技等诸多领域，公共外交才会发挥应有的效力。如此一来，设立面向印度的教育奖学金，制定各项中印交流的计划和政策，筹措中印各种学术研讨会的资金，这便成为一种急务。鉴于媒体互动是优化中国形象的重要一环，媒体对话势在必行，中国政府应该委托适当的机构或组织，邀请两国媒体的负责人和相关记者定期在两国各地进行对话和互访，并鼓励印度记者到范围更广的中国大陆地区进行报道和实地考察，引导他们报道中国的西部大开发、反腐倡廉、抗震救灾等突出事迹或成就，以矫正印度媒体报道中国的一些不实或歪曲姿态，向印度人民展现真实的、正面的中国形象。同时，为了消除包括记者在内的印度大众对中国的误解，中国政府应该组织人力物力，以英文著述的恰当方式，向其解释中国的政治制度和基本国情，说明新疆、西藏等少数民族地区的发展现状，以及中国尊重公民信仰自由的宗教政策，阐释中国的经济发展战略及其思路，增加信息透明度。这些举措必将在不同程度上对印度媒体从业人员的对华报道、甚至对印度学者的中国研究产生正面的引导作用。

回溯近年来的中印高层互访，两国领导人常常喜欢引用甘地、泰戈尔或老子的话为“见面礼”，这对中国对印公共外交是一种启发。由于语言的障碍，印度对于中国文学和文化的了解大多来自西方文献。因此，中国应该采取积极的“文化送去主义”策略，将我们近年来优秀作品的英译本送到印度去，或把我们的优秀戏剧、电影、绘画或音乐等送到印度去，不让西方关于中国的二道货充斥印度文化市场。为培育中印人民之间的文化亲和力，我们还须采取“文化拿来主义”策略，翻译印度对华友好人士或外交官的中国游记，让中国民众了解印度的中国观。翻译并出版当代印度作家的优秀作品、特别是翻译出版其中国题材代表作，在国人心目中培育除佛教文化和泰戈尔作品之外的印度文化新魅力。建议在印工作过的中国外交官或留学印度的学者撰写自己的印度游记，且在国家资金扶持下，有计划成系列地由人民出版社等国家权威出版机构出版发行，并择其要者译为英语或印地语，向印度的相关中国问题研究机构或高校等机构免费赠送。中国方面应该采取政府行为，遵循“文化送去主义”的规律，以恰当的语言载体和合适的叙述方式对这些作品进行包装，以利于对方读者的理解和接受。通过这种方式，印度读者可以感受到中国对印度和印度文化的亲和力，从而为中国的对印公共外交创造理想的心理前提和坚实的文化基础。

试析南方丝绸之路在中印关系中的作用

宋志辉[*] 马春燕[**]

2000多年前，一条纵贯中国川滇两省，连接缅、印的“南方丝绸之路”见证了古时中国与东南亚、南亚国家间的商贸繁荣与文化交往。2000多年来，南方丝绸之路为中印两国间的经贸往来、人文交流和社会发展等方面作出了巨大贡献。第二次世界大战时期，作为南方丝绸之路重要组成部分的“驼峰航线”和“史迪威公路”在中印两国的民族解放事业中也立下了不朽的功勋。进入21世纪以来，这条连接中国西部与东南亚、南亚的国际大通道在推动中印关系发展和中国实施新一轮西部大开发战略中的作用更加明显，中印两国有必要共同努力，重振“南方丝绸之路”的昔日雄风。这不仅对中印两国，而且对亚太地区的合作与发展乃至世界和平都具有十分重要的现实意义和历史意义。

一、南方丝绸之路的起源与发展

南方丝绸之路，古称蜀身毒道，是一条起于现今中国四川成都，经云南进入缅甸，到达印度的通商孔道。公元前4世纪，蜀地商队驱赶着驮运丝绸的马带，走出川西平原，踏上了崎岖的山间小道，翻山越岭，跨河过江，进行着最古老的中印商业贸易业务，从而开辟了这条中国通往南亚、西亚以至欧洲的最古老的商道。它以四川成都为起点，经雅安、芦山、西昌、攀枝花到云南的昭通、曲靖、大理、保山、腾冲，从德宏出境，进入缅甸、泰国，最后到达印度和中东。南方丝绸之路国内段的起点为古蜀文明的中心——成都，从成都向南分为东、中、西

* 宋志辉，教育部人文社会科学重点研究基地四川大学南亚所副研究员。
** 马春燕，泰和泰律师事务所高级合伙人，执业律师。

三条主线：西线经今四川双流、新津、邛崃、雅安、荥经、汉源、越西、喜德、泸沽、西昌、德昌、会理、攀枝花，越金沙江至云南大姚、姚安，西折至大理，这条线路被称为“零关道”（或作“灵关道”，东汉时又称“牦牛道”）。中线从成都南行，经今四川乐山、峨嵋、犍为、宜宾，再沿五尺道经今云南大关、昭通、曲靖，西折经昆明、楚雄，进抵大理。东西两线在大理会合后，继续西行至今永平，称为“永昌道”。从永平翻博南山、渡澜沧江，经保山渡怒江，出腾冲至缅甸密支那，或从保山出瑞丽抵缅甸八莫。东线从四川经贵州西北，经广西、广东至南海，这条线路称为“牂牁道”，或称为“夜郎道”。[①] 在这 3 条主线之间还有一些支线，如经四川宜宾、雷波、美姑、昭觉到西昌的支线和从西昌经盐源、云南宁蒗、丽江、剑川而抵大理的支线。南方丝绸之路是中国古代的国际通道，它的国外段有西路、中路和东路 3 条。西路即历史上有名的“蜀身毒道”，后又称“川滇缅印道”，从四川出云南经缅甸八莫或密支那至印度、巴基斯坦、阿富汗以至中亚、西亚。这条纵贯亚洲的交通线，是古代欧亚大陆线路最漫长，历史最悠久的国际交通大动脉之一。中路是一条水陆相间的交通线，水陆分程的起点为云南步头，先由陆路从蜀、滇之间的五尺道至昆明、晋宁，再从晋宁至通海，利用红河下航越南，这条线路是沟通云南与中南半岛的最古老的一条水路，秦灭蜀后，蜀王子安阳王即从此道南迁至越南北部立国。东路，据《水经·叶榆水注》记载，应是出昆明经弥明，渡南盘江，经文山出云南东南，入越南河江、宣光，抵达河内。南方丝绸之路，在国内形成了我国西南及南方地区的巨大交通网络，在国外则与中南半岛、南亚次大陆、中亚、西亚连接成一个更大的世界性交通网络。[②] 2000 多年来，南方丝绸之路为连接中国西部与东南亚、南亚，特别是在促进中印经贸发展和人文交流等方面发挥了巨大作用。与西北“丝绸之路”和“海上丝绸之路”一样，“南方丝绸之路”也为世界文明作出了伟大的贡献。

二、南方丝绸之路对推动中印关系的历史贡献

南方丝绸之路既是一条商品通道，又是一条文化传播的纽带。它联结中原，沟通中印，不仅为中印经贸发展作出了重大贡献，而且在推动中印文化交流进程

① 百度百科，http://baike.baidu.com/view/900625.htm。

② 段渝、刘弘：“论三星堆古蜀文明与南方丝绸之路青铜文化的关系”，《巴蜀文化研究动态》2010 年第 3 期。

中发挥了重要作用，从而为世界文明的发展作出了贡献。第二次世界大战时期，作为南方丝绸之路重要组成部分的“驼峰航线”和“史迪威公路”在中国人民的民族解放事业中也立下了不朽的功勋，谱写了中印两国共同抗击日本法西斯侵略的英雄篇章。中国改革开放后，中印两国沿着南方丝绸之路开展贸易和人员交流，有力地促进了两国的经济发展。进入21世纪以来，这条连接中国西部与印度的国际大通道正在继续为推动中印关系发展和中国实施新一轮西部大开发战略发挥着越来越大的作用。

（一）南方丝绸之路为中印经贸发展作出了重大贡献

南方丝绸之路从西汉以来一直受到重视和开发。元、明时期，朝廷多次派大军沿古道征进，中原文化随着军事的运动而向边地传输，商旅逐步繁盛，滇缅交通往来日益密切。清代和民国时期，沿着南方丝绸之路进行的商品贸易得到最大发展，马帮和商旅长年累月往返在这条古商道上。民国时期，中国经腾冲向缅甸、印度输出大宗商品80多种，进口商品来自五大洲的50多个国家，品种近200种，保山和腾冲成为中国西南通往缅甸、印度的经济中心，1939年进出口贸易总额达白银708万两。在2000多年的中印古道交通与商贸活动中，南方丝绸之路同“西北丝绸之路”和“海上丝绸之路”一样，在中国、缅甸、印度甚至欧洲的政治、经济、文化交流中发挥了极其重要的作用，促进了中国与世界各国的联系与发展。20世纪80年代以来，随着经济全球化和区域经济一体化进程的加快，南方丝绸之路在中印经贸的发展中的作用更加突出。进入21世纪以来，中印经济的崛起为中印关系的发展注入了强劲的动力，特别是随着世界中心由大西洋彼岸逐渐转向亚太地区的时候，中印两个大国经济发展合作越来越密切。近年来，作为中印关系的一个突出亮点，两国的经贸合作发展十分迅速。2000年中印双边贸易额仅为29亿美元，而2010年达到600亿美元，十年间发展增速超过20倍。2011年，中印双边贸易额突破700亿美元，达到创纪录的740亿美元。到2011年底，中国已成为印度第一大贸易伙伴国，印度也早已取代加拿大成为中国第十大贸易伙伴。2010年双方确立了2015年双边贸易额达到1000亿美元的新目标，印度驻华大使苏杰生于2011年12月7日在接受《中国新闻网》记者采访时表示：“按照这样的速度，相信在未来五年，印度将会成为中国的第五大贸易伙伴。”①

（二）南方丝绸之路为中印文化交流发挥了重要作用

商品的流通必然伴随文化的交流，从而带动经济文化的共同发展。以成都平原古蜀文明为重心的中国西南文化，与印巴次大陆文化之间，早有交流道路可通。由蜀入滇，经缅甸达于印度、巴基斯坦的“蜀身毒道”，即南方丝绸之路，便是沟通其间各种联系的主要通道。② 南方丝绸之路既是一条商业通道，又是一条文化传播的纽带，它联结中原，沟通中印，为中原、西南、印缅文化互相交流，互相融合创造了条件。2000 多年来，楚文化、巴蜀文化、青铜文化、佛教文化在交流中沉淀、积存，从而形成了丰富、独特并且有着共融性特点的古道文化，即南方丝绸之路文化。在云南大理，作为云南最早的文化发祥地之一，早在公元前 4 世纪，蜀地的商队就驱赶着马带不断经过这里。公元 8 世纪，南诏建立，大理不仅成为云南政治、经济、文化的中心，而且是中原严正王朝从南方通往中印半岛直至欧洲诸国的最大口岸，成为中国内地与印缅诸国物资交流的最大集散地，是南方丝绸之路最大的贸易枢纽。“昔日繁华百宝街，雄商大贾挟货来。”由中国内地通往印缅的马帮不断经过这里，每年总在万数以上。古道的商业性特色，使其成为古代西南地区的经济文化中心。川西的蜀国、川东的巴国、黔西北的夜郎国、以滇池为中心的滇国、以大理为都城的南诏国等，都建立在南方丝绸之路的要道上，并循古道的走向形成市镇网络，而又以此为中心，向四周扩散，形成相对发达的区域经济。至今，除东川、玉溪以外的云南城市都在这条古道上，这不能不说是有其深厚的历史和渊源。中印 2000 多年的友好交往历史，在南方丝绸之路上写下了华丽的篇章。两国人民在相互交流、相互借鉴中丰富和发展了各自的灿烂文明，为世界文明的发展和人类的进步作出了重要贡献。南方丝绸之路不仅是连接中印两国人民的友好纽带，佛教的传播更为中印两国的人文交流注入了绵绵不绝的强劲动力。

---

① 张丹：“2011 年中印双边贸易额预计将突破 700 亿美元”，中国新闻网，http：//www.huanqiu.com。

② 段渝：“古蜀文明与早期中印交流”，《南方丝绸之路研究论集》，巴蜀书社 2008 年版，第 460 页。

（三）南方丝绸之路为中国的民族解放事业作出了巨大贡献

近现代以来，中印两国人民在争取民族独立和解放的斗争中相互支持，相互帮助，结下了深厚情谊。二战时期的驼峰航线，西起印度阿萨姆邦，向东跨越喜马拉雅山脉、高黎贡山、横断山，进入中国的云贵高原和四川。它是在中缅公路被切断之后唯一联系盟军与中国的空中通道。驼峰航线在“二战”期间，为抗击日本法西斯侵略，保障中国战略物资运输，中美印三国共同在中国西南山区开辟的空中通道，成为世界航空史上的英雄壮举。驼峰飞行员克服重重艰难险阻，英勇牺牲，飞越驼峰天险，打破了日军对中国的围困，运来了对日作战的急需的战略物资，架设了空中战争生命线，对打败日本军国主义作出了不可磨灭的贡献。在抗日战争时期，为争取外援，继修筑滇缅公路、开辟驼峰运输航线之后，在原中印古道的基础上，中印两国又修筑了举世闻名的抗战生命线——“史迪威公路”。史迪威公路是1944年中国军队在滇西和缅北大反攻胜利后修通的自印度东北部雷多至中国云南昆明的公路，在枪林弹雨中为中国抗日战场运送了5万多吨急需物资，被称为“抗日生命线”。这条长达1300公里的公路以印度东北部阿萨姆邦的重镇雷多为起点，穿越缅甸进入云南，始称雷多公路，后在蒋介石的提议下，改名“史迪威公路”。它从印度东北部边境小镇雷多出发至缅甸密支那后分成南北两线，南线经缅甸八莫、南坎至中国畹町；北线经过缅甸甘拜地，通过中国猴桥口岸、经腾冲至龙陵，两线最终都与滇缅公路相接。1945年8月日本投降，10月援华物资运完，中印公路完成了其特定阶段的历史使命，史迪威公路便转入民用，但很快印度政府和缅甸政府宣布停止使用这条公路过境。目前史迪威公路的大部分处于废弃状态。其中印度境内部分的路况尤其差。2005年9月，印度国会议员阿罗恩·萨马曾以《史迪威公路——中国西南与印缅孟贸易与合作发展的断裂带》为题发表文章，呼吁加快恢复这条公路的使用。重开史迪威公路，可以把中国东部和东南亚的新兴生产基地与印度及南亚其他国家的广大市场连接起来。2006年，在各方努力下，中印双方开始重修“史迪威公路”。目前，昆明至保山高速公路、保山到龙陵高速公路和龙陵至腾冲公路、腾冲至密支那二级油路已建成通车，缅甸密支那经欣贝洋至班哨公路正在进行前期相关工作。除腾密公路外，规划中的中缅国际大通道也在积极推进中，从昆明出发经瑞丽出境至缅甸曼德勒，连接孟加拉国吉大港后，可以从吉大港连通至南亚公路网。在铁路方面，泛亚铁路计划中提出了建设从中国云南到印度东北部的铁路规划。目前，中国境内部分基本形成完整的铁路网络，境内只要修建大理到瑞丽段即可到达缅甸边境。作为泛亚铁路西线境内的最后一段，大理至瑞丽铁路保瑞段也已开工兴建。如今，一条贯通中国西部与东南亚、南亚的国际大通道正在为该区域的经济和文化发展发挥越来越大的作用。①

三、南方丝绸之路对中印关系发展的现实意义

国际货币基金组织（IMF）在2011年4月发布的《全球经济展望》指出，受到全球金融危机影响，未来5年，作为中国主要外需市场的美国和欧盟，经济增长速度相对于危机前的3—4年将明显放缓，加之美国等发达国家振兴国内产品出口的战略和全球贸易保护主义抬头，“十二五”时期稳定已有外部需求的难度较大。由此，创造新的外部需求将成为我国未来一段时间扩大外需的重要战略。而创造新的外部需求的捷径之一就在于充分发挥地缘优势，发展与周边邻国的经贸关系。与美国和欧盟等主要发达国家贸易相比，我国与周边国家贸易关系处于弱势地位。我国对美国和欧盟的贸易额占我国对外贸易总额的30%以上，但是与邻国（包括陆上邻国和海上邻国）的贸易额占总贸易额的比例也只是30%左右。如果除去日韩这两个海上邻国，我国与其他邻国的贸易总额占比不到20%。从贸易规模来看，我国与周边国家的经贸合作还处于起步阶段，有很大的潜力可以开掘。2008年国际金融危机发生后，国际市场出现巨大变化，导致中国对外贸易的海上路径逐步从以太平洋为主的格局转向太平洋和印度洋并重，印度洋将在未来我国经济的国际空间扩展中发挥重要作用，与印度洋沿岸国家的经济交往将极大影响未来中国对外经贸的扩展空间。所以，通过陆路交通开辟通往印度洋的贸易通道是未来我国必须实施的重要战略。2010年，随着中国—东盟自贸区的全面正式启动，中国与东盟的贸易额激增，占到中国对外贸易总额的17%，东盟已成为中国第四大贸易伙伴，并很有可能在2011年成为中国第三大贸易伙伴，而中国—东盟自贸区也成为世界上由发展中国家组成的最大的自由贸易区。近年来，作为新兴经济体主要国家的中印国经贸关系的日益密切，双方均意识到打通这条中国和南亚各国相联系的陆路大通道，有利于增强中印两国的经济合作和文化沟通。南方丝绸之路从四川、云南出境后所经过的的南亚、东南亚地区，对于中国国家战略的实施具有重大意义和价值。在该地域的东盟各国以及

① 任彦：“中国与印度将重修史迪威公路，发展西南边界经济”，《环球时报》2005年9月23日。

印度、巴基斯坦等国家，正是当前以及未来世界政治、经济大战略格局中的关键区域。该区域地理位置非常重要，它连接亚洲、非洲、大洋洲和太平洋、印度洋，是中国的南邻，自古以来就是中国通向世界的必经之地之一。同时，该区域内各种资源丰富，石油、铁矿石、有色金属及木材等资源蕴藏量大；区域人口基数较大，各国现代化需求规模庞大，尤其对基础设施有着巨大的市场需求；区域经济社会发展总体水平不高，各国间既存在差异又存在互补。因此，通过陆路交通开辟通往印度洋的贸易通道是未来我国必须实施的重要战略。中国和印度是世界上两个最大的发展中国家，两国共有25亿人，占世界总人口的35%。中印双方和平友好、互利合作、共同发展，不仅符合两国和两国人民的根本利益，对世界的和平与发展也具有重大影响，必将深刻地改变亚洲乃至世界的面貌。中印关系远远超出了双边关系的范畴，具有全球性战略意义。加强南方丝绸之路建设，通过南方丝绸之路，进一步加强经贸合作和人文交流，对中印两国的发展具有十分重要的现实意义。

四、重振南丝路昔日雄风，推动中印关系全面发展

2009年10月，温家宝总理在第二届中国西部国际合作论坛的致辞中表达了中国政府推动西部地区与周边国家全面合作、共同发展的真诚愿望。中国政府提出的建设贯通国内外的大枢纽和大通道的宏伟计划一旦成功实施，无疑将使加速西部地区大开发“如虎添翼”，也将成为中国连接南亚邻国并带来共同繁荣的“新丝绸之路”。2012年1月16日，国务委员戴秉国在《印度教徒报》上发表题为《中印携手合作，共创美好未来》的署名文章指出，20世纪50年代中，中印两国准确把握时代脉搏，共同倡导了至今仍然放射出耀眼的光辉、显示出强大生命力的和平共处五项原则。今天，面对正在发生巨大而深刻变化的世界，作为世界两大文明古国和人口占全球近40%的发展中大国，中印两国又一次顺应时代潮流，抓住经济全球化的历史机遇，实现着快速发展，成长为世界上两个最大的新兴大国，在国际和地区事务中发挥着越来越重要的作用。

（一）加强两国互补性贸易，整合各自优势行业

首先，我国应扩大对印工业品的出口，并加大对印度农产品和矿产品的进口。通过政府及商业间协议，形成对印度农、矿产品长期稳定的进口渠道。这样

也有利于我国应对目前不断增加的全球性通货膨胀的风险。其次，充分利用印度的优势行业，如制药业、信息技术服务业、金融服务业等，把印度的优秀企业引进来，吸收先进的技术水平与管理经验，并结合我国的后发优势，增加我国产品和服务的附加价值，提高我国企业的管理和服务水平。再次，中印双方因重视同为亚洲文明古国的巨大的文化优势，促进双边文化交流的同时，整合双边旅游业开展双向旅游，联手促进对西方国家游客的吸引。

（二）树立双赢观念，尽快建立中印自由贸易区

两国政府间应加强经贸合作，抵御贸易保护主义诱惑，取消各种不合理的贸易限制，进一步放开市场，扩大可投资领域，改善经贸合作。我国企业应利用自身在制造业中的优势，扩大对印度的投资，一方面有利于绕开印度的贸易壁垒，另一方面也有助于缓解国内劳动力成本不断上涨的压力。同时，中印应早日展开中印自由贸易区的谈判议程。借鉴中国—东盟自由贸易区建立之后双边贸易急剧扩大的经验，中印自由贸易区也将在减免关税、减少非关税壁垒、增加进口配额等的优惠政策下减少贸易壁垒，大幅增加双边贸易额。而且，由于中印贸易占中国与南亚贸易总额的一半以上，中国与印度签署自由贸易协议，也将有助于推动与南亚国家的贸易往来。

（三）加强两国政府间交流与民间往来，增加互信

由于历史原因，许多印度人士对中国抱有敌意，而一些经贸问题根本上都是因为政治互信不足造成的，如高科技产品出口、关键领域的贸易与投资等。针对此种情况，我国政府应加强两国政治上的往来，以政治友好促进经贸合作；应扩大民间文化交流，消除敌意，增进感情。①

可喜的是，近年来中国西部地区与印度的经贸合作日益增长，维布络、印度国家信息学院和东方电气、长虹、迈普、中铁二院等一大批企业已展开双向投资和合作。以四川为例，作为中国西部的经济和文化大省，近年来，四川在开放合作战略指导下加速向南挺进，积极与印度开展交流与合作。2010 年四川与印度贸易额超过 12 亿美元，同期成都市与印度的进出口贸易额达 9.08 亿美元，占成

---

① 徐晶晶、王璐："探寻中印贸易竞争中求合作之路"，《中国集体经济》2011 年第 10 期。

都市与南亚国家进出口贸易总额的74.6%。2010年2月，成都到班加罗尔的直航班机通航，这是中国内地与印度服务外包合作名城的首条航线，是印度及东南亚地区加强与中国内地、泛亚地区合作的一个重要标志。由此，软件、服务外包、物流等领域进入中印两个“新型合作伙伴”视野。“中国西部与印度在产业上十分典型的互补特征，正是双方挖掘合作潜力、扩大利益共同点的空间所在。”[①] 四川在制造业、建筑施工方面有优势，正好符合印度基础设施建设的需求；印度的软件研发能力强，四川的硬件制造有优势，双方可以互补。此外，其差异性也为双方加强旅游文化合作提供了广阔的空间。如今，一条通过海陆空三位一体的现代南方丝绸之路正在为推动中印关系发挥着越来越重要的作用。经中印公路到达印度，比从海路到达印度可缩短里程4000多公里。中印公路全线修通之后，从四川成都出发，3天可达印度雷多，是中国通向南亚地区，进而通向中东最便捷的陆路通道。古老的南方丝绸之路正以全新的面貌崛起，重振雄风，必将为中印关系的全面发展注入新的生机和活力。

① 李怀岩：“‘南方丝绸之路’将重振昔日风光”，新华网，2011年6月11日。

中印关系中机制化建设的总体框架

戴永红[*] 秦永红[**]

中印关系中的机制化建设是依照两国预期，在特定的两国关系问题领域设立的机制制度性安排与交往规则的总和。建交 63 年来，中印两国关系经历了黄金蜜月期（1950—1960 年）、冲突曲折期（1961—1976 年）、恢复正常化期（1976—1988 年）、全面正常化期（1988—2001 年）和战略伙伴期（2001—2013 年）等 5 个时期。机制化建设是两国关系发展演变的晴雨表，如果我们将中印关系比作一颗大树，中印关系中的机制化建设也伴随两国关系的发展变化，经历了播种萌芽期（1950—1960 年），冰冻凋谢期（1961—1976 年）、破冰发芽期（1976—1988 年）、开花成长期（1988—2001 年）和结果成熟期（2001 年至今）。特别是 2005 年中印战略合作伙伴关系的建立，两国在各领域的交流与交往也在同步深化，而中印关系中的机制化建设正是这种伙伴关系的应有之意与合理延伸。经过近 60 多年的发展，中印关系机制化建设已凸显全面性与战略性，既包括政治、边境安全、经济、能源、军事等国家利益中的“硬性”部分，也包括文化、旅游、民间交往等“软性”的部分，它已成为两国增进合作、管控风险、加深了解的重要保障，为新时期的中印关系的走向构建了发展蓝图。本文分类对中印关系中的政治合作机制、经经合作机制、安全合作机制、能源合作机制、人文交流机制和国际合作机制等六大机制化建设进行了梳理，以形成中印关系机制化建设的总体框架。

* 戴永红，教育部人文社会科学重点研究基地四川大学南亚研究所副研究员。

** 秦永红，四川大学公共管理学院副教授。

一、政治合作机制

（一）高层互访会晤机制

高层互访会晤机制一般是指两国国家元首和政府首脑的定期或不定期会晤机制，是两国关系机制化建设的主要内容，也是其他机制化建设的风向标。

中印高层会晤始于两国关系处于黄金蜜月期的20世纪50年代，两国国家元首和政府首脑的访问和会晤折射出两国关系从“曲折发展”到“螺旋上升”的历程。中国共有5位总理在任内访问印度——周恩来、李鹏、朱镕基、温家宝和李克强，其中周恩来对印度访问次数最多，共4次。而印度也共有5位总理任内访华——尼赫鲁、拉·甘地、拉奥、瓦杰帕伊和辛格，其中辛格总理访华最多，共3次（其中一次是以外长身份访华）。两国国家元首的互访会晤机制起步较晚，而且次数明显较少。中国有2位国家主席任内访印——江泽民、胡锦涛，其中胡锦涛主席最多，有2次。印度共有3位总统访华——文卡塔拉曼、纳拉亚南和帕蒂尔，各有一次。

1954年6月，周恩来总理第一次访印。访印期间，周恩来与尼赫鲁进行了6次正式会谈。两国总理发表《联合声明》，重申了两国签订的《关于中国西藏地方和印度之间的通商和交通协定》中所规定的处理两国关系的和平共处五项原则。同年10月，尼赫鲁总理访华，这是他第二次（第一次是1939年8月访问重庆）和最后一次访华，也是新中国接待的第一位外国政府首脑。毛泽东同尼赫鲁进行了4次谈话，并破例出席印度驻华使馆举办的招待会，标志着中印两国总理互访机制的初步形成，并首次实现总理年内互访。1956年11月周恩来总理第二次访印，在印度停留12天后飞赴巴基斯坦进行为期10天的访问，之后周恩来再次飞抵印度进行第三次访问，目的就是为了解决西藏问题。为避免可能到来的冲突，1960年4月周恩来最后一次访印。随后的1962年，中印边境发生武装冲突，两国关系降到谷底。中印虽未断交，但双方撤回了大使。

经历了漫长的僵持期，1976年中印恢复互派大使，1977年两国恢复直接贸易和人员互访。1988年12月，拉·甘地总理访华，这是时隔34年后印度总理首次访华。两国领导人就解决边界问题达成内部谅解，决定建立边界问题联合工作小组。两国政府同意设立经贸科技联合小组，签署了《科学技术合作协定》、《民间航空运输协定》和《文化合作协定1988、1989、1990年交流执行计划》，发表了《联合新闻公报》。这次访问结束了中印关系长期停滞和徘徊的局面，为中印关系的改善和发展注入了新活力。1991年12月，李鹏总理访印，这是中国总理时隔31年后首次访印，被誉为是“印中关系的重要里程碑”。[①] 两国签署了领事条约、恢复设领协议、恢复边贸备忘录和和平利用外空科技合作谅解备忘录。1992年5月，文卡塔拉曼总统访华，这是中印建交以来印度总统首次访华。两国领导人就双边、地区和全球性问题广泛交换了意见，表示愿进一步恢复和发展中印传统友好关系。1993年9月，拉奥总理访华，两国签署了保持边境实际控制线地区和平与安宁的协定、环境合作协定、广播电视合作协定以及增开边贸点议定书等4个文件，规定两国总理每年会晤一次，标志着重新恢复并启动总理互访会晤机制。1996年11月，江泽民主席访印，是两国建交以来中国国家元首首次访印。双方签署了《关于在中印边境实际控制线地区军事领域建立信任措施的协定》和《关于印度在中国香港特别行政区保留总领馆的协定》等，共同确立在和平共处五项原则基础上建立面向21世纪的建设性合作伙伴关系，为中印边界谈判提供了机制保障。

进入新世纪，双方元首、首脑互访更为频繁，并取得了丰硕成果。2002年1月，朱镕基总理访印，就发展中印全面合作关系提出五项建议。双方谈及边界等敏感问题，表示愿以公正、合理、双方都能接受的方式解决边界分歧，双方签署了在旅游、和平利用外层空间、水利、人才交流、科技和植物检疫合作等6项文件。2003年6月，瓦杰帕伊总理访华，双方签署了《中印关系原则和全面合作宣言》等11个合作文件，提出了今后中印两国建立新型关系的指导原则，标志着中印关系进入一个信任取代怀疑、合作超越隔阂的新发展阶段。[②] 2005年4月，温家宝总理回访印度，双方签署协议达12份，并发表了《联合声明》，宣布建立“中印面向和平与繁荣的战略合作伙伴关系”，将两国关系提升到战略性的高度。双方还签署了《关于解决中印边界问题政治指导原则的协定》，标志着中印边界谈判进入一个新阶段。2006年11月，胡锦涛主席访印，这是中国国家元首10年来首次访印。双方发表《联合宣言》，制定深化两国战略合作伙伴关系的“十项战略”，签署了《促进与保护投资的协定》等多项经贸合作协议。2008年1月，辛格总理访华，双方签署了《中印关于二十一世纪的共同展望》的文件，就两国共同推动建立国际政治经济新秩序和发展战略合作伙伴关系提出了系列指导方针和具体步骤。2010年5月，帕蒂尔总统访华，双方一致认为两国领导人要

① 周卫平：《百年中印关系》，世界知识出版社2006年版，第371页。

② 同上书，第373页。

继续利用双边和多边渠道进行经常性会晤，充分发挥各对话磋商机制作用。同年12月，温家宝总理再次访印，两国决定建立两国国家元首、政府首脑定期互访机制。2012年3月，胡锦涛主席第二次访印，就发展中印关系提出5点建议，强调中印两国要保持高层往来、深化务实合作、加强人文交流、妥善处理分歧、扩大在国际事务中的合作。2013年5月，中国新任总理李克强首访印度，两国发表的《联合声明》包含35点，涵盖经贸、科技、人文、区域、防务等各个领域，指出中印合作具有地区、全球战略意义。两国领导人直面了中印之间三大障碍——边界问题、贸易逆差问题、跨境河流问题。同年10月，辛格总理第二次访华，在时隔59年后两国总理再次实现年内互访。辛格总理提出了印中合作的七项原则，两国签署了交通、能源、防务、文化、教育、地方交往等9项双边合作文件，特别是中印有关边境防务合作的协议对共同维护边境地区和平与安定具有重大作用，双方还强调努力推动中印地方之间友好交流，并签署了中印三对友好城市协议，标志着中印地方交流从此开始了制度化、机制化的安排。此外，两国领导人还在中俄印、"金砖四国"、"基础四国"、二十国集团、亚欧峰会等国际会议上保持着频繁会晤与密切接触。

（二）边界谈判机制

中印之间的边界问题是二战后遗留的重大历史问题之一，也是制约中印关系进一步向前发展的根本性问题。中印高层对此都有清醒的认识，希望通过边界谈判机制推动该问题早日得到解决。近30年来，两国先后开通了除常规外交渠道以外的4个特别对话机制：边界问题副部级官员会谈、边界问题联合工作小组会谈、边界问题外交和军事专家小组会议以及边界问题特别代表会晤等。

边界问题副部级官员会谈是根据时任中国外长黄华1981年6月访印时同印度外长拉奥达成的协议而设立的对话机制，目的是讨论解决边界问题和进一步改善两国关系。从1981年12月到1987年6月，会谈轮流在北京和新德里先后举行了八轮，虽然对缓和两国关系与增进彼此了解发挥了重要作用，但由于对边界问题本身分歧很大，没有取得任何实质性进展。

边界问题联合工作小组会谈是1988年拉·甘地总理访华时中印两国共同决定成立，与中印边界问题副部级官员会谈合并开展工作，从而建构了中印边界问题联合工作小组会谈和副外长级磋商机制。自1989年至2005年的16年间，该磋商机制共进行15次，几乎是每年一次，但也有例外，如1992年进行了两次，1998年、2003年和2004年则没有进行。该机制以边界问题为主要议题，兼顾其他热点双边关系和国际问题，加强了两国间及时的经常性交流，尤其是在议定双方边防人员定期会晤、达成保持双方实际控制线地区的和平与安宁的共识、形成建立军事领域互信措施、商讨开设边贸口岸、预约其他会谈等方面发挥了出色的作用，促进中印首脑互访和其他外交活动的成功，如在 1990 年代成功推动了中印三次首脑出访，进一步缩小边界问题分歧。2005 年以后，由于中印边界问题特别代表会晤等新的对话机制的启动，该机制淡出历史。

边界问题外交和军事专家小组会议是根据 1993 年 9 月拉奥总理访华时中印双方签署的《关于在中印边境实际控制线地区保持和平与安宁的协定》设立的。该协定第八条称："中印边界问题联合工作小组各方指定外交和军事专家，共同协商制定本协定的实施办法。"[①] 可见，其功能是具体落实制定保持双方边界地区和平与安宁的措施。该机制在新德里和北京不定期轮流举行。1994 年 2 月，两国举行首次会议，至 2005 年 3 月共举行了 15 次会议。该机制的重要贡献是：促进了双方 1996 年签署《关于在中印边境实际控制线地区军事领域建立信任措施的协定》，推动了江泽民主席访印和瓦杰帕伊总理访华。2005 年以后，该机制的作用被中印边界问题特别代表会晤机制所吸收涵纳。

边界问题特别代表会晤机制是 2003 年 6 月瓦杰帕伊总理访华期间，根据中印签署的《中印关系原则和全面合作宣言》而设立，由政府特别授权的代表主持、以政治解决中印边界问题为主要任务、每年会晤 1—3 次，是当前中印边界问题对话的最活跃、最主要的机制平台。该机制设想中印边界问题的解决必须经过三个阶段，即第一阶段达成政治指导原则，第二阶段寻求一揽子框架，第三阶段是边界划分问题。2003 年至 2013 年间已经举行了 16 次会晤。第一阶段从 2003 年 10 月至 2005 年 4 月，共进行了 5 轮谈判，双方就解决边界问题政治指导原则的协定达成一致。第二阶段从 2004 年 9 月的第 6 轮会晤开始，目标是寻求一个解决边界问题的"一揽子"框架，截至 2013 年 6 月共举行了 11 次谈判。双方就解决框架交换了意见，并商定就框架谈判以来双方达成的共识进行梳理和总结，并以适当方式加以确认，为未来谈判提供指导，签署了《关于建立中印边境事务磋商和协调工作机制的协定》。目前何时结束第二阶段会谈、顺利进入第三阶段谈判还存在许多不确定因素，而只有进入第三阶段会议才会讨论边界划分的问题，因此该机制任重道远。

---

① 中国驻印度大使馆："关于在中印边境实际控制线地区保持和平与安宁的协定"，http：//www.fmprc.gov.cn/ce/cein/chn/zygx/zywx/t753019.htm。

（三）战略对话机制

战略对话是大国之间建立相互信任、谋求合作、加强互动、避免对抗和冲突而采取的常见形式。[①] 而在中印关系中，两国都对建立长期、稳定的战略关系感到兴趣，而且通过推进相互战略合作关系，中印两国都可获得利益增益。[②]

自 2005 年到 2013 年的 8 年间，中印战略对话共举行了 5 次。2005 年 1 月，两国开启了首轮战略对话，此次对话内容不仅涉及中印关系中一些敏感问题，还涉及多边框架下的合作，如国际恐怖主义、防扩散、能源安全、联合国改革、朝鲜半岛和伊拉克局势等，并达成了广泛共识。这次对话使得两国关系在“从对手转变为合作伙伴的过程中朝前迈进了一大步”。[③] 2006 年 1 月，中印举行第二次战略对话，双方重点就边界问题进行磋商，为不久后在印度举行的第七次中印边界问题特别代表会议确定了方向，标志着中印战略对话机制的正式形成。第三轮中印战略对话于 2007 年 12 月在北京举行，值得关注的是两国陆军在中国昆明举行了代号为“携手—2007”的联合军事演练。2008 年 1 月，印度总理辛格访华期间，双方宣布两国外长将在年内互访并举行第四轮中印战略对话。[④] 但是直到两年后的 2010 年 10 月双方才在北京举行第四次战略对话。此后该对话机制陷于停滞。直到 2013 年 8 月，中印第五轮战略对话才在印度首都新德里举行。这是两国 3 年来举行的首次类似级别的对话，双方着重讨论了如何扩大双边贸易和投资、孟中印缅经济走廊的潜力和前景、中印在金砖国家框架内的合作，双方还回顾了边防合作协议的谈判进程，并希望不久最终敲定边防合作协，并为印度总理辛格 10 月访华充分进行预热。

鉴于中印两国在国际和地区舞台上所扮演的重要角色，中印战略对话实际上是为双方提供了一个新的平台，使两国在反恐、能源安全、裁减军备和联合国改革等问题上加强相互理解。外界普遍认为，中印战略对话机制向世界表明，两国

---

① 张力：“中印战略对话：探索中印战略互动机制及其制约”，《南亚研究季刊》2009 年第 3 期，第 1 页。

② Subhash Kapila，“China-India Strategic Dialogue：An Analysis”，SAAG Paper，No. 1242，Feb. 4，2005.

③ 任彦：“新词‘Chindia’，中印战略对话彰显伙伴关系”，《人民日报》2006 年 1 月 11 日，第 7 版。

④ Yan Wei，“Globa1Partnership：China and India seek to exert appositive influence on the world”，Beijng Review，Jan. 24，2008，No. 4，2008.

不是战略对手，而是战略伙伴。但是由于目前中印之间的战略互信较低，提升战略互信是发展中印关系的关键所在，因此要提高中印双方在战略层面的可预测性，避免战略误解和误判，推动双边关系的健康稳定发展，必然对中印战略对话机制提出更高要求。①

二、经济合作机制

中印经济合作机制化建设可以追溯到20世纪50年代。从1950年中印建交到1988年拉·甘地访华之前，是机制化建设的酝酿时期，中印经济关系经历了从合作到中断再到恢复的曲折过程。1988年拉·甘地访华到2005年中印签署《全面经贸合作五年规划》是机制的建设时期，两国高层互访频繁，建立了面向和平与繁荣的战略合作伙伴关系；同时两国经贸关系持续升温，经贸会谈不断增加，《全面经贸合作五年规划》的签署，则可被看作是中印经贸关系机制正式建立的标志。2006年以后则是机制化建设进一步发展的时期，2011年中印战略经济对话机制的启动表明中印经贸关系机制已逐步走向成熟。② 在众多的经济关系机制中，经贸科技联合工作小组、财政金融对话和战略经济对话是最突出的3个机制。

（一）经贸科技联合工作小组机制

1988年拉·甘地总理访华期间，中印构想建立经贸科技联合工作小组。1989年9月，中印首次经贸科技联委会会议在新德里举行，两国签署会议纪要。2003年6月，总理瓦杰帕伊总理成功访华，中印经贸合作迎来了新转折点，两国政府签署了《中印关系原则和全面合作宣言》，决定“成立由官员和经济学家组成联合研究小组，负责研究两国扩大经贸合作的潜在互补关系。该小组将制定今后5年中印经贸合作的发展规划，以鼓励双方企业界扩大合作”。③ 2004年3月，中印经贸联合研究小组在北京首次举行工作会议，研究制定中印经贸合作5

---

① 张力，“中印战略对话：探索中印战略互动机制及其制约”，《南亚研究季刊》2009年第1期。

② 代长友：《中印经贸关系机制化建设探析》，四川大学硕士学位论文，2013年，第2页。

③ “中印两国关系原则和全面合作宣言”，《人民日报》2003年6月25日。

年规划，并商讨签署《自由贸易协定》和《全面经济合作协定》的可能性。2005年温家宝总理访印期间，两国总理责成部长级的中印经贸科技联合小组考虑并协调落实联合研究小组提出的有关建议。为此，双方将积极争取在未来6个月内召开中印经贸科技联合小组会议。联合研究小组已提议建立中印区域贸易安排，包括货物和服务贸易、投资，并在贸易和投资促进及便利化方面达成共识，确认推动指定领域经济合作的措施。截至2012年底，中印经贸科技联合小组已举行了9次会议，中印经贸合作在各个领域都取得了显著成效。

（二）财政金融对话机制

中印经贸合作的迅速发展催生了两国在财政金融领域加强协调的必要性。根据中印两国总理2003年6月签署的《中印两国关系原则和全面合作宣言》，双方规定每年轮流在两国首都举行一次财政部副部长级的对话会议。2005年4月温家宝总理访印期间，中印两国政府正式签署了《关于启动中印财政金融对话机制的谅解备忘录》，标志着中印财政金融对话机制的建立。该对话旨在通过沟通和对话，推动双方在财政金融领域的政策交流和实质性合作。截至2013年底，该机制共举行了6次会议。2006年4月召开了首次中印财政金融对话，双方就两国宏观经济形势、促进可持续发展的经济增长战略、金融部门改革及监管政策等问题深入交换了意见。2007年12月中印举行第二次财政金融对话会议，双方讨论了两国当前经济形势、发展前景以及面临的挑战，认为中印两国经济的强劲发展有利于增强全球经济的抗风险能力。2009年1月召开了第三次中印财政金融对话会议，双方就全球经济形势对中印两国的影响及应对措施、经济改革和发展经验和世界经济峰会后续工作、中印两国金融部门的改革和合作等议题进行了深入讨论和交流。2010年9月第四次中印财金对话举行，双方表示，中印面临很多共同挑战，加强双边财金领域合作对两国经济发展意义重大，双方应致力于提高经济发展质量，深化经济结构调整，推进减贫事业发展。在2011年11月召开的第五次财金对话上，双方就全球宏观经济形势及应对政策措施交换了意见，特别就当前全球经济面临的风险及中印两国在危机过后的复苏阶段中所发挥作用进行了交流，并就国际货币体系改革、可持续与平衡增长框架和二十国集团议题进行了深入讨论。2013年9月，第六次中印财金对话在北京举行，双方就全球经济面临的新挑战、中印宏观经济形势和政策、中印结构性改革取得的进展、双方在多边框架下的合作以及双边财金合作等议题进行了深入讨论。

（三）战略经济对话机制

启动中印战略经济对话机制是2010年12月温家宝总理访问印度的重要成果之一，是除中美战略经济对话之外的第二个类似机制，宗旨是加强宏观经济政策协调，促进交流互动，共同应对经济发展中出现的问题和挑战。首次战略经济对话于2011年9月在北京举行，双方将就宏观经济形势、宏观经济政策的沟通协调、产业政策以及务实合作等展开对话与交流。第二次中印战略经济对话于2012年11月在印度举行，经济合作尤其是印度可能引进中国高铁建设技术成为关注重点。《印度快报》称，"为调整对华贸易不平衡，印度决定将铁路作为与世界第二大经济体接触的突破口，两国铁道部将签署谅解备忘录，聚焦3个领域：高速铁路、车站建设以及重载运输"。[①] 此外，在宏观经济政策协调沟通方面，双方表示，中印两国都在进行第十二个五年规划，两国有许多可以值得彼此学习和借鉴的经验。对此，印度计划经济委员会副主席阿鲁瓦利亚就十分坦诚地说道："中印之间有很多经验可以交流，并且这种交流将会惠及彼此。我们印度就对中国基础设施建设和城市化进程非常感兴趣，相信中国同事也会对印度的经验感兴趣。"[②]

三、安全合作机制

（一）反恐对话机制

"9·11"事件后，中印充分认识到恐怖主义对两国、地区乃至全球造成的重大威胁，因此在反恐领域也加强了合作。朱镕基总理2002年1月访印期间和瓦杰帕总理达成共识，设立中印反恐对话机制，迄今一共举行了6次反恐对话。两国于2002年4月举行了首次反恐对话，交流了彼此在反恐问题上的立场和经验，就国际和地区反恐形势交换了看法，讨论了双方在联合国框架内开展双边合作的

---

① "中印战略对话重点谈高铁，避谈'护照地图战争'"，《环球时报》2012年11月27日，http：//news. china. com/international/1000/20121127/17549876. html。

② "第二次中印战略经济对话聚焦务实合作"，国际在线，2012年11月27日，http：//world. people. com. cn/n/2012/1127/c157278-19709147. html。

可能性。2003 年 6 月第二轮反恐磋商在北京举行。双方主要就国际和地区反恐形势、双边反恐交流与合作、联合国在国际反恐合作中的作用、加强反恐能力建设等问题交换了看法，强调联合国应在国际反恐合作中起重要作用。但此后的 5 年间反恐对话机制陷于停滞。2005 年温家宝访印期间签署的《中印联合声明》中，双方注意到两国双边反恐对话机制迄今取得的积极成果，同意进一步加强和巩固双边反恐合作，并同意在当年晚些时候举行下一轮反恐对话。2006 年 11 月，胡锦涛对印度进行了国事访问，双方谴责了任何形式的恐怖主义，同意继续深化中印反恐对话机制。但是直到 2008 年 7 月两国才在新德里举行了第三次反恐磋商。此后对话频率加快，连续举行了 3 次对话。2013 年 4 月举行了第六次反恐对话，双方就国际和地区反恐形势及双边反恐合作等问题深入交换了意见，主要涉及 2014 年美国从阿富汗撤军后的地区和平与安全问题以及网络安全问题。

(二) 防务交流机制

进入 21 世纪后，中印两国军队之间的交流日益密切。早在 2003 年 11 月，中印海军就在上海附近海域举行了联合搜救演习，这是两国军队的首次联合演习。2005 年和 2007 年两国海军又举行了两次联合搜救演习，重点是加强沟通、协调行动以及伤员的撤离。[①] 2005 年 11 月，印度还邀请中方高级军官代表团全程观摩了其在拉贾斯坦举行的军事演习，旨在使中国人实地了解印度的作战能力。[②] 2006 年印度国防部长慕克吉访华期间，两国签署的《防务领域加强交流与合作的谅解备忘录》使两军在训练、演习方面的接触开始制度化。2007 年 11 月，中印举行首届防务与安全磋商，双方同意加强防务合作。同年 12 月，中印陆军在云南昆明近郊举行了代号为“携手－2007”的联合反恐军事演习。2008 年 12 月，中印举行第二次防务安全磋商，就国际和地区安全形势、应对非传统安全威胁、中印关系和中印两军交流与合作等问题交换了意见。中印陆军再次在印度贝尔高姆进行联合反恐训练。2009 年，由于中印边界局势紧张，两国军事交流与合作大大减少，但是中国邀请印度负责印中边界地区防务的几位将军访问了北京、成都和拉萨，参观相对敏感的军事设施，以释放善意和解除疑虑。2010 年 1 月，中印举行第三届防务安全磋商，双方就地区安全形势和两军关系等问题

① Dr. Bhartendu Kumar Singh, “Sino-India Relations: Recent Developments”, IPCS Special Report 18, May 2006, p. 9.

② 唐璐：“中印军演抬升两个大国安全互信”，《国际先驱导报》2005 年 12 月 2 日。

交换了意见，并决定两军年内举行第三次联合演习，但印度因克什米尔军队负责人特殊签证问题冻结两国军事交流，演习也因此中断。2011 年两国决定重启中断两年的陆军联合军演。同年 12 月，中印举行第四届防务与安全磋商，双方就地区安全形势、两国两军关系以及两国军队建设情况等问题深入交换了意见。2012 年 9 月，中国国防部长梁光烈访印，双方宣布将恢复中断 4 年之久的联合军演，即达成 2013 举行“携手”联合反恐军演的意向。2013 年 1 月，中印举行第五届防务与安全磋商，双方就地区安全、两国两军关系等问题交换了意见。同年 11 月中印两军在时隔 5 年之后在成都举行“携手—2013”陆军反恐联合训练。此次联训旨在增进两军互信，加强务实合作，维护地区和平稳定。

四、能源合作机制

能源问题较为复杂，涉及到经济、安全等诸多领域。就现有情况来看，中印能源合作机制主要由两部分组成。

（一）传统能源合作机制

中印作为快速崛起的能源消费大国，对石油和天然气的进口具有很强的依赖性，因此两国都需要确保稳定的能源供给。经过多年的实践，中印双方都充分认识到，在石油领域开展制度化的合作能够避免恶性竞争。印度石油和天然气部长艾亚尔说过，中印两国“不必手足相残”，“在能源安全方面，彼此合作将带来更好的结果”。[①] 2006 年 1 月，艾亚尔访华，双方签署了 5 个备忘录，同意两国企业在石油勘探技术、煤炭气化和石油信息共享等方面开展合作；印度还支持中国提出的建立一个与国际能源机构相对应的亚洲能源机构的建议，以协调能源进口国的能源进口政策。[②] 此外，中印石油公司联合竞标，成功收购了加拿大在叙利亚的石油股权，开辟了中印能源合作的先河。2006 年中印《联合宣言》要求全面落实《中印石油、天然气领域合作谅解备忘录》中的条款，鼓励两国企业合作

① ［美］齐亚德·海德尔：《中国能源战略改变南亚地缘格局》，《参考消息》2005 年 4 月 27 日，第 16 版。

② Anil K. Joseph，“India，China plan Asia energy agency”，13th January 2006，available on http：//www. rediff. com/money/2006/jan/13oil. htm.

在第三国开采和开发油气资源。此外，2005 年 7 月上海合作组织接纳了印度、巴基斯坦和伊朗为观察员国，为中印能源合作构筑了新的合作框架，为中印在传统能源领域内的合作机制增添了新的内容。

(二) 民用核能合作机制

印度迄今仍拒绝加入《不扩散核武器条约》，也未签署《全面禁止核试验条约》，因此长期以来在核能利用方面一直受到国际社会的隔绝。2005 年，美国率先提出向印度提供民用核设备和技术，2006 年 3 月印美签订了《民用核能合作协议》。此后，俄罗斯、法国、德国、澳大利亚和日本等国也纷纷向印度抛出了橄榄枝，同是能源消费大国的中国也表达了与印度进行核能合作的意愿。2008 年 1 月中印签署了《关于二十一世纪的共同展望》，提出中印“要促进民用核能领域的双边合作”。[①] 印度核电装机容量近几年增长很快，大力发展核电被列入了印度未来十年的国家计划。中国的资源供需矛盾也十分突出，需要大力提高能源的可持续供应和清洁能源的比重。随着两国市场经济体系的不断完善，人民生活水平的日益提高，公众的安全、环保和可持续发展的意识不断增强，核电在经济上的竞争性、在安全上的可接受性必然受到各界关注。两国对发展经济性更强、安全性更好的先进核电技术均有迫切需求，因此在这一领域开展合作前景广阔，同时还应该在合作中维护好国际防扩散原则的有效性，这也是充实和深化中印战略合作伙伴关系的重要一环。

五、人文交流机制

中印两国都是具有悠久历史的世界文明大国，自古以来就有密切的文化往来。玄奘是开创中印文化交流的先驱，是沟通两大文明的桥梁。随着两国政治关系的不断改善，中印之间的文化交流活动也经历了一个由慢到快的过程。中印两国政府早在 1956 年便开始合作筹建玄奘纪念堂。但鉴于 20 世纪 60 年代两国爆发了边境冲突，因此两国民众间一直存在不信任和疑虑的情绪，玄奘纪念堂完全停工。冷战即将结束后，在双方政府的积极推动下，中印人文交流领域内的坚冰

---

① “印度人民欢迎中印民用核能合作”，2008 年 1 月 16 日，http：//www.21cbh.com/HTML/2008-1-16/HTML _ A4QUAK0C9N3D.html。

被打破，人文交流机制得以快速发展，玄奘纪念堂终于在 2006 年“中印友好年”圆满结束之际胜利竣工，又在 2007 年“中印旅游友好年”开始之时举行落成典礼。总体上来说，中印人文交流机制的建设包括中印名人论坛机制、中印文化月和文化节、中印友好年和旅游年等形式。

（一）中印名人论坛机制

中印名人论坛机制是 2001 年由中印两国国家元首倡议、两国政府支持成立，轮流在新德里和北京举办了 6 次会议，论坛成员都为两国各界名人，提出了一系列促进双边关系的建议，其中一些建议被政府采纳，有的已经实施，有的正在落实，如两国贸易额目标值、开通两国直航、实施两国青年交流计划、增加印媒体在华常驻记者数、增加两军互访、共同举办和平共处五项原则 50 周年纪念活动等建议都已经付诸实施。实践证明，该机制在两国之间、本国政府和有关部门之间起到了桥梁沟通和参议咨询的作用。

（二）中印互办文化月、友好年和文化节等活动

1988 年 5 月，中印两国签署了《文化合作协定》，从制度上开启了两国文化交流的先河。1993 年两国政府为进一步促进文化交流与合作，签署了《电视合作协定》。2003 年 6 月，瓦杰帕依总理访华，两国政府签署了《关于在两国首都互设文化中心的谅解备忘录》。2005 年是中印建交 55 周年，温家宝总理访印，两国举办了“中印文化月”等一系列纪念活动，宣布 2006 年为“中印友好年”，两国文化领域的交流与合作是其中最多的项目。中方将重修位于印度的“玄奘纪念堂”，印方将在中国洛阳新建一座印度风格的寺庙；中方在印度尼赫鲁大学建立孔子学院，举办“玄奘之路——中印友好之旅”活动。此外，印度还在中国举办了电影周，在中国演出印度舞蹈、舞剧，在印度举办中国绘画艺术展。2010 年底，为庆祝中印建交 60 周年，中印以非官方的公共外交形式举行了“中印文化节”活动。为落实李克强总理访印成果、深化中印人文交流，2013 年 9 月中印举办首届中印媒体高峰论坛，近 60 名中印两国主要媒体负责人和专家学者参加，受到各界人士的高度评价。

（三）中印旅游友好年

2006 年 11 月，胡锦涛主席访印，为扩大中印文化交流，两国决定于 2007 年

举办“中印旅游友好年”活动。2007 年 2 月，“中印旅游友好年”在印度启动。中国外长李肇星在致辞时指出，举办“中印旅游友好年”是两国领导人的重要共识，是深化中印战略合作伙伴关系的重要举措，有利于增进相互了解，巩固传统友谊，促进两大文明间的交流。[①] 据此，两国旅游主管部门、媒体和旅游从业者代表实现了互访；双方互设了旅游办事处；参加了在对方国家举办的旅游展销会；进行了旅游产品促销并共同举办了旅游论坛等。此外，双方还就改善航空联系、继续简化签证手续等达成了共识。“中印旅游友好年活动”无疑促进了双方的人员往来，使两国人民重新认识彼此的文化，从而推动两国关系向前发展。

六、国际合作机制

中印两国建交后的头 10 年在国际舞台上的合作令人瞩目。针对当时美国把联合国安理会作为实行霸权主义工具的做法，印度仗义执言，力主恢复中国在联合国的合法席位，公开批评美国排斥中国的行径。中国政府对印度在国际社会的地位也给予了有力的支持。1954 年周恩来总理访印，两国总理在《联合公报》中提出了闻名于世的“和平共处五项原则”。特别是在 1955 年 4 月举行的“万隆会议”期间，中印两国与许多国家一道，为亚非国家的团结反帝事业作出了杰出贡献。[②] 后来，中印关系因边界争端引发冲突而陷入低谷，直到 1988 年两国关系才完全恢复正常。

在一超多强的国际格局下，中印作为快速崛起的新兴经济体，两国不得不面对西方话语霸权的挑战。可以说，中印关系既受到国际格局的明显制约，也推动着国际格局的演变。[③]

在当前阶段，中印面临推动国际经济和金融秩序改革和应对全球气候变化两个共同的利益诉求。为了更好地追求自身的国家利益，有效应对西方国家的压力，中印两国在“金砖国家”会议、“基础四国”会议、“8＋X”机制、二十国集团峰会等国际机制中进行了卓有成效的合作。在经济金融领域，中印在 G20 和“金砖国家”会议上都表达了改革现有经济和金融体系、增强两国在其中的话语权的愿望。例如，在 2009 年首次“金砖国家”峰会上，四国就在会后的联合

① “中印旅游友好年：促进两大文明间的交流”，新华网，2007 年 2 月 15 日，http：//news. xinhuanet. com/world/2007-02/15/content _ 5740931. htm。

② 马加力：“努力构筑中印建设性合作伙伴——纪念中印建交 50 周年”，《现代国际关系》2000 年第 4 期。

③ 张贵洪：“中印关系的确定性和不确定性”，《南亚研究》2010 年第 1 期，第 37 页。

声明中做出了推动国际金融机构改革的承诺，并要求提高新兴市场和发展中国家在国际金融机构中的发言权和代表性。中印在2009年9月的G20匹兹堡峰会上与俄罗斯、巴西等国携手，成功使得发达国家做出承诺，将新兴市场和发展中国家在国际货基金组织的份额提高至少5%以上，在世界银行的份额提高至少3%。[①] 2010年第二次“金砖国家”峰会除通过一项联合声明外，四国开发银行还签署协议，希望扩展在基础设施建设投资和企业投资领域的合作。为了有效解决贸易不平衡问题，防止其成为影响两国贸易关系发展的障碍，中印两国在2011年3月的三亚峰会上就该问题进行了深入探讨，并达成了部分谅解。两国决定早日举行战略经济对话机制首次会议。在2012年3月的第四次峰会上，针对辛格总理提出的中印贸易逆差问题，胡锦涛主席回应称，中国将鼓励企业扩大从印度的进口。此外，两国领导人还提出了到2015年双边贸易额突破1000亿美元的目标。在边界问题上，为了增强两国之间的政治互信，双方领导人在金砖峰会期间就各自立场进行了阐述。在第二届金砖峰会上，中印表示将致力于以公平合理和双方都可接受的方式解决边界问题，而且在边界问题解决之前，愿意维持边界地区的和平安宁，不让此问题阻碍两国关系的发展。2011年三亚峰会期间，中国同意向将于6月访华的印度军事代表团发放正常签证，两国领导人都承诺今后要展开更多的军事和防务交流，提升双方在安全领域内的互信，并原则上同意建立的论坛来处理两国边界问题。在2013年3月的第五次金砖峰会上，印方承认西藏自治区是中国的领土，不允许藏人在印从事反华活动，而且两国再次表示边界问题会得到妥善的解决。此外，中印还在气候变化领域展开合作。在2009年底的哥本哈根世界气候大会上，中印与巴西、南非组成了气候谈判中的“基础四国”联盟，一致强调“共同但有区别”的原则，温家宝和辛格总理单独举行会谈，大会最后通过的不具法律约束力的《哥本哈根协议》也基本体现了中印的利益诉求。

由此可见，国际合作机制也在中印关系的机制化建设中扮演了重要角色，它使中印关系超越了双边和地区的界限，从而获得了全球的意义，并有利于增进双方对彼此共同身份的认同，为两国的和平共处和共同繁荣创造良好的国际环境。

总的来说，中印关系的机制化建设是一个动态发展的过程，随着双方对彼此关系的重新认识和定位，两国在上述诸多领域内的实现机制也会出现不同程度的调整，有些机制可能会逐渐弱化，甚至最终退出历史舞台；有些机制则会不断深

---

① 高健，“俄罗斯副财长透露 金砖四国将‘抱团’匹兹堡峰会”，中国经济网，http://finance.ce.cn/bank/scroll/200908/27/t20090827_14900483.shtml。

化和加强，在两国的交流与互动中扮演日益重要的角色；随着新议题的不断产生，还可能会有新的机制应运而生。此外，在现存的这些机制中，其功能也出现了功能主义者所强调的“溢出”效应，一些以经济起家的合作机制正在往政治领域“外溢”，而且各种机制之间也有交叉和重叠的现象出现。中国和印度之间拥有坚实的经济合作基础，当务之急是通过一种长效机制建立起更为紧密的政治和军事互信，从而最大限度地为自身崛起争取战略空间。

中巴贸易能源通道构想与前景

陈小萍*

2006 年 2 月巴基斯坦总统穆沙拉夫访问中国期间多次表示，巴有兴趣成为中国的贸易和能源通道，为中国从中东和非洲进口能源以及中国西部地区商品出口中亚提供最便捷的陆上通道。其实，巴基斯坦通道的构想早在几年前就进入中国决策层的视野。随着中国援建的瓜达尔工程于 2002 年开工，人们开始讨论通过瓜达尔港这个中转枢纽能够为中巴未来发展打开的局面：瓜达尔港能够成为中国进口石油的安全中转站；以瓜达尔为起点的中巴通道将不仅限于能源合作，而且通过红其拉甫口岸的连接将带动中国喀什和巴基斯坦瓜达尔地区的经济发展。值此中巴建交 55 周年之际，穆沙拉夫总统访问中国重提中巴通道建设，有意加强中巴能源贸易领域合作，欲为发展中巴全天候友好关系注入新的活力。而在 2007 年《国务院关于进一步促进新疆经济社会发展的若干意见》中表示，要将新疆建成中国能源国际大通道，通过新疆建立中巴陆上能源通道是其中考虑之一。[①] 建立中巴贸易能源通道不仅符合中巴两国的国家利益，而且也是地区深化合作一体化的趋势，顺应和平与发展的世界主题。窗体底端

一、中巴贸易能源通道构想

（一）巴基斯坦的地理位置

巴基斯坦位于南亚次大陆西北部的印度河流域，是南亚通向中亚、西亚的陆

* 陈小萍，教育部人文社会科学重点研究基地四川大学南亚研究所助理研究员。

① “丝绸之路将变身中国能源安全大通道”，http：//www.chinaenergy.gov.cn/news_20527.html。

上交通要冲，也是中亚国家出海的捷径。巴基斯坦东邻印度，西接伊朗和阿富汗，南濒阿拉伯海，东北与中国接壤，占有重要的战略位置。巴基斯坦自古就是民族迁徙、帝国征战、文化交融的重要地区。冷战时期巴基斯坦成为美国抵御苏联南下的前沿阵地，冷战后巴基斯坦在美国的海湾政策实施上具有重要的地缘战略意义，而“9·11”事件以后巴基斯坦更是成为美国全球反恐战略中不可缺少的“棋子”。

如今，在全球能源竞争与合作的较量中，巴基斯坦注定又将扮演重要的角色。纵观巴基斯坦地理位置，它的一边是油气、矿产资源丰富的中东、中亚地区，另一边是急需能源的经济大国印度与中国。巴基斯坦可以在地区能源供求上发挥桥梁和中转站的作用，经过巴基斯坦建立能源通道的想法由此而产生。巴基斯坦总统穆沙拉夫在2006年6月参加上海合作组织峰会期间曾表示：巴基斯坦位于中亚、西亚和南亚的交汇点上，我们愿意成为一个经济活动中心，利用我国的高速公路、铁路、港口把具有丰富自然资源的邻国连接起来，从而发挥贸易能源通道的作用。①

在巴基斯坦通道的构想中，穆沙拉夫更倾向于与中国合作建立一条泛亚能源贸易通道。穆沙拉夫设想的是利用瓜达尔港作为入海口，之后转入陆路向中国输油；一旦中东石油、非洲石油运抵瓜达尔港后，再通过公路、铁路经过巴基斯坦境内运达中巴边境，从而输入中国西北部的新疆。同时，伊朗的石油、天然气也将通过与巴境内的铁路线相连而源源不断地运往中国新疆。最后中国境内的石油由西往东输往中国东部经济发达地区，甚至可能从中国东部再输往亚洲的日本、韩国等。另外，如果沿巴境内铁路线铺设油气管至中国新疆，将可能与商建中的伊朗—巴基斯坦—印度输油管道相接，而且与中国新疆地区的中亚输油管道相通。② 同样，通过巴基斯坦通道，中国新疆乃至西部地区的商品可以方便地运往中亚、中东、非洲及欧洲，既节约大量时间又大大降低了成本。如此，巴基斯坦构想的泛亚能源贸易通道将不仅保证中国经济发展所需的能源安全，而且将成为中国以至亚洲经济发展的命脉。

下面就设想中的中巴贸易能源通道构成要素做一些介绍。

---

① President Musharraf's address at SCO Summit in June 2006，http：//www. presidentofpakistan. gov. pk.

② “Pakistan offers China trade and energy corridors”，The Nation，Feb. 24，2006.

(二) 瓜达尔港

瓜达尔港位于巴基斯坦西部俾路支省，是阿拉伯海沿岸的一个深水良港。实际上，巴基斯坦政府在20世纪60年代就准备在瓜达尔修建港口，但由于经济及政治等方面的因素，该项目一直被搁置，直到2001年与中国签订协议才决定合作建设瓜达尔港。2002年，中国与巴基斯坦政府合资开发瓜达尔港一期工程，其中中国提供1.98亿美元，巴基斯坦投入0.5亿美元。这一期工程包含3个多功能泊位，总长度为602米；1条长4.5公里、深11.5—12.5米的引道，一个直径45米的回船池，另有100米长的维护泊位。二期工程将比一期工程更加宏伟，预计需投资6亿美元，修筑9个停泊处，其中包括4个集装箱船泊位、1个散装货码头、1个滚装货码头、1个粮食码头、2个油轮码头。① 在中巴工程技术人员的共同努力下，瓜达尔港一期工程于2005年3月完工，中国政府同意将继续参与二期工程的建设。

巴基斯坦政府设想的瓜达尔港将是一个大容量的中心港，而不是一个货物集散地。也就是要以瓜达尔港为中心收集各地货物，储存、处理再出口，从而极大地提高瓜达尔港带来的收益。为此，巴基斯坦政府考虑在瓜达尔建立自由贸易区，直接提高巴基斯坦进出口贸易，带动巴基斯坦经济发展。如果这个港口整体规划实现后，瓜达尔的规模将达到巴基斯坦首都伊斯兰堡的一半，它将是一个现代化的城市。

瓜达尔港是巴基斯坦地缘战略价值的集中体现，在中巴通道上处于非常重要的位置。它位于欧洲、非洲和西亚地区与远东地区海上交通运输的枢纽地段，扼守着波斯湾口，是中亚地区通往印度洋的最近出海口。② 瓜达尔港仅距霍尔木兹海峡400公里左右，而霍尔木兹海峡是亚洲乃至全世界大多数巨型海轮的必经海上通道。随着中巴能源通道的建成，中国可以通过瓜达尔港从印度洋直接与产油国对接，然后通过陆路将石油运往中国新疆。这条能源通道不仅节约运输时间、缩短运输路程具有极大经济价值，而且避免了过去进口石油主要依赖海路尤其是依赖马六甲海峡所存在的不稳定性，保证了中国能源供给的安全。

---

① Fazal-ur-Rahman, "Prospects of Pakistan becoming a trade and energy corridor for China", Strategic Studies Journal, XXVII, Summer 2007.

② "Gwadar: A gateway to progress", Dawn, Feb. 2, 2007.

（三）喀喇昆仑公路

喀喇昆仑公路始建于20世纪60年代，1979年正式建成通车。它起自巴基斯坦西北边境小镇赫韦利扬（Havellian），止于中国境内的喀什（Kashgar），全长1224公里，其中巴境内长616公里。卡拉昆仑公路是世界著名的高原公路，跨越喀喇昆仑山脉，傍兴都库什山脉进入喜马拉雅山脉，沿印度河支流而下，并3次横跨印度河。线路克服了许多不良地质灾害，如跨越冰川末端21个；沿线还须克服泥石流、塌方、滑坡、岩崩、雪崩等。[①] 喀喇昆仑公路的建设耗费巨大，耗时近20年，因此被誉为世界第八达奇迹。

喀喇昆仑公路自建成以来，为中巴两国的经贸合作和人员交流作出了很大的贡献。当年喀喇昆仑公路因特殊的地缘政治而修建，到现在已年久失修；加上曾遭到巴基斯坦大地震的破坏，已经破败不堪，亟需修复以至升级改造。为此穆沙拉夫希望在中国的帮助下改扩建喀喇昆仑公路，使其适合大型载重车辆通行。扩建后的喀喇昆仑公路将由现在的10米宽扩为30米宽左右，车辆时速增加到80公里。据测算，道路拓宽以后，运输能力将增大到原来的3倍以上。由中国交通部牵头的喀喇昆仑公路考察组对巴方关于喀喇昆仑公路的改扩建规划进行为期5天的实地考察以后，在2006年2月穆沙拉夫访华前，中方与巴基斯坦签署公路修复改造谅解备忘录。根据中巴双方签署的有关协议，公路修复改造预计需要总投资约合人民币25亿元，由中方用“软贷款”的方式提供。[②]

改扩建后的喀喇昆仑公路将与巴基斯坦国内的公路网相连，不仅可以拉动巴基斯坦对华贸易出口从而扭转巴对华的巨大贸易逆差，而且为中国西部产品出口中亚、中东地区提供了便捷的陆上通道。喀喇昆仑公路改扩建的另一个重要意义是：既然在技术上道路可以拓宽，那么沿路拓宽铺设油气管道也是可行的。由此，喀喇昆仑公路不仅完成了其贸易通道的使命，也将挑起能源通道的重担。

（四）中巴铁路

沿喀喇昆仑公路修建连通中国西部与巴基斯坦的铁路计划也正在考虑之中，这条铁路将与巴国内的铁路相接，不仅方便中巴双边的贸易，而且在没有油气管

---

① 宋志辉：“喀喇昆仑公路与中巴通道建设”，《南亚研究季刊》2006年第4期。

② “China Pakistan to renovate Karakoram Highway”，The Hindu，July 11，2006.

道的情况下也可以方便中国获取能源。

拟议中的中巴铁路共长 1000 公里，包括巴境内的赫韦利扬（Havellian）到中巴边境红其拉甫（Khunjerab），修建一条 750 公里长的铁路，其间穿越曼塞赫拉地区（Mansehra）和喀喇昆仑公路（Karakoram Highway）；另外由中国修建其新疆境内到红其拉甫的 250 公里。巴基斯坦铁路公司和中国东方电气集团公司于 2007 年 2 月初就修建赫韦利扬—红其拉甫铁路达成协定，并由巴方负责该项目的可行性研究。据估计，由于高山地形加上地质特性，估计这条铁路建成至少得花费 10 年时间，其工程造价可能与西藏铁路差不多，即每公里铁路需投资 500 万美元，这样算下来修到中国新疆的铁路工程总共需耗费约 50 亿美元。①

另一方面，中国政府还向巴基斯坦提供资金帮助其改造国内的铁路系统。2001 年中国出资 2 亿美元帮助巴基斯坦铁路网的现代化改造，同时修建一条新的铁路，以使瓜达尔港与贯通巴基斯坦—伊朗的东西铁路线相接。2003 年，中国政府再度向巴基斯坦铁路系统改造提供 5 亿美元，同时提出了修建一条连接瓜达尔港与中国新疆的铁路计划。这是一条全新设计的全电气化铁路，主要用于货物运输。这样，经过中国新疆的喀什到巴西北边境的白沙瓦再到瓜达尔的铁路，为中国从波斯湾进口石油输送到新疆提供了方便。而且，巴国内的铁路网也有利于中国通过铁路进入伊朗，通过巴基斯坦的转口可以大大提高中伊双边贸易量。②

（五）跨喀喇昆仑油气管道

2006 年 2 月巴基斯坦石油自然资源部与中国国家发改委在北京签署中巴能源领域合作框架协议，根据该协议 2006 年 4 月在伊斯兰堡召开第一次中巴能源论坛。会上巴基斯坦方面提出了跨喀喇昆仑输油管道方案。跨喀喇昆仑管道从瓜达尔到红其拉甫长 3300 公里，预计其年输油量为 1200 万吨，价值在 45 亿—50 亿美元之间。跨越喀喇昆仑山脉沿喀喇昆仑公路铺设油气管道是中巴能源通道构想的一个重要部分，它将通过巴基斯坦的瓜达尔港把中东与中国西北连接起来。中巴两国原则上同意修建这样的输送管道，目前需要就巴基斯坦的瓜达尔港到新疆铺设油气管道的可行性进行研究。③

---

① Fazal-ur-Rahman，“Prospects of Pakistan becoming a trade and energy corridor for China”，Strategic Studies Journal，XXVII，Summer 2007.

② “Iran ready to offer trade corridor for transit”，Middle East Logistics，Dec. 20，2006.

③ “China showing interest in tran-Himalayan pipeline”，http：//www. paktoday. com/china20. htm.

跨喀喇昆仑的油气管道由于其经过巴基斯坦北部地区而具有广阔的前景。巴基斯坦北部地区是连接中国、塔吉克斯坦、阿富汗、印度和巴基斯坦的枢纽，通过该地区可以使中亚里海地区的石油输往世界石油市场，特别是亚洲经济快速增长的中国。[①] 即从土库曼斯坦或哈萨克斯坦修建石油管道通过塔吉克斯坦，然后进入巴基斯坦北部地区，与跨喀喇昆仑管线在吉尔吉特附近汇合，最后继续输往瓜达尔港。这样中国就可以通过跨喀喇昆仑管道与巴北部地区的中亚油管相接进口中亚石油，既可避免受政治不稳定的阿富汗及伊朗的干扰，又可绕开巴基斯坦不安定的部落地区及俾路支省，具有更大现实意义。

一旦跨喀喇昆仑管道建成，中国也将从另两条拟议中的途径巴基斯坦的管道受惠。一是土库曼斯坦—阿富汗—巴基斯坦输气管道（TAP），这条管道经过巴基斯坦境内的白沙瓦和拉合尔，有可能再延伸到印度。由于从白沙瓦到红其拉甫距离很近，方便中国从该管道引进天然气通过跨喀喇昆仑管线输往中国境内。二是伊朗—巴基斯坦—印度天然气管道（IPI）。为了满足印巴不断增长的能源需求，印巴双方须努力克服价格、过境费等问题而争取尽快启动这条象征印巴和平的管线。作为中巴能源领域合作的一部分，巴基斯坦同意中国参与该项目的建设，并允许中国连接该管线进口伊朗丰富的天然气。虽然印度出于特殊的地缘考虑提议从该管线的终端印度再输往中国，但最经济、最安全的路线却是跨喀喇昆仑管线在巴境内与 IPI 相接，从而将伊朗来的天然气输回中国新疆。

二、贸易能源通道于中巴的重要意义

（一）中巴贸易能源通道使得中国能源进口渠道多元化，从而缓解马六甲海峡压力；该通道可方便中国西部地区对南亚、中东、非洲甚至欧洲贸易出口，促进西部经济发展

伴随着近些年来中国经济的腾飞，中国对能源的需求也日渐增多，成为目前世界上仅次于美国的第二大能源消费国。而中国自 1993 年起成为能源进口国，能源进口目前大致占国内消费的 1/3。中国进口能源的地区主要是中东，其次是中亚，最后是非洲。一直以来中国进口石油主要走海路，即从中东、非洲进口的

① “The trans-Karakoram oil pipeline”，The News，Oct. 31，2006.

石油通过印度洋，穿越马六甲海峡，进入中国南海地区然后到达东海沿岸城市。目前，中国进口石油的60%要通过波斯湾霍尔木兹海峡，来自中东及非洲80%以上的石油要通过马六甲海峡运输。然而，这两个海峡都是各大势力争夺的敏感地带，一旦发生冲突，中国的能源供应将面临危机。[①]

对中国而言，马六甲海峡是中国海上石油生命线，但中国在这个海峡并没有控制权。实际上美日的海上监督主控了马六甲海峡，当中国的发展被美日等能源进口国家视为威胁时，单纯依靠马六甲海峡运输石油满足国内能源需求，安全系数太低。同样，近年来美国为了谋求能源利益而不断插手中东地区事务，导致波斯湾霍尔木兹海峡局势也不稳定。因此，中国能源战略安全新的考虑将不仅是能源进口地区多元化，而且要保证能源运输渠道的多元化。

在此背景下，中巴陆路能源通道成为中国能源安全新的选项，成为对马六甲海峡的补充。这条通道不仅可以将毗邻巴基斯坦的伊朗以及中亚国家的石油资源经过巴基斯坦的中转输往中国，而且可以将中东、非洲来的石油在瓜达尔港上岸，再通过巴境内陆路或者管道输送到中国新疆。中国甚至可能避开多事的波斯湾霍尔木兹海峡，通过瓜达尔港在印度洋与产油国家直接对接，有效地保证了未来石油供应的安全。中巴能源通道的设想首先考虑的是一旦国际局势发生重大变化、马六甲海峡受阻时，中国可以部分缓解石油运输紧张的状况，具有重要的战略意义；同样这条能源通道因为空间距离近、运输时间短、耗费成本低，也具有极大的经济价值。[②]

中巴能源通道还可以服务于中巴贸易，扮演贸易通道的角色。中巴通道建设对中国西部大开发战略的实施是一个重要的契机。中国西部地域广阔、资源丰富、发展潜力巨大，但西部对中东、非洲以及欧洲的出口贸易需在中国境内由西往东输，经过马六甲海峡出海运往各地。这样一来，西部商品出口同样面临海运瓶颈的问题，而且高昂的运输成本降低了商品出口创汇的能力。中巴通道的开通将使中国西部地区受益匪浅，中国西部尤其是新疆、四川等地的大量产品跨越喀喇昆仑进入巴基斯坦境内，一部分可以直接通过陆路出口到商品匮乏的中亚、南亚国家，另一部分可以从瓜达尔港出海运往中东、非洲及欧洲。

---

① 符定伟、朱昱子："巴基斯坦通道：破解中国南线'石油困局'"，《21世纪经济报道》2004年12月31日。

② "中巴能源走廊构想意义重大"，http：//xy. smeas. gov. cn/new _ view. asp? id＝16915&lookkey＝。

(二) 巴基斯坦借贸易能源通道拉动贫穷地区经济，促进国内经济增长；中巴能源合作增强巴基斯坦能源实力，有利于维持南亚战略平衡

巴基斯坦利用自己有利的地缘优势，努力构建中巴贸易能源通道具有重要的经济意义。除了通过该通道能够收取可观的过境费外，中巴通道也将为巴基斯坦国内经济发展作出特殊的贡献。随着巴基斯坦对华贸易逆差的不断增大，巴方对跨喀喇昆仑陆路通道给予高度重视，希望借拓宽的的公路以及新建的铁路可以扩大巴基斯坦对华商品出口。构想中的中巴通道需在巴基斯坦境内建立贯通南北的铁路网，有利的交通能够带动沿铁路一带的巴落后地区（如俾路支省、西北边境省）的经济发展，维护该地区的稳定。另外，巴方还设想以瓜达尔为中心建立经济自由贸易区，吸引世界各地的资金、技术，促进巴基斯坦贫穷地区工业发展。[①] 目前已经规划在瓜达尔港附近建立一个炼油厂，另外还专门建立了对中国企业开放的经济特区。通过这些措施可以为当地居民提供更多的就业机会，为巴国内经济增长注入活力。

中巴贸易能源通道可以帮助巴基斯坦满足国内能源需求，维持南亚地区战略平衡。巴基斯坦本国石油、天然气储量并不丰富，为了实现经济长期可持续发展，巴需要从其他地区进口能源。对巴基斯坦来说，仅凭自己的力量建立满足国内能源需求的能源通道显然压力很大，因此巴需寻求国际能源领域合作。虽然巴基斯坦与印度在商议有关管道建设，但由于政治因素，巴基斯坦对印度的合作并不完全放心。况且，印度与俄罗斯在能源领域的密切合作，印度积极要求与中国在世界范围内进行能源合作，印度与美国达成的民用核合作协议，种种迹象表明印度将从能源领域获取更多实惠，这样势必打破印巴力量平衡。所以，中巴共同建设贸易能源通道当是现实而可靠的选择，一方面可以保障巴基斯坦国内能源供给的安全，另一方面可以牵制印度，维持南亚地区能源平衡，甚至政治平衡。

(三) 中巴贸易能源通道也将在地区反恐、经济发展方面发挥作用，从而致力于全球和平与发展

首先，构想的中巴通道连接南亚、中亚与西亚，将通过巴基斯坦的俾路支省，绕过阿富汗边境，进入中国新疆，而上述地区存在不同程度的恐怖主义。俾路支的民族解放武装、阿富汗的塔利班政权及新疆的东突分子，它们所制造的恐

---

① “Energy corridor could become an economic bonanza for Pakistan”, The News, June 19, 2006.

怖破坏活动严重影响该地区的安全与稳定。可以说，贫困、落后、愚昧是滋生恐怖主义的根源，因此需要促进该地区经济增长、提高人民生活水平，中巴贸易能源通道正好为改善该地区经济面貌提供了有利条件。若要从根本上消灭恐怖主义，国际社会与美国及西方发达国家和世界富裕国家必须伸出援助之手，从资金和技术上大力支持完成中巴铁路网和油气管道的建设。如果这一区域国家经济得以迅速发展，落后愚昧将被现代文明所代替，恐怖主义也就从根本上断绝了再生繁衍的土壤。①

其次，设想的中巴通道将不仅造福于中巴两国人民，而且可能成为泛亚贸易能源通道。通过中国可以将通道延伸至亚洲的日本、韩国等，过巴基斯坦东边边境可以连通印度、孟加拉国以及东南亚其他国家，在巴基斯坦西边可以将通道辐射到中亚、西亚的更多国家，从而形成一张理想的亚洲贸易能源通道网。② 这个泛亚贸易能源通道的建立将使该地区各国的经济资源优势互补，促进各国经济增长，有助于该地区的稳定，从而为 21 世纪世界和平与发展事业作出不可估量的贡献。

三、实现贸易能源通道面临的挑战

（一）美国、印度视中巴贸易能源通道对其战略利益构成威胁，来自美印的压力成为中巴通道建设的外部挑战

早在中国援建的巴基斯坦瓜达尔港开工之初，西方国家就以“中国势力扩张”来恶意描述这项凝聚着中巴友谊、体现两国合作伙伴关系的工程。他们污蔑中国援建瓜达尔港是遏制印度的举措，还认为瓜达尔港的投入使用，意味着中国潜心经营的“珍珠链”战略逐步成形。其实，美国本想利用瓜达尔港，20 世纪 90 年代初美就曾向巴政府提出租借瓜港作为其航母停留处，但遭到拒绝。因此，美国怀恨在心，视中巴贸易能源通道对其世界霸权构成威胁，故意歪曲中国援建瓜达尔的目的。而印度想独霸印度洋，不愿看到中国在这里扩大影响力，也不断把矛头指向中国。

---

① 吴永年：“论中巴开辟新‘贸易—能源’走廊”，《世界经济研究》2006 年第 11 期。

② Munawar Baseer Ahmad, “Pakistan-Emerging Asian Energy Corridor”, 3rd Pakistan Oil & Gas Conference 2007, Islamabad, February 2007.

由美国炮制的中国“珍珠链”战略源于美国陆军战争学院战略研究所的克里斯托弗·佩尔松撰写的题为《珍珠链：应对中国在亚洲沿海力量崛起的挑战》的专题报告。报告声称，中国正在采取一种“珍珠链”式的战略，从中东到南中国海的海上航道沿线建立战略关系，保护自己石油运输；巴基斯坦的瓜达尔港是中国在海外“珍珠链”式战略中的重要一环。报告认为中国的“珍珠链”战略布署代表了中国逐渐崛起的地缘政治影响力，这对美国的世界霸权构成挑战。报告建议，美国应采取以军事遏制为基础的接触政策。在美国看来，中巴能源通道尤其是瓜达尔港的建设，使中国可以便捷地与阿拉伯海对接，从中东地区大量进口石油，这将对美国在中东的石油利益构成威胁。同样，美国一直努力使中亚地区的石油天然气通过土耳其和地中海向西输送，而不是向南通过伊朗输送。但是随着中巴通道的打开，伊朗的天然气、里海地区的石油可能通过巴基斯坦向中国输送，这都与美国的利益相抵触。因此，美国编造“珍珠链”一说，其目的在于为遏制中国寻找借口。美国不愿意看到具有泛亚能源通道潜力的中巴贸易能源通道建成，美国将可能从各方面施加影响阻碍该项目的进行。

同样，印度方面也认同美国的看法。印度认为瓜达尔港将发挥战略倍增器的作用，该港的建设不仅将推动中国的“珍珠链”战略，而且将增加巴基斯坦的战略纵深。虽然中印关系近年不断得到改善，但中印之间的边境问题、历史问题将始终制约双边关系的实质性进展。“中国威胁”言论在印度依然存在，以至于一些印度媒体断言，中国是以援建为名，其实是“向印度洋扩张”。瓜达尔港的建设被有关文章恶意渲染：瓜达尔港成为中国在印度外围布署的前沿设施的“中央节点”，中国正在平静“蚕食”印度的战略“后院”。[①] 印度早就开始关注瓜达尔港对于巴基斯坦的战略重要性。印度报业托拉斯曾分析，巴基斯坦最大港口——卡拉奇港距离印度太近，一旦印巴关系紧张该港极易遭到威胁。因此，巴基斯坦需要另一个安全的出海口，那就是瓜达尔港。瓜达尔港位于巴基斯坦的阿拉伯海岸线上，距离伊朗只有72公里，靠近波斯湾的入口。对巴基斯坦来说，瓜达尔港不仅可以缓解来自印度洋大国的压力，而且巩固了巴基斯坦在中东、中亚的战略地位。

总之，中巴贸易能源通道被美国视为对其世界霸权的威胁，也被印度看成是对其地区大国地位的威胁。因此，印美可能联合起来抵制所谓的“中国威胁”，从而牵制中国在亚洲的影响。一方面，印美加强民用核领域的合作，美国给印度

① “美日渲染中国援建巴基斯坦港口遏制印度”，http：//www.yaq.gov.cn/yaq_news01.asp? d_ID=9940。

提供先进武器及技术；另一方面，美国可能通过给巴基斯坦提供附条件的经济援助，间接地抑制中巴通道建设。

（二）实现中巴贸易能源通道还将面临巴基斯坦国内政局动荡、通道建设所需资金、技术及安全保障等来自内部的挑战

巴基斯坦国内政党派别及宗教势力组织繁多，各党派和宗教势力之间的联合与斗争很激烈，导致巴基斯坦国内政治局势难以保持稳定。巴基斯坦自1947年独立以来，政治危机不断，政府更迭频繁。最初10年为议会民主制政府，但由于政绩不佳，民怨声高，军人被迫走向政坛。而后民选政府和军人政权交替执掌政坛，使巴基斯坦国内政治更加复杂多变。1999年穆沙拉夫执掌政权后国内政局比较稳定，经济增长势头良好。但是，2007年底穆沙拉夫总统辞去军职以文职身份就任总统，其控制能力有所削弱。紧接着在2008年2月进行的议会大选中，穆沙拉夫领导的穆斯林联盟（领袖派）失利，人民党宣布将与穆斯林联盟（谢里夫派）联合组阁。复杂的政治组合更容易导致相互之间争权夺利，巴基斯坦缺乏一个强有力的统一领导力量。在新一届政府下，穆沙拉夫总统的决策地位将受到牵制。而就穆沙拉夫总统积极倡导的中巴贸易能源通道建设项目，在新一任的国家经济发展战略中所处地位并不乐观。

构想中的中巴通道路途遥远，经过高山险峻地带，需要投入大量资金。当前，中国在世界各地投资寻求油气供给，中巴通道建设所需资金又将成为重负。中巴管线终端到达中国西部以后，还要继续输往急需油气的东部地区，这将使通过该通道进口的能源成本加大。[①] 巴基斯坦方面资金障碍更大，拟议中经过巴基斯坦的油气管线变数很大，除了土库曼斯坦—阿富汗—巴基斯坦管线已由亚洲银行承诺可提供150万美元贷款用于前期考察外，其余均没有着落。跨喀喇昆仑中巴油气管线要穿越地形复杂的中巴边境，技术上是否可行，还有待研究。

中巴贸易能源通道所经过地区局势不稳定，宗教极端主义和恐怖主义日趋猖獗，如何保障通道的安全也是一个严峻的问题。中巴通道要经过恐怖活动频繁的巴阿边境、局势紧张的印巴边境，而巴俾路支省少数民族的叛乱问题也给中巴贸易能源通道建设造成困难。另外由于紧邻巴基斯坦的伊朗核问题悬而未决，其成为该地区未来不安全因素之一，直接影响中巴能源通道建设。

---

① “能源走廊：从设想到现实还有多远”，http：//news.xinhuanet.com/fortune/2006-02/27/content_4232626.htm。

四、结论

喀喇昆仑公路是目前唯一的中巴陆上通道，对亚洲经济增长最快的中国和巴基斯坦来说，这条通道远远不能满足双方之间贸易的需求。因此，开通全方位的包括中巴铁路、中巴油气管线等在内的中巴贸易能源通道显得非常迫切。中巴通道不仅能为中巴提供稳定的石油供给，为两国经济发展起助推作用，也将在地区经济发展与社会稳定方面发挥作用。中巴贸易能源通道可以将中国西部大市场与南亚、中亚、西亚及非洲等发展中地区连接起来，方便各国之间互利合作，促进该地区经济稳定发展，在一定程度上减少贫困、缩小贫富差距。从这种意义上来说，中巴贸易能源通道也有助于消除恐怖主义泛滥的根源，维护该地区国家社会稳定，为全球反恐事业作出巨大贡献。当然，中巴贸易能源通道的全面开通将面临诸多挑战，如美印国际势力施加的压力，巴基斯坦国内政局欠稳定难以形成有力决策，建设中巴通道所需的资金、技术支持不足，三股恶势力对中巴通道安全的威胁等。然而，21 世纪初构建中巴贸易能源通道不仅将成为中巴两国人民的福祉，它也是一项惠及亚欧地区甚至全人类的伟大工程。由此看来，中巴贸易能源通道构想无疑是积极的、富有建设性的。中巴两国应当从长远战略考虑，共同投入构建中巴贸易能源通道。国际社会也应当给以重视与支持，帮助中巴双方克服困难，在不远的将来实现中巴贸易能源通道。

社会文化

印度防止人才外流的措施

栗　力*

人力资源是一个国家的宝贵财富，也是推动社会经济发展的真正动力。印度自20世纪60年代以来，就有大量优秀年轻的专业技术人员流向西方发达国家，这是印度的重大损失。近年来，印度政府采取各种措施吸引外流科技人才回国，虽然取得了一定的效果，但仍不显著。本文试就印度人才外流的原因和印度政府防止人才外流的做法进行初步探讨，仅供参考。

一、印度人才外流的现状

印度著名生物学家P.M.巴加瓦在20世纪80年代后期撰文称，印度的科技人才是指持有理、工、农、医等学位的、训练有素的人才。而在这些高素质的人才中，从20世纪60年代开始，就有一半以上的哲学博士、技术员、医生移居美国、英国和中东的石油输出国。1971年，印度科学和工业委员会的一项研究清楚地表明了印度人才外流的状况：印度在国外的工程师、科学家和医生的总人数是3万人，其中工程师1.5万人，科学家6000人，医生9000人；而这中间，有博士学位的是5000人，获得过各自专业的研究生证书的1.2万人。到了20世纪80年代，印度的人才外流毫无减弱。1982年在美国暂居和长久居住的印度科技人员比1981年增加了13%。1986年的一项调查显示，在孟买的印度理工大学的工科毕业生中，有近35%的人到美国留学。到20世纪80年代末，科技人才外流已达30余万人。1990年，印度在国外谋生的科学家和熟练技术人员有41万，其中知名度高的科技人才有3000人。据估计，2000年科技人才外流将达到54万。

* 栗力，教育部人文社会科学重点研究基地四川大学南亚研究所馆员。

现在，在美国硅谷的工作人员中，几乎38％的人来自印度，而在他们中间，有不少是最成功的新企业的领导人。加利福利亚大学伯克利分校的安娜·萨克斯尼安教授在一份调查报告中发现，印度人领导着美国硅谷约2000个企业中的40％，其中1/2的人来自印度理工大学，约有25％的印度理工大学的毕业生到国外留学后，绝大多数的人再也没有回到印度。1997年，在旧金山的印度和巴基斯坦人成立了印度企业家公司，在1000名公司成员中，有1/2的人源于印度理工大学。1998年美国的大学和企业与印度6所理工大学的80％的毕业生签订了合同。在更热门的计算机专业里，近80％的毕业生离开印度前往美国硅谷。虽然印度每年可以培养出约7.5万名信息专家，但是他们中的大部分去了国外，而且主要是美国。目前，印度外流的工程技术人员约占国内技术人员总数的10.5％，其中医生占24.8％。

对印度而言，美国挖走了他们很多最好的专家。正如信息系统公司总裁南丹·尼勒卡尼指出，“从1995年至1998年，位于美国硅谷高科技企业中的385个企业（占总数的9％）是印度人建立起来的”。“以前，我们担心其他企业会挖走我们的人才，现在是某些国家在挖走我们的人才。”正因如此，美国比较教育学家阿诺夫把印度视为“一个向西方输送高级人才的净出口国”。印度人才外流的状况，不能不说是印度的悲哀。

二、印度人才外流的原因

随着社会经济的发展，人力资源在一个国家中越显重要，而印度之所以出现人才的大量外流，就其原因，主要有以下几点：

（一）毕业即失业的威胁，促使人才外流

在印度，学生们在学校所学的知识与社会的实际需要不相适应，加之政府无力提供具有吸引力的就业机会来留住高级人才，这样就驱使相当一部分学生尤其是优秀学生出国留学或到国外工作。在印度，人们普遍渴望接受高等教育并获得学位，因为这是谋取一个好工作的“资本”，并且能获得较丰厚的经济收入，这就使得不少人去力争获得学位，这也就促使政府在数量上对高等教育进行扩充，在层次上对高等教育加以提高。其结果，在很大程度上形成了教育与就业之间的恶性循环。即人们需要获得一个文凭学位，但由于申请就职的人员多于就业机

会，用人单位往往就以求职者文化程度的高低来录用，因而人们就需要获得更高层次的学位证书。最终，在失业者中具有高等学历的人也日益增加。如 1968 年研究生失业人数为 1.8 万人，1978 年则上升至 10.8 万人。各科大学毕业生和研究生的失业总数，1977—1978 年度将近 70 万人，占大学毕业生和研究生总数的 10.2%，1982—1983 年度各科大学毕业和研究生的失业人数为 140 多万人，占大学毕业生和研究生总数的 15%。也就是说，差不多每 7 个大学毕业生和研究生中就有一个人找不到工作。印度政府极为重视高等教育，在高等教育发展过程中，实施的是尖子教育政策，政府将财力、物力、人力用于集中发展少数重点院校，而正是这些重点院校，尤其是一些受到外国援助的院校如印度理工大学的毕业生，构成了印度人才外流的主体。毕业即失业的威胁，促使人才外流，造成印度高等教育的极大浪费，是制约社会经济技术发展的极其重要的因素。

（二）高等教育经费短缺、设备落后，造成人才外流

印度政府投入的教育经费占国内生产总值的 4%，而用于高等教育约占 2/3。1991—1992 年度联邦和邦政府曾计划花费 32.6 亿卢比直接用于支持 177 所大学，然而以当时在校大学生有 440 万来看，也只是杯水车薪。这笔资助相当于每个学生一年仅得 20 美元。经费的短缺，致使许多大学的房屋破旧，这似乎是印度正规大学的标志，不少大学图书馆的图书和杂志的逐渐减少，使人感到极为痛苦；系里用于维修和更新设备的预算微不足道，令人感到绝望。在这种窘迫的情况下，印度大学里的教学和科研环境与国外令人鼓舞的教育环境形成鲜明对比，这就不得不促使相当一部分人到国外去寻求良好的工作环境。印度人才外流也意味着印度将缺乏高水平的师资队伍。印度信息产业目前有从业人员 28 万，管理咨询公司麦肯锡公司估计，到 2008 年，它将需要 220 万人。但是印度目前的教育经费、师资队伍及设施甚至连印度自己对这方面人才的需求都满足不了。不言而喻，印度在短期内也许会通过培养软件专家的“工厂”而大获成功，而同时容易被忽视的是，印度的信息技术工业园区已处在贫困的海洋中。人才的流失削弱了国家经济发展的真正推动力，将会减缓印度社会经济的发展。

（三）国外高薪的吸引，令人鼓舞的教育环境，形成人才外流

由于失业的威胁，特别是印度国内的科研条件和物质待遇远不如发达国家，大量人才流向国外。曾经有 4 名毕业于班加罗尔印度管理学院的学生，被总部设

在伦敦的一家公司米歇尔·麦迪逊集团录用，初入公司的月薪为 6500 多英镑——年薪约 7.9 万英镑。而在印度国内，被国内公司录用的 140 名班加罗尔毕业生中，公司给大多数人的年薪开价在 100 万卢比左右———约 1.4 万英镑，虽然这已是一年前的 2 倍，但与在国外公司工作的同行相比，连他们的 1/5 都不到。不难看出，同在公司工作，在印度国内的收入就远远不及国外。高工资加之国外良好的教育环境是印度国内不能比拟的，有很多人在大学毕业后，为了得到进一步的深造，并以此摆脱失业的威胁而到国外去也就不足为奇了。由此可见，国外高工资的吸引，良好的受教育条件，是形成印度人才外流的又一重要因素。

三、印度遏制人才外流的措施

印度的人才外流，给其带来的损失是巨大的，如联合国贸易与发展会议的研究表明，印度 1 名医生流往美国，印度要损失 33 万卢比，而美国得到的利益为 517.5 万卢比，印度 1 名科学家流往美国，印度要损失 17.2 万卢比，美国得到的利益为 187.5 万卢比。为将人才外流的趋势逆转成人才流入，印度也采取了一些措施。

（一）政府和信息技术产业联手，消除教育方面的瓶颈

印度现行的教育体系，已难以满足印度本国及其他国家对信息技术的需求。1999 年，整个报考工程类的学生有 72.9 万人，其中报考 6 所理工大学的学生超过了 20 万，然而这 6 所大学每年只能接纳 2200 名新生。为改变这种状况，印度信息技术部长普拉莫德·马哈詹指出，他准备扩大印度 45 所地方理工院校，使其能容纳 10 万名或更多的最近没有能进入 6 所理工大学的求学者。印度信息系统技术有限公司董事长兼首席执行官纳拉亚纳·穆尔蒂说，印度理工大学必须在不降低质量的情况下，“大幅度扩大招生”。此外，政府必须取消对建立英语授课学校和私立大学的限制，允许信息产业出资兴办教育。许多人都认为，如果印度政府和信息技术产业能够联手，消除教育方面的瓶颈，那么印度人才外流的趋势可望会逆转为人才流入。一旦能将印度理工大学的毕业生从美国吸引回来，那么他们既带来了资金，又带回了过硬的技术，更重要的是他们带回了经营企业的经验。由此可见，政府同企业联合，消除教育方面的瓶颈，不失为吸引人才回国的主要措施。

（二）企业引进认股权，增大对人才的吸引力

为了减少人才外流，印度需要增加对毕业生特别是6所理工大学毕业生的吸引力，使他们愿意留在自己的国土上。为此，印度的一些公司采取了各种办法。1994年印度信息系统技术有限公司引入了优先认股权，目前这是各公司广为采用的一种留住人才的措施。班加罗尔一家搞软件开发的小公司的地区经理雷坎·梅农说，他们为电子商务用户提供咨询的一套电子服务系统新产品设计的软件，获得了巨大成功，为了吸引人才，该公司选择了与美国合作的方式，将许多梦想到国外工作的年轻职员送到美国工作3年，当他们回国后（目前已有约4/5的人回来），虽然工资只有以前的1/3，但在该公司上市时，他们可以认购公司的股票。森蒂尔·库马·纳塔拉詹就是其中之一。他被公司新开发的产品所吸引，从西雅图回到了印度。全国软件和服务企业联合会的数据显示，信息技术方面的人才外流比例从1992年的25％下降到1999年的14％。可见，开发新产品和引进认股权，也是防止人才外流的措施之一。

（三）吸引外企业投资，增加就业机会，遏制人才外流

印度每年涌现出约7.5万名信息技术人员，而印度正是凭借国民英语水平较高、工资低、技术人员多等优势，受到各国的青睐。由于印度软件人员的工资只有美国的1/10到1/5，因此世界主要信息技术企业在印度的投资也较活跃，微软、IBM、摩托罗拉、菲利浦等大企业看好了印度的人才资源，相继在印度设立了研究和开发基地。微软公司在印度的海得拉巴德建立的研究和开发基地，是仅次于该公司设在以色列的第二大基地。大约有80家总部设在英国的公司已经与印度结成软件“战略联盟”。目前在印度许多城市都在竞相吸引外国企业投资，因而在各个城市之间也就完善基础设施和在当地培养技术人员展开竞争。政府也通过创立风险基金、提供优惠的税收政策等手段帮助企业发展，为印度实现以信息技术为核心的经济高增长创造良好的环境。外企在印度的投资，不仅为印度的高文凭失业者提供了就业机会，也为他们提供了充分展示才华的用武之地，因此是防止人才外流的又一措施。

(四)建立科技园区,吸引人才回国

印度政府 1986 年颁布了计算机软件政策后,1987 年电子部发起了“软件技术园区”计划,1991 年被称为“印度的硅谷”的班加罗尔建成了第一个软件技术园区。新加坡建立的信息技术区,最终可以容纳 800 多家工厂。在浦那、海得拉巴德等地的 8 个软件技术园区也先后建成。印度科技园区的建立,需要大量的科技人才,这是吸引外流人才回国的重要措施。

综上所述,印度自 20 世纪 60 年代开始,人才外流之所以有增无减,其原因是多方面的。虽然印度也为此采取了一些措施,使得人才外流的趋势有一些逆转,但这些措施毕竟还是显得不够得力。如果印度政府不加大力度采取有效切实可行的措施,使之既能吸引人才回国,又能留住国内人才,那么印度政府要想在短期内扭转人才外流的局面,是很难达到的。

孟加拉国的气候灾害及其治理

雷 鸣*

孟加拉国是世界上遭受热带旋风袭击最严重的国家，也是受洪灾影响最严重的第六个国家，在亚洲居第二，仅次于菲律宾。由“德意志观察”发展而来的全球气候风险指标体系指出，孟加拉国是极端气候影响下最易受害国，也是1990—2008年间受气候影响最大的国家。①

孟加拉国位于南亚次大陆恒河和布拉马普特拉河下游的三角洲上，80%的陆地由低地冲积平原组成，地势由北向南逐级向低倾斜，大部分陆地面积海拔不足10米，在南部弯曲的孟加拉湾海岸线上，地面一般与海平面等高。

这样的地理位置和低洼的特点，使之受气候变化诱发的灾害也具有显著特点。

一、季节性洪水肆虐为患

孟加拉国每年大约有2.6万平方公里即国土面积的18%遭受洪水灾害，严重时受灾面积超过国土面积的55%。②

---

* 雷鸣，教育部人文社会科学重点研究基地四川大学南亚研究所副研究馆员。

① Dulal Chandre Roy，Vulnerability and population displacements due to climate-induced disasters in coastal Bangladesh，http：//biblio. ugent. be/input/download? func=downloadFile&fileOId=1209021&recordOId=1209019#page=24.［2011-11-04］.

② Rashmi Sharma，Bangladesh and SAARC，Environmental Changes in Bangladesh，New Delhi，Regal Publications，2007，p. 151.

（一）洪水的类型及其引起的原因

频繁发生的洪水一般可分为三种类型：

1. 季节性的季风洪水。这种洪水形成较慢，退也退得慢，淹没面积大，持续时间长，造成生命财产的损失严重；

2. 暴涨性洪水。这种洪水一般发生在峡谷和丘陵地区，汹涌澎湃，来得突然，也去得突然，造成局部损失；

3. 潮汐性洪水。这种洪水发生在沿海潮汐期间，持续时间短。涨潮时，一般洪峰高达 3—6 米，大量海水涌入内陆，形成大面积浅海洪区。

总的来说，前述两种洪水主要由雨季期间（5—10 月）强降雨形成，但是，具体分析又有其诸多的特殊原因。主要是：

1. 在海拔 7.6 米以下的一半国土面积上有大小河流 700 余条，纵横交错，形成一个网状系统。其上游的积水处大量和持续降雨，使各河流的水流量大大增加，仅恒河、布拉马普特拉河和梅格纳河三条主要河流流经国境的水流量，在雨季期间高达约 8440 亿立方米，占全年总流量的 95%。[①] 其间，另有约 1870 亿立方米由当地雨水引发的水流量通过中小河流灌注境内，往往超过所经河道、水渠的储蓄能力，破堤四溢；

2. 80%以上的年降雨量集中在每年雨季期间，这些地区性的集中降雨往往数小时超过数百毫米，地面水的灌注和河流水流量相融合，导致河流集中排水；

3. 喜马拉雅山积雪的融化和自然冰河解冻，增加了水流量。开始于每年 6 月的西南季风携带着热气流，从孟加拉湾登陆后，穿过孟加拉国南部平原刮向北部和东北部，继而转向喜马拉雅山的西面和西北面，使积雪融化，冰河解体，形成强大的自然水；

4. 生态环境的人为破坏。河流上游森林的乱砍滥伐，使之地下径流水降低，导致下游水流增速，大量泥沙淤积，造成河道堵塞；

5. 主要河流排水道的明显改变。恒河—博多河和布拉马普特拉河的支流，在 1950 年阿萨姆地震后，造成河道长期淤泥沉积，排水道阻塞，形成广阔的汇水面；

6. 主要河流和中小河流的水位基本同步，一河影响到另一河。一般来说，

---

① Rashmi Sharma, Bangladesh and SAARC, Environmental Changes in Bangladesh, New Delhi, Regal Publications, 2007, p. 151.

布拉马普特拉河的洪峰期是6—7月，恒河的洪峰期是8—9月，梅格纳河从5—9月水位仍然都高。主要河流的洪峰期同中小河流同时发生，加重了洪水泛滥的严重性。

7. 拦河坝和防护工程的建筑靠两岸太近，人为使河道变窄，储水量降低，使下游的流速猛增。特别是主要河流的河水都经过梅格纳河下游的单一出水口入海，加之5—11月之间孟加拉湾大潮，不但妨碍了河口的排水，而且汹涌的海水逆流入内陆，形成大面积的洪涝区。

（二）严重洪涝灾害对社会经济的影响

孟加拉国的洪灾几乎和这片土地的历史相一致，独立前的岁月，差不多年年洪水为患；独立后40多年来，严重的洪灾也时时发生。

继1974年大面积的洪灾后，1987年7—9月发生了40年来空前规模的洪灾。在全国64个县中有51个受到严重影响，受灾面积高达5.73万平方公里，约占国土面积的40%。受灾最重的地区是布拉马普特拉河西岸与恒河汇合后的以下地区、库尔纳地区以及梅加拉亚的毗邻地区。

这次洪灾伤亡严重，受灾人数多达2970余万人，死亡2055人，淹死耕牛50多万头，430多万英亩土地的庄稼几乎颗粒无收。同时，洪水冲坏大量的基础设施，3万多公里的各种道路惨遭破坏，1227座桥梁被冲毁，[①] 是过去30年的大事件之一。

一年后的1988年8—9月，又发生规模更大的洪水，淹没土地约8.2万平方公里，占国土面积的60%，据估计要50—100年才有一次。受灾人口达4500万，死亡2379人。强降雨3天，各主要河流河水猛涨，首都达卡也深受其害。这次洪水前后持续了15—20天。

接下来的1989年、1993年、1995年，孟都发生了较为严重的洪灾，受灾人数分别为60万、114.7万和126.6万，生命财产受到巨大损失。

1998年5月的洪水创历史的新纪录，国内外强降雨相结合，主要河流的洪峰和汹涌的回水流交错，波及国土面积的68%，大约10万平方公里被淹没，严重影响到3000多万人的生存，234万多人无家可归，1400多人葬身洪水，177

---

① 雨田："1987—1988年度孟加拉国经济陷入困境"，《南亚研究季刊》1988年第2期，第4页。

万间房屋倒塌，总的经济损失达 20 亿—30 亿美元。[①] 这次洪水持续 10 周以上，强降雨量比 1988 年多 10%，致使地下水的径流量增加大约 18%—20%，地面长期潮湿。

2004 年 6 月和 2007 年 7 月，孟又分别遭受灾难性洪水袭击，受灾人口分别达到 3600 万和 1377 万。仅 2007 年 7 月的洪灾就死亡 1110 人，大量人畜受伤，经济损失惨重。

二、热带旋风袭击成灾

根据风速，旋风一般分为两种类型：凡风速低于 17m/s 或 62km/hr，称为低压旋风；而风速大于或等于 17m/s，称为热带旋风或热带风暴。[②] 在世界各海域每年形成热带旋风约 80 次左右，其中北印度洋占 6.5%，孟加拉湾约为 5.5%，即 4—5 次。

（一）热带旋风的形成

孟加拉国经常受热带旋风的威胁。在孟加拉湾地区旋风一年有两个高峰期，即季风前的 4 月和 5 月与季风后的 10 月和 11 月之间。但是，不是所有的旋风都会给人类造成威胁，一般低压旋风到达沿岸时就逐渐减弱，或消失在大海中。据统计，在 1877—1997 年间孟加拉湾形成的 366 次旋风都没有袭击沿岸国家孟加拉国、印度、斯里兰卡和缅甸。它们消失于孟加拉湾海中，这样的旋风大约占 25%。[③]

孟加拉国南部的孟加拉湾，海平面温度一旦上升，风速的增强和大气压的强化，使旋风的走向、速度和强度发生变化，强化到大于 17m/s 或 62km/hr 时就演变成热带旋风。风暴巨浪伴随热带旋风产生，巨浪高度 90%以上决定于风速。

在孟加拉国有关风暴巨浪高度的资料比较缺乏，因为它是一种短暂的偶然现象，要准确测量最大风速和其相一致的巨浪高度是有困难的。根据有关资料，孟

---

① Rashmi Sharma，Bangladesh and SAARC，Environmental Changes in Bangladesh，New Delhi，Regal Publications，2007，p. 155.

② Ibid.，p. 163.

③ Ibid.，p. 164.

加拉湾不同旋风卷起的巨浪一般高 1.5—9 米。但据 SMRC 的报告，1876 年在巴卡尔甘地区热带旋风卷起的巨浪高达 13.6 米，1970 年孟加拉湾热带旋风引起的巨浪高度也超过 10 米。①

孟加拉湾北部的浅海滩在孟加拉国的南海岸，所以这里的梅格纳河河口地区是巨浪形成的主要地区，狂风卷起千层浪，滚滚迂回入内陆，使沿海地区也变成汪洋大海。

有研究表明，孟加拉湾热带旋风的周期虽然变化不大，但是袭击孟加拉国热带旋风的强度近几年来有明显增强。热带旋风风速的强度主要受海平面温度的影响。有人研究了 1951—1987 年孟加拉湾海平面的温度，认为自 1951 年以来孟加拉湾海平面温度在逐渐上升。② 可以肯定，海平面温度的上升是导致旋风风速增强的主要原因。

著名气象学家 Emanuel1987 年发表了旋风最大持续风速与海平面温度的关系一文。他认为海平面温度上升 2℃，则最大持续风速增强 10%；如果海平面温度上升 4℃，则最大持续风速增强 22%。但是，一般估计认为，海平面温度上升 1℃，旋风速度增强 4%，上升 2℃和 4℃则分别增强 10%和 22%。③

（二）热带旋风的危害性

伴随热带旋风卷起的巨浪也是孟加拉国最主要的气候灾害之一，它实际也是洪灾的一种类型。孟加拉国是热带旋风造成人员伤亡的最大受害者，一般仅占世界热带旋风威胁的 0.93%，远远低于印度的 3.34%，仅比缅甸的 0.51%、斯里兰卡的 0.22%高一些。从表面看，其并非高风险地区。但是如果每次世界热带旋风死亡人数超过 5000 人，孟加拉国发生的旋风就要占世界总死亡人数的 53%，可见其危害性之严重。④

发生在 1985 年、1991 年、1997 年、2007 年和 2009 年的热带旋风给孟加拉国经济造成巨大损失和人员伤亡。

1985 年 5 月，孟加拉湾的热带旋风以每小时 154 公里的风速掀起 4 米高的巨浪向孟加拉国东南部和南部袭来，摧毁房屋 9.4 万余间，死亡人数达 1.5 万，淹

---

① Rashmi Sharma，Bangladesh and SAARC，Environmental Changes in Bangladesh，New Delhi，Regal Publications，2007，p. 161。

② Ibid.，p. 164.

③ Ibid.，p. 165.

④ Ibid.，p. 163.

死牲畜 13.5 万多头，冲坏防洪堤 400 多公里。①

1991 年 4 月 12 日的热带旋风，沿海地区受灾人口达 1500 多万，撤离人口占沿海地区总人口的 15%，死亡人数 13.8866 万人，② 数以万计的人受伤，带来巨大财产损失，使 1990—1991 年度的国内生产总值增长率从 1989—1990 年度的 6.6%下降为 3.4%。尤其是农业受损严重，其增长率从同期 10%下降到 1.6%，导致社会经济秩序极端混乱。

2007 年 11 月的风暴巨浪，沿海受灾人口占沿海总人口的 7%以上，导致 4236 人丧身，给农业、渔业、对外贸易和旅游业造成巨大损失。

在近几年热带旋风袭击中，尤以 2009 年 5 月 25 日发生的热带风暴巨浪“艾拉”（Aila）最为严重。巨浪卷起的洪水从四面八方袭来，淹没了孟加拉国沿海的吉大港、库尔纳、诺阿卡利等 11 个地区，毁坏海堤 1700 余公里，冲走了沿岸的所有房屋、财产、牲畜和庄稼，190 人死亡，受灾人口 480 余万，40 万人流离失所，③ 成为一无所有的气候移民或环境移民。

三、治理气候灾害的政策抉择和缺失

无论是洪水泛滥还是热带旋风频繁袭击，都是孟加拉国致命的气候灾害。这些灾害给社会经济发展和人民的生命财产造成了极为严重的损失，引起了历届政府的高度重视，他们采取了一些行之有效的措施。但是，由于资金短缺和政策缺口，治理工作存在诸多缺失。

（一）应对气候灾害的政策抉择

1. 成立治理的专门机构

孟加拉国在不同阶层设立了灾害管理委员会，其中有政府组织、非政府组织、志愿者及其他相关的救援组织。

总理领导下的国家救灾委员会（NDMC）是制定灾害管理政策和检查的最高

① 张汝德主编：《当代孟加拉国》，四川人民出版社 1999 年版，第 10 页。

② Ibid.

③ Dulal Chandre Roy，Vulnerability and population displacements due to climate-induced disasters in coastal Bangladesh，http：//biblio. ugent. be/input/download? func=downloadFile&fileOId=1209021&recordoId=1209019#page=24. [2011-11-04].

机关。部长级的灾害管理协调委员会，在国家救灾委员会的支持下，负责执行其制定的政策和决定。[①]

粮食与灾害管理部（MFDM）是孟加拉国灾害管理的最核心机构。其下的灾害管理局（DMB）主要负责全国灾害管理机构之间协调。

环境与林业部也是应对气候变化挑战包括国际谈判的重要部门，其下的环境局为应对气候变化在政府不同部门、研究机构和相关组织建立了34个基层应急网状中心。

2000年，孟加拉国政府颁布的“灾害议事规则”明确规定了各机构和委员会的职责与任务，是处理各种灾害的指南。

2. 制订有效的管理计划

孟加拉国政府在1972年联合国斯德哥尔摩环境会议的影响下，首次制订了环境管理计划，其中防治气候灾害是中心。

1991年孟加拉国宣布为环境年的同时，由环境与森林部同各界人士协商后，制订了全国环境管理计划—孟加拉国政府环境管理行动计划（NEMPGB），以该计划为基本纲领，用以提高人们对气候灾害危害性的认识，扭转其弱化倾向，保护和完善环境资源状况，促进防灾救灾的可持续发展，提高人民的生活质量。

1992年国家环境政策、2005年沿海区域政策、2005年国家应急行动纲领等，都突出强调了气候变化引起的各种不利影响，在灾害管理中发挥了重要作用。

孟加拉国政府还积极支持巴厘岛计划。该计划是由联合国气候变化框架公约（UNFCCC）在2007年12月第13次缔约国大会上提出的，明确了保障未来气候安全的一系列行动计划。为响应巴厘岛计划，孟加拉国政府于2009年颁布了孟加拉国应对气候变化战略和行动计划（BCCSAP）。[②]

3. 加快实施防洪工程建设

孟加拉国主要采用结构性手段治理水。通过疏浚、筑堤和以堤围海等，防止洪水泛滥。政府在控洪和排水工程方面给予了大量投资，面对1988年、1989年灾难性洪水的威胁，政府制订了一项综合治理洪水的规划，在进行可行性研究的基础上，于1989年颁布了“治理洪水行动计划”。

---

① Dulal Chandre Roy，Vulnerability and population displacements due to climate-induced disasters in coastal Bangladesh，http：//biblio. ugent. be/input/download? func=downloadFile&fileOId=1209021&recordoId=1209019#page=24. ［2011-11-04］.

② Ibid.

该计划强调充分利用洪水资源，防洪工程和灌溉工程并重。对此，孟加拉国水利开发委员会对治理洪水采取了结构性措施，修建河堤、拦河坝和水渠。

除修复和完成早期工程外，这些工程主要是：格纳格—科巴达克灌溉工程、达卡—纳拉扬甘杰—德姆拉工程、卡纳弗里综合工程、沿海筑堤工程、孟加拉国北部管井工程、布拉马普特拉河右岸筑堤工程、达卡洪水防护综合工程等15项重大工程。① 这些工程项目现已基本完成，在治理洪水、减轻灾情风险方面发挥了一定的作用。

但是，降低洪水风险就社会调节而论，像在孟加拉国这样的低收入穷国，非结构性的战略选择更为重要。诸如加强气象预报系统的建设，完善各级监管体制，对险情进行全方位监控，及时报警；合理利用土地，指导限制土地过度开发法规，维护生态平衡，鼓励种植耐洪作物；指导造林计划，防止乱砍滥伐，降低地下水径流量等。

这些非结构性治理的战略投资少、见效快，有利于发动更多群众参与防灾救灾，现已取得初步成效。

4. 努力开展环境教育

在灾害事件发生后，国家需要对紧急状况立即作出回应，动员人民自救和灾后重建，因此进行广泛的环境教育十分必要。所以，孟加拉国政府在很早以前就在相关机构建立和开展环境教育，设立了各类环境教育中心，特别是各大学和研究机构。环境教育中心的重点是提供综合培训计划。

环境教育的目的在于，控制灾害的活力和易受灾地区，提供潜在灾害的可行性预报，提供减缓灾害后果的可能需求及管理战略，提出短期和长期的调节手段。

环境教育的手段：（1）开设环境教育研究课程。在大学、专业学校组织研究班或实习班，针对缓减灾害措施开设一系列研究课题，目的在于系统传授灾害管理的行动纲领；（2）组织综合培训论坛。对从事环境应对和管理的政府工作人员和私人进行环境教育，安排多种培训计划和服务。对有潜力的公共慈善机构中的专业环境管理成员，提供灾害情报服务和系统的环境教育资料；（3）在中小学普遍开设灾害管理的孟加拉语课，普及灾害管理的基本知识；（4）建立环境教育网络，促进人员培养、计划交流和环境教育成果的传播。

5. 积极参加国际谈判

近年来，孟加拉国政府充分利用国际舞台，积极参加气候变化问题的谈判，

---

① Rashmi Sharma，Bangladesh and SAARC，Environmental Changes in Bangladesh，New Delhi，Regal Publications，2007，p. 160.

提出自己的要求和主张，取得了良好的成效。

第一，确定受害国地位。2011 年 1 月 17 日，孟总理哈西娜在第四届世界能源峰会上反复强调，孟加拉国对温室气体的排放可以忽略，但却成为气候变化的最大受害者。环境与森林国务部长哈森 2010 年 8 月 2—6 日在德国波恩举行的“联合国气候变化框架公约”谈判会上，要求要充分展示孟加拉国的受害地位。在 2011 年 12 月 8 日南非德班气候变化大会上，哈森表示，孟加拉国是气候变化受害的前沿国家。

第二，敦促发达国家减排。联合国第 16 届气候变化会议在墨西哥坎昆召开，哈森率领约 100 人与会，会上提出了一系列减排指标，要求发达国家在 1990 年承诺的基础上，到 2020 年减排 40％，2050 年减排 80％。在德班气候变化会议前夕，孟总理哈西娜要求，德班会议应在减排问题上制定具有法律约束力的协议。

第三，争取资金和技术援助。历次气候变化会都要求设立应对气候基金，这种基金具有来源充足、持续、易获得等特点。在坎昆会议上，孟加拉国提出将 2008 年哥本哈根承诺的建立 300 亿美元应对气候变化基金提高至 1000 亿美元，并在 2011 年 12 月第 17 届联合国气候变化会议上经过马拉松式的谈判后达成协议，在 2012 年“京都议定书”满期后，启动“绿色气候基金”1000 亿美元，用于易受气候灾害的贫弱国家，且这种资金是无偿援助，不是贷款。孟加拉国政府还多次要求发达国家转让应对气候技术，获得“绿色科技”。，

总之，孟加拉国政府积极参加气候变化谈判，努力提高谈判能力，并强烈要求将孟加拉语作为联合国通用语言，以争得更多话语权。

可见，自 20 世纪 80 年代以来，孟加拉国政府为应对气候变化灾害制定了一系列政策，采取了力所能及的措施，修复和兴建了众多防洪抗灾基础工程，推行了一批针对气候灾害的发展项目，已拨款 140 亿塔卡用于植树造林等，建设了 207 个生态村，用于恢复受灾群众的生活，为他们提供自我谋生的机会。

（二）治理气候灾害的缺失

1. 资金困难，政策难于实现

同为沿海岛国和低海平面国家还有丹麦和荷兰，而丹麦和荷兰都是欧洲富国，它们有充足的财力建设堤坝，有丰富的建设堤坝网的经验，能采取有效措施应对海平面上升带来的灾害。相比之下，孟加拉国是农业国，农业是基础产业，国家经济和人民生活都依靠农业，其是世界最穷和人口密度最大的国家之一，对气候变化所引起的灾害应对能力较差，无能力建设更多更好的堤坝以及其他基础

设施来应对洪水和热带旋风所带来的破坏。

2011年9月，孟加拉国政府表示，每年将分配1亿美元用于治理气候变化的灾害，还可寻求外国资金的援助，即使这些资金能到位，也只能是杯水车薪。

孟加拉国总理哈西娜2011年3月28日在第五届社区应对气候变化国际大会上宣称，孟加拉国需要数十亿美元的援助才能成功应对气候变化的挑战。环境与森林部长哈桑也在2011年2月9日气候变化研讨会上说，孟加拉国是气候变化受害国，仅沿海区域疏通河道和建造堤坝至少需要50亿美元。

但是，目前国际组织和发达国家承诺的援助金额微乎其微。仅亚洲开发银行愿意提供2.5亿美元帮助孟加拉国进行应对气候变化的试点项目；德国表示将提供1090万欧元帮助孟加拉国落实气候变化的应急计划；澳大利亚表示将提供1500万澳元支持孟加拉国的救灾项目。

2. 政策缺口不足以保障灾后重建

灾后重建是应对气候灾害的关键。涉及气候变化的国家政策，诸如前述1992年环境政策、2005年国家应急行动纲领、2009年应对气候变化战略和行动计划等，都只是指出了气候变化的问题，而没有提出如何解决这些问题，更没有提出如何解决流离失所的气候移民问题。其中既没有详细的行动计划，更没有时间表。

灾后重建最重要的是安置无家可归的灾民。1998年联合国国内流离失所指导原则中明确规定，该国对帮助流离失所者负有最基本责任。但是，孟加拉国没有能力保护这些弱势群体，因气候灾害每年仅沿海地区就有40多万人撤离，大部流入达卡，加入贫民的队伍。据估计，达卡的贫困难民多达340万。[①] 仅2009年受热带旋风“艾拉”的影响，沿海地区就有多达40万人无家可归，他们住在肮脏的避难所里，无安全食品保障，无清洁饮用水，更无必要的卫生设备。

孟加拉国还有大量的气候移民，他们远离家园，逃往邻国印度。据估计，自20世纪50年代以来有1200万—1700万人涌入印度的西孟加拉邦、阿萨姆邦和特里普拉邦，其中大部分为气候移民。印度政府拒绝接纳众多的气候移民，于是建起了2500米装有倒钩的栅栏，以防止其非法移民进入。

为此，孟加拉国总理哈西娜2011年4月向联合国提出，应建立在联合国管理下的国际机构，应对气候变化造成的人口迁移。孟加拉国还呼吁，在未来气候

---

① Dulal Chandre Roy, Vulnerability and population displacements due to climate-induced disasters in coastal Bangladesh, http://biblio.ugent.be/input/download?func=downloadFile&fileOId=1209021&recordOId=1209019#page=24.［2011-11-04］.

变化谈判中，重点应转向因气候变化导致的移民问题。

四、结束语

气候变化已经演变成为当今人类面临的最大威胁。近年来，极端气候灾害发生的频率和密度呈上升的趋势，它所产生的不利影响渐渐地危及到易受气候变化影响的不发达国家的经济发展、社会稳定、人类安全以及人类最基本的生存权利，并使贫困状况更加恶化。

据联合国气候变化专家委员会估测，到 2100 年，由于气温升高，全球海平面将上升至少 0.6 米。在过去几十年间，孟加拉湾海平面上升的速度也非常快，如果海平面上升 1 厘米，将淹没其沿岸 1 米，而孟加拉国沿海岸 1 米以内居住着 1700 万人，① 这意味着将有 1700 万人无家可归。有专家估计，在今后 15—20 年内，孟加拉国因气候灾害将损失耕地面积 15%—20%。

据世界银行 2004 年的报道，孟加拉国海平面在 2030 年和 2050 年将分别上升 30 厘米和 50 厘米，② 同期，季风降雨将增加 11%和 28%，地表水的径流量将增加 20%—45%。③ 可见，孟加拉国的未来将会受到气候变化的更大威胁。

综上所述，像孟加拉国这样易受气候变化影响的国家，未来将面临更多的挑战，其应对气候灾害，首先应着眼于发展自身对抗气候变化影响的能力，充分认知其脆弱性，加强预警预报，防治并重，减少灾害风险和受灾程度，积极开展国际合作，而不能坐以待毙，等待发达国家的援助。

---

① Rashmi Sharma, Bangladesh and SAARC, Environmental Changes in Bangladesh, New Delhi, Regal Publications, 2007, p. 147.

② Dulal Chandre Roy, Vulnerability and po; ulation displacements due to climate-induced disasters in coastal Bangladesh, http: //biblio. ugent. be/input/download? func=downloadFile&fileOId=1209021&recordOId=1209019#page=24. [2011-11-04].

③ Rashmi Sharma, Bangladesh and SAARC, Environmental Changes in Bangladesh, New Delhi, Regal Publications, 2007, p. 156.

佛教轮回说的内在难题与中观学和唯识学的解决

欧东明*

佛陀教法开示“智悲双运”，就其智慧一面而言，它的终极性洞察就是它的空观——完整地讲，就是有关“缘起性空”的思想。空观属于究极“中道”之见，为种种世俗“边见”所望尘莫及。要在俗见流行的世界上讲清楚“甚深微妙”的空观正见（尤其是在佛教接受了“业报轮回”这一印度传统信条的情况下），就势必诉诸某种严格的思想方式。本文以下想要表明的就是：关于空观念的各种阐释的发展和演变，佛教性空学说从中观到唯识的转型，应该是出于佛学思想本身的一种几乎不得不然的逻辑。其次，本文还将冒险讨论一下佛学与当代有关思想之间进行互释的一种可能性。

一、轮回主体难题与中观学和唯识学的解释

在印度正统的婆罗门教思想传统中，“灵魂不灭”与“业报轮回”是两个相互依存的自明性信条。佛教在接受了“业报轮回”的同时，却又试图否定“灵魂不灭”（甚至在根本上就不承认灵魂的实在自性），这无疑就是迎头撞上了一道坚固的石墙（这里借用了维特根斯坦的说法），因为没有灵魂、没有自我主体的轮回从各个方面都是极难讲通的。如何同时既讲清楚业报轮回的道理，又不违背并且阐明“万法皆空”的实相，这是各个时期的佛学都置身于其中的一大困境。我们可以把这里的难题称为有关“轮回主体”的问题。按照通常的理解，佛教既然承认了“三世因果、六道轮回”，那就几乎必然要求对使轮回得以可能的自我主体的肯定，而这与佛教“无常”、“无我”和“空”的根本教理构成了矛盾。面对

* 欧东明，教育部人文社会科学重点研究基地四川大学南亚研究所副研究员。

这里的紧张与矛盾，从原始佛教以降，各宗派思想都试图对有关轮回主体、因果相续的难题作出自恰和圆融的解释，而大乘佛教的中观宗和唯识宗则构成了这些解释中的两座并峙的思想巅峰。可以说，在佛教教理的“合乎逻辑”的发展过程中，从中观学到唯识学的过渡在很大程度上就是在“轮回主体”问题本身的逼使下实现的。

在佛教传世之先，印度思想界就存在着大量的关于世界构成（变现）问题的探讨，这些探讨又主要集中于对因果现象的分析上。释迦牟尼佛以缘起法赅摄因果法，用以阐明世间万象的生起。实际上，释迦牟尼的缘起说已经就是一种至为精微的中道观了，因为它既不同于数论派的神我“转变说”（即认为所有现象都由一最初因转变而成），又不同于顺世派的“积聚说”（视现象为一些要素积聚而成），但与此同时却又以一种微妙的方式包容了这两种解释。然而，即使在早期佛教中，佛祖的澄然中道也并未完全得到准确的把握。无论是“五蕴说”，还是“十二因缘说”，早期佛教对于“缘起”的说法，几乎都只能分析到这个程度：我与万物都是由某些更基本的成分依条件聚合而成，因而是缘起而生，其中并无常住不变的实体。而这种说法实际上已十分接近顺世派的“积聚说”（尽管不是如后者一样否认轮回）。

另外，早期佛教所理解的缘起论，也几近于印度传统上的业力说。业，梵语为 Karma，意为“造作”或行为，[①] 如同物质不灭与能量不灭一样，业在宇宙中也是因果相续、辗转不休的。在佛教看来，有意志、有道德意识的行为具有某种连续不断地生成新的未来的力量，这就是“业”，以此为因可以生成宇宙人生的种种现象（果）。业感缘起固然可以说明轮回的因果可能性，但它却有悖于佛教的无我思想。因为如果缺乏自我实体，何以能够造作善恶诸业？纵使造作，又由谁来任持（承当）善恶之业？佛教讲诸法无常，业亦无常，而刹那生灭的业何以能够感果？如果业的造作、任持、感果都有疑问，又怎么来说明缘起的真实性？另外一方面，如果这一业造成之后，一直到受果保持不变，那也就没有感果的作用。

由于这些问题的存在，印度大乘时期的佛教徒们不得不各循思路来深化他们对缘起的理解。

公元 2 或 3 世纪，龙树菩萨创立大乘佛教的理论，提出了影响深远的“中道”学说。他主张，从世俗的成见（俗谛）来说，世界万物确实是“有”的，但这种有只是一种假借的名相概念（假名）；而从佛教真理（真谛）来说，世间万

---

① 《俱舍论》称之为“造作名业”。

象的终极实相则是“空”。正确的态度应当既不执着于“有”，又不沉沦于观念化、概念化和对象化的顽“空”或“恶趣空”，而是对“有”、“空”两方融会贯通，以有观空，以空解有，这才合于万法的真如实相。用这种方式来看待世界，就是中道。他并用初期佛教的缘起论来论证初期大乘的“空”观，发展了“缘起性空”说，认为既然一切事物都依据一定的条件才能存在，那事物本身并没有任何质的规定性，故而为“空”。同时，他认为这种“空”又正是一切事物产生的可能性条件，这样，“缘起有”与“自性空”便相互依持和相互成就，也体现了融有无于一体的“甚深微妙”的中道实相。

以龙树菩萨为首的中观宗重视对本体的空寂体认，其高峻凌厉的宗风为一般世俗智慧所难以企及。公元4世纪，面对当时占优势地位的婆罗门教，佛教必须在理论上进一步“维新”，才能赢得新的发展。印度佛教唯识宗就从此时开始兴起于世。而单纯从理论上看，中观学讲“缘起性空”或“性空缘起”，视“万法唯假”，业本身是无自性的，业之生起与业之谢灭也无自性。《中论·观业品》说：“诸业本不生，以无自性故，诸业亦不失，以其不生故。”[①] 这样，无自性的业，造成之后到感果之前完全可以自类相续而不断，无需他物任持业种。这是中观学所谓业灭可以感果的理论。这在出世间的境界中解释得相当完满，然而如何去给尚有种种无明妄执的凡夫解释这一道理呢？常人的观点并不具备佛教的识度，开示凡夫（常人）需要具有直观性的佛法内容来诱导。虽然中观学提出“二谛义”，把佛法分成世间法和出世间法，通过名言中的法假、受假、名假，把万有解释为无自性的假名，借此契入离言绝相的佛法真理，但在对作为大乘佛教根本要义的“二谛义”的理解上，一些中观学论师偏于出世间法一边，又被人误解为“恶趣空”。

鉴于此，唯识学试图克服中观学所欠缺的直观性，把被视作假名的缘起法还原为因真实的内识而起的万法。唯识学形成了有别于中观学的因果论：成立八识、种习说，直接面对业感缘起，具体阐释了业感的生发机制，力图弥合业感与无我之间的紧张分裂。在唯识学看来，中观理论虽然阐明了世间万法的究竟实相为空，但没有阐明空性的本质如何生成、变现为缤纷万象的世界。唯识学所着力阐述的就是这一有关世界变现（构成）的问题，它试图通过发挥“无常而能存、无我而能立”的道理，来辨明世间诸法的存在实相。唯识宗奠基人无著、世亲兄弟认为，以阿赖耶识为根本识的八识既是自证自明、自我觉知的，又是客观的对象世界的构造者。识生起后，能一分为二（即“见分”与“相分”），把自己的一

---

① ［印］龙树菩萨：《中论·观业品》，参见民族出版社2000年5月汉文版《龙树六论》。

部分（相分）转化为自己认识的对象。世人不明白这一点，把这种幻化的对象当作实在的外境，而实际上世界万物都是由心识变现而来的对象，本身并非真实的客观存在。进而言之，心识本身最终也并非实体，并没有常住的自性，因而是空性的。而这样一来，世间万象的存在方式最终也就是“空”。不过，在强调世间现象的空性的同时，唯识学也强调超世间的佛性真理——“真如实相”的实在性，以作为佛教立教的必要理论根据，而这与中观宗的彻底的空论形成了分歧（两宗之间的很多论诤就是围绕着这一分歧而展开的）。

为了避免把轮回主体理解成某种具体的实体，唯识学改变了对“业”的理解，把它说成某种没有恒常主体而又生生不息、不断推陈出新的“虚拟式”过程。世亲提出“业即是思，无身语业”，用熏习说来解释作业感果、因果异时的问题。《大乘成业论》说：“故离彼计身语二业所引别法，但应由思差别作用，熏习相续，会起功能。由此功能，转换差别，当来世果，差别而生。如紫矿汁，染拘木缘花，相续转变，至结果时，其瓤色赤，内法熏习，应知亦乐”。业因业果的异时因果关系变成不断熏习的持续过程。所谓种子、习气、识体等都是对这一过程的不同的描述方式。唯识学的习气，其实就是指熏习的余气，有所谓名言习气、我执习气、有支习气，或叫等流习气、异熟习气等，名号不一，但内容、功用相似，是感果的因缘或增上缘；唯识学的种子是习气的具象化说明，指的是业本身的能够不断熏习的功能（业力）。《成唯识论》说：“何法名为种子？谓本识中亲生自果功能差别。”实际上，种子不仅在本识即“阿赖耶识”中有，在其他七识中也有，因为只要有“思”，便会有业的熏习，也就会有熏习的余气，而它就是感果的因缘或增上缘。由于阿赖耶识与诸杂染法互为因性、果性，故阿赖耶识在相续流转中，既不断生起世间万象，也不断受世间诸法熏习成长；而在此恒常转依中，并无什么常住的实我可得。

唯识学的阿赖耶识原义为“家宅”、“依”、“处”等，最大的用处是任持种子与习气，所以玄奘又译之为“藏识”或叫“三藏”（能藏、所藏、执藏）。阿赖耶识一方面既能够摄持一切法种子（能藏），一方面又已经摄持一切法种子（所藏），同时，这能所合一的阿赖耶识被末那识染意执着、遍计为一种实我（执藏）。在此，末那识即是阿赖耶识本身执取自身之相用。阿赖耶识含摄末那识，末那识的根本特性为“恒审思量”，它以第八识即阿赖耶识的见分为疏所缘，依此变现出自识相分，为亲所缘缘，于是起妄分别，并执以为自我。末那所缘之境是一种虚拟化的“带质境”（即阿赖耶识的见分，它相当于一种“纯粹自我意识”），而非实有体性的“量摄”。要言之，由于末那识执着阿赖耶识为“我见、我痴、我慢、我爱”，阿赖耶识作为业果相续的无自我意识的“非主体性实体”

的角色就由末那识以有自我意识的主体的身份承担了起来，而在整个这样的过程中，阿赖耶识都只是被动的受体。这样，实际上并无自性、并非现成实有、无定无常的第八阿赖耶识，就被末那识妄执为一种具有恒常自性的具有自我意识的主体。在此，阿赖耶识与末那识之间具有一种相互依持的关系，这层依持关系为种习概念提供了更为具体的说明，巧妙地避免了阿赖耶识“实有”与“无我”之间的矛盾。至此，唯识学基本上解释了因果相续的主体问题：作为这种主体之本原的阿赖耶识实际上并不是任何一种具有自性的实体，它只是被具有某种自维持机制的、恒常思量的第七末那识执着为一种看似真实、实则虚妄的自我主体。

二、佛学与当代有关思想的互释

本文下面还想简要地提到的是：以上所讨论的印度大乘佛教思想，几乎正好是与当代西方现象学（包括存在论的现象学和意识论的现象学）的运思方式摇相呼应的（尽管从宗教背景上、研究旨趣上等等方面看，两者之间存在着明显的差异）。迄今，已有众多国内外研究者注意到印度唯识宗思想与胡塞尔的意识论现象学之间的相通，并对此做出了富有洞见的阐发。[①] 但是，关于印度中观宗思想与存在论现象学之间的相互神合，却鲜见有人提及。实际上，仅就本文所讨论的题旨而言，中观学“万法唯假”就是在存在论意义上说的，而唯识学“万法唯识”则是在意识论意义上说的。要而言之，在思想上，现象学与佛学都秉持一种非现成、非对象化和非概念性的思想方式；其中，唯识宗和意识论的现象学偏重于从意识对存在的参与性构成方面来阐明“真如法性”或“本源的现象”，而中观宗和存在论的现象学则试图在根本上超出意识自身的囿限，直接去参通那离言绝象的“实相”或“存在”本身，同时倾向于把意识也看作某种对象化的存在者的存在方式。可以说，正好是应和着那隐而不显的终极真实的“自身激荡”，才使得古今之际、东西方之间的这样一种“绵绵若存”的思想相通成为可能。

另外，国外还有学者把量子力学关于量子的思想与佛学关于有意识的自我的思想加以互释。[②] 与常规状态下宏观物体的物理性运动方式迥然不同，量子运动

---

① 例如德国的现象学家 I. Kern，K Held，中国的现象学家倪梁康、张庆熊等。

② 关于这方面的著述，至少可以提到例如美国的弗雷德・艾伦・沃尔夫（Fred Alan Wolf）所著的《精神的宇宙》（The Spiritual Universe），英国的达纳・佐哈（Danah Zohar）、伊恩・马歇尔（Ian Marshall）所著的《灵商・人的终极智力》（Spiritual Intelligence，The Ultimate Intelligence）等等。

的特征在于：它似乎可以同时包容两种看起来相互矛盾、相互悖谬的运动方式和运动状态。这一特征与佛陀及其后学所早就揭示了的有意识的自我的“缘起发生”的机制具有重要的相通之处。也许，如果我们要明白“没有主体、没有灵魂的轮回”这样一回事情，就必须用上量子思想，以便让我们能够同时抓住和接受看起来相互矛盾的两个方面或极端。要说明这一点，我们可以分别举出原始佛教和当代物理学中两个十分近似的“公案”。

量子物理学中的故事是这样的：

一天，一个学生无意间闯入了奥本海默的房间，学生向奥本海默询问有关原子界内微小次原子层中电子的存在与运动问题，奥本海默回答道：

> 如果我们问：“电子的位置是否保持不变?”那么我们必须回答：“不是。”
>
> 如果我们问：“电子的位置是否随时间而改变?”我们必须说“不是。”
>
> 如果我们问：“电子是在运动吗?”我们必须说：“不是。”
>
> 如果我们问：“电子是静止不动吗?”我们必须说：“不是。”①

奥本海默提醒我们，电子这个词只不过是为方便起见而设立的，它是某个事物的标签，这种事物根据推断是存在的，但是又无法按照常理去加以解释。这种识度与佛陀对关于有意识自我之存在方式问题的“回答”几乎如出一辙：

据反映原始佛教宗教生活的《阿含经》记载，一天，有一个名叫婆蹉种的游方者专程来到佛陀施教的村落，向佛陀急切询问有关“有没有自我”的问题。婆蹉种再三追问，佛陀亦再三故意不作回答。婆蹉种黯然将欲离去。当时尊者阿难大惑不解，问世尊何故不答。佛告诉阿难：“我若答言有我。则增彼先来邪见。若答言无我。彼先疑惑岂不更增疑惑。言先有我。从今断灭。若先来有我。则是常见。于今断灭。则是断见。”

以上的两种相互接近的理解方式都至少表明：不论是对佛教逻辑还是对量子思想来说，都不能抱持任何现成的、想当然的和僵死的观念，而是要对终极实相本身谨慎地不作任何狭隘的限定和判断。如同简单地说电子是运动的或静止的都是不对的一样，简单地、根据成见而断定“有我”或“无我”，都是徒增邪见或“边见”，蔽乱事情的本来面目。

---

① Orppenheimer，J. Robert，Science and Human Understanding，New York：Simon & Schuster，1966，p. 69.

在此有必要指出的是：尽管在这里已经可以看到佛学与量子思想的某种相通之处，但是在我看来，如果要在有意识的自我与量子之间作完全的类比，那么这里存在的难题至少有：如果要把意识解释成某种量子式的运动，我们首先就必须说明量子与意识之间的通约性，而具有（唯识宗所揭示的）自证现象的意识与量子之间又有什么样的共同之处呢？

最后，在充分注意到佛学与存在论的现象学和意识论的现象学以至量子物理学之间的相通之处的同时，还有必要进一步追问的是：作为一门宗教的佛学，是不是就可以直接、简单地等同于某种存在论、意识论或物理学呢？而超出这里涉及到的科学、哲学以至神秘学说之外，还有没有一种相应于佛学、现象学和量子力学这三个方面的统一的理解，这种统一的理解之基础又是什么——是这三者中的一种、是三者的和合、还是这三者之外的更原本的基础？关于这里的问题，本文实在不敢贸然妄下任何断语，而暂时只能满足于指出它们之间进行互释的一种可能性。

第四部分

附　录

五十年南亚所成果目录

一、项目

项目名称	负责人	项目类型	立项年份	是否结项
印度农业经济发展研究	雷启淮	国家社科基金项目		结项
巴基斯坦政治经济发展研究	李德昌	中华社科基金		结项
印度农村产业结构研究	雷启淮	国家教委社科基金		结项
印度宏观经济控制与调节	何道隆	国家教委社科基金		结项
南亚国家政治经济发展动态研究	尹协祚	国家教委社科基金		结项
印度种姓制度的历史与现状	邱永辉	国家教委社科基金		结项
南亚国家的经济与民主化浪潮	李德昌	中华社科基金		结项
印度财政税收制度研究	文富德	国家教委社科基金		结项
独立后印度经济社会发展研究	陈继东	国家教委社科基金		结项
巴基斯坦开发俾路支省发展农业的主要做法	李德昌	国家计委等		结项
印度加尔各答与印度东部地区农业发展	雷启淮	国家计委等		结项
印度城乡土地管理现状	雷启淮	国家土地管理局		结项
印度农产品价格机制及对策	雷启淮	国务院农村发展研究中心		结项
印度农村劳动力的转移和农工商综合开发	雷启淮	中国农科院		结项
扩大中印贸易关系	雷启淮	中国国家信托投资公司		结项
印度农业利用外资研究	雷启淮	农业部农业发展战略研究中心		结项
印度农村能源现状及其发展前景	李德昌	中国农科院		结项

续表

项目名称	负责人	项目类型	立项年份	是否结项
印度广开农村就业的途径	彭盛琪	中国农科院		结项
印度农业发展战略的转移	雷启淮	中国农科院		结项
西藏与周边国家的经济文化关系	张力	北美基督教基金		结项
印度市场经济与宏观调控	向元钧	北美基督教基金		结项
印度种姓制度的历史和现状	邱永辉	北美基督教基金		结项
中印国营企业改革比较研究	杨斌	北美基督教基金		结项
中印国营企业改革比较研究	邓常春	北美基督教基金		结项
中印国营企业改革比较研究	欧东明	北美基督教基金		结项
印度经济发展：经验教训	文富德	中华社科基金	1991	结项
现代印度社会的变迁	邱永辉	中华社科基金	1999	结项
世界贸易组织与印度经济发展	文富德	教育部基地重大项目	2001	结项
冷战后印度安全战略研究	邱永辉	教育部基地重大项目	2002	结项
中印缅孟区域经济合作研究	陈继东	教育部基地重大项目	2002	结项
印度经济全球化研究	文富德	教育部基地重大项目	2003	结项
21世纪初中印关系发展趋势研究	张力	教育部基地重大项目	2003	结项
南亚次大陆经济发展与区域安全	邓常春	国家社科基金项目	2004	结项
南亚政治发展研究	杨翠柏	教育部基地重大项目	2004	结项
印度民族问题研究	赵伯乐	教育部基地重大项目	2004	结项
印巴关系研究	陈继东	教育部基地重大项目	2005	结项
印度高科技发展战略研究	文富德	教育部基地重大项目	2005	结项
南亚区域合作发展前景研究	陈继东	教育部基地重大项目	2006	结项
印度经济改革经验教训研究	文富德	教育部基地重大项目	2006	结项
印度教民族主义研究	邱永辉	教育部基地重大项目	2007	在研
印度崛起的影响与对策研究	孙士海	教育部基地重大项目	2007	结项
中印关系发展趋势及其影响因素	张力	国家社科基金一般项目	2008	在研
印度文论史	尹锡南	国家社科基金一般项目	2008	结项
印度经济发展模式研究	杨文武	教育部基地重大项目	2008	结项
南亚的恐怖主义与反恐问题研究	张力	教育部基地重大项目	2008	结项
梵语诗学与西方诗学比较研究	尹锡南	中国博士后科学基金一般资助项目	2008	结项

续表

项目名称	负责人	项目类型	立项年份	是否结项
五十年“藏独”海外活动特点、走向和对策研究	李涛	教育部重大课题攻关项目	2009	在研
印度经济崛起与中国的政策选择	张立	教育部规划基金项目	2009	在研
印度政教关系模式研究	欧东明	教育部规划基金项目	2009	在研
在印流亡藏人之“难民地位”研究	黄云松	教育部青年基金项目	2009	结项
巴基斯坦研究	陈继东	四川省社科项目（自筹）	2009	在研
中国与南亚各国关系中的“西藏问题”研究	李涛	教育部基地重大项目	2009	在研
南亚国家能源、资源与环境政策和法律研究	杨翠柏	教育部基地重大项目	2009	在研
印度比较文学发展史	尹锡南	中国博士后科学基金特别资助项目	2009	结项
中国—南亚陆路贸易能源通道建设研究	陈继东	教育部基地重大项目	2010	在研
中印市场经济环境中社会问题研究	张伟	教育部基地重大项目	2010	在研
亲历印度——中国学者赴印度田野考察报告	李涛	中央高校基本科研业务费研究专项—“走出去”项目	2010	在研
中印土地制度与城市化比较研究	张伟	中央高校基本科研业务费研究专项—学科交叉研究专项重点项目	2010	在研
中国西部面向南亚开放研究	杨文武	中央高校基本科研业务费研究专项—杰出青年基金项目	2010	在研
成都市拓展南亚市场课题研究	李涛 文富德	横向项目	2010	结项
中印多边外交合作机制研究	黄正多	教育部西部基金项目	2010	在研
文化视角下的中印关系研究	尹锡南	教育部基地重大项目	2011	在研
中印关系中的机制化建设与我国的对策研究	戴永红	国家社科基金一般项目	2011	在研
中国（四川—西藏）与南亚国家次区域合作——地方政府的主导作用与应对策略	戴永红	中央高校基本科研业务费研究专项	2011	在研

续表

项目名称	负责人	项目类型	立项年份	是否结项
南亚地区发展报告	李涛	教育部哲学社会科学发展报告建设（培育）项目	2011	在研
印度对外战略研究	陈继东	国家社科基金一般项目	2012	在研
近代以来印度中国观的演变研究	尹锡南	国家社科基金西部项目	2012	结项
中印国际多边合作研究	黄正多	中央高校基本科研业务费研究专项	2012	在研
国际难民法的变革及其对我国难民政策的影响	黄云松	中央高校基本科研业务费研究专项	2012	在研
不对称的核“依存”：美英核联盟的形成及影响（1945—1961）	王娟娟	中央高校基本科研业务费研究专项	2012	在研
孟加拉国经济发展、改革与前景	李建军	中央高校基本科研业务费研究专项	2012	在研
巴基斯坦—阿富汗关系：发展趋势、对华影响与对策	曾祥裕	中央高校基本科研业务费研究专项	2012	在研
印度经济发展前景研究	文富德	教育部基地重大项目	2012	在研
后危机时代中印经贸合作研究	杨文武	教育部基地重大项目	2012	在研
中国与印度共赢性发展互动机制	杨文武	国家社科基金一般项目	2013	在研
南方丝绸之路经济带建设研究	宋志辉	国家社科基金西部项目	2014	在研
印度海洋安全战略及其对华影响与对策研究	曾祥裕	国家社科基金青年项目	2014	在研

二、著作

成果名称	作者	出版社	出版时间
印度经济	李了文 李德昌 何承金 曾向东 雷启淮 傅雪生	人民出版社	1982 年
印度高等教育	曾向东	四川大学出版社	1986 年
赵卫邦文存	赵卫邦	四川大学出版社	1989 年
巴基斯坦政治发展	李德昌	四川大学出版社	1989 年
巴基斯坦经济发展战略	李德昌	北京大学出版社	1990 年
巴基斯坦经济发展	李德昌	四川大学出版社	1992 年
印度经济（上册）	雷启淮 李德昌 文富德 戴永红等译 罗祖栋 朱欣民校	四川大学出版社	1994 年 9 月
印度经济（下册）	雷启淮 李德昌 文富德 戴永红等译 罗祖栋 朱欣民校	四川大学出版社	1994 年 12 月
印度经济发展：经验教训	文富德	四川大学出版社	1994 年 10 月
新编外贸企业会计	向元钧（主编）刘用明（副主编）	电子科大出版社	1995 年 1 月
当代印度财政	文富德	四川大学出版社	1996 年 3 月
现代印度种姓制度	邱永辉	四川人民出版社	1996 年 3 月
资商通鉴	向元钧（主编）	中国经济出版社	1997 年 1 月
印度总理尼赫鲁	张力	四川人民出版社	1997 年 7 月
独立后印度经济社会发展研究	陈继东	四川人民出版社	1997 年 11 月
印度农村产业结构研究	雷启淮（主编）	四川人民出版社	1997 年 12 月
南亚大辞典	雷启淮（副主编） 罗祖栋、文富德、王益谦、陈继东、邱永辉、张力、杨仁德、向元钧、李德昌、栗力、戴永红撰写部分辞条	四川人民出版社	1998 年 2 月

续表

成果名称	作者	出版社	出版时间
中印经贸指南	四川大学南亚研究所 印度驻华大使馆（编撰）	四川人民出版社	1998 年 3 月
中国西南对印度贸易问题	晏世经 陈继东	四川人民出版社	1998 年 3 月
亚太世纪的号角——新加坡、马来西亚、泰国百年强国历程	雷启淮 张力 陈继东 钟向东	黑龙江人民出版社	1998 年 3 月
南亚国家的经济改革与民主化浪潮	邱永辉 陈继东 李德昌（编撰）	四川人民出版社	1998 年 10 月
西南大陆桥与区域经济开发	晏世经等	四川大学出版社	1998 年
当代尼泊尔	罗祖栋	四川人民出版社	1999 年 12 月
当代印度	雷启淮	四川人民出版社	1999 年 12 月
当代斯里兰卡	何道隆	四川人民出版社	1999 年 12 月
当代巴基斯坦	杨翠柏	四川人民出版社	1999 年
世界各国经济概况	文富德 陈继东 杨文武 唐鹏琪（参加撰写）	经济科学出版社	2001 年 4 月
印度市场经济与宏观调控	向元钧（主编）文富德 陈继东（副主编）	四川人民出版社	2001 年 12 月
佛地梵天——印度宗教与文明	欧东明	四川人民出版社	2002 年 4 月
怀柔远人：马嘎尔尼使华的中英礼仪冲突	邓常春（译）刘明（校）	社会科学文献出版社	2002 年 10 月
WTO 与反倾销大战——印度个案研究	戴永红（编著）	电子科技大学出版社	2002 年 12 月
世界贸易组织与印度经济发展	文富德（主编）陈继东（副主编）	巴蜀书社	2002 年 12 月
WTO 与国家主权	文富德（参加撰写）	人民出版社	2003 年 3 月
当代南亚国际关系	陈继东（参加撰写）	中国社会科学出版社	2003 年 4 月
印度世俗化研究	邱永辉 欧东明	巴蜀书社	2003 年 4 月
中国与印度经贸合作新战略——中国云南省与印度经贸和科教合作研究	陈继东（参加撰写）	云南人民出版社	2003 年 5 月
世界文明视野中的泰戈尔	尹锡南	巴蜀书社	2003 年 7 月
西藏和其他藏区特殊开发途径	陈继东（参加撰写）	黑龙江人民出版社	2003 年 8 月
印度科学技术	文富德 唐鹏琪	巴蜀书社	2003 年 12 月

续表

成果名称	作者	出版社	出版时间
西藏开拓南亚市场及其特殊研究	陈继东	巴蜀书社	2003年12月
印度政治与法律	杨翠柏等	巴蜀书社	2003年12月
WTO & India	文富德（参编）	Rajiv Gandhi Fundations	2004年5月
China and India Can Learn From Each Other	文富德（参编）	Delhi University，India	2004年7月
世界区域化的发展与模式（张蕴岭主编）	文富德（参编）	世界知识出版社	2004年8月
近代上海城市人口与城市发展	张伟		2004年12月
走向南亚	文富德（主编）	电子科技大学出版社	2004年12月
坚持科学发展观，构建和谐社会—党政干部理论学习文选（黄长主编）	文富德（参编）	中国社会科学文献出版社	2005年5月
当代印度对外关系研究	陈继东	巴蜀书社	2005年9月
南亚报告，2005—2006（任佳主编）	文富德（参编）	云南人民出版社	2006年2月
中国和平发展的国际环境（马振岗主编）	文富德（参编）	世界知识出版社	2006年3月
第三亚欧大陆桥——西南通道建设构想（王伟光、秦光荣主编）	文富德（参编）	社会科学文献出版社	2006年8月
房地产基础知识	杨文武（参编）	中国林业出版社	2007年2月
世界之中国：域外中国形象研究	尹锡南（参著）	南京大学出版社	2007年9月
英国文学中的印度	尹锡南	巴蜀书社	2008年4月
中国四川与南亚经贸合作研究	杨文武	巴蜀书社	2008年4月
印度软件企业国际化研究	戴永红	巴蜀书社	2008年4月
中国房地产业指标体系研究	杨文武	巴蜀书社	2008年5月
南亚报告：2007—2008（俞文岚主编）	文富德（参编）	云南大学出版社	2008年6月
印度经济全球化研究	文富德	巴蜀书社	2008年10月
China's Concerns over the Indo—Pakistan: Conflict and Sion-Indian Relations	张力	CAS/HKU	2008年10月

续表

成果名称	作者	出版社	出版时间
南亚区域合作发展趋势和中国与南亚合作研究	李涛（主编）	巴蜀书社	2008 年 12 月
时间概念史导论	欧东明（译）	商务印书馆	2009 年 1 月
中印缅孟区域经济合作研究	陈继东	巴蜀书社	2009 年 3 月
To Manage Conflict in South Asia: China's Stakes, Perceptions and Inputs（《中国与南亚的冲突管理》）	张力	ISDP Publisher (Stockholm, Sweden & Washington, USA)	2009 年 10 月
Conflict Prevention and Management in Northeast Asia	张力（参著）	Cambridge Scholars Publishing	2010 年 1 月
比较文学学科史（曹顺庆等著）	尹锡南（参著）	巴蜀书社	2010 年 1 月
世界大变革与中国的机遇和挑战	文富德（参编）	世界知识出版社	2010 年 6 月
印度的中国形象	尹锡南	人民出版社	2010 年 6 月
巴基斯坦对外政策研究：1980—1992	曾祥裕	巴蜀书社	2010 年 7 月
外国文学（刘亚丁主编）	尹锡南（参著）	重庆大学出版社	2010 年 8 月
China-India Relations: Strategic Engagement and Challenges	张力	French Institute of International Studies	2010 年 10 月
梵语诗学与西方诗学比较研究	尹锡南	巴蜀书社	2010 年 10 月
印度农村反贫困研究	宋志辉	巴蜀书社	2010 年 12 月
全球化与印度经济发展	文富德	巴蜀书社	2010 年 12 月
“地区形势发展与中巴关系”国际研讨会论文集	李涛 陈继东 谢代刚（主编）	巴蜀书社	2010 年 12 月
中国的和平崛起与南亚	陈继东（译）	巴蜀书社	2010 年 12 月
巴基斯坦经济历程——需要新的范式	陈继东（译） 戴永红（校）	巴蜀书社	2010 年 12 月
在印度之外：印度海外作家研究	尹锡南	巴蜀书社	2011 年 6 月
印度比较文学发展史	尹锡南	巴蜀书社	2011 年 6 月
印度高科技发展战略研究	文富德（主编） 向元均参编三章	巴蜀书社	2011 年 10 月
跨国公司行为规制——印度的实践与启示	戴永红（主编）	巴蜀书社	2011 年 11 月

续表

成果名称	作者	出版社	出版时间
Emerging China: Prospects of Partnership in Asia	张力（参编）	Routledge	2011年12月
印巴关系研究	陈继东	巴蜀书社	2011年12月
巴基斯坦发展报告（2010年）	陈继东（主编）	巴蜀书社	2011年12月
亚洲的多边主义	戴永红（参编）	时事出版社	2012年7月
巴基斯坦报告（2011年）	陈继东 晏世经（主编）	云南大学出版社	2012年12月
印度比较文学论文选译	尹锡南（译）	人民出版社	2012年12月
60 Years of Pak-China Relations Landmarks, Trends and Approaches	李涛（第三编者）	Institute of Policy Studies, Islamabad	2012年4月
2012年印度经济社会发展与2013年展望/新兴经济体蓝皮书：金砖国家发展报告（2013）——转型与崛起	文富德（参编）	社会科学文献出版社	2013年3月
印度翻译研究论文选译	尹锡南等（主编）	巴蜀书社	2013年6月
金砖国家合作机制与中印关系的机制化建设/金砖国家研究（第一辑）	戴永红（参编）	上海人民出版社	2013年7月
比较文学视野中的泰戈尔	尹锡南	巴蜀书社	2013年7月
中亚—南亚的恐怖主义与地区安全	陈继东（主编）	巴蜀书社	2013年8月
南亚地区发展报告2012	李涛（主编）	时事出版社	2013年8月
巴基斯坦报告（2012年）	陈继东（主编）	云南大学出版社	2013年11月
印度经济改革经验教训研究	文富德	巴蜀书社	2013年12月
经济全球化与印度经济发展	文富德	巴蜀书社	2013年12月
印度经济增长模式研究	杨文武	时事出版社	2013年12月

三 论文

说明：标●者为权威核心期刊，标■者为四川大学认定的重要期刊（即B刊），标★者为CSSCI来源期刊，以上情况仅统计2006年及以后。

篇名	作者	刊物	时间及期号
印度的粮食危机	南亚所	简报	1965年4月
印度的基本情况（之一）	南亚所	印度问题研究参考资料	1972年12月
印度现况资料	南亚所	印度问题研究参考资料	1973年第3期
重新考虑和重新组织纳萨尔巴里运动（译文）	南亚所	印度问题研究参考资料	1974年第1期
关于印度革命的正确纲领的意见（译文）	南亚所	印度问题研究参考资料	1974年第1期
印度的共产主义：四个政党在意识形态和政策上的分歧（译文）	南亚所	印度问题研究参考资料	1974年第1期
评印度左派政党的纲领（译文）	南亚所	印度问题研究参考资料	1974年第1期
印度的土地结构（译文）	南亚所	印度问题研究参考资料	1975年第2期
印度半封建主义的土地关系（译文）	南亚所	印度问题研究参考资料	1975年第2期
印度的农业政策（译文）	南亚所	印度问题研究参考资料	1975年第2期
印度东部半封建性质的分析	南亚所	印度问题研究参考资料	1975年第2期
独立以来的印度农业	南亚所	印度问题研究参考资料	1975年第2期
略论与印度“资本农业”有关的一些问题	南亚所	印度问题研究参考资料	1975年第4期
浅析印度“小型工业”现状	南亚所	印度问题研究参考资料	1975年第4期
印度的种姓制度和贱民问题	南亚所	印度问题研究参考资料	1975年第4期
印度劳动人民的贫困化	南亚所	印度问题研究参考资料	1975年第4期
印度政府新设立发展石油工业专门机构	南亚所	印度报刊摘译	1975年第1期
印宣称5年后将年产原油3千万吨	南亚所	印度报刊摘译	1975年第1期
印度卢比贬值	南亚所	印度报刊摘译	1975年第1期
印度宣布开放新建的港口——曼格洛尔港	南亚所	印度报刊摘译	1975年第1期
印度的第四个原子能发电站	南亚所	印度报刊摘译	1975年第1期
比哈尔运动情况摘编	南亚所	印度报刊摘译	1975年第2期
卢比帝国主义勒索卢比	南亚所	印度报刊摘译	1975年第3期
1974年印苏经济关系选摘	南亚所	印度报刊摘译	1975年第3期

续表

篇名	作者	刊物	时间及期号
苏联“援助”印度的部分工程示意图	南亚所	印度报刊摘译	1975 年第 3 期
国大党提出 13 点计划——“三个月的行动纲领”	南亚所	印度报刊摘译	975 年第 4 期
丹吉集团声称动员“左派”和“民主势力”	南亚所	印度报刊摘译	1975 年第 4 期
印度共（马）拒绝印度共的联合要求	南亚所	印度报刊摘译	1975 年第 4 期
关于印度政府强行吞并锡金部分资料摘编	南亚所	印度报刊摘译	1975 年第 5 期
英·甘地的独裁说明了什么?	南亚所	印度报刊摘译	1975 年第 6 期
印度经济统计资料（初稿）	南亚所		1975 年 9 月
英·甘地在国大党孟买邦委员会组织的大会上的讲话	南亚所	印度报刊摘译	1976 年第 2 期
帕伊说要取消必需品生产和分配中的垄断	南亚所	印度报刊摘译	1976 年第 2 期
粮食产量超过指标	南亚所	印度报刊摘译	1976 年第 2 期
印《国民先驱报》社论《科钦造船厂》	南亚所	印度报刊摘译	1976 年第 2 期
印度将于明年发射第二颗卫星	南亚所	印度报刊摘译	1976 年第 2 期
马德拉斯将建立一座地球卫星站	南亚所	印度报刊摘译	1976 年第 2 期
印建立海岸卫队	南亚所	印度报刊摘译	1976 年第 2 期
印度政府对四家通讯社合并表示满意	南亚所	印度报刊摘译	1976 年第 2 期
印四家私营通讯社合并为国有“萨马查尔”通讯社	南亚所	印度报刊摘译	1976 年第 2 期
政府要求各报“自我克制”	南亚所	印度报刊摘译	1976 年第 2 期
印报介绍印新任驻苏大使古吉拉尔	南亚所	印度报刊摘译	1976 年第 3 期
本财政年度为化肥投资 44 亿卢比	南亚所	印度报刊摘译	1976 年第 3 期
巴巴原子研究中心有关使工业革新的新技术	南亚所	印度报刊摘译	1976 年第 3 期
莫斯科欢迎印度政府预算	南亚所	印度报刊摘译	1976 年第 3 期
印国防部长班西·拉尔在公众集会上讲话	南亚所	印度报刊摘译	1976 年第 3 期
印新任命和提拔一批空军高级军官	南亚所	印度报刊摘译	1976 年第 3 期
北朝鲜否认出售武器给巴基斯坦	南亚所	印度报刊摘译	1976 年第 3 期
勃列日涅夫赞扬印外交政策	南亚所	印度报刊摘译	1976 年第 3 期
印举行首席部长会议	南亚所	印度报刊摘译	1976 年第 3 期
印度批准 1976—1977 年度计划	南亚所	印度报刊摘译	1976 年第 3 期
本财政年度用于“二十点经济纲领”的费用分配情况	南亚所	印度报刊摘译	1976 年第 3 期

续表

篇名	作者	刊物	时间及期号
桑贾伊·甘地部分活动材料	南亚所	印度报刊摘译	1976年第8期
印度近年来的经济情况	南亚所	印度报刊摘译	1976年第9期
英·甘地的“皇冠”是怎样落地的？——印度第6次大选初析	南亚所	印度研究资料	1977年第1期
1974—1975年度印度工业调查	南亚所	印度研究资料	1977年第2期
1974—1975年度印度100家最大公司一览表	南亚所	印度研究资料	1977年第2期
印度大财团的变化	南亚所	印度研究资料	1977年第2期
有关印度第6届大选资料汇编专辑	南亚所	印度研究资料	1977年第3期
关于德赛上台前的印度经济概况	南亚所	印度研究资料	1977年第4期
德赛能够挽救印度的危难之局吗？	南亚所	印度研究资料	1977年第5期
向新印度的过渡	南亚所	印度研究资料	1978年第6期
工业策略幻想与现实	南亚所	印度研究资料	1978年第6期
人民党执政近两年来的印度经济情况	南亚所	印度研究资料	1979年第2期
德赛执政两年来的印度对外关系概况	南亚所	印度研究资料	1979年第3期
印度政局的动荡方兴未艾——试论印度政府更替的背景及原因	南亚所	印度研究资料	1979年第4期
印度记者英汉南介绍印度情况	南亚所	印度研究资料	1979年增刊
印度外汇储备增长的情况和原因	曾向东	南亚研究资料	1979年第1期
印度工业结构的变化和问题	尹协祚 张柱敏	南亚研究资料	1979年第3期
美国私人投资对印度经济发展的影响	何承金	南亚研究资料	1979年第4期
印度的“绿色革命”	雷启淮	南亚研究资料	1979年第4期
印度的公营经济	彭盛琪 李德昌	南亚研究资料	1979年第4期
探索致乱根源展望发展动向——再论印度政局	李了文	南亚研究资料	1979年第5期
略论不丹争取国家主权的斗争	李了文 李德昌	南亚研究资料	1979年第5期
印度侨汇的增长及有关的政策措施	曾向东	南亚研究资料	1979年第5期
印度的人口问题	南亚所	南亚研究资料	1979年
印度的能源问题	李德昌	世界经济资料	1980年第25期
印度发展国民经济的经验教训	李德昌等	世界经济调研	1980年第57期

续表

篇名	作者	刊物	时间及期号
印度小型工业的发展及政府的政策措施	李德昌	世界经济（增刊）	1980 年第 5 期
不丹争取统一、独立和主权完整的动态	李德昌 李了文	世界历史研究动	1980 年第 5 期
1979—1980 年的印度经济	李德昌 何承金	四川大学学报	1980 年第 2 期
印度的村社制度——它的基本形态、内部结构和剥削关系	赵卫邦	四川大学学报	1980 年第 4 期
苏联入侵阿富汗及其对南亚形势的影响——座谈会议纪要	李了文 李德昌	南亚研究资料	1980 年第 1 期
又陷困境的印度经济	何承金 李德昌	南亚研究资料	1980 年第 2 期
1979—1980 年度干旱对印度粮食作物影响	雷启淮	南亚研究资料	1980 年第 2 期
印度的环境污染	张柱敏	南亚研究资料	1980 年第 2 期
从皇冠落地到东山再起——英·甘地新政权政策动向初探	李了文	南亚研究资料	1980 年第 3 期
有关印度第七届大选的一些资料	曾向东	南亚研究资料	1980 年第 3 期
巴基斯坦的侨汇	李德昌	南亚研究资料	1980 年第 3 期
印度多民族结构的历史变化	赵卫邦	南亚研究资料	1980 年第 4 期
“印度社会性质问题”统计资料选编	何承金 曾向东 张柱敏	南亚研究资料	1980 年第 5 期
印度经济发展中值得重视的经验教训	南亚所	南亚研究资料	1980 年第 6 期
印共（马）执政以来的西孟加拉邦	李德昌 曾向东	南亚与东南亚资料	1981 年第 4 辑
印度重视发展农村能源	李德昌	人民日报	1981 年 11 月
印度发展海外合资企业情况	李德昌	世界经济调研	1981 年第 67 期
哈克执政以来的巴基斯坦经济	李德昌	南亚研究	1981 年第 3、4 合期
新技术在印度农业发展中的作用	雷启淮	世界农业	1981 年第 4 期
印度古代贱民的产生	赵卫邦	四川大学学报	1981 年第 2 期
印度资本主义经济的发展——印度社会性质问题讨论会侧记	李德昌 曾向东	南亚研究资料	1981 年第 1 期
印度社会性质问题讨论会简况	何承金	南亚研究资料	1981 年第 1 期

续表

篇名	作者	刊物	时间及期号
试论印度当前社会的资本主义性质	南亚所	南亚研究资料	1981 年第 2 期
印度的能源问题	李德昌	南亚研究资料	1981 年第 3 期
印度机械工业的发展情况及有关政策措施	曾向东	南亚研究季刊	1981 年第 3 期
巴基斯坦统计资料	张柱敏	南亚研究资料	1981 年第 4 期
发展中的孟加拉国经济	雷启淮	南亚研究资料	1981 年第 5 期
印度出口贸易的发展和政府的政策措施	何承金	南亚研究资料	1981 年第 6 期
浅析印度独立以来农业雇佣劳动的增长	曾向东	南亚研究资料	1981 年第 7 期
谈谈划分印度农村阶级的标准问题	何承金	南亚研究资料	1981 年第 7 期
印度农村信贷的发展及作用	李德昌	南亚研究资料	1981 年第 7 期
巴基斯坦重视俾路支省经济发展	李德昌	人民日报	1982 年 7 月
试论印度经济发展战略的调整	李德昌等	世界经济	1982 年第 3 期
印度在发展能源生产上值得借鉴的做法	李德昌	中国社会科学院要报	1982 年第 76 期
中国、印度能源对比	李德昌	世界经济调研	1982 年第 55 期
印度造纸工业的衰退及其政府的对策	李德昌	国外造纸	1982 年第 5 期
侨汇在巴基斯坦国民经济中的作用	李德昌	南亚研究	1982 年第 1 期
印度村社制度下的扎吉曼民关系	赵卫邦	南亚研究	1982 年第 2 期
印度的以工代赈计划——印度政府消除农村贫困的一个措施	雷启淮	南亚研究	1982 年第 2 期
孟加拉国当前的经济状况	雷启淮	世界经济调研	1982 年第 32 期
印度农业发展的战略转移	雷启淮	四川大学学报（哲社版）	1982 年第 3 期
印度广开农村就业的途径	雷启淮	《国外农村发展战略专题》论文选	1982 年第 12 期
试论印度经济发展战略的调整	彭盛琪 李德昌	南亚研究资料	1982 年第 1 期
印度油料生产停滞不前说明了什么	李德昌	南亚研究资料	1982 年第 2 期
从 5 年计划资金的分配看印度经济发展战略的调整	曾向东	南亚研究资料	1982 年第 2 期
印度造纸工业的发展及政府的政策措施	李德昌	南亚研究资料	1982 年第 3 期
印度发展海外合资企业的经验教训	何承金 曾向东 李德昌	南亚研究资料	1982 年第 3 期

续表

篇名	作者	刊物	时间及期号
英・甘地重新执政两年印度经济主要情况	何承金	南亚研究资料	1982 年第 4 期
孟加拉国当前的经济情况	雷启淮	南亚研究资料	1982 年第 4 期
哈克执政五年来的巴基斯坦经济	彭盛琪 李德昌	南亚研究资料	1982 年第 4 期
印度粮食生产情况和政策措施	曾向东	南亚研究资料	1982 年第 5 期
印度的旅游事业	许美兰 何承金	南亚研究资料	1982 年第 5 期
印度工程出口为什么上得这样快	何承金	南亚研究资料	1982 年第 6 期
印度坎德拉自由贸易区是怎样发展起来的	何承金	南亚研究资料	1982 年第 6 期
巴基斯坦政府对俾路支省的开发及意义	李德昌 彭盛琪	南亚研究资料	1982 年第 7 期
评述印度第二、三两个五年计划	曾向东	南亚研究资料	1982 年第 7 期
南亚区域合作的前景	文富德 何承金	世界经济与政治内参	1983 年第 10 期
印度的电力危机（译文）	李德昌	南亚译丛	1983 年第 2 期
印度 1982—1983 年度经济受挫	李德昌	世界经济调研	1983 年第 17 期
印度农村能源现状及发展前景	李德昌	国外农业发展战略研究（农业出版社）	1983 年
印度农业政策的演变及其成败	雷启淮	国外农业发展战略研究（安徽人民出版社）	1983 年
印度调整农业发展战略	雷启淮	世界农业	1983 年第 8 期
印度西北地区商品粮基地的建设	雷启淮	国外农业发展战略研究专题文选	1983 年 10 月
印度政府重视农村就业	雷启淮 彭盛琪	世界农业	1983 年第 9 期
印度对外援助的主要做法	何承金 文富德 彭盛琪	经济研究参考资料	1983 年第 99 期
印度经济计划述评	何承金	南亚研究资料	1983 年第 1 期
中印能源对比	李德昌	南亚研究资料	1983 年第 1 期
印度农业政策初探	雷启淮	南亚研究资料	1983 年第 1 期
中印生产粮食对比	曾向东	南亚研究资料	1983 年第 1 期

续表

篇名	作者	刊物	时间及期号
印度的拖拉机工业	曾向东	南亚研究资料	1983 年第 2 期
印度的对外经济技术援助	何承金 文富德	南亚研究资料	1983 年第 2 期
巴基斯坦发展出口贸易的政策措施	彭盛琪	南亚研究资料	1983 年第 3 期
虽有进展，未可乐观——印度“六五”计划中期评论	李德昌	南亚研究资料	1983 年第 3 期
从印度教育投资看印度经济发展战略	雷启淮	南亚研究资料	1983 年第 4 期
南亚地区经济合作初探	文富德 何承金	南亚研究资料	1983 年第 4 期
印度的科学技术初析	曾向东	南亚研究资料	1983 年第 4 期
英・甘地的经济政策和 1985 年的大选	李德昌	南亚研究资料	1983 年第 5 期
领导银行体制在印度的实践	文富德	南亚研究资料	1983 年第 5 期
走向繁荣富强的重要里程碑——巴基斯坦“六五”计划的特点	李德昌	南亚研究资料	1983 年第 6 期
巴基斯坦引侨汇于生产投资的作法	彭盛琪 李德昌	南亚研究资料	1983 年第 6 期
贾亚瓦德纳执政以来的斯里兰卡经济	文富德	南亚研究资料	1983 年第 6 期
印度的小工业	何承金	南亚研究资料	1983 年第 7 期
印度的技术引进	曾向东	南亚研究资料	1983 年第 7 期
不丹经济概况	李德昌	南亚研究资料	1983 年第 8 期
印度财政收支的增长和集中使用资金的情况	曾向东	南亚研究资料	1983 年第 8 期
斯里兰卡自由贸易区浅析	文富德	南亚研究资料	1983 年第 8 期
斯里兰卡自由贸易区浅析	文富德	世界出口加工区与自由贸易区	1984 年 9 月
试述西方经济危机对印度经济发展的影响	文富德 何道隆	世界经济	1984 年第 7 期
1983—1984 年巴基斯坦经济困难及克服困难的措施	李德昌	世界经济与政治内参	1984 年第 9 期
独立以来的巴基斯坦经济（译文）	李德昌	南亚译丛	1984 年第 2 期
印度大资产阶级（译文）	雷启淮 李德昌 何承金	南亚译丛	1984 年第 4 期

续表

篇名	作者	刊物	时间及期号
印度经济发展（译文）	雷启淮 何承金 李德昌	南亚所	1984 年 1 月
试述巴基斯坦“六五”计划的特点和问题	李德昌	南亚研究	1984 年第 1 期
1983 年度巴基斯坦经济形势	李德昌	南亚研究	1984 年第 3 期
印度农产品价格问题简介	雷启淮	南亚研究	1984 年第 4 期
印度加快发展电子工业	李德昌	经济日报	1984 年 5 月
印度财政	曾向东 何承金	南亚研究资料	1984 年第 1 期
南亚地区的劳务出口	李德昌	南亚研究资料	1984 年第 1 期
巴基斯坦财政	彭盛琪 李德昌	南亚研究资料	1984 年第 1 期
略论海外合资企业在国际经济技术合作中的地位——兼及印度发展海外合资企业的战略措施	何承金	南亚研究资料	1984 年第 1 期
1983——南亚国家政局动荡的一年	彭盛琪	南亚研究资料	1984 年第 2 期
印度的童工	许美兰 何承金	南亚研究资料	1984 年第 2 期
印度经济开始好转	何承金	南亚研究资料	1984 年第 2 期
巴基斯坦 1983 年经济主要情况	李德昌	南亚研究资料	1984 年第 2 期
尼泊尔 1983 年的经济严重受挫和 1984 年的经济前景	曾向东	南亚研究资料	1984 年第 2 期
印度 1983 年大事记	李德昌 雷启淮 俞平	南亚研究资料	1984 年第 2 期
印度发展石油工业的政策措施	李德昌	南亚研究资料	1984 年第 3 期
独立后印度的民族问题	赵卫邦	南亚研究资料	1984 年第 3 期
童婚（译文）	许美兰	南亚研究资料	1984 年第 3 期
印度的林业发展	晏世经	南亚研究资料	1984 年第 3 期
印度的经济调整	何承金	南亚研究资料	1984 年第 4 期
日本对“中印经济对比”的研究	尹协祚	南亚研究资料	1984 年第 4 期
巴基斯坦 1983—1984 年度经济发展速度下降	李德昌	南亚研究资料	1984 年第 4 期

续表

篇名	作者	刊物	时间及期号
印度茶叶生产的趋势	雷启淮	南亚研究资料	1984 年第 4 期
国际货币基金组织要求印度执行政策（译文）	何承金	南亚研究资料	1984 年第 4 期
三色旗是怎样诞生的	杨仁德	南亚研究资料	1984 年第 4 期
印度铁路运输问题及政府的政策	李德昌	综合运输参考资料	1985 年第 138 期
巴基斯坦经济保持增长势头（译文）	李德昌	世界经济译丛	1985 年第 3 期
印度“七五”计划的基本目标、特点和问题	李德昌	世界经济调研	1985 年第 16 期
不丹	李德昌	世界经济年鉴（1983—84 年度）（中国社会科学出版社）	1985 年
南亚和太平洋地区农业发展（译文）	李德昌	农业问题译丛	1985 年第 2 期
巴基斯坦的畜牧业（译文）	李德昌	农业经济译丛	1985 年第 2 辑
印度的石油工业	李德昌	世界石油问题	1985 年第 2 期
专利法在印度的实践	文富德	太原经济	1985 年第 6 期
发展中国家的新科技革命对策	文富德	世界经济	1985 年第 6 期
印度农村劳动力转移和农工商综合发展的关系	雷启淮	农牧情报研究	1985 年第 6 期
印度农村工业化（译文）	雷启淮	南亚译丛	1985 年第 4 期
《阿克巴则利》中反映的 16 世纪北印度社会结构	邱永辉	南亚研究	1985 年第 3 期
英国殖民时期印度的鸦片对华贸易	张力	四川大学学报	1985 年第 4 期
印度竞选战线的回顾	赵卫邦	南亚研究季刊	1985 年第 1 期
孟加拉国计划发展浅析	雷启淮	南亚研究季刊	1985 年第 1 期
独立以来的巴基斯坦经济——兼与印度比较	李德昌	南亚研究季刊	1985 年第 1 期
尼泊尔近 30 年经济建设的主要成就和问题	曾向东	南亚研究季刊	1985 年第 1 期
甘地夫人和印度经济——兼论英迪拉经济学	何承金	南亚研究季刊	1985 年第 1 期
锡克人的过去	邱永辉	南亚研究季刊	1985 年第 1 期
战后印度国家资本主义的主要表现形式	文富德	南亚研究季刊	1985 年第 2 期
马尔代夫现状	彭盛琪 尹协祚	南亚研究季刊	1985 年第 2 期
巴基斯坦的政治发展	李德昌	南亚研究季刊	1985 年第 2 期
印度销售合作社在农村流通中的作用	雨田	南亚研究季刊	1985 年第 2 期
尼泊尔建设资金的筹措	曾向东	南亚研究季刊	1985 年第 2 期

续表

篇名	作者	刊物	时间及期号
巴基斯坦的外国银行	晏世经	南亚研究季刊	1985年第2期
印度利用外国投资研究	何承金	南亚研究季刊	1985年第2期
印度社会结构的基本特征及社会政治的基本趋势	文富德	南亚研究季刊	1985年第3期
印度莫卧尔帝国境内的柴明达尔	赵卫邦	南亚研究季刊	1985年第3期
印度新史学家高善必历史观述评	张力	南亚研究季刊	1985年第3期
恢复活力的一年——印度1984—1985年度经济情况	何道隆	南亚研究季刊	1985年第3期
斯里兰卡茶叶的生产和销售情况	晏世经	南亚研究季刊	1985年第3期
印度中央和邦政府的财政预算	曾向东	南亚研究季刊	1985年第3期
巴基斯坦的政治发展（续一）	李德昌	南亚研究季刊	1985年第3期
巴基斯坦的政治发展（续二）	李德昌	南亚研究季刊	1985年第4期
英迪拉·甘地对国大党的控制	罗祖栋	南亚研究季刊	1985年第4期
尼泊尔“七五”计划（草案）述评	曾向东	南亚研究季刊	1985年第4期
1984年斯里兰卡经济有所回升	文富德	南亚研究季刊	1985年第4期
印度特许仿制米格－21系列机的得失	朱欣民	南亚研究季刊	1985年第4期
印度的自行车工业	杨仁德	南亚研究季刊	1985年第4期
关于拓展四川与印度贸易的一些看法	何道隆	南亚研究季刊	1985年第4期
孟加拉国计划发展浅析	雷启淮	南亚研究季刊	1985年第5期
印度的文官制度	罗祖栋	成都组织工作1986年合订本	1986年
印度80年代下半期经济前景	何道隆 晏世经	世界经济研究	1986年第1期
巴基斯坦开发俾路支省的主要做法	李德昌	农牧情况研究	1986年第18期
印度乡镇经济的历史和现状	雷启淮	乡镇经济研究	1986年第4期
印度利用外资简论	何道隆	计划与管理	1986年第2期
印度是怎样增强科研机构活力的	文富德	科学管理研究	1986年第1期
古代印度首陀罗的性质	邱永辉	南亚研究季刊	1986年第1期
80年代下半期印度的经济前景	何道隆 晏世经	南亚研究季刊	1986年第1期
印度文官的培训工作	朱欣民	南亚研究季刊	1986年第1期
试论印度的粮食价格政策	雷启淮	南亚研究季刊	1986年第1期

续表

篇名	作者	刊物	时间及期号
印度发展对外工程承包的主要做法	文富德	南亚研究季刊	1986 年第 1 期
巴基斯坦劳务出口初探	何承金	南亚研究季刊	1986 年第 1 期
耆那教的重要人物	杨仁德	南亚研究季刊	1986 年第 2 期
巴基斯坦开发俾路支省农业的主要作法及意义	李德昌	南亚研究季刊	1986 年第 2 期
供应经济学和巴基斯坦经济	何道隆	南亚研究季刊	1986 年第 2 期
从旁遮普和阿萨姆的动乱看印度地方民族主义的发展趋势	罗祖栋	南亚研究季刊	1986 年第 2 期
南亚七国首脑会议简介	宋春江	南亚研究季刊	1986 年第 2 期
巴基斯坦 1986—1987 年度预算的几个特点	李德昌	南亚研究季刊	1986 年第 3 期
印度海外移民及其影响	何承金 晏世经	南亚研究季刊	1986 年第 3 期
开拓南亚市场	何道隆 文富德	南亚研究季刊	1986 年第 3 期
印度的宗教与婚姻问题	许美兰	南亚研究季刊	1986 年第 3 期
论近代鸦片经济中的印度农民状况	张力	南亚研究季刊	1986 年第 3 期
印度近代经济思想史上的著名人物和甘地经济思想	杨仁德	南亚研究季刊	1986 年第 3 期
印度经济改革初探	朱欣民	南亚研究季刊	1986 年第 3 期
1985 年斯里兰卡经济概况	斯文	南亚研究季刊	1986 年第 4 期
孟加拉国经济的近期状况和趋势	雨田	南亚研究季刊	1986 年第 4 起
1986 年的尼泊尔经济	罗祖栋	南亚研究季刊	1986 年第 4 期
1985—1986 年度印度经济概况	何道隆	南亚研究季刊	1986 年第 4 期
印度特许仿制米格－21 系列机的决策	朱欣民	南亚研究季刊	1986 年第 4 期
印度储备银行的信贷管理	文富德	南亚研究季刊	1986 年第 4 期
比哈尔邦部落民的社会经济变化	邱永辉	南亚研究季刊	1986 年第 4 期
鸦片对华贸易与印度近代资本主义的兴起	张力	南亚研究季刊	1986 年第 4 期
巴基斯坦 1985—1986 年度经济情况	李德昌	南亚研究季刊	1986 年第 6 期
中印两国发展对比	雷启淮 罗祖东 何道隆	文稿	1987 年第 4 期

续表

篇名	作者	刊物	时间及期号
以加尔各答为中心印度东部地区农业发展的方向	雷启淮	国内外沿海和开发地区农业发展的研究（农业经济技术文集编辑部）	1987 年
孟买农产品基地的农业发展	雷启淮	国内外沿海和开发地区农业发展的研究（农业经济技术文集编辑部）	1987 年
印度工业政策 40 年	李德昌	工业经济管理丛刊	1987 年第 9 期
巴基斯坦财政	李德昌	经济大辞典（财政卷）（上海辞书出版社）	1987 年
印度公营企业问题及政府的政策措施	李德昌	世界经济调研	1987 年第 17 期
印度的信贷管理	文富德	外国经济管理	1987 年第 2 期
略谈印度的海外承包工程	文富德	国际经济合作	1987 年第 5 期
印度的城市化状况、问题与对策	何承金 文富德	西北人口	1987 年第 3 期
中印人口城市化的比较研究	何承金 文富德	人口与发展	1987 年第 4 期
浅谈独立以来印度发展经济的几点经验	雷启淮 文富德	南亚研究	1987 年第 2 期
南亚劳务出口——兼及对四川劳务出口的建议	何道隆	南亚研究季刊	1987 年第 1 期
南亚地区人口增长及其原因	文富德	南亚研究季刊	1987 年第 1 期
印度的人口问题和政府的政策措施	李德昌	南亚研究季刊	1987 年第 1 期
南亚各国工业作用的比较与工业合作	朱欣民	南亚研究季刊	1987 年第 1 期
试论阿克巴的宗教政策	邱永辉	南亚研究季刊	1987 年第 1 期
印度战前价格趋势	何道隆	南亚研究季刊	1987 年第 1 期
南亚次大陆的军备竞赛和印、巴军力的对比	罗祖栋	南亚研究季刊	1987 年第 1 期
印度实力和印统治阶级在中印边界问题上态度的变化	杨仁德	南亚研究季刊	1987 年第 1 期
南亚国家工业部门结构比较	朱欣民	南亚研究季刊	1987 年第 2 期
印度公营企业及其整顿	李德昌	南亚研究季刊	1987 年第 2 期
印度有关工业企业的一场争论	徐翼 陈继东	南亚研究季刊	1987 年第 2 期

续表

篇名	作者	刊物	时间及期号
印度人口生育问题的社会文化研究	张力	南亚研究季刊	1987 年第 2 期
印度邮电事业的历史和现状	杨仁德	南亚研究季刊	1987 年第 2 期
印度对东北地区的开发	彭盛琪 雷启淮	南亚研究季刊	1987 年第 3 期
印度国内战争财力概算	朱欣民	南亚研究季刊	1987 年第 3 期
拉·甘地对外政策管见	罗祖栋	南亚研究季刊	1987 年第 3 期
印度对外经济贸易关系（1947—1987）（一）	何道隆	南亚研究季刊	1987 年第 3 期
巴基斯坦开发落后地区在农业方面的主要作法	李德昌	南亚研究季刊	1987 年第 4 期
印度特许仿制米格－21 系列机的原因	朱欣民	南亚研究季刊	1987 年第 4 期
印度对外经济贸易关系（1947—1987）（续）	何道隆	南亚研究季刊	1987 年第 4 期
孟加拉国控制人口增长的办法	许美兰	南亚研究季刊	1987 年第 4 期
工业化困境与印度近代民族主义的起源	张力	南亚研究季刊	1987 年第 4 期
印度国防战略的演变	罗祖栋	南亚研究季刊	1987 年第 4 期
印度通信事业的发展	杨仁德	南亚研究季刊	1987 年第 4 期
第二届南亚区域合作联盟首脑会议述评	宋春江	南亚研究季刊	1987 年第 4 期
印度农产品价格机制和政府对农产品价格的干预	雷启淮	世界农产品价格机制和对策（农业经济技术文集编辑部）	1988 年 4 月
印度城乡土地管理	雷启淮	世界城乡土地管理 （科学技术文献出版社）	1988 年 9 月
印度政府扶助小型工业	李德昌	国外经济管理	1988 年第 17 期
扩大中印贸易，拓辟印度市场的前景分析	李德昌	研究通讯	1988 年第 7 期
论印度的工业政策	李德昌	南亚研究季刊	1988 年第 1 期
印度乡镇企业的发展	雷启淮	南亚研究季刊	1988 年第 1 期
印度特许仿制米格－21 系列机的过程	朱欣民	南亚研究季刊	1988 年第 1 期
印度发展煤炭工业的措施	杨仁德	南亚研究季刊	1988 年第 2 期
巴基斯坦的卡拉奇出口加工区	许美兰	南亚研究季刊	1988 年第 2 期
1987—1988 年度孟加拉国经济陷入困境	雨田	南亚研究季刊	1988 年第 2 期
尼泊尔经济发展现状	邱小平	南亚研究季刊	1988 年第 2 期
不丹的第六个五年计划	木子	南亚研究季刊	1988 年第 2 期
1987—1988 年度的印度经济	赵建军	南亚研究季刊	1988 年第 2 期

续表

篇名	作者	刊物	时间及期号
1987 年的斯里兰卡形势	罗祖栋	南亚研究季刊	1988 年第 2 期
独立以来印度经济政策的调整	文砚	南亚研究季刊	1988 年第 3 期
印度经济发展中的几个问题	李德昌	南亚研究季刊	1988 年第 3 期
印度调整农业发展战略——努力发展旱地农业	雷启淮	南亚研究季刊	1988 年第 3 期
战后英印经济关系	邱小平	南亚研究季刊	1988 年第 3 期
南亚区域合作	何道隆	南亚研究季刊	1988 年第 3 期
旅印归来话印度	文富德	南亚研究季刊	1988 年第 3 期
旅印归来话印度	文富德	南亚研究季刊	1988 年第 4 期
今日不丹	李德昌	南亚研究季刊	1988 年第 4 期
从军法管制向文官政府的过渡——1977—1987 年间巴基斯坦的政治发展	木子	南亚研究季刊	1988 年第 4 期
统计：1950—1951 年度到 1985—1986 年度的综合统计	许美兰	南亚研究季刊	1988 年第 4 期
论甘地思想中的苦行主义因素	张力	南亚研究季刊	1988 年第 4 期
南亚次大陆的核竞赛	罗祖栋	南亚研究季刊	1988 年第 4 期
贝·布托获胜的原因及面临的困难	李德昌	世界经济与政治	1989 年第 8 期
印度农业前景和问题（译文）	李德昌	农业经济译丛	1989 年第 1 辑
“南亚研究季刊”十年	李德昌	四川大学学报	1989 年丛刊第 46 辑
印度政府反通货膨胀政策	何道隆等	世界经济与政治	1989 年第 9 期
近年来印度政府治理通货膨胀的几个对策	何道隆	理论信息报	1989 年 9 月
印度国民经济的计划管理	文富德	计划与管理	1989 年第 6 期
印度的物价管理	文富德	外国经济管理	1989 年第 2 期
浅析印度经济发展的成就及原因	文富德	西藏经济探索	1989 年第 2 期
试论印度混合经济体系中的宏观管理	文富德	世界经济	1989 年第 4 期
处在十字路口的印度经济	文富德	国外产业技术经济	1989 年第 3 期
印度的食物管理	文富德	南亚与东南亚资料	1989 年
印度的粮食对策	文富德	世界经济调研	1989 年第 23 期
印度避免债务危机的若干经验	文富德	世界经济调研	1989 年第 41 期
发展中的斯里兰卡高等教育	文富德	高教研究	1989 年第 3 期
印度实行旱地农业发展战略	雷启淮	世界农业	1989 年第 7 期
印度对外经济战略的演变	陈继东	四川大学学报丛刊	1989 年第 48 辑

续表

篇名	作者	刊物	时间及期号
抗战时期中国军队出兵缅印的曲折过程及原因初探	张力	档案史料与研究	1989年第1期
中国出兵缅印与盟国战略的复杂关系	张力	近代史研究	1989年第3期
印度的部落民	赵卫邦	赵卫邦文存（四川大学出版社）	1989年6月
印度古代社会分期的标志	赵卫邦	赵卫邦文存（四川大学出版社）	1989年6月
印度封建制度的几个特点	赵卫邦	赵卫邦文存（四川大学出版社）	1989年6月
试述独立以来印度发展经济的教训	文砚	南亚研究季刊	1989年第1期
不丹经济的发展	晏世经	南亚研究季刊	1989年第1期
1988—1989年度印度经济形势良好	木子	南亚研究季刊	1989年第1期
近年来斯里兰卡经济	斯文	南亚研究季刊	1989年第1期
印度北方邦的经济成就和问题	杨仁德	南亚研究季刊	1989年第1期
印度农村发展计划概述	李德昌	南亚研究季刊	1989年第1期
印度实行价格支持与化肥补贴得失研究	何道隆	南亚研究季刊	1989年第1期
印度农村信贷的发展和作用	雷启淮	南亚研究季刊	1989年第1期
印度旅游事业的发展与前景	宋春江	南亚研究季刊	1989年第1期
发展中的印度内河航运	许美兰	南亚研究季刊	1989年第2期
印度1989—1990年度财政预算特点	赵建军	南亚研究季刊	1989年第2期
印巴贸易40年	程建军	南亚研究季刊	1989年第2期
印度农村发展计划概述（续）	李德昌	南亚研究季刊	1989年第2期
中国经济体制改革与印度经济政策调整的比较	文富德	南亚研究季刊	1989年第2期
印度物价上涨趋势（1947—1987）	何道隆	南亚研究季刊	1989年第2期
印度绿洲经济——拉贾斯坦经济情况	杨仁德	南亚研究季刊	1989年第2期
印度旁遮普农村歧视女孩	何承金	南亚研究季刊	1989年第2期
试论齐亚·哈克（一）	木子	南亚研究季刊	1989年第2期
试论齐亚·哈克（二）	木子	南亚研究季刊	1989年第3期
印度近代民族主义意识与西方教育	张力	南亚研究季刊	1989年第3期
论自力更生与印度经济发展	文富德	南亚研究季刊	1989年第3期
巴基斯坦经济形势及人民党政府的经济政策	李德昌	南亚研究季刊	1989年第3期

续表

篇名	作者	刊物	时间及期号
印度制止物价上涨的政策	何道隆	南亚研究季刊	1989 年第 3 期
印度的科技管理	文砚	南亚研究季刊	1989 年第 3 期
略论尼赫鲁的经济思想——纪念尼赫鲁诞辰 100 年	文富德	南亚研究季刊	1989 年第 4 期
尼赫鲁倡导的"社会主义类型社会"	何道隆	南亚研究季刊	1989 年第 4 期
中印农村高利贷对农业现代化进程的影响	雷启淮	南亚研究季刊	1989 年第 4 期
世界贸易与印度的进口	尹协祚	南亚研究季刊	1989 年第 4 期
论印度对外经济战略的形成及原因	陈继东	南亚研究季刊	1989 年第 4 期
尼赫鲁人口思想评述	何承金	南亚研究季刊	1989 年第 4 期
拉·甘地的经济政策调整	文富德	南亚与东南亚资料	1990 年
异军突起的印度软科学	文富德	国外社会科学	1990 年第 6 期
印度积极发展电子工业	文富德	中国电子报	1990 年 6 月
印度政府减少不平等的政策	何道隆	社会科学动态	1990 年第 8 期
拓展四川与印度贸易	何道隆	四川大学哲学社会科学论文选（第 4 辑）（四川大学出版社）	1990 年
从新工业政策看 90 年代印度经济政策走势	李德昌	南亚研究	1990 年第 4 期
印度中央政府同邦政府间的财政关系圆桌会议	李德昌	世界经济调研	1990 年第 37 期
不丹简史	李德昌	中国大百科全书·世界历史卷（中国大百科全书出版社）	1990 年 1 月
蒙巴顿方案	李德昌	中国大百科全书·世界历史卷（中国大百科全书出版社）	1990 年 1 月
基拉法特运动	李德昌	中国大百科全书·世界历史卷（中国大百科全书出版社）	1990 年 1 月
浅析南亚国家贸易的几个特点	雨田	南亚研究季刊	1990 年第 1 期
不同社会制度国家友好相处的典范——中巴关系的几个特点	李德昌	南亚研究季刊	1990 年第 1 期
中印贸易比较及双边贸易前景	程建军	南亚研究季刊	1990 年第 1 期
传统社会与马克思·本伯的印度教社会模式	张力	南亚研究季刊	1990 年第 1 期

续表

篇名	作者	刊物	时间及期号
南亚区域合作的回顾与展望	文砚	南亚研究季刊	1990 年第 1 期
今日印度嫁妆制度	邱永辉	南亚研究季刊	1990 年第 2 期
巴美关系回顾——兼述美援的一个特点	木子	南亚研究季刊	1990 年第 2 期
印度国民经济的技术改造	文富德	南亚研究季刊	1990 年第 2 期
拉·甘地就政策调整及其影响	文砚	南亚研究季刊	1990 年第 2 期
印度政府减少收入分配不平等的政策措施	何道隆	南亚研究季刊	1990 年第 2 期
印度中央邦扶贫措施	戴永红	南亚研究季刊	1990 年第 2 期
巴美关系（续）	李德昌	南亚研究季刊	1990 年第 3 期
印度的病态企业	程建军	南亚研究季刊	1990 年第 3 期
围绕拉·甘地经济政策调整的争论	文砚	南亚研究季刊	1990 年第 3 期
印度北方邦落后地区的开发	向元钧	南亚研究季刊	1990 年第 3 期
印度社会学：历史与现状	张力	南亚研究季刊	1990 年第 3 期
阿巴克的行政制度和田赋制度	邱永辉	南亚研究季刊	1990 年第 3 期
坚持改革开放，调整发展重点——维·普·辛格的经济改革调整	文富德	南亚研究季刊	1990 年第 4 期
巴基斯坦经济发展计划回顾	木子	南亚研究季刊	1990 年第 4 期
印度发展农村信贷的政策和实践	雨田	南亚研究季刊	1990 年第 4 期
印度的城市化问题初探	戴永红	南亚研究季刊	1990 年第 4 期
传统和“西化”影响下的现代化——印度现代化的文化心理浅析	张力	南亚研究季刊	1990 年第 4 期
印度的“特拉格”	邱永辉	南亚研究季刊	1990 年第 4 期
印度人才外流的现状、原因极其对策	张琦 许美兰	南亚研究季刊	1990 年第 4 期
90 年代印度经济保持持续增长	何道隆	世界经济与政治	1991 年第 6 期
印度政府开发东北地区农业	雷启淮	世界落后地区农业的开发（中国社会科学出版社）	1991 年 1 月
印度农村基础设施的建设	雷启淮	农业基础设施建设（中国科学技术出版社）	1991 年 10 月
印度建设农业基础设施的关键是扩大资金来源	雷启淮	农业基础设施建设（中国科学技术出版社）	1991 年 10 月

续表

篇名	作者	刊物	时间及期号
西藏“一江两河”中部流域粮食生产与人口发展问题初探	王益谦	人口与发展	1991年第2期
外援对巴基斯坦经济发展的影响	李德昌	南亚研究	1991年第3期
印度技术引进的经验值得借鉴	文富德	国外产业技术经济	1991年第30期
试论巴基斯坦经济发展计划的成就和问题	李德昌	南亚研究季刊	1991年第1期
90年代印度经济发展展望	文富德	南亚研究季刊	1991年第1期
开发西藏拓宽同周边国家的贸易	雨田	南亚研究季刊	1991年第1期
历史上的印藏交通	张力	南亚研究季刊	1991年第1期
试论印度保留政策	邱永辉	南亚研究季刊	1991年第1期
海湾危机对南亚各国的影响	戴永红	南亚研究季刊	1991年第1期
西藏“一江两河”中部流域综合开发学术研讨会纪要	编辑部	南亚研究季刊	1991年第1期
印度社会经济犯罪浅析	斯文	南亚研究季刊	1991年第2期
教派争端与印度世俗主义	张力	南亚研究季刊	1991年第2期
曼德尔方案与十年印度政治	邱永辉	南亚研究季刊	1991年第2期
成就突出，教训深重——巴基斯坦五六十年代工业政策评论	木子	南亚研究季刊	1991年第2期
90年代印度经济发展战略展望	戴永红	南亚研究季刊	1991年第2期
90年代印度经济前景	何道隆 晏世经	南亚研究季刊	1991年第2期
步履维艰的印度经济——1990—1991财政年度的回顾	罗兵	南亚研究季刊	1991年第2期
迅速发展的印度电子工业	文富德	南亚研究季刊	1991年第3期
孟加拉国城市化的人口学研究	何承金	南亚研究季刊	1991年第3期
佐·阿·布托国有化政策述评	木子	南亚研究季刊	1991年第3期
论印度经济计划控制与市场调节相结合	文富德	南亚研究季刊	1991年第3期
试论印度经济计划的发展战略	戴永红	南亚研究季刊	1991年第3期
1992年：印度面临西欧统一市场的挑战	向元钧	南亚研究季刊	1991年第3期
论英国殖民初期印度种姓制度的变化	邱永辉	南亚研究季刊	1991年第4期
巴基斯坦谢里夫政府的自由化、私有化政策	木子	南亚研究季刊	1991年第4期
印度与非洲国家经贸关系的现状与前景	远泰	南亚研究季刊	1991年第4期
略论印度城镇住宅问题	斯文	南亚研究季刊	1991年第4期

续表

篇名	作者	刊物	时间及期号
1910年中英在喜马拉雅山东端的角逐	张力	南亚研究季刊	1991年第4期
南亚区域经济合作的历程及其特点	向元钧	南亚研究季刊	1991年第4期
南亚古代、印度现代及南亚其他国家	陈继东	中外战争战役大辞典（湖南人民出版社）	1992年12月
南亚的战争、战役	张力	中外战争战役大辞典（湖南人民出版社）	1992年12月
印度拉奥政府内外政策讨论会述评	张力	南亚通讯	1992年第11期
南亚、东南亚国家基本国情	张力	民族	1992年第6期
了解印度经济建设的一个窗口	李德昌	今日印度	1992年第4期
冷战结束后印度的内外政策选择	罗祖栋	南亚研究季刊	1992年第1期
印度经济政策的调整与改革	罗兵	南亚研究季刊	1992年第1期
印度粮食生产的发展	陈继东	南亚研究季刊	1992年第1期
巴基斯坦农业发展政策述评	木子	南亚研究季刊	1992年第1期
印度解决城镇住宅问题的政策措施	文富德	南亚研究季刊	1992年第1期
藏传佛教的印度源流初探	张力	南亚研究季刊	1992年第1期
浅析人口增长对印度社会经济发展的阻碍作用	文富德	南亚研究季刊	1992年第2期
印度城市化历程与特征	王益谦	南亚研究季刊	1992年第2期
纪念黄觉民同志《印度和缅甸》出版50周年	编辑部	南亚研究季刊	1992年第2期
巴基斯坦农业发展政策述评（续完）	木子	南亚研究季刊	1992年第2期
浅析印度农村剩余劳动力转移问题	陈继东	南亚研究季刊	1992年第2期
英殖民时期的印度法律制度初探	一之	南亚研究季刊	1992年第2期
浅议巴基斯坦的有奖债券	李蒲贤	南亚研究季刊	1992年第2期
巴基斯坦的货币扩张和通货膨胀	木子	南亚研究季刊	1992年第3期
印度经济对外开放战略选择	向元钧	南亚研究季刊	1992年第3期
四川和南亚国家的贸易前景	雨田	南亚研究季刊	1992年第3期
印度控制人口增长的政策措施	文富德	南亚研究季刊	1992年第3期
印度孔坎铁路的建设及其经济影响	王益谦	南亚研究季刊	1992年第3期
略论尼赫鲁的科技观及对印度科技发展的影响	陈继东	南亚研究季刊	1992年第3期
论农业在印度经济中的地位和作用	文富德	南亚研究季刊	1992年第4期
印度的外汇管理及其政策调整	陈继东	南亚研究季刊	1992年第4期

续表

篇名	作者	刊物	时间及期号
巴基斯坦国家预算和财政政策	木子	南亚研究季刊	1992 年第 4 期
国际经济相互依赖与中印经贸合作	李蒲贤	南亚研究季刊	1992 年第 4 期
孟买城市区的空间发展格局	王益谦	南亚研究季刊	1992 年第 4 期
印度的中国问题研究	张力	南亚研究季刊	1992 年第 4 期
印度“八五”计划及其特点和主要问题	李德昌	世界经济与政治	1993 年第 5 期
恢复和发展中的巴基斯坦经济	李德昌 彭盛琪	世界经济	1993 年第 7 期
巴基斯坦政治权力三角关系的形成及其运用	李德昌	国际问题	1993 年第 1 期
印度公营企业论	李德昌	南亚研究	1993 年第 2 期
试论印度经济对外开放战略演变	向元钧	南亚研究	1993 年第 2 期
印度外贸政策的重大改革	王益谦	国际市场	1993 年第 9 期
南亚经济史	张力	世界经济大词典（上海辞书出版社）	1993 年
东方民族饮酒文化考（中国、印度）	张力	国际酒文化学术讨论会文集（成都出版社）	1993 年
西藏高原上的西方传教士	张力	民族	1993 年第 4 期
印度教派骚乱：争议中的争议	张力	南亚研究季刊	1993 年第 1 期
印度利用外资发展农业	雷启淮	南亚研究季刊	1993 年第 1 期
印度农业生产发展的若干特征	文富德	南亚研究季刊	1993 年第 1 期
浅析影响中印粮食生产的因素	张曼	南亚研究季刊	1993 年第 1 期
印度的外国投资管理及其现行政策	陈继东	南亚研究季刊	1993 年第 1 期
拉奥政府外贸体制改革刍议	邓菊秋	南亚研究季刊	1993 年第 1 期
印度经济、基础设施、秩序和腐败——印度人眼里的印度最重要的问题	一之	南亚研究季刊	1993 年第 1 期
阿约迪亚“寺庙之争”及其相关问题	邱永辉	南亚研究季刊	1993 年第 2 期
拉奥政府加速经济改革浅析	文富德	南亚研究季刊	1993 年第 2 期
拉奥政府新经济政策的社会后果浅析	远泰	南亚研究季刊	1993 年第 2 期
印度在全球一体化经济中的地位和作用	何道隆	南亚研究季刊	1993 年第 2 期
卡拉奇城市发展与地域格局问题	王益谦	南亚研究季刊	1993 年第 2 期
世界银行与拉奥政府的经济改革	李蒲贤	南亚研究季刊	1993 年第 2 期
巴基斯坦努力拓辟中亚市场	木子	南亚研究季刊	1993 年第 2 期
财政税收与印度经济发展	文富德	南亚研究季刊	1993 年第 3 期

续表

篇名	作者	刊物	时间及期号
试析印度国际投资的有利环境	李蒲贤	南亚研究季刊	1993 年第 3 期
印度世俗主义初探	邱永辉	南亚研究季刊	1993 年第 3 期
印度的计划管理体制及其改革趋势	陈继东	南亚研究季刊	1993 年地 3 期
试析印度“八五”计划投资结构	刘娴	南亚研究季刊	1993 年第 3 期
90 年代印度农产品进出口前景	王益谦	南亚研究季刊	1993 年第 3 期
持续农业与巴基斯坦的选择	王益谦	南亚研究季刊	1993 年第 4 期
印度公营企业管理改革的走向	刘娴	南亚研究季刊	1993 年第 4 期
印度 5 年计划的资金来源及其变化	陈继东	南亚研究季刊	1993 年第 4 期
印度的外债问题及其对策	邓菊秋	南亚研究季刊	1993 年第 4 期
印度中产阶级面面观	何道隆	南亚研究季刊	1993 年第 4 期
巴基斯坦“十月革命”	拾遗之	南亚研究季刊	1993 年第 4 期
银行货币与印度经济发展	文富德	南亚研究季刊	1993 年第 4 期
成都市域城镇体系及其发展趋势	王益谦	人口与发展	1994 年第 1 期
发挥四川优势，拓展南亚市场	陈继东	今日四川	1994 年第 2 期
贩毒与巴基斯坦政治	李德昌	世界经济与政治	1994 年第 4 期
四川与南亚经贸合作前景分析	陈继东 雷启淮	四川大学学报丛刊第 62 辑《西南开发研究》(第三集)	1994 年 6 月
发挥西南整体经济优势加速开发南亚市场	王益谦	四川大学学报丛刊第 62 辑《西南开发研究》(第三集)	1994 年 6 月
印度农业税初探	李德昌	国外社会科学情况	1994 年第 4 期
巴基斯坦市场经济	李德昌	中国市场经济百科全书·市场经济国际类型比较(北京工业大学出版社)	1994 年 6 月
印度经济改革和发展趋势	李德昌	世界经济	1994 年第 11 期
从 1993 年巴基斯坦政局看第 8 修宪案对巴政治的影响	李德昌	亚非发展研究	1994 年第 4 期
印度农业税初探	李德昌	国外社会科学情况	1994 年第 4 期
贩毒与巴基斯坦政治	李德昌	世界经济与政治	1994 年第 4 期
府南河综合整治与城市生态环境问题研究	王益谦 艾南山	成都市府南河综合整治与城市发展学术研讨会论文集	1994 年 12 月

续表

篇名	作者	刊物	时间及期号
四川与西南沿边沿海省区联合对南亚开放问题探讨	王益谦	中国四川经济发展与国际合作研讨会论文集刊第 62 辑	1994 年 7 月
印度图书情报事业的发展（摘要）	栗力	四川大学学报丛刊第 61 辑	1994 年 3 月
印度财政税收的基本特征	斯文	南亚研究季刊	1994 年第 1 期
印度的粮食问题	文富德	南亚研究季刊	1994 年第 1 期
印度城市化的潜能与发展趋势	王益谦	南亚研究季刊	1994 年第 1 期
印度储备银行及其在金融宏观调控中的作用	李德昌	南亚研究季刊	1994 年第 1 期
印度的地下经济	张曼	南亚研究季刊	1994 年第 1 期
印度财政税收管理的基本特征	斯文	南亚研究季刊	1994 年第 1 期
印度储备银行及其在金融宏观调控中的作用	李德昌	南亚研究季刊	1994 年第 1 期
印度城市化的潜能及其发展趋势	王益谦	南亚研究季刊	1994 年第 1 期
英殖民统治对印经济的影响	唐鹏琪	南亚研究季刊	1994 年第 2 期
对印度宏观经济控制与调节的评介	何道隆	南亚研究季刊	1994 年第 2 期
试析印度经济发展道路的特色	陈继东	南亚研究季刊	1994 年第 2 期
中国西南地区向南亚开放问题探讨	王益谦	南亚研究季刊	1994 年第 2 期
巴基斯坦国防预算一瞥	李德昌	南亚研究季刊	1994 年第 2 期
对印度宏观经济调控的评价	何道隆	南亚研究季刊	1994 年第 2 期
试析印度经济发展道路的特色	陈继东	南亚研究季刊	1994 年第 2 期
中国西南对南亚开放问题探讨	王益谦	南亚研究季刊	1994 年第 2 期
试论印度农业投入（On India's Agricultural Inventment）	王海忠	南亚研究季刊	1994 年第 3 期
论独立后印度出口政策（英文）	向元钧	南亚研究季刊	1994 年第 3 期
Opening—Up to South Asla by Sichuan in Cooperation With Southwesern Border and Coastal Provinces and Autonomous Regilons	王益谦	南亚研究季刊	1994 年第 3 期
资本形成与印度经济发展	文富德	南亚研究季刊	1994 年第 4 期
巴基斯坦的“救国政变”	李德昌	南亚研究季刊	1994 年第 4 期
印度的经济发展态势与政策走向	陈继东	南亚研究季刊	1994 年第 4 期
印度经济改革及其趋势	李德昌	南亚研究季刊	1994 年第 4 期
论印度的粮食问题	文富德	南亚研究季刊	1994 年第 4 期

续表

篇名	作者	刊物	时间及期号
教人先教己，严己后严人——讲授《南亚文献选读课》的体会	李德昌	学位与研究生教育	1995年第1期
Influences of Foreign Aid on Economic Development of Pakistan	李德昌	Regional Studies	1995年冬
南亚战略格局的演变与中印关系	罗祖栋	南亚研究	1995年第1期
90年代印度的"落后阶级"问题	邱永辉	当代亚太	1995年第2期
符号论与藏传佛教的象征性	张力	国外藏学评论	1995年第2期
从三个诸子百家时代谈规范化和本土化	邱永辉	China Book Review	1995年总第8期
试论印度的联邦财政分税制	文富德	南亚研究季刊	1995年第1期
印度国际收支地位研究	何道隆	南亚研究季刊	1995年第1期
印度经济改革新进展	李德昌	南亚研究季刊	1995年第1期
印度农业发展浅析	文富德	南亚研究季刊	1995年第2期
印度邦公营企业概况	李德昌	南亚研究季刊	1995年第3期
论印度的税收制度	文富德	南亚研究季刊	1995年第3期
印度社会科学家和世俗主义的批判	邱永辉	南亚研究季刊	1995年第3期
关于印度失业的几个问题	何道隆	南亚研究季刊	1995年第3期
冷战后印度周边环境中的东南亚因素	张力	南亚研究季刊	1995年第4期
论印度的财政监控	文富德	南亚研究季刊	1995年第4期
商业银行在印度经济发展中的作用	李德昌	南亚研究季刊	1995年第4期
中国西南周边国际关系分析	王益谦 谭净	世界地理研究	1996年第2期
现代化国际城市的类型与特征分析	王益谦 刘惠君	世界地理研究	1996年第2期
西南周边地缘国际关系分析	王益谦	四川大学学报丛刊第13辑《西南开发研究》(第五集)	1996年4月
中印经贸合作的现状与潜力	文富德	和平与发展	1996年第4期
论周边地缘关系与西南地区沿边开放	王益谦	南亚研究季刊	1996年第1期
挖掘潜力，扩大中印经贸合作	文富德	南亚研究季刊	1996年第3期
四川行政区划变动对成都的影响及其对策研究（上）	朱昌问 王益谦	政策与策略	1997年第2期

续表

篇名	作者	刊物	时间及期号
四川行政区划变动对成都的影响及其对策研究（下）	朱昌问 王益谦	政策与策略	1997 年第 3 期
设立重庆直辖市后成渝经济关系研究	王益谦	区域经济研究	1997 年第 3 期
中国的可持续发展与人力资源开发	王放 王益谦	西北人口	1997 年第 4 期
城市人口分布的多重分形特征刻划	王益谦 王放	大自然探索	1997 年第 4 期
四川省城镇可持续发展与城镇化战略研究	王益谦 王放	四川农业与农村可持续发展研究（四川科学技术出版社）	1997 年 4 月
四川城镇可持续发展问题研究	王益谦 王放	云南大学学报	1997 年第 6 期
论成都商贸中心建设中的市场开拓与产业构建	王益谦 阳昌寿	成都商贸中心发展战略研究（四川科学技术出版社）	1997 年 7 月
论当前欧共体的失业问题	何道隆 邱小平	兰州商学院学报	1997 年第 2 期
南亚区域经贸合作的现状与前景	杨翠柏	当代亚太	1997 年第 4 期
21 世纪印度将成为世界经济强国	文富德	当代亚太	1997 年第 6 期
迅速发展的印度技术咨询服务	文富德	国际经济合作	1997 年第 11 期
拉奥政府的经济改革与高达政府的经济政策	文富德	南亚研究季刊	1997 年第 1 期
试析巴基斯坦西向政策	杨翠柏	南亚研究季刊	1997 年第 1 期
中印贸易现状与制约双边贸易发展的原因	陈继东 唐璐	南亚研究季刊	1997 年第 2 期
真纳与巴基斯坦独立运动	杨翠柏	南亚研究季刊	1997 年第 3 期
印度的贫困与反贫困研究	杨文武	南亚研究季刊	1997 年第 3 期
印度的工业化进程与产业结构变化	陈继东	南亚研究季刊	1997 年第 3 期
印度的政局危机：背景及其影响	陈继东	南亚研究季刊	1997 年第 4 期
印度政府反贫困政策	杨文武	南亚研究季刊	1997 年第 4 期
印度人力资源开发问题	杨文武	南亚研究	1998 年第 2 期
巴基斯坦的民主化浪潮与经济发展	陈继东	南亚研究	1998 年第 2 期
中国和印度拓展商品贸易的潜力分析	晏世经 陈继东	西南民族学院学报	1998 年第 2 期

续表

篇名	作者	刊物	时间及期号
泰国金融危机的背景与启示	邓光辉 陈继东	当代电大学报	1998年第2期
四川农业发展面临的主要问题分析	王益谦	软科学	1998年第2期
印度公营经济的改革与启示	文富德	国内外经济管理	1998年第2期
山地资源可持续利用模型	艾南山 王益谦	山地研究/人大复印资料《中国地理》	1998年第2期/1998年第8期
四川农业可持续发展的主要制约因素	王益谦 王放	走向21世纪的四川经济（四川科学技术出版社）	1998年7月
中国西部地区城镇可持续发展问题研究	王益谦 王放	可持续发展战略探讨（四川科学技术出版社）	1998年7月
欧盟在全球一体化经济中的地位与作用	何道隆 邱小平	西南民族学院学报	1998年第3期
宗教传统：中国与印度	邱永辉	当代亚太	1998年第3期
世界经济全球化与发展中国家的经济发展	文富德	国外社会科学情况/人大报刊复印资料《国际经济》	1998年第9期/1998年第9期
正在崛起的软件超级大国	文富德	当代亚太	1998年第9期
印度的国际竞争力	陈继东 晏世经	当代亚太	1998年第12期
China's Experience with Foreign Capital	雷启淮	Indian and China Foreign Policies in Comparative Perspective, Radiant Publishers	1998年
论印度公营企业私有化问题	杨文武	南亚研究季刊	1998年第1期
拓展中印贸易的历史机遇与有利条件	陈继东 邓光辉	南亚研究季刊	1998年第1期
印度联合政府政治初探	邱永辉	南亚研究季刊	1998年第1期
印度公营经济组织管理改革及其启示	文富德	南亚研究季刊	1998年第1期
中国—缅甸—印度陆上贸易通道建设初探	陈继东	南亚研究季刊	1998年第2期
印度人民党领导的新政府施政纲领	邱永辉	南亚研究季刊	1998年第2期
国际游资与亚洲金融危机	唐鹏琪	南亚研究季刊	1998年第2期
印度新政府反冲式启动经济发展战略背景	杨文武	南亚研究季刊	1998年第3期

续表

篇名	作者	刊物	时间及期号
印度人口素质与科技实力研究	李季珏 王益谦	南亚研究季刊	1998 年第 3 期
印度政府在促进经济社会发展中的作用	陈继东	南亚研究季刊/人大报刊复印资料《世界经济》	1998 年第 3 期/1999 年第 3 期
纯洁与污秽—论印度的种姓婚姻	邱永辉	南亚研究季刊	1998 年第 3 期
印度古代哲学的基本特质	欧东明	南亚研究季刊	1998 年第 3 期
印度教传统中的战争观	欧东明	南亚研究季刊	1998 年第 4 期
中印经贸关系的新进展	陈继东	南亚研究季刊	1998 年第 4 期
印度经济发展战略	杨文武	南亚研究季刊	1998 年第 4 期
印度证券市场发展分析	唐鹏琪	南亚研究季刊	1998 年第 4 期
冷战后影响中美贸易的政治因素	邓常春	南亚研究季刊	1998 年第 4 期
印度地区经济发展不平衡初探	文富德	南亚研究季刊	1998 年第 4 期
印度抵御住了东南亚金融风暴的冲击	何道隆 晏世经	南亚研究季刊	1998 年第 4 期
印度人民党的安全政策和外交政策回顾	邱永辉	南亚研究季刊	1998 年增刊
印度的核试验和印巴的核对比	罗祖栋	南亚研究季刊	1998 年增刊
印度核试验的背景、动机和对中印关系的影响	罗祖栋	南亚研究季刊	1998 年增刊
走进战火中的克什米尔	张力	南风窗	1999 年第 12 期
印度人民党与“印度教认同”	邱永辉	四川大学学报	1999 年第 1 期
印度和中国的资源实力对比	杨文武	南亚研究	1999 年第 1 期
世纪之交的印度经济	文富德	南亚研究	1999 年第 2 期
近年来印度与东盟经贸合作关系的发展	陈继东	当代亚太	1999 年第 7 期
论印度的对外影响力	罗祖栋	南亚研究季刊	1999 年第 2 期
印度佛教中的“空”观念与中观学派	欧东明	南亚研究季刊	1999 年第 2 期
印度农业新政策的主要内容及简要评价	文富德	南亚研究季刊	1999 年第 2 期
浅析冷战时期的印苏关系	文富德	南亚研究季刊	1999 年第 2 期
浅谈当今印度政治中的索妮娅因素	邱永辉	南亚研究季刊	1999 年第 2 期
印度的第九个五年计划	王益谦	南亚研究季刊	1999 年第 2 期
“转变性增长”中的人力资本	邓常春 仁卫峰	南亚研究季刊	1999 年第 2 期

续表

篇名	作者	刊物	时间及期号
美国“新经济”之因	何道隆	南亚研究季刊	1999 年第 2 期
印度科技奖励制度及其社会影响	江昀 杨文武	南亚研究季刊	1999 年第 2 期
印度中论学派在藏传佛教中的地位	欧东明	南亚研究季刊	1999 年第 3 期
印度农业新政策出台的背景	文富德	南亚研究季刊	1999 年第 3 期
论印度人民党的观念变化	邱永辉	南亚研究季刊	1999 年第 3 期
浅析印度的缓贫努力及效果	邓常春 任卫峰	南亚研究季刊	1999 年第 3 期
中国与印度的经贸关系——现状与前景	陈继东	南亚研究季刊	1999 年第 3 期
印度学者论中印关系	张力	南亚研究季刊	1999 年第 4 期
论印度的国际地位	罗祖栋	南亚研究季刊	1999 年第 4 期
历史上中国与印度的商贸关系	陈继东	南亚研究季刊	1999 年第 4 期
印度社会中的公平与效率问题	欧东明	南亚研究季刊	1999 年第 4 期
中印缅孟区域经济合作初探	陈继东	南亚研究季刊	1999 年第 4 期
90 年代以来印度就业结构的变化趋势	杨文武	南亚研究季刊	1999 年第 4 期
90 年代以前印度的金融监管	文富德	南亚研究季刊	1999 年第 4 期
冷战后的印俄关系	文富德	南亚研究季刊	1999 年第 4 期
浅析印度的政治实力	邱永辉	南亚研究季刊	1999 年第 4 期
科学技术与印度农村发展	向元钧	南亚研究季刊	1999 年第 4 期
东南亚金融危机与世界经济形势中的几个问题	何道隆 邱小平	南亚研究季刊	1999 年第 4 期
试论印度的经济改革与政治稳定	邱永辉	南亚研究季刊	1999 年第 4 期
1998—1999 年度印度证券二级市场概况	唐鹏琪	南亚研究季刊	1999 年第 4 期
从《专利修正案》看印度与 WTO 框架的关系	唐云华 张力	南亚研究季刊	1999 年第 4 期
试论 90 年代印度经济与政治的互动	邱永辉	当代亚太	2000 年第 4 期
美国的全球战略与早期印美关系	邱永辉	四川大学学报	2000 年第 2 期
阮冈纳赞与印度的图书馆学教育	栗力	四川图书馆学报	2000 年第 2 期
注意：印度正盯住中国	张力	视点	2000 年第 1 期
印度新一代导弹与战略核威慑	张力	南亚研究季刊	2000 年第 1 期
印度金融监管改革浅析	文富德	南亚研究季刊	2000 年第 1 期
印度财政分税制的运行机制	文富德	南亚研究季刊	2000 年第 1 期

续表

篇名	作者	刊物	时间及期号
印度的经济发展与政治民主	邱永辉	南亚研究季刊	2000 年第 1 期
印度的资本积累及其对经济发展的影响	陈继东	南亚研究季刊	2000 年第 1 期
日趋严重的印度环境问题	何道隆	南亚研究季刊	2000 年第 1 期
印度资本市场初探	杨文武	南亚研究季刊	2000 年第 1 期
与印度学者谈印度战略核威慑	张力	南亚研究季刊	2000 年第 1 期
环境伦理学与印度传统	欧东明	南亚研究季刊	2000 年第 1 期
印度证券市场	杨文武	南亚研究季刊	2000 年第 2 期
坚持调整与改革的印度经济	文富德	南亚研究季刊	2000 年第 2 期
浅析克林顿南亚之行的原因	文富德	南亚研究季刊	2000 年第 2 期
印度的核战略与核政策	张力	南亚研究季刊	2000 年第 2 期
印度佛教与当代生态学思想	欧东明	南亚研究季刊	2000 年第 2 期
印度证券市场的特征	唐鹏琪	南亚研究季刊	2000 年第 2 期
美国的南亚政策试析	邱永辉	南亚研究季刊	2000 年第 2 期
印度外交：认识与局限	邱永辉	南亚研究季刊	2000 年第 2 期
从法律体系看印度市场经济	陈继东	南亚研究季刊	2000 年第 2 期
印度政府在促进资本积累中的作用	陈继东	南亚研究季刊	2000 年第 2 期
印度金融市场的国际化及其对外资的利用	邓常春	南亚研究季刊	2000 年第 2 期
斯里兰卡在南亚区域合作联盟中的作用	何道隆	南亚研究季刊	2000 年第 2 期
印度信息经济的发展及其前景	文富德	南亚研究季刊	2000 年第 3 期
印度财政分税制的若干启示	文富德	南亚研究季刊	2000 年第 3 期
当代印度的安全意识与历史传统	张力	南亚研究季刊	2000 年第 3 期
试论巴基斯坦军事政变的根源	罗祖栋	南亚研究季刊	2000 年第 3 期
印度证券市场走牛的原因	唐鹏琪	南亚研究季刊	2000 年第 3 期
印度的关键问题不是政治（译文）	尹锡南 邱永辉	南亚研究季刊	2000 年第 3 期
巴基斯坦当前政治经济与军事政变	邱永辉	南亚研究季刊	2000 年第 3 期
印度的人力投资与人力资本形成	陈继东	南亚研究季刊	2000 年第 3 期
印度市场体系初探	陈继东	南亚研究季刊	2000 年第 3 期
印度风险资本的发展及其立法	邓常春	南亚研究季刊	2000 年第 3 期
印度 IT 业的发展趋势	邓常春	南亚研究季刊	2000 年第 3 期
印度独立初私营经济存在的客观必然性	杨文武	南亚研究季刊	2000 年第 3 期
影响冷战后初期印度战略思维的外部因素	张力	南亚研究季刊	2000 年第 4 期

续表

篇名	作者	刊物	时间及期号
21 世纪印度将成为世界科技大国	文富德	南亚研究季刊	2000 年第 4 期
印度防止人才外流的措施	栗力	南亚研究季刊	2000 年第 4 期
印度的文官制度	栗力	中国公务员	2000 年第 11 期
国外内陆地区开放开发的比较研究	何道隆	西部大开发——机遇与挑战（四川大学出版社）	2000 年 12 月
试论军人统治在巴基斯坦政治生活中的作用	罗祖栋	南亚研究季刊	2000 年第 4 期
现代中印关系中的文化因素	欧东明	南亚研究季刊	2000 年第 4 期
中印证券市场比较分析	唐鹏琪	南亚研究季刊	2000 年第 4 期
启动印度新经济的信息技术产业	张小兰 杨文武	南亚研究季刊	2000 年第 4 期
全国民主联盟政府统治下的印度政局	邱永辉	南亚研究季刊	2000 年第 4 期
印度政府在人力资本形成中的作用	陈继东	南亚研究季刊	2000 年第 4 期
比较优势、经济起飞与印度信息产业的发展	邓常春	南亚研究季刊	2000 年第 4 期
印度政府的环境投资政策	何道隆	南亚研究季刊	2000 年第 4 期
经济全球化与印度经济发展	文富德	当代亚太	2001 年第 11 期
印度瓦杰帕伊政府加速经济改革	文富德	国际经济评论	2001 年第 11 期
“从周边安全看‘西部大开发’的外部环境”	张力	国际观察	2001 年第 6 期
攀西民族地区对外开放的新机遇	陈继东	西南民族学院学报	2001 年第 4 期
21 世纪初印度的对华外交政策	陈继东	国际观察	2001 年第 5 期
中国西部大开发的周边环境	陈继东	云南社会科学	2001 年第 6 期
WTO 基本规则对印度经济发展的影响	陈继东	当代亚太	2001 年第 11 期
意向性关联结构在胡塞尔和早年海德格尔思想中的作用	欧东明	四川大学学报	2001 年第 6 期
印度快速发展的软件产业对经济的影响	唐鹏琪	南亚研究季刊	2001 年第 1 期
印度合营经济浅析	文富德	南亚研究季刊	2001 年第 1 期
印度核试以来的中印关系	张力	南亚研究季刊	2001 年第 1 期
关于尼泊尔宁巴人的几个问题	陈继东	南亚研究季刊	2001 年第 1 期
宗喀巴大师与印度中观思想	欧东明	南亚研究季刊	2001 年第 1 期
印度现行贸易政策及其管理办法	向元钧	南亚研究季刊	2001 年第 1 期
印度公有企业改革中的研究与发展问题	杨文武	南亚研究季刊	2001 年第 1 期
从高层访问看中印关系中的一些敏感问题	张力	南亚研究季刊	2001 年第 2 期

续表

篇名	作者	刊物	时间及期号
普京访问与印俄关系的新发展	文富德	南亚研究季刊	2001 年第 2 期
印度的安全战略及对我国的影响	唐鹏琪	南亚研究季刊	2001 年第 2 期
论美国在全球化的地位与作用	何道隆	南亚研究季刊	2001 年第 2 期
印度中观思想与藏传佛教的判教观	欧东明	南亚研究季刊	2001 年第 2 期
WTO 与印度纺织工业发展	陈继东	南亚研究季刊	2001 年第 2 期
我国对南亚政策的选择	何道隆	南亚研究季刊	2001 年第 3 期
印度的知识产权保护（译文）	唐鹏琪	南亚研究季刊	2001 年第 3 期
浅析 20 世纪 90 年代以来印度外资结构的变化	邓常春	南亚研究季刊	2001 年第 3 期
中国对南亚安全的影响及其制约因素	张力	南亚研究季刊	2001 年第 3 期
WTO 相关基本规则对印度钢铁工业发展的影响	陈继东	南亚研究季刊	2001 年第 3 期
论印度公营部门中银行改革问题	杨文武	南亚研究季刊	2001 年第 3 期
试析尼泊尔经济发展的成就及其原因	文富德	南亚研究季刊	2001 年第 3 期
“世界贸易组织与中印经济发展”国际研讨会会议综述	邓常春	南亚研究季刊	2001 年第 4 期
不丹经济发展浅析	文富德	南亚研究季刊	2001 年第 4 期
泰戈尔 1924 年访华在中国知识界的反响	尹锡南 张力	南亚研究季刊	2001 年第 4 期
国际反恐怖主义：美国、巴基斯坦与印度	张力	南亚研究季刊	2001 年第 4 期
泰戈尔《吉檀迦利》的宗教思想试析	欧东明	南亚研究季刊	2001 年第 4 期
印度现行价格政策及其管理机制	向元钧	南亚研究季刊	2001 年第 4 期
经济全球化与印度国有企业改革	杨文武	南亚研究季刊	2001 年第 4 期
印度农业的世贸对策及其启示	文富德	南亚研究季刊	2001 年增刊
WTO：进行新一轮谈判中印合作的可能性和印度的观点（译文）	唐鹏琪	南亚研究季刊	2001 年增刊
印度新的专利法对药品工业的影响	唐鹏琪	南亚研究季刊	2001 年增刊
加入 WTO 对我国经济的影响	何道隆	南亚研究季刊	2001 年增刊
《与贸易有关的知识产权协议》（TRIPS）同药品的获得（译文）	邓常春	南亚研究季刊	2001 年增刊
WTO 服务协议与印度金融业的开放	邓常春	南亚研究季刊	2001 年增刊
专利法修订与印度的国际接轨	张力	南亚研究季刊	2001 年增刊

续表

篇名	作者	刊物	时间及期号
国际反恐怖主义与南亚地区安全	张力	亚非纵横	2002年第3期
21世纪初的南亚形势	陈继东 晏世经	西南民族学院学报	2002年第2期
印巴核对抗及其双边关系发展态势	陈继东	国际观察	2002年第3期
WTO与印度煤炭工业发展	陈继东	煤炭经济研究	2002年第5期
西藏对外开放的新机遇	陈继东	西藏研究	2002年第3期
WTO与印度小型工业发展	陈继东	思想战线	2002年第3期
印巴关系：难解之结	陈继东	南亚研究	2002年第1期
浅析印度加入WTO对农业发展的影响	向元钧	南亚研究	2002年第1期
试析印度对WTO新一轮谈判的立场	戴永红	当代亚太	2002年第12期
“9·11”对世界经济的影响	何道隆	区域经济：模式、策略与可持续发展（中山大学出版社）	2002年8月
“9·11”对国际关系的影响	何道隆	四川大学学报	2002年增刊
形式化与形式显示（译文）	欧东明	世界哲学	2002年第2期
南亚在中国西部大开发战略中的地位和作用	文富德	当代亚太	2002年第3期
印度农业应对WTO的对策	向元钧	当代亚太	2002年第5期
解读泰戈尔诺贝尔文学奖	尹锡南	东方丛刊	2002年第3期
港台房地产指标体系及其对国内的借鉴度	杨文武	华中科技大学学报	2002年第1期
论我国房地产制度创新	杨文武	四川大学学报	2002年第5期
房价收入的理性认识	杨文武	价格理论与实践	2002年第5期
印度的外交战略	张力	国际政治学的理论与实践（四川人民出版社）	2002年12月
印度反倾销实体法评介	戴永红	南亚研究	2002年第2期
印度农业科技进步浅析	向元钧	南亚研究季刊	2002年第1期
从印度信息产业的发展看印度中央政府、地方政府与产业协会的互动	邓常春	南亚研究季刊	2002年第1期
印度资本项目可兑换的经验与启示	何道隆	南亚研究季刊	2002年第1期
印度本土的环保主义：传统与今天	欧东明	南亚研究季刊	2002年第1期
美国“9·11”事件后的全球军控与防扩散	陈继东	南亚研究季刊	2002年第1期
印度对中国商品实施反倾销的原因	唐鹏琪	南亚研究季刊	2002年第1期

续表

篇名	作者	刊物	时间及期号
印度软件产业的迅速发展对我国的启示	文富德	南亚研究季刊	2002 年第 1 期
印度的就业计划与社会保障体系	陈继东	南亚研究季刊	2002 年第 2 期
试析印度旅游业的发展	邓常春	南亚研究季刊	2002 年第 2 期
论美国当前爆发的“中间性衰退”	何道隆	南亚研究季刊	2002 年第 2 期
《薄伽梵歌》的“四瑜伽”学说	欧东明	南亚研究季刊	2002 年第 2 期
印度版权保护对经济影响	唐鹏琪	南亚研究季刊	2002 年第 2 期
西方经济衰退中的印度经济	文富德	南亚研究季刊	2002 年第 2 期
试析克林顿政府对印度政策中的现实主义因素	伍福佐	南亚研究季刊	2002 年第 2 期
“9·11”事件后的印巴关系与南亚地区安全	张力	南亚研究季刊	2002 年第 2 期
印度农业应对 WTO 对策、成效及问题	向元钧	南亚研究季刊	2002 年第 2 期
试析入世前后印度陆路交通运输业的改革与发展	邓常春	南亚研究季刊	2002 年第 3 期
巴基斯坦全民公决浅析	戴永红	南亚研究季刊	2002 年第 3 期
论印度“地缘战略国”的地位与作用	何道隆	南亚研究季刊	2002 年第 3 期
印度教与印度种姓制度	欧东明	南亚研究季刊	2002 年第 3 期
印度知识产权保护方面的成效、问题和启示	唐鹏琪	南亚研究季刊	2002 年第 3 期
印度经济发展的前景	文富德	南亚研究季刊	2002 年第 3 期
试析反恐对美印关系的建构	伍福佐	南亚研究季刊	2002 年第 3 期
印巴分治社会原因之剖析	陈继东	南亚研究季刊	2002 年第 3 期
云南依靠大西南与印度开展合作的基础和条件	陈继东	南亚研究季刊	2002 年第 4 期
印度银行业对中小企业的信贷支持及对我国的启示	戴永红	南亚研究季刊	2002 年第 4 期
印度近代宗教改革中的世俗化倾向	欧东明	南亚研究季刊	2002 年第 4 期
印度软件业面临的挑战	唐鹏琪	南亚研究季刊	2002 年第 4 期
印度经济发展前景的数理分析	文富德	南亚研究季刊	2002 年第 4 期
试析布什政府对印巴危机的处理	伍福佐	南亚研究季刊	2002 年第 4 期
试论印度与美国日本的外交战略互动	尹锡南	南亚研究季刊	2002 年第 4 期
印度安全关系的形成及其发展走向	张力	南亚研究季刊	2002 年第 4 期
试析加入 WTO 前后印度保险业的发展	邓常春	南亚研究季刊	2002 年第 4 期
“9·11”对印度在世界与地区政治格局中的地位与作用的影响	何道隆 晏世经	南亚研究季刊	2002 年第 4 期

续表

篇名	作者	刊物	时间及期号
南亚安全局势的近期发展及其影响因素	张力	当代亚太	2003 年第 12 期
印巴：冲突有望消弭？	张力	新民国际	2003 年 5 月
中国企业开拓印度市场的战略思考	文富德	世界机电经贸信息	2003 年第 8 期
印度经济发展的若干特征	文富德	当代亚太	2003 年第 7 期
中国企业开拓印度市场的机遇与挑战	文富德	当代亚太	2003 年第 11 期
从发展优势看中印经贸合作的发展	文富德	开放导报	2003 年第 11 期
西藏开拓南亚市场的特殊意义与实施对策	陈继东	民族研究	2003 年第 2 期
印度对华政策与中印关系发展对西藏开拓南亚市场的影响	陈继东	国际观察	2003 年第 1 期
关于尼泊尔宁巴人的几个问题	陈继东	亚洲民族论坛（第一辑）（云南大学出版社）	2003 年 11 月
西藏跨境贸易的发展及对边境地区发展的影响	陈继东	西南少数民族研究（第二辑）（云南大学出版社）	2003 年 12 月
西藏开拓南亚市场的历史机遇	陈继东	西藏及其他藏区特殊性研究文集（黑龙江人民出版社）	2003 年 8 月
虽不足为信，但值得一读——美刊论述中印经济未来前景的三个解读	陈继东	国际先驱导报	2003 年 7 月
印度的银行改革	文富德	南亚研究	2003 年第 1 期
神圣的恋歌——泰戈尔《吉檀迦利》宗教思想试析	欧东明	东方丛刊	2003 年第 1 期
明清道教审美思想的世俗化特点，“道教美学笔谈”	李珉	世界宗教研究	2003 年第 2 期
国外内陆地区开发措施比较研究	何道隆	理论与改革	2003 年第 3 期
中国资本项目可兑换进程、前景及其制约因素	何道隆	四川大学学报	2003 年第 3 期
试析印度对 WTO 新一轮谈判的立场	戴永红	当代亚太	2003 年第 1 期
印度反倾销程序法评介	戴永红	南亚研究	2003 年第 1 期
印度对中国反倾销的特点、原因及我国的对策	戴远泰	西南民族学院学报	2003 年第 1 期
印度参与经济全球化的进程及其对我国的启示	戴远泰	四川大学学报	2003 年第 3 期

续表

篇名	作者	刊物	时间及期号
俄印关系的远近发展：战略与安全考量	张力	南亚研究季刊	2003 年第 1 期
印度在世界贸易组织框架下发展经济的若干经验	文富德	南亚研究季刊	2003 年第 1 期
中印俄三边合作初探	尹锡南	南亚研究季刊	2003 年第 1 期
印度应对 WTO、发展水泥工业的做法值得关注	陈继东	南亚研究季刊	2003 年第 1 期
浅析印度经济发展中的资源约束	邓常春	南亚研究季刊	2003 年第 1 期
印度应对反倾销挑战的政策措施	戴远泰	南亚研究季刊	2003 年第 1 期
在僵局中出现转机的美巴关系	伍福佐	南亚研究季刊	2003 年第 1 期
脆弱的联盟——“9·11”后的美巴关系	伍福佐	南亚研究季刊	2003 年第 2 期
印度反倾销利益方的互动与协调	远泰	南亚研究季刊	2003 年第 2 期
遥远的大国梦：印度崛起的前景	邓常春	南亚研究季刊	2003 年第 2 期
印度古代政教关系的特征	欧东明	南亚研究季刊	2003 年第 2 期
中国和印度开展多领域经贸合作的前景分析	陈继东	南亚研究季刊	2003 年第 2 期
斯里兰卡走上和平之路	文富德	南亚研究季刊	2003 年第 2 期
从伊拉克战争看印度的务实外交	张力	南亚研究季刊	2003 年第 2 期
论冷战后印度的“东向政策”	尹锡南	南亚研究季刊	2003 年第 2 期
印度原子科学技术的现状与实力	唐鹏琪	南亚研究季刊	2003 年第 2 期
中国软件业的发展能否以印度为师——中印软件业发展的资源优势及其道路选择之比较	邓常春	南亚研究季刊	2003 年第 3 期
中印在经济发展中可以互相学习	文富德	南亚研究季刊	2003 年第 3 期
美国与印度：战略新格局中的军事合作与互动	张力	南亚研究季刊	2003 年第 3 期
泰戈尔关注东方对当代国际政治的启示	尹锡南	南亚研究季刊	2003 年第 3 期
西藏开拓南亚市场的必要性	陈继东	南亚研究季刊	2003 年第 3 期
试析朝鲜战争中的印美关系	伍福佐	南亚研究季刊	2003 年第 3 期
浅谈印度的空间技术	唐鹏琪	南亚研究季刊	2003 年第 3 期
近代西藏亚东与印度的经贸往来	陈继东	南亚研究季刊	2003 年第 4 期
印度企业走出去的政策与做法	文富德	南亚研究季刊	2003 年第 4 期
印度迈出南亚——印度“东向政策”新阶段及与中国的利益关联	张力	南亚研究季刊	2003 年第 4 期
论《印度之行》中的印度	尹锡南	南亚研究季刊	2003 年第 4 期

续表

篇名	作者	刊物	时间及期号
印度实行政教分离的社会条件	欧东明	南亚研究季刊	2003 年第 4 期
新经济与旧社会：印度信息产业的发展及其对经济增长和社会变革的影响	邓常春	南亚研究季刊	2003 年第 4 期
中印在国际关系中的地位与作用	何道隆	南亚研究季刊	2003 年第 4 期
国外对印度反倾销的特点和现状	戴远泰	南亚研究季刊	2003 年第 4 期
伊拉克战争对美巴联盟的重构	伍福佐	南亚研究季刊	2003 年第 4 期
影响印度经济的因素	唐鹏琪	南亚研究季刊	2003 年第 4 期
在世界贸易组织框架下加强中印经贸合作	文富德	南亚研究季刊	2004 年第 1 期
浅论印度教对印度妇女的影响	李珉	南亚研究季刊	2004 年第 1 期
印度的粮食安全对策	文富德	南亚研究	2004 年第 2 期
印度与美国数量限制争端及其启示	文富德	南亚研究季刊/人大报刊复印资料全文转载	2004 年第 2 期
印度软件企业的外包发展模式及其对我国的启示	戴永红	南亚研究	2004 年第 2 期
中印经济关系的发展前景	文富德	南亚研究季刊	2004 年第 1 期
略论印度中期佛教艺术	李珉	南亚研究季刊	2004 年第 1 期
近代西藏亚东与印度的贸易结构	陈继东	南亚研究季刊	2004 年第 1 期
印度软件企业国际化经营初探	戴永红	亚太经济	2004 年第 3 期
从 WTO 坎昆会议看中印在国际多边经济机制中的合作	张力	南亚研究季刊	2004 年第 1 期
印度经济增长速度可能超过中国	文富德	南亚研究季刊	2004 年第 1 期
印度经济模式的特色	文富德	领导之友	2004 年第 2 期
印度企业“走出去”的经验与教训	文富德	当代亚太	2004 年第 5 期
论闵一得的道教美学思想	李珉	西南民族大学学报	2004 年第 5 期
What China and India Can Learn from Each Other in	文富德	India and East Asia	2004 年 5 月
印度企业走出去的经验与教训	文富德	当代亚太	2004 年第 5 期
印度赶超中国的底牌	文富德	看世界	2004 年第 5 期
印度经济能够超过中国吗？	文富德	亚太经济/人大报刊复印资料全文转载	2004 年第 6 期
西藏建设南亚贸易通道问题	陈继东	西藏研究	2004 年第 2 期
中印经济发展模式比较：1980—2000 年	陈继东	南亚研究	2004 年第 2 期

续表

篇名	作者	刊物	时间及期号
西藏开拓南亚市场的前景分析	陈继东	南亚研究季刊	2004 年第 2 期
全球伦理与印度宗教传统	欧东明	南亚研究季刊	2004 年第 2 期
浅析四川省参与区域合作的必要性及条件	戴永红	经济体制改革	2004 年第 6 期
印度软件业的新战略	唐鹏琪	南亚研究季刊	2004 年第 2 期
印度的能源安全：挑战与应战	张力	南亚研究季刊	2004 年第 2 期
活出耶稣基督的爱	李珉	天风	2004 年第 7 期
印度国大党胜选原因及新政府的政策走向	陈继东	当代亚太	2004 年第 7 期
Prospects for Trade and Economic Cooperation betwen China and India	陈继东	India and East Asia-Learning from Each Other	2004 年 8 月
Sino-India Economic Cooperation Under the Frame of WTO	文富德	WTO，Dohar and After	2004 年 8 月
印度教与印度民族主义	李珉	南亚研究季刊	2004 年第 3 期
四川开拓南亚市场的现状与前景	陈继东	南亚研究季刊	2004 年第 3 期
英殖民政府与印度教派主义的兴起	欧东明	南亚研究季刊	2004 年第 3 期
印度电信业迅速发展的原因	唐鹏琪	南亚研究季刊	2004 年第 3 期
印度的能源外交与地缘政治考量	张力	南亚研究季刊	2004 年第 3 期
发展中印经贸关系：机遇．潜力与趋势	张力	中国西部大开发与南亚：现状与前景	2004 年 10 月
当代中印关系中的“西藏问题”	陈继东	China and India：Political and Strategic Perspective	2004 年 11 月
印度软件企业国际化中的人力资源开发	戴永红	比较教育研究	2004 年第 11 期
India's Quest for an Emerging Global Order	张力	Multilaterialism Vs. Unilaterialism and the United	2004 年 11 月
近年来印度在扩大与中国西藏经贸问题上的态度变化及对	陈继东	南亚研究季刊	2004 年第 4 期
略论印度教与印度佛教的关系	欧东明	南亚研究季刊	2004 年第 4 期
技术外包正在改变着印度	唐鹏琪	南亚研究季刊	2004 年第 4 期
印度国大党联合政府的外交决策初探	张力	南亚研究季刊	2004 年第 4 期
印度经济速度有可能赶上中国	文富德	南亚研究季刊	2004 年第 4 期

续表

篇名	作者	刊物	时间及期号
中印缅孟区域经济合作的构想与地区范围问题	陈继东	南亚研究季刊	2005年第1期
当代中印关系中的西藏问题	陈继东	中印政治安全关系研究	2005年1月
民族主义政治改良运动对印度世俗化的推进作用	欧东明	南亚研究季刊	2005年第2期
略论国大党世俗主义国家观念的形成	欧东明	南亚研究季刊	2005年第1期
能源外交：印度的地缘战略认知与实践	张力	世界经济与政治	2005年第1期
“孟中印缅”地区合作机制：推动因素与制约因素	张力	南亚研究季刊	2005年第1期
20世纪90年代以来中印贫困问题比较研究	杨文武	南亚研究季刊	2005年第1期
尼泊尔政局发展及其前景	宋志辉	南亚研究季刊	2005年第1期
印度软件企业国际化中的政府作用探讨	戴永红	南亚研究	2005年第1期
反倾销与维护我国产业安全	戴永红	社会科学研究	2005年1月
试析印度的BPO产业	唐鹏琪	南亚研究季刊	2005年第1期
印度农业的全球化对策	文富德	南亚研究季刊	2005年第1期
中国与印度经济发展模式及其转型之比较	陈继东	南亚研究季刊	2005年第2期
印度新政府的对华政策与中印关系	张力	南亚报告：2004—2005	2005年2月
印度国大党执政后的印美关系及其前景	张力	南亚研究季刊	2005年第2期
印度吸引外国留学生现状分析	杨文武	南亚研究季刊	2005年第2期
尼泊尔接受外援情况浅析	宋志辉	南亚研究季刊	2005年第2期
印度软件企业出口存在的问题	戴永红	南亚研究季刊	2005年第2期
浅析印度经济增长的动力	唐鹏琪	南亚研究季刊	2005年第2期
从瓦杰帕伊政府大选失败看印度经济改革的几点教训	文富德	南亚研究季刊	2005年第2期
中国与南亚国家关系的现状与发展前景	文富德	亚洲探索	2005年2月25日
印巴关系新进展及其前景	陈继东	和平与发展	2005年第1期
中国和印度在石油供给新来源上的竞争态势与合作动向	陈继东	南亚研究季刊	2005年第3期
从“核协议”解读印美战略关系	张力	南亚研究季刊	2005年第3期
试析印度经济增长	杨文武	南亚研究季刊	2005年第3期
尼泊尔投资环境及中尼经贸现状分析	宋志辉	南亚研究季刊	2005年第3期
印度外包产业发展的新趋势	唐鹏琪	南亚研究季刊	2005年第3期

续表

篇名	作者	刊物	时间及期号
加速经济全球化进程中的印度经济	文富德	亚非纵横	2005 年第 3 期
印度后期瑜迦行派的现量观	欧东明	南亚研究季刊	2005 年第 4 期
古杰拉尔主义及其对印度外交的影响	黄正多	南亚研究季刊	2005 年第 4 期
中印关系与印度对华政策及其战略思维	张力	南亚研究季刊	2005 年第 4 期
对当前中印关系的理性认识	杨文武	南亚研究季刊	2005 年第 4 期
尼泊尔政府武装的历史根源与现实影响	宋志辉	南亚研究季刊	2005 年第 4 期
浅析印度软件企业国际化的发展进程	戴永红	南亚研究季刊	2005 年第 4 期
印度正在开发可再生能源	唐鹏琪	南亚研究季刊	2005 年第 4 期
印度产业模式浅析	文富德	亚太经济	2005 年第 4 期
从印度人民党大选失败看印度经济改革的教训	文富德	南亚研究季刊	2005 年第 2 期
中国西藏发展与周边国家贸易及其需关注的问题	陈继东	西藏研究	2005 年增刊
China and the Kashmir Knot	张力	The Kashmir Imbroglio: Looking towards the Future	2005 年 9 月
中国与南亚国家关系	文富德	南亚与东南亚研究	2005 年 9 月
印度农业应对 WTO：对策、成效及存在问题	向元钧	WTO 与中国经济	2005 年 10 月 2 日
China's Concerns over Current South Asian	张力	China and India: Political and Strategic Perspective	2005 年 11 月
试论印度软件发展政策的演变及启示	戴永红	科技管理研究	2005 年 11 月
全球化进程中的印度小型企业	文富德	南亚研究季刊	2005 年第 4 期
能源合作——中印缅孟加强四方关系的纽带	陈继东	南亚研究季刊	2006 年第 1 期
中印信息产业合作必要性和可行性分析	陈继东	南亚研究季刊	2006 年第 2 期
中印缅孟区域合作：现状与问题	陈继东	跨域喜马拉雅障碍：中国寻求了解印度（重庆出版社）	2006 年 2 月
印度软件企业国际化的战略选择与经济增长方式的转变	戴永红	南亚研究季刊	2006 年第 1 期
开展中印俄三边能源合作的几点思考	戴永红	南亚研究季刊	2006 年第 2 期

续表

篇名	作者	刊物	时间及期号
印度软件企业人才的国际化	戴永红	南亚研究季刊	2006 年第 3 期
论跨国公司的技术转移与印度汽车工业发展	黄正多	南亚研究季刊	2006 年第 1 期
印度农业现代化的现状、特点及其原因分析	黄正多	南亚研究季刊	2006 年第 3 期
梵——美，印度教美学的核心范畴	李珉	南亚研究季刊	2006 年第 2 期
论道教美学思想对明清俗文化的影响	李珉	四川大学学报★	2006 年第 3 期
佛教轮回说的内在难题与中观学和唯识学的解决	欧东明	南亚研究季刊	2006 年第 1 期
唯识“八识”说与“自证分”浅析	欧东明	南亚研究季刊	2006 年第 3 期
罗易在印度世俗化进程中的作用	欧东明	南亚研究季刊	2006 年第 4 期
“全球伦理”视野中的印度宗教传统	欧东明	四川大学学报★	2006 年第 6 期
试析印日关系及其对中印关系的影响	宋志辉	南亚研究季刊	2006 年第 1 期
印美关系的发展及其影响	宋志辉	国际关系学院学报	2006 年第 1 期
全球化形势下的中巴安全合作	宋志辉	南亚研究季刊	2006 年第 2 期
Sino-Pak Security Cooperation in the Framework of Globalization	宋志辉	Pakistan Perspective	2006 年第 2 期
巴基斯坦反贫困与中巴合作	宋志辉	南亚研究季刊	2006 年第 3 期
喀喇昆仑公路与中巴经济合作	宋志辉	南亚研究季刊	2006 年第 4 期
印度制造业优势浅析	唐鹏琪	南亚研究季刊	2006 年第 1 期
印度的阿育吠陀医学	唐鹏琪	南亚研究季刊	2006 年第 3 期
印度阿育吠陀医学的哲学思想	唐鹏琪	南亚研究季刊	2006 年第 4 期
中印经贸的竞争与合作	文富德	进出口代理人	2006 年第 1 期
中印自由贸易区浅析	文富德	南亚研究季刊	2006 年第 1 期
印度经济管理模式浅析	文富德	南亚研究★	2006 年第 1 期
印度加大引进外国直接投资的力度	文富德	南亚研究季刊	2006 年第 2 期
发展中的印度农村金融市场及其启示	文富德	南亚研究季刊	2006 年第 3 期
印度加速经济特区建设的政策措施和成效研究	文富德	四川大学学报★	2006 年第 4 期
印度加速制造业发展	文富德	南亚研究季刊	2006 年第 4 期
印度：正在崛起的世界工厂	文富德	中国社会导刊	2006 年第 4 期
中印合作发展新论	杨文武	南亚研究季刊	2006 年第 1 期
对于构建中印自由贸易区的理性认识	杨文武 戴江涛	南亚研究★	2006 年第 1 期
试论南亚区域贸易合作发展的经济制约因素	杨文武	南亚研究季刊	2006 年第 2 期

续表

篇名	作者	刊物	时间及期号
跨国公司对印度汽车制造业的技术转移及其对我国的启示	杨文武 戴江涛	科学·经济·社会★	2006 年第 2 期
中国和印度开展国际石油市场合作的博奕分析	周任 戴江涛 杨文武	世界经济与政治论坛	2006 年第 2 期
产业全球化背景下的中印产业合作	杨文武 戴江涛	江淮论坛★	2006 年第 3 期
浅析四川与南亚区域贸易合作发展现状	杨文武	南亚研究季刊	2006 年第 3 期
中印在海外石油能源供给中的竞合态势及博弈分析	杨文武 戴江涛	生态经济★	2006 年第 4 期
中印信息技术产业合作与发展问题探析	杨文武 戴江涛 倪香芹	社会科学★	2006 年第 12 期
If Indian and Chinese Scholars Come Together	尹锡南	Comparative Literature: East and West	2006 年 10 月
印度学者 Amiya Devi 访谈录	尹锡南	比较文学报	2006 年 3 月
新世纪中印学者跨文化对话	尹锡南	跨文化对话	2006 年第 19 辑
梵语诗学、比较诗学及其他	尹锡南	思想战线★	2006 年第 1 期
关于比较文学的中印对话	尹锡南	世界文学评估	2006 年第 1 期
从吉卜林、福斯特到奈保尔：殖民文学与后殖民文学的另类接力	尹锡南	南亚研究季刊	2006 年第 1 期
印度比较文学发展史概述	尹锡南	东方文学研究通讯	2006 年第 2 期
印度诗学视野中的冉仲景诗歌	尹锡南	涪陵师范学院学报	2006 年第 5 期
保罗·斯各特笔下的“东方”印度及“性神话”的后殖民观照	尹锡南	南亚研究季刊	2006 年第 2 期
独立以来印度比较文学发展概况	尹锡南	南亚研究★	2006 年第 2 期
梵语诗学、比较诗学：印度学者访谈录	尹锡南	东方文学研究通讯	2006 年第 2 期
东方印度的“炎热与尘土”	尹锡南	南亚研究季刊	2006 年第 3 期
20 世纪印度的中国文化研究及其存在的问题	尹锡南	东方文学研究通讯	2006 年第 3 期
奈保尔印度书写在印度的反响	尹锡南	外国文学评论●	2006 年第 4 期
中国与印度：英国作者笔下的两个“东方”	尹锡南	南亚研究季刊	2006 年第 4 期
走向三维立体的比较文学研究：论东方文学与比较文学的关系	尹锡南	东方文学研究通讯	2006 年第 4 期

续表

篇名	作者	刊物	时间及期号
保罗·斯各特：身份探索及东西方关系的艺术思考	尹锡南	东方丛刊	2006年第4期
印度诗学视野中的冉仲景诗歌	尹锡南	涪陵师范学院学报	2006年第5期
梵语诗学视野中的中国少数民族诗歌	尹锡南	中央民族大学学报★	2006年第6期
Sino-Pakistani Strategic Nexus: Potentials, Issues and the Emerging Trend	张力	Pakistan-China Relationa in Changing Regional	2006年9月
中国的南亚外交与克什米尔问题	张力	南亚研究季刊	2006年第1期
印度、美国围绕民用核合作的利益关联	张力	南亚研究季刊	2006年第2期
中国与印度：相互再认识的必要	张力	《跨越喜马拉雅障碍：中国寻求了解印度》	重庆出版社2006年2月版
影响印度未来核地位的因素	张力	南亚研究季刊	2006年第3期
印度走向核军备化：战略动因的再认识	张力	南亚研究季刊	2006年第4期
“9·11”事件后美国反恐战略对南亚安全格局的影响	张力	四川大学学报★	2006年第6期
印度经济民族主义的缘起、影响及中国的对策	张立	南亚研究季刊	2006年第3期
印巴关系的新动态	陈继东	南亚研究季刊	2007年第3期
印度对俄外交中的中国因素	陈小萍	南亚研究季刊	2007年第4期
印度软件企业生产国际化的组织实施	戴永红	南亚研究季刊	2007年第1期
印度农业合作经济组织发展中的政府作用	黄正多	南亚研究季刊	2007年第4期
中印非政府组织（NGOs）及其在扶贫开发中的作用研究	李涛	亚太经济	2007年第1期
美国安宁岭本教静修中心	李涛	世界宗教文化	2007年第3期
中、巴经贸合作的机遇、挑战和发展思路	李涛 谢代刚 王亚南	亚太经济★	2007年第5期
A Study of the Tibetan Rural Urbanisation Model	李涛	China Report	2007年第11期
中、巴经贸合作的机遇、挑战和发展思路	李涛	亚太经济★	2007年第11期
“构建和谐世界在亚太地区的实践”会议综述	李涛	南亚研究季刊	2007年第4期
A Study of the Development of International NGOs in Minority-inhabited Areas in China-based on the Field Investigation in Ganzi	李涛	Bi-annual Journal of International Politics	2007年第12期

续表

篇名	作者	刊物	时间及期号
提拉克的民族文化复兴思想	欧东明	南亚研究季刊	2007 年第 3 期
巴基斯坦：远景与现实，过去与未来（译文）	欧东明	南亚研究季刊	2007 年 5 月
巴基斯坦政策研究所简介	唐鹏琪	南亚研究季刊	2007 年 1 月
印度阿育吠陀的治疗方式之一——精神疗法	唐鹏琪	南亚研究季刊	2007 年 3 月
卢比升值对印度经济的影响	唐鹏琪	南亚研究季刊	2007 年 4 月
贾南德拉亲政失败对尼政局的影响	宋志辉	南亚研究季刊	2007 年第 1 期
试析中巴自由贸易区与四川经贸合作	宋志辉 庞丽蓉	南亚研究季刊	2007 年第 4 期
论中巴经济贸易合作的发展前景	文富德	南亚研究季刊	2007 年 2 月
印度曼辛格政府坚持谨慎经济改革	文富德	南亚研究★	2007 年第 1 期
印度经济高速增长的前景	文富德	南亚研究季刊	2007 年 5 月
论印度经济持续快速增长的可能性	文富德	亚太经济★	2007 年第 3 期
南亚国家反贫困的若干经验教训	文富德	南亚研究季刊	2007 年 8 月
中印经济贸易合作的发展前景	文富德	南亚研究季刊	2007 年 11 月
巴基斯坦乱局的国际影响	文富德	上海支部生活	2007 年 12 月
中印贫困现象与反贫困实践的经济学比较分析	杨文武	四川大学学报★	2007 年第 1 期
中印经贸合作现状、问题及对策	杨文武 倪香芹	社会科学★	2007 年第 9 期
二十世纪九十年代以来印度经济发展模式的特性分析	杨文武	南亚研究季刊	2007 年 12 月
美印核合作：利益对接与矛盾	张力	亚非纵横	2007 年 6 月
The Trade and Transport in the Greater Central Asia：China Paper	张力	New SilkRoad, Washington：Press of Univ. Johns Hopkins	2007 年
印度的对华战略思维与中印关系	张力	面向未来的中俄印合作（世界知识出版社）	2007 年 9 月
围绕伊朗——南亚能源通道的战略博弈	张力	四川大学南亚研究所	2007 年 9 月
伊朗—南亚跨国能源通道：结局待定的博弈	张力	南亚研究季刊	2007 年 10 月
从伊朗核危机看印度—美国战略关系	张力	南亚研究季刊	2007 年 12 月
印度产业技术政策发展评析	张立	南亚研究季刊	2007 年 2 月
印度对华经济民族主义的缘起、影响与中国的对策	张立	南亚研究季刊	2007 年 3 月

续表

篇名	作者	刊物	时间及期号
中国电信企业投资印度缘何受阻	张立	世界电信	2007 年 3 月
产业安全问题的国际政治经济学分析	张立	天府新论	2007 年 4 月
基于国家竞争优势理论的中国与印度移动通信业发展比较	张立	南亚研究季刊	2007 年 4 月
印度：经济增长的红利流向何处	张立	中国财富	2007 年 5 月
印度开放电信市场的经验与启示	张立	通信企业管理	2007 年 7 月
谁在分食巴基斯坦的增长蛋糕	张立	中国财富	2007 年 7 月
印度移动通信业高速成长之谜	张立	通信企业管理	2007 年 12 月
四川与巴基斯坦的经贸领域	黄云松	面向南亚	2008 年第 2 期
四川与巴基斯坦经贸合作的可行性研究	黄云松 苏雄才	南亚研究季刊★	2008 年第 4 期
美国在巴基斯坦局势动荡中的多重作用	张力	南亚研究季刊★	2008 年第 1 期
新阶段反恐战争：巴基斯坦的处境与美巴矛盾	张力	南亚研究季刊★	2008 年第 2 期
巴基斯坦政局演变对反恐形势的影响	张力	南亚研究季刊★	2008 年第 3 期
印美民用核合作受挫对印美战略关系的影响	张力	四川大学学报★	2008 年第 4 期
China's Concerns over Indo-Pakistani Conflict and the Sino-Indian Relations	张力	CAS Occasional Paper, Univ. of Hong Kong	2008 年 7 月
“龙象”共舞的深远意义	文富德	上海支部生活	2008 年第 2 期
中印经贸合作的发展前景	文富德	南亚研究季刊★	2008 年第 1 期
印度正在成为世界研发中心的原因、影响与启示	文富德	亚太经济★	2008 年第 3 期
前景广阔的中印经济合作	文富德	中国战略观察	2008 年第 3 期
当前南亚形势的若干特点	文富德	南亚与东南亚研究	2008 年第 4 期
印度经济增长方式的特色	文富德	南亚研究季刊★	2008 年第 2 期
印度崛起对中国经济发展的影响	文富德	南亚研究季刊★	2008 年第 4 期
依附与独立：英属印度民族工业资本的历史透视	张伟	南亚研究季刊★	2008 年第 2 期
中印关系：一种新类型国际关系的战略选择	张伟	南亚研究季刊★	2008 年第 4 期
巴基斯坦大选与政局走势	陈继东	和平与发展★	2008 年第 2 期

续表

篇名	作者	刊物	时间及期号
2007年巴基斯坦的总统选举与政局发展	陈继东	南亚研究季刊★	2008年第1期
巴基斯坦议会选举与政党实力消长	陈继东	南亚研究季刊★	2008年第2期
近年来中国与南盟的货物贸易发展	陈继东	南亚研究季刊★	2008年第4期
近年来中国与南盟贸易发展态势分析	陈继东	南亚区域合作发展趋势和中国与南盟合作研究（巴蜀书社）	2008年12月
“中国造”的印度攻略	杨文武	时代财富	2008年第1期
试论印度经济发展模式的形成基础、架构体态及其启示	杨文武 雷鸣	南亚研究季刊★	2008年第1期
两部门经济假设下的印度经济增长模式探析	杨文武 钟鹏	南亚研究季刊★	2008年第2期
试论四川与南亚经贸合作机遇、挑战及对策	杨文武 赵肇庆	南亚研究季刊★	2008年第4期
印度古代政教关系模式浅析	欧东明	南亚研究季刊★	2008年第2期
民族认同与宗教认同	欧东明	南亚研究季刊★	2008年第4期
东亚一体化可行性分析	雷鸣	特区经济	2008年第9期
印度的视角：中国—巴基斯坦的战略合作	李涛	南亚研究季刊★	2008年第1期
中国和南盟：建立面向共同繁荣的伙伴关系	李涛	南亚研究季刊★	2008年第2期
和谐世界的缩影——印度佛教圣地鹿野苑佛寺纪行	李涛	中国宗教★	2008年第8、9期
A study of the Development of International NGOS in Minoroty-inhabited Areas in China based on the filed investigation in Ganzi	李涛	International Politics	2008年11月
构建亚洲共享文明——从文化视角看中印崛起	李涛	南亚研究季刊★	2008年第4期
印度软件企业国际化成功的社会文化因素	戴永红 秦永红	南亚研究季刊★	2008年第2期
20世纪90年代以来尼泊尔政局持续动荡原因	宋志辉 谢代刚	四川大学学报★	2008年第2期
美印在印度洋上的博弈对双边关系的制约与推动	宋志辉	南亚研究季刊★	2008年第3期
合作社发展：印度的经验与教训	黄正多	南亚研究季刊★	2008年第1期

续表

篇名	作者	刊物	时间及期号
印度农业现代化战略的选择——基于绿色革命基初上的分析	黄正多 李燕	南亚研究季刊★	2008年第4期
印度奶业合作社迅速发展的原因及其启示	黄正多	南亚研究	2008年第6期
浅析印度的奶业合作社	黄正多	生产力研究	2008年第6期
阿兰德合作及其对印度农村发展的作用	黄正多	国际经济合作★	2008年第8期
观察员在加强南亚区域合作联盟中的作用（译文）	唐鹏琪	南亚区域合作发展趋势和中国与南盟合作研究（巴蜀书社）	2008年12月
浅论中印能源合作	张立	国际问题研究●	2008年第1期
印度服务业增长的绩效、原因与问题	张立 王学人	四川大学学报★	2008年第2期
中印贸易摩擦的现状、原因及对策建议	张立	南亚研究季刊★	2008年第3期
理解印度发展模式	张立	南亚研究季刊★	2008年第4期
对第三亚欧大陆桥西南通道建设的思考	陈继东	南亚研究季刊★	2009年第1期
中印缅孟区域的旅游合作	陈继东	南亚研究季刊★	2009年第2期
南亚地区内贸易发展：潜力、挑战与中国的作用	陈继东	南亚研究季刊★	2009年第3期
转型中的巴基斯坦经济	陈继东	四川大学学报■	2009年第4期
中巴贸易能源通道构想与前景	陈小萍	南亚研究季刊★	2009年第1期
全球和区域挑战背景下的中巴关系——巴基斯坦前总统穆沙拉夫在川大的演讲（译文）	陈小萍	南亚研究季刊★	2009年第2期
试析印度基金市场的发展及前景	戴永红 秦永红	南亚研究季刊★	2009年第2期
试论印度保险业的发展、改革及前景	戴永红	南亚研究季刊★	2009年第3期
印度灾害应急管理政策与法律	黄云松	南亚研究季刊★	2009年第4期
印度农业合作化及其对农业发展的作用	黄正多	南亚研究季刊★	2009年第3期
中印汽车产业合作发展探析	李建军	南亚研究季刊★	2009年第3期
印度图书馆业的发展	栗力	南亚研究季刊★	2009年第4期
Reform and Development in The Managing System of Tibetan Buddhism	李涛	Himalayan and Central Asian Studies	2009年第1期
“地区形势发展与中巴关系”国际研讨会综述	李涛	南亚研究季刊★	2009年第2期
上个世纪中叶以来印度对华政策中涉藏行为分析	李涛	南亚研究季刊★	2009年第4期

续表

篇名	作者	刊物	时间及期号
“中国—南盟：建立共同繁荣的伙伴关系”国际研讨会综述	李涛	南亚研究季刊★	2009年第3期
试论毛杜迪的政治伊斯兰思想	欧东明 胡雨	南亚研究季刊★	2009年第1期
印度教的“自我之战”教义	欧东明	南亚研究季刊★	2009年第4期
印度农村反贫困的经验、教训和启示	宋志辉	南亚研究季刊★	2009年第1期
印度农业发展对经济的贡献及对我国的启示	宋志辉	四川大学学报■	2009年第4期
印度的农业发展及对我国的影响	宋志辉	农村经济★	2009年第4期
斯里兰卡经济现状及前景	唐鹏琪	南亚研究季刊★	2009年第1期
第三亚欧大陆桥对印度经济发展的影响	文富德	东南亚南亚研究	2009年第1期
美国金融危机对印度经济发展的影响	文富德	南亚研究	2009年第1期
2007年印度卢比升值的原因、影响与对策	文富德	南亚研究季刊★	2009年第1期
印度国际金融危机对策及其发展前景	文富德	增长与发展：亚洲新兴经济体与国际金融危机（人民出版社）	2009年5月
印度企业加速“走出去”的主要原因与主要措施	文富德	南亚研究季刊★	2009年第2期
印度应对国际金融危机的对此及其经济前景分析	文富德	四川大学学报■	2009年第4期
印度机会：潜在还是现实	文富德	北大商业评论★	2009年第4期
试论印度公营企业的改革与发展	文富德	南亚研究季刊★	2009年第4期
印度—中国经济将往的制约因素（节译）	向元钧	南亚研究季刊★	2009年第3期
印度经济发展模式的研究现状及其维度探析	杨文武	南亚研究季刊★	2009年第1期
印度经济发展模式面临的新挑战	杨文武	南亚研究季刊★	2009年第4期
美国奥巴马政府的南亚政策初探	张力	南亚研究季刊★	2009年第1期
中国的南亚外交与克什米尔问题	张力	《大国策·大外交》（通向大国之路的中国政治）（人民日报出版社）	2009年6月
巴基斯坦政局变动对南亚反恐形势的影响	张力	南亚报告：2008—2009（云南大学出版社）	2009年6月
美国调整南亚反恐战略：观察与预测	张力	南亚研究季刊★	2009年第2期
中印战略对话：探索中印战略互动机制及其制约	张力	南亚研究季刊★	2009年第3期

续表

篇名	作者	刊物	时间及期号
美印战略伙伴关系中的中国因素	张立	南亚研究季刊★	2009 年第 1 期
印度经济近期走势及前景展望	张立	四川大学学报■	2009 年第 5 期
印度经济发展模式的经验及教训	张立	天府新论★	2009 年第 5 期
印度经济崛起及其对中国的战略影响述评	张立	南亚研究季刊★	2009 年第 4 期
从发展理论的视角看印度经济崛起	张立	南亚研究季刊★	2010 年第 1 期
印度基础设施发展的问题、措施与效果	张立	南亚研究季刊★	2010 年第 4 期
中巴关系的新形势：挑战与对策	张立	“地区形势发展与中巴关系”国际研讨会论文集	2010 年 12 月
龙象之争	张立	能源	2010 年第 5 期
印美关系与奥巴马政府的南亚政策	张力	南亚研究季刊★	2010 年第 2 期
印度战略崛起与中印关系：问题、趋势与应对	张力	南亚研究季刊★	2010 年第 1 期
中国对稳定阿富汗局势的作用探索	张力	南亚研究季刊★	2010 年第 4 期
透视中印边界波澜：亚洲巨人的战略博弈	张力	中国国际战略评论●	2010 年 7 月
作为精神进化论的“未来诗歌论”：奥罗宾多《未来诗歌》解读	尹锡南	外国文学评论★	2010 年第 4 期
芭拉蒂·穆克吉的跨文化书写及其对奈保尔的模仿超越	尹锡南	国外文学★	2010 年第 1 期
泰戈尔国际学术研讨会在新加坡举行	尹锡南	南亚研究	2010 年第 2 期
Tagore's Visit and Its Impact on China's Literary World	尹锡南	Indian Perspective（印度外交部主办英文期刊）	2010 年第 2 期
印度梵语诗学庄严论初探	尹锡南	东方文学研究通讯	2010 年第 1 期
20 世纪印度的中国文学和历史研究	尹锡南	东南亚南亚研究	2010 年第 1 期
天竺诗圣、华夏知音：泰戈尔 1924 年访华	尹锡南	今日印度	2010 年第 7 期
梵语诗学庄严论刍议	尹锡南	南亚研究季刊★	2010 年第 3 期
梵语诗学韵论与西方现代诗学比较	尹锡南	东方丛刊★	2010 年第 1 期
梵语诗学在中国的译介、研究和批评运用	尹锡南	南亚研究季刊★	2010 年第 1 期
印度的中国文学研究	尹锡南	亚非研究	2010 年 1 月
从文化视角打量“遥远的邻居”	杨文武	南亚研究★	2010 年第 3 期
高科技发展与印度崛起	文富德	南亚研究★	2010 年第 4 期

续表

篇名	作者	刊物	时间及期号
国际金融危机后印度经济发展的前景	文富德	南亚研究季刊★	2010年第2期
印度历届政府领导人对高科技发展的认识	文富德	南亚研究季刊★	2010年第3期
论印度高科技人才战略	文富德	南亚研究季刊★	2010年第4期
国际金融危机后加强中国西南与南亚国家经济	文富德	东南亚南亚研究	2010年第2期
国际金融危机后世界经济发展的特点及加强中印经贸合作的特殊意义	文富德	东南亚南亚研究	2010年第6期
在危机和挑战中发展的斯里兰卡服装业	唐鹏琪	南亚研究季刊★	2010年第2期
巴基斯坦新私有化运动对我国企业的机遇与挑战	宋志辉	南亚研究季刊★	2010年第3期
浅析四川在南方丝绸之中的地位与作用	宋志辉	南亚研究季刊	2010年第1期
印度传统思想与环境伦理学的相互会通	欧东明	南亚研究季刊★	2010年第3期
伊斯兰与自由的公民权	欧东明	世界宗教研究●	2010年第5期
从天安门到印度门：面向21世纪的中印关系——第二届中国—印度论坛会议综述	李涛	南亚研究季刊★	2010年第2期
尼泊尔政局走向与中国的策略选择	李涛	南亚研究季刊★	2010年第3期
中孟经贸关系的现状与前景	李建军	南亚研究季刊★	2010年第4期
中国和印度高等教育体制比较	雷鸣	南亚研究季刊★	2010年第2期
多边主义视角下的印度东向政策	黄正多	南亚研究★	2010年第4期
试论中尼经贸合作的现状、问题及其对策	黄正多	南亚研究季刊★	2010年第4期
浅析印度气候变化政策与法律	黄云松	南亚研究★	2010年第1期
南亚灾害应急管理与中国南亚合作	黄云松	南亚研究季刊★	2010年第1期
从银行资本充足率看印度对《巴塞尔协议》的实施	戴永红	南亚研究季刊★	2010年第4期
中国与南亚国家能源合作的地缘政治战略考量	戴永红	四川大学学报■	2010年第2期
从印度的经验看中国证券市场国际化的战略选择	戴永红	南亚研究季刊★	2010年第3期
印巴恢复和平进程：动因与制约	陈小萍	南亚研究季刊★	2010年第4期
中巴文化交流亟待加强	陈小萍	“地区形势发展与中巴关系”国际研讨会论文集	2010年12月

续表

篇名	作者	刊物	时间及期号
印度大选与新一届政府的政策走向	陈继东	南亚报告：2009—2010（云南大学出版社）	2010年7月
巴基斯坦在美国阿富汗反恐战争中的独特地位	陈继东	东南亚南亚研究	2010年第4期
金融危机背景下中国—南亚经贸形势	陈继东	南亚研究季刊★	2010年第3期
巴基斯坦加入上海合作组织：必要性与问题	陈继东	学术探索★	2010年第5期
中国、印度在东南亚的合作与竞争	陈继东	南亚研究季刊★	2010年第2期
近年来中国、印度与东盟的经贸往来态势	陈继东	南亚研究季刊★	2010年第1期
四川大学南亚研究所成立45周年暨南亚形势研讨会综述	曾祥裕	南亚研究季刊★	2010年第1期
巴—中经济合作的潜力、障碍和方向（译文）	向元均	“地区形势发展与中巴关系”国际研讨会论文集	2010年12月
尼中关系的现状与未来（译文）	王娟娟	南亚研究季刊★	2010年第4期
中巴关系及地区安全态势（译文）	陈小萍	“地区形势发展与中巴关系”国际研讨会论文集	2010年12月
印度高科技人才战略及其调整	文富德	南亚研究季刊★	2011年第1期
印度发展高科技的若干经验	文富德	南亚研究季刊★	2011年第2期
值得关注的印日经济关系	文富德	南亚研究季刊★	2011年第4期
高科技对印度国防发展和国家安全的影响	文富德	东南亚南亚研究	2011年第2期
高科技促进印度国际地位的提高	文富德	东南亚南亚研究	2011年第4期
中印经济关系的发展前景	文富德	和平与发展★	2011年第4期
中国西藏与南亚邻国间的边贸研究：现状、问题与前景	李涛	南亚研究季刊★	2011年第2期
巴特拉伊内阁对发展新时期中尼关系的影响	李涛	南亚研究季刊★	2011年第3期
加强中印文化交流 促进亚洲和谐发展	李涛	南亚研究季刊★	2011年第4期
Nepal and China in the New Context	李涛	Mulyankan	2011年8月
穆沙拉夫组建政党欲重返政坛：态势、原因与挑战	陈继东	南亚研究季刊★	2011年1期
近年来起伏跌宕的印巴关系	陈继东	南亚研究季刊★	2011年3期

续表

篇名	作者	刊物	时间及期号
巴基斯坦地区铁路枢纽建设与中国的作用	陈继东	南亚研究季刊★	2011 年 4 期
转型中的巴基斯坦政治	陈继东	东南亚南亚研究	2011 年 4 期
崛起中的印度：自我角色认知与对外战略调整	张力	中国国际战略评论	2011 年卷
战略高科技解禁与印美关系	张力	南亚研究季刊★	2011 年第 1 期
印度 2010 年大国外交述评——以印美关系为中心	张力	南亚研究季刊★	2011 年第 3 期
印度经济增长模式研究	杨文武	南亚研究季刊★	2011 年第 4 期
印度教非暴力主义对全球伦理的构建作用	欧东明	南亚研究季刊★	2011 年第 2 期
四川—西藏与南亚国家次区域合作探析	戴永红	四川大学学报■	2011 年第 2 期
试析巴基斯坦参与阿富汗重建	戴永红	南亚研究季刊★	2011 年第 1 期
中国（四川—西藏）与南亚国家次区域合作——地方政府的主导作用与应对策略	戴永红	南亚研究季刊★	2011 年第 4 期
二十世纪以来印度中国研究的脉络和基本特征	尹锡南 陈小萍	南亚研究季刊★	2011 年第 1 期
泰戈尔诗歌在西班牙语世界的传播和接受	尹锡南	南亚研究★	2011 年第 1 期
在历史深处钩沉和思考中印关系——简评玛妲玉《在华印度人：1840—1949》	尹锡南	东南亚南亚研究	2011 年第 2 期
泰戈尔与维多利亚的跨文化情愫	尹锡南	东方论坛	2011 年第 4 期
梵语诗学中的虔诚味论	尹锡南	南亚研究季刊	2011 年第 3 期
莎士比亚在印度的翻译、改编和研究	尹锡南	青岛大学师范学院学报	2011 年第 3 期
印度网络安全策略探究	张立	南亚研究季刊★	2011 年第 4 期
试析四川企业开拓南亚市场的机遇与挑战	宋志辉	南亚研究季刊★	2011 年第 2 期
斯里兰卡的经济发展与中印在斯的竞争	宋志辉	南亚研究季刊★	2011 年第 4 期
印度软件信息产业对经济发展的作用分析	黄正多	南亚研究季刊★	2011 年第 4 期
孟加拉国政府应对人口老龄化的举措	雷鸣	南亚研究季刊★	2011 年第 4 期
孟巴关系中的比哈尔人问题	陈小萍	南亚研究季刊★	2011 年第 3 期
南亚国家政治发展的特点分析	黄云松	成都大学学报	2011 年第 6 期
从在印藏人身份的法律争议看印度的涉藏行为	黄云松	南亚研究季刊★	2011 年第 4 期
孟加拉国极端势力：现状、特点及应对	李建军	南亚研究季刊★	2011 年第 4 期
战后初期美英在使用核武器协商权问题上的争议	王娟娟	社会科学辑刊★	2011 年第 1 期

续表

篇名	作者	刊物	时间及期号
论 1949—1950 年美国合并英国核项目的计划及其失败	王娟娟	东北师大学报（哲学社会科学版）★	2011 年第 3 期
20 世纪 50 年代美英“雷神”导弹谈判及使用协商权问题	王娟娟	苏州大学学报（哲学社会科学版）★	2011 年第 4 期
阿富汗政治和解进程的进展、问题与前景	曾祥裕	南亚研究季刊★	2011 年第 4 期
“中巴关系六十年：历史、趋势与措施”国际研讨会综述	曾祥裕	南亚研究季刊★	2011 年第 2 期
Afghanistan and Regional Security：Implications for China	曾祥裕	Policy Perspectives	2011 年第 2 期
印度经济改革的成绩与问题	文富德	南亚研究季刊★	2012 年第 1 期
近年来南亚经济发展的特点及其趋势	文富德	南亚研究季刊★	2012 年第 2 期
近年来南亚国家通货膨胀的原因、治理及成效	文富德	南亚研究季刊★	2012 年第 3 期
印度发展服务业外包的启示	文富德	亚太经济★	2012 年第 2 期
中印经贸合作的前景	文富德	中国社会科学报	2012 年 8 月
《中印现代化比较研究》简评	文富德	出版发行研究★	2012 年第 4 期
伊斯兰教在民族文化认同建构中的特点及作用——以巴尔蒂斯坦地区伊斯兰教化进程为例	李涛	南亚研究季刊★	2012 年第 2 期
东方外交与印度——第五届东方外交史国际研讨会会议综述	李涛	南亚研究季刊★	2012 年第 3 期
小心，“藏独”活动在亚洲化	李涛	环球时报	2012 年 11 月
Significance of Research on Tibetan Elements in Baltistan，and Some Considerations on Sino-Pakistani Relation	李涛	60 Years of Pak-China Relations：Landmarks，Trends and Approaches	Islamabad：Institute for Policy Studies，Pakistan，April，2012
对中国参与南亚区域合作相关问题的思考	陈继东	南亚研究季刊★	2012 年 1 期
关于建设中国—巴基斯坦铁路连接线的几点思考	陈继东	南亚研究季刊★	2012 年 3 期
印巴关系新态势：进展、动因及走向	陈继东	南亚研究季刊★	2012 年 4 期
巴基斯坦安全形势与巴美反恐合作走向	陈继东	南亚报告：2011—2012（云南大学出版社）	2012 年 7 月
巴—美反恐合作陷入困境	陈继东	世界知识	2012 年第 1 期

续表

篇名	作者	刊物	时间及期号
Sizing up the Nuclear Supplier's Group	张力	The China-India Nuclear Crossroads	Washington, D.C.: Carnegie Endowment for International Peace, 2012
Building Mutual Confidence	张力	The China-India Nuclear Crossroads	Washington, D.C.: Carnegie Endowment for International Peace, 2012
Implications of a Stable Afghanistan for China: Opportunities and Challenges	张力	Stabilising Afghanistan: Regional Perspectives and Prospects	Islamabad: IPRI, 2012
India Rising and China-India Strategic Interaction: Geopolitical Uncertainty versus Confidence Building	张力	Emerging China: Prospects for Partnership in Asia	New Delhi: Routledge, 2012
美国“重返亚太”战略与印度的角色选择	张力	南亚研究季刊★	2012 年第 2 期
反恐矛盾对美巴关系的新挑战	张力	南亚研究季刊★	2012 年第 3 期
美巴反恐合作的援助——代价之争	张力	南亚研究季刊★	2012 年第 4 期
后危机时代中印经贸合作研究现状探析	杨文武	南亚研究季刊★	2012 年第 4 期
试析南方丝绸在中印关系中的作用	宋志辉	南亚研究季刊★	2012 年第 2 期
试析印度的城市化对农村减贫的影响	宋志辉	南亚研究季刊★	2012 年第 3 期
中印关系中机制化建设的必要性和可能性	戴永红	南亚研究季刊★	2012 年第 2 期
印度资本市场与产业结构调整的互动	戴永红	南亚研究季刊★	2012 年第 4 期
印度东向战略：进展、影响及应对	张立	南亚研究季刊★	2012 年第 1 期
发展中印公共外交：背景、意义与策略	张立	南亚研究季刊★	2012 年第 4 期
印度文学理论发展轨迹	尹锡南	南亚研究季刊★	2012 年第 2 期
2011 年来印度英文媒体对华报道的基本动向	尹锡南	南亚研究季刊★	2012 年第 3 期
近期印度媒体对华负面报道浅析	尹锡南	东南亚南亚研究	2012 年第 4 期
边缘人的体验：印度海外作家的跨文化思考	尹锡南	青岛大学师范学院学报	2012 年第 4 期
孟加拉国的气候灾害及其治理	雷鸣	南亚研究季刊★	2012 年第 4 期
我国“民营图书馆”研究综述	雷鸣	公共图书馆	2012 年第 1 期

续表

篇名	作者	刊物	时间及期号
政府网站民生信息建设实证研究	雷鸣	科技情报开发与经济	2012 年 13 期
多边主义视角下的中印国际合作	黄正多	南亚研究季刊★	2012 年第 2 期
印度教认同及其对印度政治的影响	陈小萍	南亚研究季刊★	2012 年第 3 期
印巴参与阿富汗重建：冲突或合作？	陈小萍	四川大学学报（哲社版）■	2012 年第 6 期
无人攻击机面临的国际法挑战——以美国在巴基斯坦的无人机攻击为例	黄云松	南亚研究季刊★	2012 年第 1 期
孟加拉国经济发展的现状与面临的挑战	李建军	南亚研究季刊★	2012 年第 3 期
第一届艾森豪威尔政府的核政策改革述论	王娟娟	社会科学辑刊★	2012 年第 6 期
近年来印度通货膨胀的原因、治理及前景	文富德	南亚研究季刊★	2013 年第 1 期
客观看待当前印度经济增长放缓	文富德	南亚研究季刊★	2013 年第 2 期
入世以来印度保证粮食安全的政策措施	文富德	南亚研究季刊★	2013 年第 3 期
印度发展高科技的若干问题	文富德	东南亚南亚研究	2013 年第 3 期
理性分析“不可思议的印度”	文富德	人民论坛·学术前沿	2013 年 5 月上
印度经济增长放缓的原因及前景	文富德	南亚地区发展报告 2012	2013 年 8 月
曼莫汉·辛格政府强推经济改革的背景和前景	文富德	南亚地区发展报告 2012	2013 年 8 月
印度“东向”政策与中国“西进”战略——会议综述	李涛	南亚研究季刊★	2013 年第 2 期
美国撤军后阿富汗局势及中国和印度的作用——第三届中印专家对话会议综述	李涛	南亚研究季刊★	2013 年第 3 期
“2013 年南亚地区形势发展”会议综述	李涛	南亚研究季刊★	2013 年第 4 期
中巴友好关系新进展	陈继东	南亚研究季刊★	2013 年 2 期
中巴金融合作：现状、作用、走向	陈继东	南亚研究季刊★	2013 年 3 期
阿富汗困局与中国的应对	陈继东	南亚研究季刊★	2013 年 4 期
巴基斯坦大选与新政府政策走向	陈继东	四川大学学报（哲社版）■	2013 年第 4 期
2012 年的印巴关系	陈继东	南亚地区发展报告 2012	2013 年 8 月
2012 年巴基斯坦综述	陈继东	南亚地区发展报告 2012	2013 年 8 月
The BCIM Trade Corridor and its Development	陈继东	Across the Himalayan Gap：A Chinese Quest for Understanding	India，New Delhi：Konark Publishers

续表

篇名	作者	刊物	时间及期号
2012年巴基斯坦态势评述	陈继东	巴基斯坦报告（2012年）（云南大学出版社）	2013年11月
第二届“中亚—南亚恐怖主义与地区安全”研讨会议综述	陈继东	中亚—南亚的恐怖主义与地区安全（四川出版集团巴蜀书社）	2013年8月
南亚反恐形势述评	陈继东	中亚—南亚的恐怖主义与地区安全（四川出版集团巴蜀书社）	2013年8月
美国从阿富汗“脱身”模式初见端倪	陈继东	中亚—南亚的恐怖主义与地区安全（四川出版集团巴蜀书社）	2013年8月
当代南亚恐怖主义的起源与诱发因素	张力	南亚研究季刊★	2013年第1期
美国撤军阿富汗的政策考量与影响因素	张力	南亚研究季刊★	2013年第2期
“印太”构想对亚太地区多边格局的影响	张力	南亚研究季刊★	2013年第4期
印度洋安全与中印关系	张力	印度洋地区研究	2013年6月
印日关系：渐行渐近的战略伙伴	张力	当代世界	2013年第9期
美国“亚太再平衡”对印度和中印关系的影响	张力	南亚地区发展报告2012	2013年8月
当代南亚恐怖主义的起源与诱发因素	张力	人大报刊复印资料/国际关系■	2013年第5期
后金融危机时代中印农产品贸易合作	杨文武	南亚研究季刊★	2013年第2期
后金融危机时代中印电信业合作研究	杨文武	四川大学学报（哲社版）■	2013年第6期
2012年南亚经济增长特点	杨文武	南亚地区发展报告2012	2013年8月
2012年马尔代夫综述	杨文武	南亚地区发展报告2012	2013年8月
中印两国建立新型发展中大国关系前瞻	张伟	南亚研究季刊★	2013年第3期
阿富汗重建中的大国博弈与中国的选择	宋志辉	南亚研究季刊★	2013年第2期
印度经济改革对2014年大选的影响	宋志辉	南亚研究季刊★	2013年第3期
浅论印度民族主义意识的确立	欧东明	南亚研究季刊★	2013年第3期
中印关系中机制化建设的历史考察	戴永红	南亚研究季刊★	2013年第1期
新自由制度主义视角下中印能源的竞争与合作	戴永红	四川大学学报（哲社版）■	2013年第3期

续表

篇名	作者	刊物	时间及期号
中印关系前景可期：合作甚于冲突	张立	南亚研究季刊★	2013 年第 3 期
印度近期经济增长放缓的原因及影响	张立	南亚研究季刊★	2013 年第 4 期
泰戈尔与印度文化软实力传播	尹锡南	南亚研究季刊★	2013 年第 1 期
公共外交与国家形象：中印关系新视野	尹锡南	南亚研究季刊★	2013 年第 2 期
翻译研究的东方视角——印度翻译研究的基本概况及启示意义	尹锡南	中国比较文学★	2013 年第 3 期
莫言与泰戈尔：诺贝尔文学奖的交集与差集	尹锡南	同济大学学报（社会科学版）★	2013 年第 5 期
印度学者普兰·苏里的中国观	尹锡南	世界文学评论	2013 年第 2 期
斯里兰卡战后重建与民族和解	唐鹏琪	南亚研究季刊★	2013 年第 2 期
中美高校图书馆的信息服务对比与启示	雷鸣	图书与情报	2013 年第 3 期
印度多边外交实践的成效与局限	黄正多	国际问题研究●	2013 年第 4 期
农业合作经济组织对印度农产品价格稳定的作用	黄正多	南亚研究季刊★	2013 年第 3 期
2012 年尼泊尔综述	黄正多	南亚地区发展报告 2012	2013 年 8 月
远程民族主义视角下的印度教认同与美国印度移民政治	陈小萍	世界民族★	2013 年第 3 期
印度古吉拉特邦经济增长之谜	陈小萍	南亚研究季刊★	2013 年第 3 期
巴基斯坦的阿富汗难民：地位、影响、政策与展望	黄云松	南亚研究季刊★	2013 年第 4 期
孟加拉国对外贸易自由化改革及成效	李建军	南亚研究季刊★	2013 年第 4 期
临近大选的孟加拉国政局及未来走势	李建军	南亚地区发展报告 2012	2013 年 8 月
2012 年孟加拉国综述	李建军	南亚地区发展报告 2012	2013 年 8 月
第一届艾森豪威尔政府的核政策改革述论	王娟娟	人大报刊复印资料/世界历史■	2013 年第 5 期
美国在印度洋上的新动作——以美国与马尔代夫谈判《驻军地位协定》为中心的探讨	王娟娟	南亚研究季刊★	2013 年第 4 期
阿富汗战略通道建设的进展、局限及影响	曾祥裕	东南亚南亚研究	2013 年第 1 期
“东向政策”遭遇“重返亚太”：美印在亚太地区的安全互动	曾祥裕	人大报刊复印资料/国际政治■	2013 年第 4 期
印度对外联合海军演习的发展趋势及战略影响	曾祥裕	南亚研究★	2013 年第 3 期

续表

篇名	作者	刊物	时间及期号
2013年阿富汗综述	曾祥裕	南亚地区发展报告2012	2013年8月
美军撤离与阿富汗安全局势发展前景	曾祥裕	南亚地区发展报告2012	2013年8月
阿富汗政治发展研究	曾祥裕	“中巴关系：现状与发展趋势”国际研讨会论文集（云南人民出版社）	2013年1月
中印非传统安全领域合作初探	刘思伟	南亚研究季刊★	2013年第3期
建构主义视角下印度与国际核机制的关系	刘思伟	南亚研究★	2013年第4期
印缅关系新发展及对中国的启示	刘思伟	南亚地区发展报告2012	2013年8月

四、获奖

奖项名称	等级	成果	成果形式	获奖人	时间	证书编号	备注
四川省教育厅社科奖	二等奖	印度总理尼赫鲁	专著	张力	2001年10月	略	排名第一
四川省第十三次哲学社会科学优秀成果奖	二等奖	落后地区开发的国际比较研究	专著	朱欣民 何道隆	2007年12月	略	朱欣民 何道隆
四川省教育厅社科奖	二等奖	英国文学中的印度	专著	尹锡南	2010年3月	川教社证字［2010］第45号	排名第一
四川省第十四次哲学社会科学优秀成果奖	二等奖	南亚藏传佛教研究	研究报告	李涛	2010年	2010—2—093—1	李涛 王新有 欧东明
四川省第十四次哲学社会科学优秀成果奖	三等奖	中国四川与南亚经贸合作研究	专著	杨文武	2010年	2010—3—109—1	排名第一
四川省第十四次哲学社会科学优秀成果奖	三等奖	时间概念史导论	译著	欧东明	2010年	2010—3—249	排名第一

续表

奖项名称	等级	成果	成果形式	获奖人	时间	证书编号	备注
四川省第十四次哲学社会科学优秀成果奖	三等奖	英国文学中的印度	专著	尹锡南	2010年	2010—3—219	排名第一
四川省第十五次哲学社会科学优秀成果奖	一等奖	比较文学学科史	参著	尹锡南	2012年12月	2012—1—016	参与撰写
四川省教育厅社科奖	一等奖	梵语诗学与西方诗学比较研究	专著	尹锡南	2012年3月	略	排名第一
四川省教育厅社科奖	三等奖	印度农村反贫困研究	专著	宋志辉	2012年3月	略	排名第一
教育部第六届高校科研优秀成果奖（人文社会科学）	二等奖	南亚藏传佛教研究	研究报告	李涛	2013年	教社科证字［2013］第292号	李涛 王新有 欧东明 戴永红等
四川省第十六次哲学社会科学优秀成果奖	一等奖	中外文论史	参著	尹锡南	2014年10月	暂缺	排名第四

五十年南亚所师生名录

一、历年教职员工（以拼音顺序排列）

陈继东、陈儒玉、陈小萍、陈颖樊、戴永红、邓常春、付雪生、何承金、何道隆、胡晓红、黄云松、黄正多、蒋刚、雷鸣、雷启淮、李德昌、李建军、李了文、李珉、李涛、栗力、刘华、刘思伟、罗祖栋、欧东明、彭盛琪、邱小平、邱永辉、宋春江、宋志辉、唐鹏琪、王海忠、王娟娟、王益谦、文富德、伍福佐、向元均、徐翼、许美兰、晏世经、杨翠柏、杨克明、杨仁德、杨文武、尹锡南、尹协祚、游训天、俞平、曾向东、曾祥裕、张力、张立、张世文、张廷茂、张伟、张柱敏、赵卫邦、朱欣民

二、历届研究生

南亚所硕士研究生：共 299 人，已毕业 232 人

年届	姓名	专业	人数
1982	张力、邱永辉	世界历史	2
1986	陈继东、徐翼	世界历史	2
1987	程建军、赵建军	世界经济	2
1989	向元钧、戴永红	世界经济	2
1990	罗兵	世界经济	1
1991	李蒲贤	世界经济	1
1992	张曼、邓菊秋、刘娴、冯志	世界经济	4

续表

年届	姓名	专业	人数
1993	唐鹏琪	世界经济	1
1994	彭继咸、张维、欧阳奇志、赵薇	世界经济	4
1995	杨文武、孙瑶	世界经济	2
1996	胡树林、杨秀齐、李珂	世界经济	3
1997			
1998			
1999	尹锡南	印度近现代史	1
2000	杨宏斌、赵璐	世界经济	2
2001			
2002	方雯、胡宝明、惠朝辉、万吉琼、刘莉、黄正多	国际关系	6
2003	李好、王丽华、董涛、杨梅、戴江涛、龙兴春、郭红、朱颀、张婷婷、周杰、蒲新蓉、李文贵、李祥、何萍、张云龙、赵勤、陈小萍、付敏、陈会娟、易玲、曾祥裕、郑励、袁宗建、刘红良、王施异、冉杰、周任	国际关系	27
2004	戢梦雪、张婷、张杰超、丁卫杰、宋瑜、赵佳燕、刘晓娟、蒲善霞、徐菲、冯雪莲、李晓琳、徐秋爽、尹翔、刘春耀、周金泰、罗文宝、薛蕴茹、王晓莹、沈扬、朱宇凡、张春燕、朗嘉	国际关系	22
2005	王建树、王红义、师学伟、陈萍、徐玲玲、李妍、郭倪、黄亚娟、刘晓芳、刘代英、任强、柴伊萌、李建军、李广、李启迪、孔利亚、牟健、姚聪德、吴逸、贺彦、张艳、王舒雯、刘宁、李燕梅、倪香芹	国际关系	25
2006	魏海涛、杜艳、李俊勇、刘思伟、吴波、陶海波、曲千年、马娟娟、杨涛、奉学勤、鲁利、庞军、杜明山、杨先赟、冯丹妮、李凌、吴冬梅、郝敬宇、刘波、吴礼军、孔维华、何智娟、李志华	国际关系	23
2007	罗婧、刘林鹏、李厚玲、马喜荣、邓远秀、田小鹏、王海潇、袁野、张丹、张勇池、章炜烨、缪建春、张松明、肖军、徐琪、张旭、赵曜东、周迎红、黄鹭闽、王雍铮	国际关系	20
2008	邓刚、马维强、金晶、吴艳秋、张建全、徐向阳、张超哲、杨勇、郭磊、马杰、王新有、饶少锋、付越超、王君、赵界、夏楠、许剑东、安高乐、李强、杜小璞、魏文婧	国际关系	21

续表

年届	姓名	专业	人数
2009	李玉环、单翔宇、景昭、张怡、彭思旗、田勤、吴智攀、谢静、董鹏彦、曹乐凡、彭念、张德明、田振、李寿晏、李景峰、欧阳国杏、史晓鹏、费然、张仁枫、郭泽晋、马云飞、吴凯	国际关系	22
2010	李浠、刘晓华、李海玲、何文升、封东虎、代长友、王文玲、李雪梅、阮露洁、黄维荣、田森、王芳、叶红梅、刘秧、唐田、胡骞、蒋锐、范力丹、胡晔、蔡静	国际关系	20
2011	张肖、文淑惠、王祯、袁霁野、贾佳、戴玉洁、郭绮、贺勤超、蔡国宁、张天长、赵超兰、王磊、陈王龙诗、郭琼琼、商黎疆、张兆元、孟雪、刘昭、王莹莹	国际关系	19
2012	严雯静、李红梅、邱倩、朱科、谢文曼、李雁飞、李晓娟、曾渝杰、邓乔、王悦、尹轩、佘菲、杨春、张辰韬、蒋筱然、徐云龙、杜学贤、肖祥鋆、万媛、丁杨浩、刘琪、阎慧、李茂、杨茜	国际关系	24
2013	杜佳朋、刘红朝、杨闰、党梓予、苏欢、刘立民、张兴田、解世红、赵磊、季颜骏、李洋、侯超、梁正广、魏静、袁晓姣、张秋容、夏宗有、邓捷、李根、邹珍妮、谢向伟	国际关系	21
2014	刘婷婷、裴阳、韩浩、张载祥、张峰、刘雪卉、李城霖、高亮、周治军、王栋梁、罗四唯、任洁、瞿萍、周治廷、高刚、王俭平、张青青、戴正、汪海、秦卫娜、瞿继文、刘金卫	国际关系	22

四川大学南亚研究所大事记

1964 年

1. 根据1963年毛泽东主席和周恩来总理关于加强外国问题研究的指示，经原国务院外事办公室和高教部批准，成立四川大学印度研究室，主任为原四川大学校长温建平。

1977 年

2. 印度研究室编辑发行内部刊物《印度研究资料》。

1979 年

3. 经国家教育委员会批准，印度研究室扩展为四川大学南亚研究所，为独立的系处级单位，所长由四川大学副校长彭盛琪担任。

4. 原印度研究室编辑发行的《印度研究资料》改名为《南亚研究资料》。

1982 年

5. 南亚研究所开始培养世界历史专业南亚历史研究方向的硕士研究生。

1985 年

6.《南亚研究资料》改名为《南亚研究季刊》，成为国内外公开出版发行的学术刊物。主要刊登国内外学者研究南亚国家政治、经济、对外关系、历史、社会、文化等方面的学术论文，在国内外产生了广泛的影响。

1986 年

7. 南亚研究所正式招收世界历史专业印度近现代史和印度对外经济关系史以及世界经济专业南亚经济研究方向的硕士研究生。

1995 年

8. 四川大学设立协调性的人文社会科学院，南亚研究所被纳入该院。雷启淮教授担任南亚研究所所长。

1998 年

9. 7月，四川大学撤销人文社会科学院，南亚研究所被划入实体性的经济学院。

2000 年

10. 12 月，南亚研究所被教育部批准为普通高等学校人文社会科学重点研究基地，并规定其为与院（系）平行且独立设置的实体科研机构。文富德教授担任所长。

2001 年

11. 教育部普通高等学校人文社会科学重点研究基地在南亚研究所正式启动。

12. 南亚研究所获得国际关系专业的硕士授权点。

13. 5 月 28—30 日，南亚研究所主办“中国与南亚”全国性学术研讨会。与会者就南亚地区的国际形势、中国与南亚各国（尤其是印度和巴基斯坦）的关系、国际因素（如美国、俄罗斯等）对中国—南亚关系的影响等交流了看法。

14. 9 月 15—18 日，南亚研究所在四川成都成功举办“世贸组织与中印经济发展”国际研讨会，来自中印等国的知名专家学者就会议主题展开了热烈的讨论。

2002 年

15. 5 月 21—24 日，南亚研究所与中国南亚学会在湖南长沙联合召开了“‘9·11’事件后的南亚政治经济形势”学术研讨会。来自中国社会科学院亚太研究所、中国现代国际关系研究所、中国国际问题研究所、国务院发展研究中心、中联部、中国对外友好联络会、北京大学、上海社会科学院、上海国际问题研究所、上海经济发展研究院、复旦大学、四川大学南亚所、云南大学、云南省社会科学院等单位的专家学者 70 多人出席了会议。与会学者就“9·11”事件后南亚安全形势、南亚主要国家对外关系的变化、南亚国家政治形势和南亚国家经济形势等问题进行了广泛而深入的研讨。

16. 南亚研究所正式招收国际关系专业国际经济关系、大国关系研究、南亚对外关系研究及南亚国际间关系研究等研究方向的硕士研究生。

2003 年

17. 南亚研究所获得世界经济专业南亚经济研究方向博士授权点。

18. 南亚研究所“中国西藏与南亚研究中心”成立。

19. 12 月，为了加强南亚各国同我国西部地区的研究，四川大学南亚研究所成立了“南亚和中国西部合作发展研究中心”。

20. 12 月 13—15 日，南亚研究所在成都举办了“全球化中的南亚国际学术研讨会”，印度、巴基斯坦、孟加拉国、尼泊尔等国家驻华大使及夫人、商务参赞及秘书，缅甸驻昆明总领事及秘书，美国驻成都领事馆商务领事等外国嘉宾参加了会议，中国前驻缅甸、印度、巴基斯坦等国大使，中国社会科学院、中国现代国际关系研究所、新华社、中国国际广播电台、云南省社会科学院、四川省社会科学院、西南财经大学、四川大学西部开发研究院、四川省人民政府、四川大学南亚研究所等单位的专家学者30多人参加了会议。

2004年

21.7月23日，南亚研究所顺利通过基地评估。自2001年被教育部批准为人文社会科学重点研究基地以来，南亚研究所按照教育部关于加强重点研究基地建设管理办法的规定，坚持狠抓科学研究，大力开展人才培养，积极开展学术交流，注意开展咨询服务，坚持进行科研改革，从而使我所基本上成为名副其实的重点研究基地，因此在2004年7月23日教育部组织的专家组评审中顺利通过评审。

22.9月，南亚研究所通过教育部组织的国家创新研究基地专家评审组的审核，我所的科研工作被纳入“985工程”二期国家创新研究基地建设的系统工程之中，为南亚研究所的进一步发展增添了新的动力。

23.南亚研究所成立40周年之际，中国南亚学会在我所举办了全国南亚学术研讨会和纪念大会。中国南亚问题知名专家季羡林专门为我所成40周年题词。参加这次学术和纪念大会的代表来自全国主要南亚研究机构。中共中央对外联络部一局、国务院发展研究中心亚非所、中国社会科学院世界经济与政治研究所、亚太研究所、中国现代国际关系研究所、中国国际问题研究所、北京大学国际关系学院等许多单位专门发来贺词。他们对南亚研究所多年来所取得的研究成果表示充分肯定，高度评价了四川大学南亚研究所在全国南亚研究领域的地位和作用。

2006年

24.4月7—8日，由我所与巴基斯坦政策研究中心联合举办的“全球化下的中巴合作国际学术研讨会”在四川大学举行。巴基斯坦政策研究所所长拉赫曼一行出席会议。四川大学副校长陈爱民到会祝贺并致开幕辞。我所所长文富德教授和巴基斯坦政策研究所所长拉赫曼教授分别主持了会议。参加会议人员深入讨论了中巴经济合作、安全合作及文化合作等诸多方面。

2007年

25.1月，教育部“985工程”（二期）“南亚与中国藏区创新基地”正式启动。

26.10月18日，由南亚研究所与中国亚洲太平洋学会联合举办的“构建和谐世界在亚太地区的实践”学术研讨会暨2007中国亚洲太平洋学会年会在成都举行。全国政协委员、中国社会科学院学部委员、中国亚洲太平洋学会会长张蕴岭教授，四川大学副校长孙卫国教授，四川大学社科处处长徐开来教授以及来自全国各地的70多名亚太学会的专家学者参加了会议。《南亚研究季刊》、《亚太研究》和《亚太经济》等刊物对此次会议进行了报道。

27.11月12日，李涛教授、文富德教授应邀出席中印友协在京举行中印友协成立五十五周年招待会及中印友协理事大会，并当选为新一届中印友协理事。

28.12月底，学术刊物《南亚研究季刊》被评为CSSCI来源期刊。创刊于1985年的《南亚研究季刊》通过改版、进一步提高论文质量、创设特色栏目等措施成功晋升为CSSCI来源期刊。

2008年

29.南亚研究所顺利通过教育部组织的专家评审组的审查，继续进行人文社会科学重点研究基地的建设。

30.2月，学术刊物《南亚研究季刊》正式成为CSSCI来源期刊。

31.11月18日，为进一步促进中巴学术和民间交流，巴基斯坦驻华大使馆、驻成都总领馆资助，在我校设立专门的巴基斯坦研究中心。我所陈继东教授任巴基斯坦研究中心首任执行主任。

2009年

32.5月26—27日，由南亚研究所与巴基斯坦政策研究所、云南省社科院南亚研究所、四川大学巴基斯坦研究中心和南亚与中国西部合作发展研究中心联合主办，我所承办的“地区形势发展与中巴关系”国际研讨会在四川大学召开。巴基斯坦驻成都总领事馆总领事马苏德先生，四川大学副校长赵昌文教授、社科处副处长蒋永穆教授，以及北京大学、北京外国语大学、西北大学、西南民族大学、西华师范大学、西南石油大学、四川省地方政协联络委员会、四川省社科院、四川省贸促会、四川省国际友好联络会、四川国际和平与发展研究中心、四川大陆南亚经济文化交流中心等单位研究巴基斯坦问题的专家、学者共70余人出席了会议。

33.8月25—26日，来自南亚区域合作联盟（南盟）成员国和中国的知名专家学者、智库成员及外交官济济一堂，在成都市参加了由四川大学南亚研究所、中国国际问题研究所、斯里兰卡班达拉奈克国际问题研究中心联合主办的“中国—南盟：建立共同繁荣伙伴关系”国际研讨会。会议邀请了来自印度、斯里兰卡、孟加拉国、尼泊尔、不丹、马尔代夫、阿富汗等国的10余位代表，以及来自中国国际问题研究所、现代国际关系研究所、上海国际问题研究所、四川大学南亚研究所、云南省社科院等机构的知名南亚问题专家20余人，共近40位代表参会。会议引起了广泛的社会反响，成都电视台、四川电视台等多家媒体进行了广泛报道。

34. 经过精心准备、充分论证、我所常务副所长李涛教授申报的教育部重大课题攻关项目“五十年‘藏独’海外活动特点、走向和对策研究”顺利通过评审。

35. 11月4日，我所筹办的“四川大学南亚所成立45周年暨南亚形势研讨会”在四川大学隆重召开。参会代表有中国南亚学会孙士海会长、中国南亚学会秘书长邱永辉教授、四川省委政研室副主任李后强教授、四川大学南亚所前所长雷启淮教授、南亚所退休老同志、南亚所全体在职老师，以及20多个在蓉从事与南亚研究、南亚宣传和南亚商贸相关的友好单位、企业的50多位领导、专家学者及各界人士等。造访四川大学的印度驻华大使苏杰生博士（Dr. S. Jaishankar）作为特邀嘉宾做了大会发言。

2010年

36. 经省内各学术机构推荐，复审组专家复审，由四川省社科评奖委员会审定，我所一举获得四个奖项，其中李涛教授荣获二等奖一项、杨文武教授、欧东明副教授、尹锡南副教授荣获三等奖各一项。

37. 12月11日下午，我所接待了来自印度大使馆、印度和平冲突研究所、锡金大学、曼尼普尔大学、尼泊尔南亚研究中心、孟加拉工程师学会、新加坡SAEA Group Research、中国人民争取和平与裁军协会、中国现代国际关系研究院、云南省社科院等机构专家共20余人组成的南亚研究学者代表团。尼泊尔南亚研究中心主任潘迪先生（Nishchal N. Pandey）、孟加拉工程师协会拉玛图拉教授（Mohammed Rahmatullah）和印度和平冲突研究所的郑嘉宾博士（Jabin T. Jacob）应邀在南亚所会议室举行了“中国—南亚关系”学术讲座。

2011年

38. 1月教育部“985”工程（三期）“南亚及当代国际问题研究创新基地”正式启动。

39. 12月，南亚研究所首批进入教育部“区域和国别研究培育基地”。

40. 受中国国际关系学会委托，由南亚所基地承办的“十二五”的中国外交：创新与发展暨中国国际关系学会2011年年会于4月7—8日在四川大学召开。全国政协外委会副主任、外交学院院长赵进军教授，我校副校长赵昌文教授，中国国际问题研究所所长曲星教授，上海社会科学院副院长黄仁伟教授，南京大学国际关系研究院院长朱瀛泉教授，外交学院副院长，中国国际关系学会副秘书长朱立群教授，社科处副处长李昆教授以及外交学院、中国国际问题研究所、上海社会科学院、上海外国语大学国际关系与外交事务研究院、南京大学国际关系研究院等国内 40 多家科研院所的专家学者共 130 多人出席会议。

41. “成都南亚经贸合作促进会”筹备会暨第一次会员代表大会，于 2011 年 4 月 25 日在市政府办公区南楼 C 座 104 室隆重召开。成都市民政局、成都市商务局的相关领导与“成都南亚经贸合作促进会”发起单位和首批会员单位代表 46 人出席了会议。

大会由成都市商务局对外经济合作处李光处长主持，成都市民政局罗乐副处长出席会议。大会全票通过了《成都南亚经贸合作促进会章程》，产生了执行机构、负责人和法定代表人。南亚研究所基地李涛教授进入副会长的行列。

42. 经专家评审和教育部审核，南亚研究所申报的《南亚地区发展报告》获批为“教育部哲学社会科学研究发展报告建设（培育）项目”。

《南亚地区发展报告》是南亚研究所基地以连续编撰已逾十年的《南亚发展报告》为基础，发挥南亚所集体攻关合力，组织国内南亚研究知名专家，联合申报的集体项目。

43. 从 2011 年底开始，南亚研究所启动了南亚研究大型动态资料集《南亚月报》的编撰工作，每月 1 期，已连续编撰 13 期，每期 16 万字左右，总字数已超过 200 万。《南亚月报》将分赠南亚研究部分、企事业单位等参考，并将与基地数据库建设有机结合，相互推动。44. 由于南亚研究所全力加强了学术刊物《南亚研究季刊》的质量建设，成功继续获评为 CSSCI 来源期刊，并获评为“人大报刊复印资料重要来源期刊”。

45. 10 月 19 日，尼泊尔前副总理马哈拉（Krishna Bahadur Mahara）来访我所，并参加了“新世纪的中尼关系”学术研讨会。南亚所师生，四川国际和平与发展研究中心、南亚与中国西部合作发展研究中心等南亚研究机构学者，东方电气集团、四川川龙拖拉机制造有限公司等商界人士 30 余人参加了演讲会。副校长石坚教授会见了马哈拉，并与嘉宾互赠了礼品。马哈拉表示，中尼友好关系源远流长，两国人民互相怀有友好情谊，要将民众间的友好情谊进一步转化为国家间的友好关系。随后，与会专家就尼泊尔和平进程、尼泊尔制宪进程、中尼经贸合作、尼泊尔的投资机遇等问题进行了热烈探讨。研讨会开始前，马哈拉参观访问了南亚研究所办公区和图书馆。

46. 12 月 13 日下午，教育部副部长李卫红在四川省副省长黄彦蓉陪同下莅临我所考察了我所哲学社会科学工作。教育部社科司杨光司长、张东刚副司长，我校杨泉明书记、常务副书记罗中枢教授、常务副校长李光宪教授、副校长石坚教授、宣传部长曹萍教授、社科处长姚乐野教授等领导也参加了考察。李卫红副部长一行领导会见了我所全体教师和部分学生。，听取了我所工作汇报。李卫红副部长、黄彦蓉副省长一行考察了巴基斯坦研究中心，参观了我所图书资料室，考察了我所历年来的丰富研究成果，并着重了解了我所在科研应用、人才培养、学术交流等方面的情况，以及通过科研体制创新和数据库建设等信息资料工作推动其他工作全面发展的创新思路。

2012 年

47. 9 月 17 日上午 9 时，由四川省人民对外友好协会和四川大学南亚研究所等单位主办，四川大学南亚研究所承办的“东方外交与印度”国际学术研讨会在红瓦宾馆会议厅隆重召开。来自印度、美国、俄罗斯、日本、新加坡等国和两岸四地代表约 60 人参加会议，校内外学者和师生 100 多人旁听了会议。在开幕式上，副校长晏世经教授，四川省人民对外友好协会申再望先生，印度驻广州总领事潘迪先后致辞，印度中国研究所所长莫汉迪、北京大学历史学系副主任王新生、澳门大学历史系魏楚雄四人做主旨发言。在一天半的大会发言和专题讨论中，参会代表分六个场次，围绕中印关系、印度的外交战略、印度的地区外交、印度外交的国内背景和历史渊源等重要课题，展开了深入讨论。会议成果已集结出版。

48. 9 月 19 日至 21 日，由四川大学南亚研究所和美国华盛顿大学杰克逊国际关系学院联合主办，四川大学南亚研究所承办的“中印城乡发展”国际学术研讨会（International Conference on “Urban & Rural Development in China and India”），在四川大学隆重召开。来自华盛顿大学、芝加哥大学、霍普金斯大学、印度尼赫鲁大学、印度公共卫生基金会、印度社会科学研究院、印度社会科学研究所、四川大学华西公共卫生学院、四川大学南亚研究所等大学和研究机构的学者参会，校内师生旁听了会议。会议分三个专场，围绕中印比较的宏观背景、中印城市化与发展规划、中印农村公共卫生政策、文化交流与中印关系等话题展开了深入探讨，取得了圆满成功。华盛顿大学代表团在会后参观了南亚所，听取了对南亚所基本情况的介绍，并就未来合作进行了研讨。

2013 年

49. 经教育部组织专家评审、面向社会公示和奖励委员会审核通过，我所李涛教授带领的研究团队组织申报的《南亚藏传佛教研究》荣获教育部第六届高等学校科学研究优秀成果奖（人文社会科学）二等奖，成为国际问题研究类唯一获此殊荣的成果。

50.7 月 2 日，巴基斯坦前总理肖卡特·阿齐兹来访我所并作演讲。来宾参观了我所所办公区、资料室和巴基斯坦研究中心，并在文科楼 454 会议室就南亚面临的机遇与挑战发表了专题演讲，与参加活动的南亚所师生和校内其他院系师生 40 余人，就中国一南盟自贸区建设的可能性、中巴战略通道建设、中巴文化交流、巴基斯坦局势、阿富汗问题等进行了深入交流。

51.8 月 6 日，由四川大学南亚研究所、中国西部边疆安全与发展战略协同创新中心、四川大学南亚与中国西部合作发展研究中和印度贾米尔大学等单位联合主办，四川大学南亚与中国西部合作发展研究中心承办的第三次中印专家对话会议——“阿巴地区和美国：中国和印度的作用”国际学术研讨会在四川大学科花苑宾馆 4 楼会议室召开。来自各主办单位、四川省人民对外友好协会、中国现代国际关系研究院、兰州大学、西华大学、内江师范学院、四川省社科院的专家和学者约 30 人参会。研讨会分四个专题进行探讨，13 位专家在会上发言，对美军和驻阿富汗国际安全援助部队撤离后，该地区的未来局势发展以及中印两国的责任与合作进行了分析，发言的主题涉及“巴基斯坦和发展中的阿巴局势”、“阿富汗的未来”、“美国和后 2014 年过渡期的阿富汗”、“中印合作与阿巴地区”。

52.10 月 26 日，印度班加罗尔经济与社会发展研究院及德里国际管理学院学者 11 人组成的代表团来访我所。来宾参观了我所办公区、资料室、中国西藏与南亚研究中心等。随后，宾主双方在文科楼 454 会议室就进一步的交流合作进行了座谈，研讨了共同感兴趣的学术问题，探讨了人员交流、联合办会等合作意向。

53.12 月 17 日，由四川大学西部边疆安全与发展协同创新中心、985 南亚及当代国际问题研究创新基地和四川大学南亚研究所举办的“2013 年南亚地区形势发展”学术研讨会于在四川大学红瓦宾馆召开。来自四川省政府、四川省对外友好协会、四川省博览局、四川省贸促会、国防时报、四川省社科院、四川国际和平与发展研究中心、四川大陆南亚经济文化交流中心、中印教育与科技联盟、四川省巴基斯坦研究中心、西南民族大学、西华师范大学和四川大学等二十个单位的六十多名专家、学者以及南亚研究所四十多位博士、硕士研究生参加了会议。校党委常务副书记罗中枢教授会见了参会的领导和专家学者，副校长石坚教授出席会议并致欢迎词。会议分南亚政治、南亚安全和南亚经济三个专题进行探讨，共有 25 位专家学者作了专题发言。

2014 年

54.4 月 17 日，四川大学杰出校友、前国务委员戴秉国在四川省副省长黄彦蓉，四川大学校长谢和平、常务副书记罗中枢、副校长晏世经等陪同下参观了南亚研究所等单位，并听取了南亚所的工作汇报，鼓励南亚所以更高的水平开展南亚研究工作。

55.5月，南亚所为了加强对南亚各国的研究工作，成立了中国—南盟区域合作研究中心、阿富汗问题研究中心、斯里兰卡研究中心、马尔代夫研究中心、孟加拉国研究中心、尼泊尔研究中心和缅甸研究中心。

图书在版编目（CIP）数据

风雨兼程半世纪：四川大学南亚研究所建所五十周年纪念文集/四川大学南亚研究所主编．—北京：时事出版社，2014.12
ISBN 978-7-80232-803-7

Ⅰ.①风…　Ⅱ.①四…　Ⅲ.①四川大学—南亚—研究所—纪念文集
Ⅳ.①D735-242.711

中国版本图书馆 CIP 数据核字（2014）第 268788 号

出版发行：时事出版社
地　　址：北京市海淀区万寿寺甲 2 号
邮　　编：100081
发行热线：（010）88547590　88547591
读者服务部：（010）88547595
传　　真：（010）88547592
电子邮箱：shishichubanshe@sina.com
网　　址：www.shishishe.com
印　　刷：北京昌平百善印刷厂

开本：787×1092　1/16　印张：24.5　字数：470 千字　插页：10
2014 年 12 月第 1 版　2014 年 12 月第 1 次印刷
定价：118.00 元